注册金融分析师系列

主编 金程教育金融研究院

投资组合管理

程黄维 吴 轶 洪 波 编著

注册金融分析师系列编委会

主编
金程教育金融研究院（WWW.GFEDU.NET）

编委会成员
汤震宇、吴 轶、洪 波、李斯克、程黄维、
何 旋、单晨玮、马军生、薛 隽、徐寒飞、
李 鑫、刘小莉、吴 沂、华 潇、曹 平、
张恒锐、陈 琪

复旦大学出版社 www.fudanpress.com.cn

内容提要

本书的第一部分特别安排了基础篇，介绍了投资的背景知识、资产的配置和投资的收益和风险分析，作为正式介绍西方现代投资理论的一个过渡；在第二部分理论篇我们先阐述了市场有效理论，然后用四个章节分别对马柯维茨组合理论，CAPM理论、APT理论展开论述；在第三部分分析篇中，详细介绍了财务报表分析、债券分析、股票和期权定价分析与组合管理，这一部分实际上是投资分析与组合管理的内容。

逻辑上，本书的前三部分已经较全面地概括了西方现代投资理论与应用的内容，但是本书的一大特色就在于我们提供了两个新颖的视角，即第四部分专题篇中的投资国际视角——国际投资学、投资的心理视角和行为金融学。

PREFACE 前　言

众所周知,现代投资学体系的形成也就是近50年的事情,20世纪50年代之前,金融投资研究不过是整个经济学领域中毫不起眼的一个旁支,这个领域仅有一些含混不清的"大拇指法则"和对所观察到的财务数据的文字性描述,距离严谨的科学体系何其远哉!

"英雄造时势",一代奇才马柯维茨(H. Markowitz)横空出世,这位芝加哥的高才生,于1952年发表的那篇仅有14页的论文不仅是现代投资组合理论的发端,同时还标志着现代金融理论的诞生。十多年后,在马柯维茨组合理论的基础上,夏普(Sharp,1964)、林特内(Lintner,1965)、莫森(Mossin,1966)揭示了在市场出清状态时所有投资者都将选择无风险资产与市场组合资产的线性组合。如此一来,所有资产的均衡价格都可以写为无风险债券价格与市场组合价格的线性形式。该模型及其定价结果即成为著名的资本资产定价模型(CAPM)。

20世纪70年代后,CAPM理论得到了一系列的发展,并开始对投资者和共同的投资组合和资产评估方法产生重大影响。在夏普—林特内—莫森单期标准CAPM基础上,布莱克(Black,1972)推导出无风险资产不存在情况下的"零贝塔"CAPM,莫顿(Merton,1969,1971,1973a)则提供了连续时间内的CAPM(称为ICAPM)。然而,罗尔(Roll,1977)对CAPM的适应性提出了尖锐的批评,从而使得金融学家们开始思考如何对CAPM大厦进行根本性的革新而不只是添砖加瓦。金融学大师级学者罗斯(Ross)提出了基于无套利原则的套利定价理论(APT),该理论被公认为是更加成熟的资产定价模型。

20世纪70年代,布莱克和斯科尔斯(Black & Scholes,1973)推导出简单的期权定价公式,莫顿(Merton,1973b)对该定价公式进行了发展和深化。很有意思的是，当布莱克—斯科尔斯的期权定价公式发表时，世界上第一家期权交易所——芝加哥期权交易所还没有成立。"实践出真知"的管理被打破了，这一次是真知灼见引领潮流的发展了！要指出的是，布莱克—斯科尔斯公式的应用范围远不止是期权定价，几乎所有形式的金融衍生证券以及公司债务等都可以用布莱克—斯科尔斯公式或其变种进行估价。布莱克—斯科尔斯公式给投资者和银行家在衍生金融资产的交易中带来了便利，成为金融投资领域理论和实践中的不朽丰碑。

我国实行市场经济十多年来，金融市场的发展促使金融投资学科迈向完善。当然，对于相当多的读者来说，由于长期以来没有接触现代金融投资理论的发展成就，他们需要的不是一本脱离他们实际水平的理论式教材。为此，考虑到国内读者投资学的基础还比较薄弱，编者遵循由易到难的原则，以让读者理解为宗旨，强调理论背后的直观经济含义，在每章设有思考与练习，努力展现投资分析的经典理论和前沿，并且用容易理解和直观的形式表现出来；在编排上努力使各章内容以可变顺序的方式组织，便于不同学习方法和学习水平的读者学习。

本书编写的第一部分特别安排了基础篇，介绍了投资的背景知识、资产的配置和投资的收益和风险分析，作为正式介绍西方现代投资理论的一个过渡；在第二部分理论篇，我们先阐述了市场有效理论，然后用四个章节分别对马柯维茨组合理论、CAPM理论、APT理论展开论述；在第三部分分析篇中，详细介绍了财务报表分析、债券分析、股票和期权定价分析与组合管理，这一部分实际上是投资分析与组合管理的内容。

逻辑上，本书的前三部分已经较全面地概括了西方现代投资理论与应用的内容，但是本书的一大特色就在于我们提供了两个新颖的视角，即第四部分专题篇中的投资国际视角——国际投资学、投资的心理视角和行为金融学。同时，为了方便读者，我们在书后附上关于股票指数的相关知识。

作为金程教育策划的注册金融分析师系列之一，本书的出版得到了金程金融研究院各位老师及研究员的大力支持，他们在CFA和FRM课堂上的辛勤耕耘，彼此之间的真诚分享使得金程成为一个共同成长、一起进步的平台，对于他们的无私分享，在此表示感谢。若没有各位老师及研究员辛勤努力的工作和付出,便没有本书的付梓。在编写过程中,编者本着高度严谨和负责的精神对全书进行了反复多次的审阅与校订,但由于受时间和编者水平的限制,难免有不当甚至错误之处,恳请读者批评指出。

程黄维 FRM

2013 年 3 月于上海

CONTENTS 目　录

第1章　投资的背景知识 ·· 1
　1.1　投资的概念 ··· 1
　1.2　金融资产与金融市场 ·· 3
　　1.2.1　金融资产 ··· 3
　　1.2.2　金融市场及其类型 ·· 5
　　1.2.3　金融市场的作用 ·· 7
　　1.2.4　金融市场交易的微观机制 ······································ 9
　1.3　衍生金融工具简介 ·· 19
　　1.3.1　原始的金融工具 ·· 19
　　1.3.2　金融衍生工具 ·· 21
　习题 ·· 48

第2章　资产配置 ·· 50
　2.1　个人投资生命周期 ·· 50
　　2.1.1　投资前期工作 ·· 50
　　2.1.2　投资生命周期 ·· 51
　　2.1.3　资产组合管理过程 ·· 52
　2.2　策略声明的作用 ·· 53
　　2.2.1　提出一个现实的投资目标 ······································ 53
　　2.2.2　提供评判资产组合优劣的标准 ·································· 54
　2.3　投资声明的构成要素 ·· 55
　　2.3.1　投资目标 ··· 55
　　2.3.2　投资的约束条件 ·· 57

  2.3.3 资产配置的重要性 ·· 59
习题 ··· 60

第3章 投资的收益与风险 ··· 61

 3.1 投资的收益率 ··· 61
  3.1.1 期间收益率（HPR） ·· 61
  3.1.2 时间权重收益率 ·· 64
  3.1.3 平均法计算收益率 ··· 65
 3.2 投资的风险 ··· 67
  3.2.1 风险的类型 ··· 67
  3.2.2 风险的度量 ··· 68
习题 ··· 70

第4章 有效市场理论 ·· 72

 4.1 有效市场假设 ··· 72
 4.2 对三种有效市场假设的检验 ···································· 74
  4.2.1 对弱有效市场假设的检验 ···································· 74
  4.2.2 对半强有效市场假设的检验 ································ 75
  4.2.3 对强有效市场假设的检验 ···································· 75
 4.3 有效市场假设的运用 ·· 77
  4.3.1 有效市场假设与技术分析 ···································· 77
  4.3.2 有效市场假设与基础分析 ···································· 77
习题 ··· 78

第5章 马柯维茨组合理论 ·· 79

 5.1 财富效用函数与无差异曲线 ···································· 79
  5.1.1 财富效用函数 ··· 80
  5.1.2 无差异曲线 ··· 80
 5.2 有效市场边界 ··· 84
  5.2.1 可行集与有效市场边界 ······································· 84
  5.2.2 有效市场边界的凹面 ··· 85
习题 ··· 89

目 录

第6章 资本资产定价模型(CAPM) ... 91
- 6.1 CAPM 的前提假设 ... 91
- 6.2 资本市场理论 ... 92
- 6.3 证券市场线(SML) ... 95
- 6.4 CAPM 的定价公式 ... 97
- 6.5 CAPM 的扩展以及实证检验简介 ... 99
  - 6.5.1 限制性借款条件下的 CAPM：零贝塔模型 ... 99
  - 6.5.2 生命期消费：动态 CAPM ... 100
  - 6.5.3 CAPM 与流动性：流动溢价理论 ... 101
  - 6.5.4 CAPM 检验的简介 ... 102
- 习题 ... 106

第7章 套利定价理论 ... 108
- 7.1 套利的含义 ... 108
- 7.2 套利定价理论的假设 ... 110
- 7.3 对套利组合的条件的分析 ... 110
  - 7.3.1 不需要追加投资 ... 111
  - 7.3.2 组合的风险为零 ... 111
  - 7.3.3 组合的收益为零 ... 112
- 7.4 套利定价理论 ... 113
  - 7.4.1 单因素模型 ... 113
  - 7.4.2 多因素模型 ... 113
- 7.5 APT 与 CAPM 的区别和联系 ... 114
  - 7.5.1 两者的联系 ... 114
  - 7.5.2 两者的区别 ... 114
- 7.6 APT 模型的检验 ... 115
- 习题 ... 116

第8章 财务报表分析 ... 118
- 8.1 财务报表简介 ... 118
- 8.2 财务比率的计算 ... 122

8.2.1 内部流动性指标 122
8.2.2 经营表现类指标 124
8.2.3 负债比率 127
8.2.4 投资类指标 129
8.2.5 杜邦体系 131
8.3 财务比率的应用 132
习题 134

第9章 债券分析 139

9.1 债券基础知识 139
9.1.1 债券的定义与性质 139
9.1.2 债券的构成要素 139
9.1.3 债券的分类 141
9.2 债券定价基础 149
9.2.1 债券的估价 149
9.2.2 债券收益率 152
9.3 利率期限结构 155
9.3.1 收益率曲线 155
9.3.2 收益率曲线的构建 157
9.3.3 远期利率的计算 161
9.3.4 期限结构理论 163
9.4 久期与凸性 168
9.4.1 久期 169
9.4.2 凸性 172
习题 178

第10章 股票定价分析与组合管理 180

10.1 股票定价分析基础 180
10.1.1 宏观经济分析 181
10.1.2 行业分析 186
10.2 股票定价模型 192

目录

  10.2.1 红利贴现模型 ·················· 193
  10.2.2 自由现金流模型 ················ 205
  10.2.3 市盈率(P/E)比率分析法 ············ 213
 10.3 股票组合管理简介 ·················· 219
  10.3.1 积极的股票组合管理与消极的股票组合管理 ······ 219
  10.3.2 流行的股票市场策略 ············· 222
  10.3.3 设计和选择股票投资管理策略过程中要考虑的因素
     ····················· 234
 习题 ························ 236

第 11 章 期权定价分析与组合管理 ············ 238
 11.1 期权定价分析基础 ·················· 238
  11.1.1 期权在到期日的价值 ············· 239
  11.1.2 期权的时间价值 ··············· 240
  11.1.3 影响期权价值的因素 ············· 241
  11.1.4 看涨期权与看跌期权平价公式 ········· 242
 11.2 期权定价理论 ···················· 245
  11.2.1 二叉树定价方法 ··············· 245
  11.2.2 布莱克—斯科尔斯(Black-Scholes)期权定价模型简介
     ····················· 249
 11.3 期权在投资管理中的应用 ··············· 255
  11.3.1 期权在投资中的作用概述 ··········· 255
  11.3.2 期权策略在投资中的具体运用 ········· 257
  11.3.3 期权的重要运用——资产组合保险(Portfolio Insurance)
     ····················· 260
 习题 ························ 264

第 12 章 投资的国际视角 ················ 265
 12.1 外汇交易 ······················ 265
  12.1.1 汇率标价法 ················· 265
  12.1.2 套汇 ···················· 267

    12.1.3 远期汇率 …… 269
  12.2 汇率平价理论 …… 270
    12.2.1 购买力平价理论 …… 270
    12.2.2 利率平价理论 …… 273
    12.2.3 国际费雪效应 …… 276
    12.2.4 汇率平价理论与国际资产管理 …… 278
  12.3 货币风险管理 …… 278
    12.3.1 利用远期货币协议或期货进行套期保值 …… 279
    12.3.2 利用期权进行套期保值 …… 286
  12.4 国际资产定价 …… 291
    12.4.1 国际市场的有效性 …… 291
    12.4.2 国际资产定价理论 …… 293
  习题 …… 299

第13章 投资的心理视角——行为金融 …… 302
  13.1 行为金融的研究主题 …… 302
    13.1.1 有限理性 …… 302
    13.1.2 有限理性在证券市场上的表现 …… 304
    13.1.3 非有效市场 …… 306
  13.2 行为金融理论 …… 310
    13.2.1 羊群行为 …… 311
    13.2.2 行为资产定价理论 …… 314
    13.2.3 行为组合理论 …… 316
  13.3 行为金融学在投资中的应用及其发展展望 …… 320
    13.3.1 行为金融学在投资中的应用概述 …… 320
    13.3.2 行为金融学的发展展望 …… 323
  习题 …… 325

第14章 行为金融学中的投资策略分析 …… 326
  14.1 噪音交易者风险 …… 326
    14.1.1 风险的来源：噪音交易 …… 327
    14.1.2 噪音交易者和套利者的相对收益 …… 331

14.1.3　关于有限套利行为的深入讨论 ………………… 333
　14.2　投资者情绪模型 …………………………………………… 334
　14.3　正反馈投资策略 …………………………………………… 336
　　14.3.1　模型假设 ……………………………………………… 338
　　14.3.2　模型结构 ……………………………………………… 338
　　14.3.3　模型的解 ……………………………………………… 341
　　14.3.4　对股市价格泡沫的简析 ……………………………… 344
　14.4　套利策略 …………………………………………………… 345
　　14.4.1　有限套利行为的代理模型 …………………………… 346
　　14.4.2　以业绩评价的套利与市场效率 ……………………… 349
　　14.4.3　对 PBA 的反驳及其讨论 ……………………………… 351

附录　股票指数 …………………………………………………… 355
后记 ………………………………………………………………… 359

第1章 投资的背景知识

第1章作为本书的起点,我们将提供理解投资学的一些基本概念和背景知识,这些概念和背景知识将帮助读者更好地理解全书的内容。这一章是这样安排的:1.1节介绍投资的概念,1.2节介绍金融资产与金融市场,1.3节介绍衍生金融工具。

1.1 投资的概念

在金融学与经济学中,常常用到一个很有意思的假定:经济世界中的代表性个体一生的收入是不平稳的,一般来说,年轻的时候收入高,年老的时候(譬如退休人员)收入很低,甚至没有收入来源;此外,每个人却都偏好每个时期的消费要平稳。这就带来一个问题:个人如何将高收入期的购买力转移到低收入期?一种方法是将他的财富以金融资产的形式"储存"起来:在高收入期,他可以用储蓄购买股票、债券等金融资产;在低收入期,他可以通过出售金融资产获得消费所需的资金。这样,他就可以调整一生的消费时机,通过这种调整来获得最为满意的消费。

下面,我们先用一个简单的图形来解释当期消费和将来消费的权衡(Trade-off)关系(如图1-1所示)。

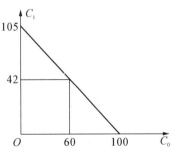

图1-1 当期消费和将来消费之间的权衡

在图1-1中,假设一个人一生简化为两期,他在初期拥有100元的初始财富。他既可以将100元全部用来进行当期消费,也可以进行年收益率为5%的投资,然后进行消费。消费和投资的数量由他自己选择。因而,其当期消费C_0可以是从0元到 100 元的任何一个数值,同样他的将来消费 C_1 也可以是从 105 元到 0 元的任何一个数值。在一般情况下,这个人可能在当期消费其部分财富,并把其余部分进行投资。例如,选择当期消费 60 元($C_0=60$ 元)并投资 40 元,则其将来的消费就是当期的投资额加上 5% 的投资收益,共计为 42 元($C_1=42$ 元)[1]。

在上面这个例子中要注意的是,这个 5% 的收益率我们称为货币的纯时间价值(pure time value of money),它反映的是个体为推迟消费所要求的价值补偿程度,实际上就是无风险的实际利率。但是,以上的例子是以经济社会总体价格水平保持不变为前提的,如果投资者预期到价格水平将上涨的话,他必然要求更高的投资收益率。比如,如果投资者预期到第二期价格水平将比初期上涨 3%,则投资者将要求 8% 的回报率(3%+5%=8%);不仅如此,由于投资是有风险的,投资者还将要求对其承担的投资风险进行补偿,一般称为风险升水或者风险溢价(risk premium)。这样,如果某个项目的风险溢价评估为 2%,同时预期将来价格水平上涨 3%,则可以得出结论:投资者要求的投资回报率将是 10%。

综合上述分析,我们可以对投资做一个较严谨的分析如下。

投资即货币(或财富)所有者让渡货币(或财富)现期的使用权,以期在未来获得一定的货币(或财富)收入的行为,这部分货币(或财富)收入是对货币(或财富)所有者推迟消费的总体补偿,它包含以下三个部分:(1)货币的时间价值;(2)预期通胀率;(3)未来投资收益的不确定性或者说投资风险[2]。实际上,这个定义中货币(或财富)所有者可以是个人,或是企业,或是政府,还可以是特殊机构,如养老基金等,我们可以用投资者笼统称呼。

细心的读者可能会问:投资者让渡货币(或财富)现期的使用权,以期在未来获得一定的货币(或财富)收入,是通过什么方式来实现的?又如何保证呢?

---

[1] 限于本书的篇幅,消费的跨期选择问题只举一个简单的例子。有兴趣的读者可以思考当期消费和将来消费之间的权衡取决于什么因素?更高深的关于跨期消费的学术性讨论可以阅读 Obstfeld & Rogolf 所著的 Foundations of International Macroeconomics 中相关部分。

[2] 这个定义我们参考了 Frank K. Reilly & Keith C. Brown 编写的 CFA 指定教材 Investment Analysis and Portfolio Management。实际上这个定义意味着投资者要求的投资回报率=货币的时间价值+预期通胀率+投资风险补偿。要注意的是,投资风险补偿是与具体的投资项目相关联的,具有一定的内生性,即自选择性,不同的投资者依据自己的特性和努力程度去追求自我的风险报酬率。例如,偏好风险的投资者通过高风险的投资,期望获得高额投资回报率,保守的投资者则会投资于收益平稳的资产。

1.2 金融资产与金融市场

1.2.1 金融资产

在市场经济中,投资者让渡货币(或财富)现期的使用权,以期在未来获得一定的货币(或财富)收入,是通过投资于一定的资产(尤其是金融资产)来实现的。

我们知道,财富是所有收入的现值之和,可以按各种形式存在,所有能够储蓄的财富都叫做资产。资产又分为实物资产(real asset)与金融资产(financial asset)。前者是有形的,如土地、机器、建筑物、知识等;后者是无形的,是一种合约,表示对未来现金收入的合法所有权(或者说是一种索取权),它自身的价值与其物质形态没有任何关系。

个人可以选择今天消费掉所拥有的财富,也可以把它们用于投资以便将来可以获得收益。如果他们选择投资,他们就可能选择持有金融资产。企业通过发行证券(将它们卖给投资者)获得用于购买实物资产的资金,那么,最终金融资产的回报来自用发行证券所得的资金购买的实物资产所创造的收入。在比较发达的社会经济中,个人通过持有金融资产的方法拥有对实物资产的要求权是十分有限的,绝大多数人不可能亲自拥有汽车厂,但是他们可以持有通用或福特汽车公司的股份从而获得汽车生产所创造的收入。在实际操作中,实物资产和金融资产可以在个人及公司的资产负债表中区分开来。实物资产只在平衡表的一侧出现,而金融资产通常在平衡表的两侧都出现。对企业的金融要求权是一种资产,但是企业发行的这种金融要求权则是企业的负债。当我们对资产负债表进行总计时,金融资产会相互抵消,只剩下实物资产作为净资产。在表1-1中我们可以看出美国国家财富主要由建筑物、设备、库存货物和土地(并不包括"人力资本"的价值,即劳动力潜在薪水的价值)等实物资产构成。

表1-1 美国国内净财富值* (单位:10亿美元)

资　产	金　额	资　产	金　额
居住的建筑物	5 856	库存货物	1 221
厂房与设备	6 061	永久性消费	2 491

续表

资　产	金　额	资　产	金　额
土地	4 364	总　　计	20 014
黄金及特别提款权	21		

* 由于统计误差，数字可能与美国的统计数字略有出入。

资料来源：Balance Sheets for the U. S. Economy, 1945-1994, Board of Governors of the Federal Reserve System, June 1995.

在表1-2中，我们可以看到，美国家庭的资产不仅包括实物资产，还包括金融资产(金融资产又包括银行账户、公司权益、债券和抵押工具等)。从表1-1和表1-2我们可以很容易地看出实物资产与金融资产的区别。概括说来，实物资产是经济社会生产函数中的变量，它包括商品与劳务，它的生产能力最终决定社会的财富。金融资产并不代表社会的财富，它并不是直接贡献于经济社会的生产能力，而是间接地发挥作用，其原因就在于其所有权与经营权产生分离。但是，金融资产是企业与个人的财富，因为它是一种权益收入。厂商用实物资产获得收入，按所发行的金融资产来分配其收入。

表1-2　美国家庭资产负债表*　　　　　　　　(单位：10亿美元)

资　产	金　额	占总值比例(%)	负债与净值	金　额	占总值比例(%)
有形资产			抵　押	3 163	11.1
房　屋	4 518	15.8	消费品信贷	984	3.4
土　地	3 015	10.6	银行与其他贷款	173	0.6
耐用品	2 491	8.7	其　他	506	1.8
其　他	520	1.8	**总负债**	4 826	16.9
总有形资产	10 544	36.9			
金融资产					
存　款	3 102	10.7			
人寿保险储备	488	1.7			
养老储备	5 010	17.6			
公司股权	2 886	10.1			
非公司商业权益	2 511	8.8			

续 表

资 产	金 额	占总值比例(%)	负债与净值	金 额	占总值比例(%)
共同基金	1 067	3.7			
个人信托	670	2.3			
债务证券	1 873	6.6			
其 他	388	1.4			
总金融资产	17 995	63.1	净财富	3 713	83.1
总 计	28 539	100	总 计	28 539	100

* 由于统计误差，数字可能与美国的统计数字略有出入。

资料来源：Balance Sheets for the U. S. Economy, 1945-1994, Board of Governors of the Federal Reserve System, June 1995.

1.2.2 金融市场及其类型

金融市场的产生是为了满足交易者的需要。例如，想借钱的家庭必须寻找到愿出借的家庭。借款人与出借人双方会面的地点总要固定下来，这种会面地点就发展成了金融市场。旧伦敦的一个叫作劳埃德（Loyd's）的小旅馆，创立了海员保险业。1792年5月17日，24位证券交易商在华尔街68号门口的一棵梧桐树下签订了一个协定，史称"梧桐树协议"。一般都将这个根本不起眼的事件，作为纽约证券交易所诞生之日[①]。如今，在学者作家的笔下，纽约证券交易所已经成为美国的象征，成为自由市场或者是资本主义的象征。

金融市场可以按不同的标准划分为如下不同的类型。

（1）根据交易的金融资产的期限可以分为货币市场和资本市场。货币市场是期限在一年以内的短期金融工具的交易市场，其交易者主要是资金的临时闲置者和资金的暂时需求者，国库券、商业票据、银行承兑汇票等短期信用工具是主要的交易对象。资本市场是期限在一年以上的长期金融工具的交易市场，交易对象有债券、股票等，可见货币市场比资本市场具有更大的流动性。

（2）根据发行的金融工具的特征分为债务市场和股权市场。债务市场是指通过发行债务工具来取得资金，例如债券或抵押票据。这是一种契约协定，借款者承

---

① 当天按照协议规则进行交易的，是美利坚银行的股票。这家银行是纽约证券交易所的第一家上市公司。

诺按期向此项债务工具的持有者支付固定的利息,债务融资的期限可以是短期、中期或长期。股权市场是指通过发行股票来融资,持有公司的股权可以分享企业的股息,但股票是没有期限的,是长期证券。股权虽然相对债权而言拥有参与公司经营决策的权利,且能够从公司的盈利或资产价值的增长中获利,但在公司被清算时股东是排在债权人之后的。

（3）根据市场的性质与层次分为一级市场和二级市场。一级市场又称发行市场,是公司或政府机构向最初购买者出售新发行的债券或股票等证券进行融资的金融市场。在一级市场上协助销售证券的最重要的金融机构是投资银行,我国则为证券公司。二级市场又称流通市场,是再出售已发行证券的市场；对于一个运行良好的二级市场来说,证券经纪人和证券交易商十分重要。

（4）根据二级市场的形态分为交易所市场和场外交易市场。交易所市场指证券的买卖双方(他们的代理人或经纪人)在交易所的一个中心地点见面并进行交易。随着交易技术电子化的普及和发展,传统的在固定地点的有形席位的交易方式逐步被计算机系统撮合买卖的无形席位所取代。场外交易市场(OTC)无固定场所,交易商通过计算机、电话和传真等通信手段向与他们联系并愿意接受他们报价的任何人买卖证券。场外交易市场的竞争性很强,交易成本较低。

（5）根据金融交割的期限分为现货市场和期货市场。现货市场上一般在成交后的1天至3天内立即付款交割。期货市场则在成交日之后合约所规定的日期之后成交。

（6）根据金融市场的发育程度可将金融市场划分为四种类型：直接搜寻市场、经纪人市场、交易商市场和拍卖市场。

直接搜寻市场(direct search market)是最缺乏组织的市场,在这里买卖双方必须直接寻找到对方。其市场特征是交易的偶然性、低价格和商品的非标准性。对绝大多数追逐利润的个人和公司来说,局限于这种市场是得不偿失的。

更高一等级的市场是经纪人市场(brokered market)。在这种市场中,交易活跃,经纪人发现为买卖双方提供服务有利可图。一般来说,经纪人具有在既定市场上为资产定价的专业知识。例如,在新证券公开发行的初级市场上,投资银行充当经纪人,它们寻找从发行机构直接购买证券的投资者。另一个重要的经纪人市场是大宗交易市场,在这个市场上,进行着巨额股票的买卖。这些交易是如此之大(理论上需超过10 000股,但实际上往往远大于此),以至于经纪人或"大机构"

(block houses)经常直接寻找其他大交易商而不是在交易所里与相对较小的投资者进行交易。

当一特定资产的交易活动增加时,就产生了交易商市场(dealer markets)。在这里交易商对各种资产分类研究,购买资产作为存货并通过销售从中营利。交易商购买的资产进入自己的账户,他们的利润率是资产的买卖差价,这一点与经纪人不同。交易商市场能够节约交易人的搜寻成本,因为他们可以很容易地在交易商那里了解到资产的买价或卖价。显然,市场上存在大量的交易活动是交易商能够有利可图的前提条件。场外证券市场是交易商市场的组成部分。投资者交易已发行证券的场所被称为二级市场。因此,场外证券市场也是二级市场之一。二级市场的交易不影响未付证券的数量,仅把其所有权从一个投资者转到另一个投资者。

发育最完备的市场是拍卖市场(auction market)[①],所有参与者集中到此报价进行物品买卖。纽约证券交易所(NYSE)是拍卖市场之一。拍卖市场优于交易商市场的地方在于:在拍卖市场交易者不必自己去四处寻找最佳价格。所有参与者集中到一起,以大家都赞同的协议价成交,彼此免去买卖双方各自报价的烦琐。持续性的拍卖市场(与艺术品及其他类似物品的拍卖市场只进行周期性拍卖相对应)要求大规模、频繁的交易来抵偿维持市场运行的成本。为此,纽约证券交易所和其他的证券交易所确立了上市要求,限定上市的公司必须具备足够的交易股权。有组织的股票交易所也是一个二级市场。投资者在此互相交易所拥有的证券。

1.2.3 金融市场的作用

(1) 资金融通和资金积累功能。在现实经济生活中,总是存在着资金的盈余方与赤字方,且具有不同的目标。金融市场的产生与发展为资金的融通以及资金供应者、需求者目标的实现创造了条件,提供了媒介与场所。另外,通过长期资本市场的作用,促使储蓄转化为投资。资金需求者(主要是企业和政府部门)通过发行股票和债券,将资金集中用于投资,引导各生产要素的流动和有效组合,从而实现资金的价值增值。

(2) 消费的跨时安排(consumption timing)。在当前的收入大于当前的消费时,即存在储蓄时,则以一定的金融资产的形态来储蓄财富。这意味着高收入时储

[①] 与艺术品及其他类似物品的拍卖市场不同,这里是从金融产品的交易机制出发来命名的。

蓄投资，在低收入时出售以获得消费所需要的资金。正是金融市场提供了这种消费水平的跨时调整①。

(3) 降低了交易成本。有两种与交易有关的成本：搜寻成本和信息成本。搜寻成本(search costs)包括显性成本(如为了传达买卖一项金融资产的意愿而花费的资金)和隐性成本(如为选定交易对手所花费的时间的价值)。某些形式的有组织的金融市场的存在降低了搜寻成本。信息成本(information costs)是那些为评估一项金融资产的投资品质而必须付出的成本。

(4) 风险防范与风险分配(allocation of risk)功能。风险防范功能：首先，金融市场是一个具有高度组织的市场，相关法律、法规制度的不断完善使金融交易进一步规范有序，从而增加了金融交易的安全性。其次，金融市场有多种多样的金融工具可供选择，有利于投资者进行组合投资，既能分散投资风险，又能提高投资的安全性与盈利性。特别是金融衍生品为投资者进行套期保值、投机套利等提供了便利。不仅能够转移和防范风险，还使金融工具的流动性增强。风险分配功能：所有的实物资产包含了一些风险，当建立工厂来生产商品时，管理者并不能确切地知道其所能产生的未来现金流，因此，它要发行股票或债券，偏好风险的人去买股票，规避风险的人去买债券。这时股东承担经营风险(他看中潜在的高回报)。因此，金融市场，特别是衍生金融市场的最重要的功能之一就是把以前捆绑在一起的风险分拆了开来，重新分配给不同风险偏好的个人投资者。投资者根据风险与收益的关系自我选择。

(5) 所有权与经营权相分离(separation of ownership and management)。在工业革命之前，许多企业既是所有者又是经营者。然而，今天全球化的市场以及生产的大规模，使厂商对资金的需求暴涨，比如 GE 的资产超过了 330 亿美元，这么大的规模决定了它不可能将所有权与经营权集中于一身。GE 的股东有 50 万，显然，公司的董事会要选择经理，这意味着所有权与经营权相分离，也使得公司更趋于稳定。假如股东不想持有股票，他可以出售给其他的人，这不影响管理者，否则问题就大了，公司只要有较大股东想退出，公司必定破产。之所以能平安地分离，是由于金融市场提供了一个较好的市场环境。

---

① 请读者联系本章第一节思考为什么消费要进行这种调整？

1.2.4 金融市场交易的微观机制

以下以证券市场为例说明金融市场交易的微观机制。

(1) 证券市场交易机制。

交易机制指市场的交易规则和保证规则实施的技术以及规则和技术对定价机制的影响。它的主要研究内容包括:从市场微观结构的角度去看,价格是在什么样的规则和程序中形成的,并分析交易机制对资产交易的过程和结果的影响。

Thomas(1989)将证券市场交易机制分为两类:一类是报价驱动交易机制,也就是做市商市场;另一类是指令驱动的竞价交易机制,包括集合竞价和连续竞价。Madhavan(1992)将兼具这两类特征的交易机制称为混合机制。

表1-3 交易机制分类表

	连续性市场	集合性市场
竞价市场(指令驱动)	连续竞价市场	集合竞价市场
做市商市场(报价驱动)	做市商市场	集合做市商市场(现实中不存在)

报价驱动机制与指令驱动机制的区别在于:首先,价格形成方式不同。在采用做市商制度的市场上,证券的开盘价格和随后的交易价格是由做市商报出的,而指令驱动制度的开盘价与随后的交易价格都是竞价形成的。前者从交易系统外部输入价格,后者的成交价格是在交易系统内部生成的。其次,信息传递的范围与速度不同。采用做市商机制,投资者买卖指令首先报给做市商,做市商是唯一全面及时知晓买卖信息的交易商,成交量与成交价随后才会传递给整个市场。在指令驱动机制中,买卖指令、成交量与成交价几乎同步传递给整个市场。再次,交易量与价格维护机制不同。在报价驱动机制中,做市商有义务维护交易量与交易价格,而指令驱动机制则不存在交易量与交易价格的维护机制。最后,处理大额买卖指令的能力不同。做市商报价驱动机制能够有效处理大额买卖指令,而在指令驱动机制中大额买卖指令要等待交易对手的买卖盘,完成交易常常要等待较长时间。

① 报价驱动的做市商市场。

做市商是通过提供买卖报价为金融产品制造市场的证券商。做市商制度,就是以做市商报价形成交易价格、驱动交易实现的证券交易方式。实行做市商制度的市场称为做市商市场。纯粹的做市商市场有两个重要特点：第一，所有客户订单都必须由做市商用自己的账户买进卖出，客户订单之间不直接进行交易；第二，做市商必须在看到订单前报出买卖价格，而投资人在看到报价后才下订单。做市商制度有两种形式：一种是以美国 NASDAQ 市场为代表的多元做市商制；另一种是纽约证券交易所采用的专家交易机制（Specialist Trading Mechanism）。

② 指令驱动的竞价市场。

指令驱动交易机制分为集合竞价和连续竞价两种。

集合竞价也称为单一成交价格竞价。其竞价方法是：根据买方和卖方在一定价格水平的买卖订单数量，计算并进行供需汇总处理。当供给大于需求时，价格降低以调节供求量；反之则调高价格刺激供给，最终在某一价格水平上实现供需的平衡，并形成均衡价格。在集合竞价市场，所有的交易订单并不是在收到之后立刻予以竞价撮合，而是由交易中心（如交易所的电脑撮合中心）将在不同时点收到的订单积累起来，到一定的时刻再进行集合竞价成交。

连续竞价也叫复数成交价格竞价，其竞价和交易过程可以在交易日的各个时点连续不断地进行。在连续竞价市场上，投资者的交易指令由经纪商输入交易系统，交易系统根据市场上已有的订单情况进行撮合。一旦按照有关竞价规则存在与交易指令相匹配的订单，该订单就可以成交。在连续竞价的价格撮合过程中，当出价最低的卖出订单价格等于或小于买进价格时，就可以达成交易。每笔交易构成一组买卖，交易依照买卖组以不同的价格连续进行。

虽然集合竞价市场缺乏交易的连续性，但集合竞价市场的价格反映了累积的市场信息，其信息效率要高于连续竞价市场。因此，在连续竞价市场交易中断时，集合竞价市场仍然可能正常运转。

③ 混合交易机制。

混合交易机制同时具有报价驱动和指令驱动的特点。大多数证券市场并非仅采取做市商、集合竞价或连续竞价中的一种形式，而是根据不同的市场情况采取不同程度的混合模式。如纽约证券交易所采取了辅之以专家制度的竞价制度，伦敦证券交易所部分股票由做市商交易，另一部分股票则采用电子竞价交易。在亚洲的新兴证券市场，普遍采用的是指令驱动电子竞价方式，但一般均结合了集合竞价和连续竞价两种形式。通常开盘时先以集合竞价方式决定开盘价，然后采取连续竞价方式（例如我国沪、深交易所的交易模式）。有些市场采取集合竞价方式产生收盘价,另一些市场则采取连续竞价方式产生收盘价。

④ 特殊会员制度。

除了上述三种典型的交易机制以外,有的证券市场还采取一些特殊会员的交易制度,如纽约证券交易所的专家制度、东京证券交易所的才取会员(saitori)制度和巴黎证券交易所的兼职特种会员制度等。

纽约证券交易所是一个辅之以专家制度的竞价市场,大多数交易通过交易所的电子竞价系统完成。专家(specialist)是纽约证券交易所指定的特种会员,其主要职责是维持一个公平而有秩序的市场,即为其专营的股票交易提供流动性并维持价格的连续和稳定。纽约证券交易所上市的每只股票均由而且只由一个专家负责,但是一个专家同时可以负责多只股票的交易。对于一些大公司,则一名专家仅负责该公司一家的股票专营事务。为维持市场秩序,专家有义务在股票市场价格下跌超过一定限度时买进该股票,或在市场价格上涨超过一定限度时卖出该股票。专家可以利用买卖价差赚取利润,或者接受委托收取佣金。专家的职能主要是组织市场交易和维持市场均衡,保证市场的流动性和稳定性。但是,由于没有竞争,专家同时也具有价格垄断和交易信息垄断两方面优势,存在利用垄断价格和信息牟利的可能便利。所以纽约证券交易所对专家违规查处是很严厉的。

东京证券交易所采取连续竞价方式,既没有指定做市商,也没有类似纽约证券交易所的专家制度,但是有一名交易所认定的才取会员。所有订单,不管是限价订单还是市价订单,均由会员经纪商或交易商提交给才取会员,才取会员充当这些会员之间的交易中介,按照"时间优先、价格优先"的原则为他们进行订单匹配。才取会员不得为自己买卖,也不能接受一般投资者的委托,但可以收取一定的佣金。才取会员除了为经纪商们匹配交易订单以外,也负有维持市场价格稳定的责任。

巴黎证券交易所为了保证市场的流动性和稳定性,建立了兼职特种会员制度。兼职特种会员类似于纽约证券交易所的专家,但在组织形式上根据股票种类的不同略有不同。根据巴黎证券交易所的规定,不同种类的股票采取不同的竞价方式定价,在 CB 类(连续竞价的 B 类)和 FA 类(集合竞价的 A 类)的股票中,每只股票只能有一名兼职特种会员,但是同一兼职特种会员可以负责多只股票,在 CA 类(连续竞价 A 类)股票中,每只股票可以有多个相互竞争的兼职特种会员。

表 1-4 世界主要证券市场的交易机制

交易方式	证券交易所
指令驱动	亚洲各主板市场 香港(HKGEM) 意大利 巴黎 德国 维也纳 伦敦国内板 温哥华 加拿大(CDNX) 新西兰 瑞士 布鲁塞尔 法兰克福 日本(MOTHERS) 圣保罗
报价驱动	伦敦 美国（NASDAQ） 欧洲（EASDAQ） 日本（JASDAQ） 新加坡（SESDAQ） 马来西亚（MESDAQ） 芝加哥 欧洲新市场（EURO. NM）
混合机制	纽约 美国（AMEX） 蒙特利尔 多伦多 英国（AIM） 阿姆斯特丹 卢森堡 墨西哥 泰国（MAI）

资料来源：各交易所网页的相关资料，转引自刘海龙："证券市场微观结构研究综述"，《现代金融研究》，2001 年第 4 期。

(2) 交易执行过程和交易订单。

① 证券交易的主要程序。

证券交易程序是指投资者在二级市场买进或卖出证券的过程，是交易机制的有形的程序化表现。在目前电子化交易情况下，证券交易的基本过程包括开户、委托、成交、清算和交割等五个阶段。

a) 开户与委托。

开户是指投资者在证券经纪商处开立证券交易账户，包括开设证券账户和资金账户。证券账户相当于投资者的证券存折，通常是指证券登记机构为投资者设立的，用于准确记载投资者所持有的证券种类、名称、数量以及相应权益和变动情况。投资者在开立证券账户的同时，即已委托证券登记机构为其管理证券，办理登记、结算和交割业务。开设资金账户时必须缴纳一定数量的资金作为保证金，并与证券经纪商签订协议，委托其代理证券交易，并到证券登记结算机构代理进行相应的证券与资金的登记、清算与交割。

在现行的交易机制下，交易所并不直接面对投资者办理证券交易，投资者必须通过交易所的会员（证券经纪商）办理，所以投资者需要委托证券商代理交易，向证券商下达证券交易的指令。证券经纪商没有收到明确的委托指令时，不得动用投资者的资金和证券账户进行交易。在委托有效期限内，在成交发生以前，委托人有权提出变更和撤销委托的要求。

b) 价格确定与成交。

在做市商市场,证券交易的价格由做市商报出,投资者接受做市商报价后,即可与做市商进行买卖,完成交易。在竞价市场,买卖双方的委托经由经纪商直接呈交到交易系统,市场的交易系统按照一定的规则进行撮合,在买卖委托匹配后即可达成交易,并履行相关的交割和清算程序。

c) 清算与交割。

证券交易成交后,需要对交易双方应收应付的证券和价款进行核算,并完成相应的权属转移,进行资金的清算和证券的交割,完成交易的最后一个环节,即证券结算过程。证券清算是指计算在证券结算日交易双方应收应付金额的特定程序,而交割则是这个程序中卖方向买方交付证券以及买方向卖方支付价款的过程。对于不记名证券来说,清算和交割完成以后,整个证券交易的过程就结束了。但对于股票和记名债券来说,还必须经过最后一道手续,即登记过户。

② 证券交易订单。

订单的种类及其传递的指令信息。在定价过程中,由订单表示的交易指令是交易信息传达和揭示的主要形式。不论市场上产生和传播了何种信息,也不论投资者接受和处理了何种信息,或者是根本没有信息而只是因为情绪和流动性需要进行交易,其结果总要通过订单所传达的指令揭示信息,市场则根据这些指令信息形成交易价格。在金融市场上,通常使用的交易指令有四种形式:市价指令(market order)、限价指令(limit order)、止损指令(stop order)、止损限价指令(stop limit order)。其中,前两种指令多用于现货市场,而后两种指令则多用于期货和期权市场。

市价指令是指投资者在提交指令时只规定数量而不规定价格,经纪商在接到市价指令后应该以最快的速度,并尽可能以当时市场上最好的价格来执行这一指令。市价指令的特点是能够确保成交,但是投资者最后接受的价格可能与他们期望的价格存在差异。

限价指令则与市价指令相反,投资者在提交指令时不仅规定数量,而且还规定价格。经纪商在接到限价指令后应以最快的速度提交给市场,但是成交价格必须优于指令规定的价格。如果是买入指令,则买价不高于指令限价;如果是卖出指令,则卖价不低于指令限价。如果订单限价与市价不一致,经纪商只有等待。限价指令的特点是保证成交价格,但不能保证成交。

止损指令本质上是一种特殊的限制性市价委托,它是指投资者在指令中约定一个触发价格,当市场价格上升或下降到该触发价格时,止损指令被激活,转化为一个市价指令;否则该止损指令处于休眠等待状态,不提交到市场执行。

停损限价指令是将止损指令与限价指令结合起来的一种指令,在投资者下达的指令中有两个指定价格——触发价格和限制价格。当市场价格上升或下降到该触发价格时,止损指令被激活,转化为一个限价指令,此时成交价格必须优于限价。

此外,还可以根据订单规模、交易方式、时效限制等标准对证券交易订单进行分类。

表 1-5　主要证券市场中的订单种类

	纽约	纳斯达克	伦敦	巴黎	东京	香港
市价订单	√	√	√	√	√	√
限价订单	√	√	√	√	√	√
止损订单	√					
开市订单和收市订单	√			√		
即刻执行否则撤销订单	√		√			
全部即刻执行否则撤销订单	√		√	√		

资料来源:屠光绍主编:《交易体制——原理与变革》,上海人民出版社,2000 年,第 80 页。

③ 订单匹配原则。

订单所传递的交易指令可能会在价格、数量、时间等委托交易参数上有所不同,所以交易机制中需要一定的匹配规则,使得以尽可能接近委托要求的条件达成交易。综合各国证券市场的实践,订单匹配原则主要有以下优先性依次减弱的七项原则。

a) 价格优先原则。

这是各国证券交易所普遍使用的第一优先原则,指经纪商在接受委托进行交易时,必须按照最有利于委托人利益的方式进行交易,即优先满足较高价格的买进订单和较低价格的卖出订单。

b）时间优先原则。

也称先进先出原则,指当存在若干相同价格的订单时,优先满足最早进入交易系统的订单。许多交易所都把时间优先原则作为订单匹配的第二优先原则,如我国沪深交易所的"价格优先,时间优先"匹配原则。

c）按比例分配原则。

这是指所有订单在价格相同的情况下,成交数量以订单数量按比例进行分配。美国纽约证券交易所的交易大厅、芝加哥期权交易所等采取了按比例分配原则,对于数额太小的订单,一般来说是随机分配的。

d）数量优先原则。

在价格相同,或者价格相同并且无法区分时间先后的情况下,有些交易所规定应该遵循数量优先匹配原则。数量优先原则有两种形式:一是在价格和时间都相同的情况下,优先满足订单数量较大的订单,以增加交易流动性;二是数量上完全匹配的订单优先满足于数量上不一致的订单,以避免订单只是部分被执行的情况。

e）客户优先原则。

这是指在同一价格条件下,公共订单优先满足于经纪商自营账户的订单,以减轻公共客户与经纪商自营之间的利益冲突,纽约证券交易所就采取了这一匹配原则。

f）做市商优先原则。

与客户优先原则相反,这是指做市商提交的在自己的市场报价基础上的订单,可以优先于客户的与该报价相当的限价订单,与新进入市场的订单成交。纳斯达克市场在新的限价订单保护规则实施以前,采取的就是做市商优先原则。

g）经纪商优先原则。

这是指当订单的价格相等时,发出这个订单的经纪商可以优先选择与之匹配的订单,经纪商可以用自己提交的订单与该订单匹配。

(3) 美国证券交易简介。

① 发行新证券。

当公司需要筹资时,可以选择出售证券或发行新证券。新发行的股票、债券或其他证券,通常是由投资银行在初级市场(primary market)上销售给公众的。私人投资者之间对已发行证券的买卖在二级市场(secondary market)中进行。初级市场发行普通股票有两种类型。首次公开出售(IPO, initial public offering)是把股票或债券卖给普通的投资大众。成熟新证券(seasoned new issues)是指已有股权上市的公司发行的证券。例如,IBM 公司的新股上市就构成一个成熟新证券的发行。

初级市场上的证券通过两种方式发行:一是公开销售(公募)证券,这是指那些股票或债券先向一般的投资公众出售,然后可在二级市场上交易的证券;二是直接销售(私募)证券,指至多只向少数富有的投资者或机构投资者出售的证券,如销售的是债券,这些投资者通常要将债券持有到期。股票和债券的公开发行通常都是通过投资银行的承销来实现的。实际上,担当承销任务的通常不止一个投资银行。一个主承销商与其他投资银行组成一个承销辛迪加,共同负责股票的发行。

② 证券交易场所。

证券一旦向公众发行,投资者彼此之间即可进行交易。买卖已发行的证券是在二级市场上进行的,这包括:国家和地区证券交易所;场外市场;在两个当事人之间的直接交易。

在美国有许多股票交易所(stock exchange)。其中的纽约证券交易所(NYSE)和美国股票交易所(Amex)均为国家级交易所。其他如波士顿与太平洋(Boston and Pacific)交易所,是地区级交易所,其主要上市公司位于一个特殊的地理区域。也有一些交易所进行期权与期货交易。交易所为会员提供证券交易的设施,且只有交易所的会员才可以在此进行交易。因此交易所的会员资格或席位是有价值的资产,绝大多数席位是佣金经纪商的席位,多被大型、可提供全方位服务的经纪公司所拥有,席位赋予公司安置经纪人于交易所大厅执行交易程序的权力。交易所成员为投资者提供服务,使投资者能够按自己的意愿进行交易。交易所成员通过这一服务所能得到的佣金决定了每一席位的市场价值。在纽约证券交易所,1878 年的席位卖价仅为 4 000 美元,而 1998 年则高达 200 万美元。纽约证券交易所是最大的独立交易所。美国股票交易所也是一家国家级交易所,但与纽约证券交易所相比,在此上市的主要是一些规模较小或历史较短的公司。

约有 35 000 种证券在场外交易市场(即 OTC 市场)进行交易,任何证券都可以在 OTC 市场中交易,但是这种市场并不是一种正式的交易场所。那里没有会员资格的要求,也不需要证券上市的要求(虽然在纳斯达克上市是有要求的,但是计算机联网正是为了进行场外的证券交易)。在 OTC 市场中,有数以千计的在证券与交易委员会注册的经纪人作为证券场外交易的交易商。证券交易商在此按照自己意愿进行证券的买卖报价,而经纪人则选择具有吸引力的报价并通过与交易商的接触实现交易。在1971年以前,所有的OTC市场的股票报价都由手工记录并每天公布。交易商通过所谓的粉红小册子交流他们在各种价格下进行交易的意向。这是一个烦琐低效的笨方法,并且公布的报价是过时的。1971年全国证券商协会自动报价系统(即纳斯达克)开始利用计算机联网为各种交易商提供股票买卖的即时报价信息。买方报价(bid price)是交易商愿意购买某一证券的价格;卖方报价(asked price)是交易商出卖某一证券的价格。该系统允许交易商接受来自投资者符合现行所有买卖报价的购买或出售指令,通告交易者最理想的报价并执行客户具体的交易指令。近5 500家公司的证券在该报价系统上运行,这一系统现在被称为纳斯达克股票市场。纳斯达克市场被分成两部分,即纳斯达克全国市场(包含4 000多个公司)及纳斯达克小公司市场(含有约1 300家规模较小的公司)。在全国市场上交易的证券要求符合更严格的上市要求及在流动性更强的市场中交易。

③ 证券市场的监管。

政府的监管:在美国,证券市场上的交易受种种法律所制约。两个主要的法律为1933年的证券交易法(Securities Act of 1933)和1934年的证券交易法(Securities Exchange Act of 1934)。1933年证券交易法要求全面的披露与新证券发行相关的信息,正是该法对新证券的注册及含有公司详细财务前景的说明书的发布制定了要求。证券与交易委员会对募资说明书或财务报告的批准并不意味着证券与交易委员会认为该证券是一项好的投资。证券与交易委员会所关心的只是相关信息是否按要求得以披露,对于证券的价值,投资者要自己做出评价。1934年证券交易法确定了证券与交易委员会实施1933年证券交易法的规定,同时扩大了1933年证券交易法的披露原则。它要求在二级交易所发行证券的公司必须定期披露有关的财务信息。1934年证券交易法也授权证券与交易委员会登记和监管证券交易所与场外市场的交易、经纪人及交易商。该法确定了证券与交易委员会作为监管机构负责对整个证券市场的监管,但它与其他监管机构是分工与合作的关系。例如,期货交易委员会(CFTS)负责期货市场的监管,联邦储备委员会全面负责美国金融体系的安全。根据这一作用,联储确立了关于股票、股票期权的保证金规定,并对银行给予证券市场参与者的借贷做了规定。1970年的证券投资者保护法(Securities Investor Protection Act of 1970)建立了证券投资者保护公司

(SIPC),任务是在经纪公司出现问题时保护投资者免受损失。证券投资者保护公司通过对其参与者或会员、经纪公司征收一种"保险溢价"来筹资,它也可以在因其履行职责而基金不足时从证券与交易委员会处借款。除了联邦的法律之外,证券交易还要遵守所在州的法律。由各州通过的有关证券的法律被称为"蓝天法",因为它们的意图是防止虚假的发行与销售证券,让假证券的价值还不如一小块蓝天。1933年证券法出台之前,由州法律制裁证券销售中的做假行为。1956年出台了统一证券法(Uniform Securities),当许多州都采用统一证券法中的规定时,互不相同的各州的法律,就或多或少地在某种程度上达到了统一。

自我约束机制:美国证券业在很大程度上相信自我约束的作用。美国证券与交易委员会把许多权利授予二级交易所负责监管日常交易,同样,也授权美国证券交易商协会监管场外市场的交易。投资管理、道德法典的研究和职业行为指导协会建立了监督特许金融分析行为的准则,人们通常称为CFA(Chartered Financial Analysts)准则。经过1987年的市场危机后,某些约束内容发生了变化。

变化之一是"回路短路"(circuit breakers)的问世,这项措施可在市场过分混乱期间减慢或停止交易。下面是一些现行的"回路短路"的内容:停止交易(trading halts):当道·琼斯工业平均指数比前一天收盘值下降了350点时,交易将被停止半小时。如果平均指数下降了550点,交易将被停止一小时。项圈(collars):当道·琼斯工业平均指数无论朝正还是朝负较前一个交易日收盘值移动了50点时,纽约证券交易所的80A条款要求指数套利指令通过一个"摆动点检查"。在股票下降的市场,卖单只能以一个上摆或零上摆完成,这意味着,本次交易要以一个比上一次交易更高的价格(一个上摆)成交,或者,如果上一次交易是以一个正向的价格变化成交的,则本次交易可用上次交易的价格(一个零上摆)。除非道·琼斯工业平均指数回到离前一个交易日收盘价25点的范围之内,这一规则将在整个交易日一直生效。回路短路已经被多次修改。例如,在第一次停止交易后(1997年10月27日,当道·琼斯工业平均指数下降超过500点时),对两项交易的暂停引起了不满,这就导致纽约证券交易所修改了它的政策。特别是,由于股价水平随时间推移一路上升,对摆动的控制点也随之进行了调整。1987年道·琼斯工业平均指数每涨落5%,相当于指数变动100点。而在1998年年初,道·琼斯工业平均指数大约在8 000点的价位上,一个5%的涨落大约相当于指数变动400点。自然,面对股市价格的这种明显变化,必须重新设计回路短路的开关控制机制。1998年2

月,纽约证券交易所提出如下规则:如果道·琼斯工业平均指数下降10%,下降的时间发生在下午2点之前(东部标准时间),将停止交易一小时;如下降时间发生在下午2点到2点30分之间,将停止交易半小时;如果价格下降发生在2点半之后,则不停止交易。如果道·琼斯工业平均指数下降20%,下降发生在下午1点之前,将停止交易两个小时;如下降发生在下午1点至2点之间,以及2点以后的其余时间内,将停止交易一个小时。如果道·琼斯工业平均指数下降30%,无论发生在什么时间,市场都将被关闭。此外,纽约证券交易所正在考虑为了限制程序化交易,将扩宽50点的项圈范围。

1.3 衍生金融工具简介

金融工具或金融产品是投资的对象[①]。传统上我们一般按融资年限是否在一年以内将金融工具划分为货币市场金融工具和资本市场金融工具。在传统金融工具基础上衍生出来的,其价格取决于传统金融工具价格变动的派生产品则称为衍生金融工具。由于大部分读者对于传统金融工具比较熟悉,本书只做简单介绍,然后在此基础上重点介绍衍生金融工具。

1.3.1 原始的金融工具

(1)货币市场金融工具。

① 商业票据:主要是指由资信好的大公司开出的无担保期票。一是期限很短,平均期限20—45天;二是出票人一般愿意在持有人周转困难时购回票据。尽管没有成熟的二级市场,其流动性并没有受到太大影响。

② 银行承兑汇票:银行承兑汇票由出票人和承兑银行担保付款,汇票还有货物作抵押,所以其信用风险较低,但其面额常常是货物的金额,且期限由货物运输时间决定。

③ 大额可转让定期存单市场(CDs):商业银行发行的按一定期限并按一定利率取得收益的存款单据。这是商业银行通过发行本票来主动争取存款的新形式。

---

① 在第二节中我们所说的金融资产实际上就是金融工具,只是在第二节中从与实物资产比较的角度进行了简要的介绍。

存单的最主要特定是可以转让,在二级市场流通,具有比普通定期存款高得多的流动性。通过短期存单市场银行扩大了贷款能力,且增加了一种流动性调节工具。短期存单面临的风险有信用风险和可销售性风险。最小发行面额 10 万美元,流通的最小面值 100 万美元。

④ 政府国库券:政府发行的期限在 1 年以下的短期债券,它是货币市场上最重要的信用工具。国库券发行时通常按面值折扣出售,到期按面值兑现。国库券利率在货币市场中最低的原因:一是政府发行期限短,认为没有信用风险,常作为无风险利率;二是交易方便,具有很强的流动性;三是利息收入只需交纳联邦所得税,可免州和地方所得税。

⑤ 银行间同业拆借市场:它是银行间调剂准备金头寸的工具。在美国称为联邦基金。联邦基金的交易并没有创造出新的准备金,但提高了现有准备金的利用率,提高了银行的存贷能力。联邦基金利率对金融市场最敏感,可以反映货币市场的松紧程度。银行同业拆借有直接拆借和间接拆借两种,其中间接拆借是最主要的交易方式,特点是拆借效率高、交易公正、安全。充当中介机构的是规模较大的商业银行或专门的拆借经纪公司。我国同业拆借期限较短,大多为 1—3 个月,最长为 9 个月,最短为 3—5 天。同业拆借利息较低,一般低于人民银行的再贷款利率。

⑥ 回购协议:以出售政府债券或其他证券的方式暂时性地从顾客处获得闲置资金,同时订立协议在将来某一日再购回同样的证券偿付顾客的一种交易方式。大多数回购协议都是隔夜的,所以期限短,而且一般在相互信任的经济单位间进行,利率由双方商定,因而是安全可靠的短期融资。回购市场是大额资金的批发市场,大多在 100 万美元以上。

持续合同的回购协议:回购协议的资金需求方主要是商业银行,资金供给方主要是工商企业。企业为了使所持有的流动性资产收益最大化,往往承诺在某段时间向银行提供一定数量的资金,在合同有效期内回购协议每天重新订立一次,交易的任何一方有权在任何时候撤销合同。

自动转账的回购协议:这是银行为企业提供优惠金融服务的新形式。企业每天将其活期存款集中于银行的一个账户,每日收账前,企业账户中任何超过最低限度的资金余额自动转化为证券回购协议资金,第二天上午资金再回流到企业活期存款账户中备用。这就把活期存款与证券回购协议联系起来,兼顾流动性、收益性和安全性。

⑦ 欧洲美元：这是存在美国境外的美国银行国外分支机构或外国银行的美元。美国银行如果需要资金可以从欧洲货币市场借入这些存款。近年来，欧洲美元也成为银行的一个主要资金来源。

(2) 资本市场的金融工具。

① 股票。这是股份有限公司发行的、用以证明投资者的股东身份和权益、并据以获取股息和红利的凭证。股票一经发行，购买股票的投资者即成为公司的股东，股票实质上代表了股东对股份公司的所有权，股东凭借股票可以获得公司的股息和红利，参加股东大会并行使自己的权力，同时也承担相应的责任与风险。股票的品种很多，分类方法亦有差异。按股东享有权利的不同，可以分为普通股和优先股。普通股是最常见的一种股票，其持有者享有股东的基本权利和义务。普通股的股利完全随公司盈利的高低而变化，普通股股东在公司盈利和剩余财产的分配顺序上列在债权人和优先股票股东之后，故其承担的风险也可能较高。优先股是一种特殊股票，在它的股东权利义务中附加了某些特别条件。优先股的股息率是固定的，其持有者的股东权利受到一定的限制，但在公司盈利和剩余财产的分配上比普通股股东享有优先权。

② 债券。这是发行人依照法定程序发行，并约定在一定期限还本付息的有价证券。债券作为证明债权债务关系的凭证，一般用具有一定格式的票面形式来表现。通常，债券票面上的基本要素有四个：票面价值、偿还期限、债券利率、债券发行者名称。债券的种类很多，可以依据不同的标准进行分类：根据发行主体的不同，债券可以分为政府债券、金融债券和公司债券；按利率是否固定可分为固定利率债券和浮动利率债券；按计息方式可分为单利债券、复利债券、贴现债券和累进利率债券等。

1.3.2 金融衍生工具

金融衍生工具，又称金融衍生产品，是指建立在基础金融工具或基础金融变量之上，其价格取决于后者价格变动的派生产品，因为其价值依其他证券而定，所以又称为或有权利(contingent claim)。金融衍生工具是 20 世纪七八十年代全球金融创新浪潮中的高科技产品，它是在传统金融工具基础上衍生出来的，通过预测股价、利率、汇率等未来行情走势，采用支付少量保证金或权利金签订远期合同或互换不同金融商品等交易形式的新兴金融工具。

（1）金融衍生工具的分类概况。

金融衍生工具可以按照基础工具的种类、交易形式以及自身交易方法的不同而有不同的分类。

① 按照基础工具种类划分，金融衍生工具可以划分为股权式衍生工具、货币衍生工具和利率衍生工具。

所谓基础工具，就是能够产生衍生工具的传统金融工具。

a）股权式衍生工具是指以股票或股票指数为基础工具的金融衍生工具，主要包括股票期货、股票期权、股票指数期货、股票指数期权以及上述合约的混合交易合约。

b）货币衍生工具是指以各种货币作衍生工具的金融衍生工具，主要包括远期外汇合约、货币期权、货币互换以及上述合约的混合交易合约。

c）利率衍生工具是指以利率或利率的载体为基础工具的金融衍生工具，主要包括远期利率协议、利率期货、利率期权、利率互换以及上述合约的混合交易合约。

② 按照基础工具的交易形式不同，金融衍生工具分为两类。

第一类是交易双方的风险收益对称，都负有在将来某一日期按一定条件进行交易的义务。属于这一类的有远期合约、期货合约、互换合约。第二类是交易双方风险收益不对称，合约购买方有权选择履行合约与否。属于这一类的有期权合约、认股权证、可转换债券等。

③ 按照金融衍生工具自身交易的方法及特点，可以分为金融远期、金融期货、金融期权、金融互换。

a）金融远期是指合约双方同意在未来日期按照固定价格交换金融资产的合约。金融远期合约规定了将来交换的资产、交换的日期、交换的价格和数量，合约条款因合约双方的需要不同而不同，主要有远期利率协议、远期外汇合约和远期股票合约。

b）金融期货是指买卖双方在有组织的交易所内公开竞价的形式达成的，在将来某一特定时间交收标准数量特定金融工具的协议，主要包括货币期货、利率期货和股票指数期货三种。

c）金融期权是指合约双方按约定价格，在约定日期内就是否买卖某种金融工具所达成的契约，包括现货期权和期货期权两大类。

d) 金融互换是指两个或两个以上的当事人按共同商定的条件,在约定的时间内交换一定支付款项的金融交易,主要有货币互换和利率互换两类。

(2) 主要的金融衍生工具简介。

① 远期类合约。

远期合约是最简单的衍生工具。它是指买卖双方分别承诺在将来某一特定时间按照事先确定的价格,购买和提供某种商品。远期合约这一交易的优点在于可能根据交易双方的具体需求确定将来交割对象的期限、数量,这不仅规避了价格风险,而且也更加能满足各种具体情况,但这同时也带来了合约非标准化的缺点,这使得远期合约的二级市场很难发展起来。因此,远期交易绝大多数是买卖双方直接交易,极少在交易所中进行交易。

远期合约的实例:远期利率协定(FRAS),这是一种远期合约。买卖双方商定将来一定时间的协议利率并规定以何种利率为参照利率,在将来清算时,按规定的期限和本金额,由一方或另一方支付协议利率和参照利率利息差额和贴现金额。

FRAS 主要用于银行机构之间防范利率风险,它可以保证合同的买方在未来的时期内以固定的利率借取资金或发放贷款。比如,两家银行之间就未来 3 个月期限的 3 个月欧洲美元存款利率达成协定,从目前算 6 个月后开始,9 个月后结束。这种协定行业上称为"6 对 9"(6 against 9)。FRAS 开始时,合同以现金清算,如果市场利率高于协定利率,合同的买方收取其间差额。

目前	现金清算日	三个月期限 FRAS
1月1日	7月1日	9月30日

令 A=协定利率,S=清算日市场利率,N=合同数额,d=FRAS 期限。

如果 $S>A$,卖方向买方支付;如果 $S<A$,买方向卖方支付,支付的数额为

$$\frac{N\times(S-A)\times d/360}{1+S\times d/360}$$

上式的分子是支付的市场利率与协定利率的差额,但是由于是在 FRAS 开始时支付,所以需用分母加以折现。下面再看一个例子。

某银行购买了一份"3 对 6"的 FRAS,金额为 USD1 000 000,期限 3 个月。从当日起算,3 个月后开始,6 个月后结束。协定利率为 9.0%,FRAS 期限确切为 91 天。3 个月后,FRAS 开始时,市场利率为 9.5%,于是银行从合同卖方收取现金,

数额为

$$USD1\,000\,000 \times \frac{(9.5-9.0\%) \times 91/360}{1+9.5\% \times 91/360} = USD1\,234.25$$

注意,这里已将现金支付额按 FRAS 91 天期限,以市场利率加以折现。银行的净借款成本在 FRAS 结束为

$$USD1\,000\,000 \times 9.5\% \times 91/360 = USD24\,013.89$$

(减去)$USD1\,234.25 \times (1+9.5\% \times 91/360) = USD1\,263.89$

借款成本 $= USD22\,750.00$

这个数字相当于银行以协定利率 9.0%借取了 USD1 000 000,因为:

$$USD1\,000\,000 \times 0.9(91/360) = USD22\,750.00$$

可见,远期利率协定的作用就在于将未来的利率锁定[1],这与利率期货合同的作用很相似,但远期利率协定的优越之处在于客户能够视自己需要的期限和利率种类来签订合同,而不像期货合同都是标准化的。FRAS 合同清算时,只是以现金结算市场利率与合同利率之间的差额,合同本身并无实际的借款或贷款发生。FRAS 主要是银行同业间的交易。远期利率协定给银行提供了一种控制利率风险而无须改变银行资产负债表的有效工具。一般来说,合同的功能是使买方在借取其他款项时免受利率上升的损失,使卖方在发放贷款时免受利率下降的损失。目前 FRAS 合同主要以美元标值(超过 90%),但也有用其他货币如英镑、马克、瑞士法郎、日元等标值的。合同的期限,都采用欧洲货币存款的标准期限,如 3 个月、6 个月、12 个月等,但非标准期限的也有。目前伦敦和纽约国际金融市场是 FRAS 合同的主要交易中心。

② 期权。

期权合同是在未来某时期行使合同按协议价格(strike price)买卖金融工具的

---

[1] 如何证明?实际上就是要证明按远期利率协定借款的实际成本与按市场利率借款的成本是一样的,设 $M = \frac{N \times (S-A) \times d/360}{1+S \times d/360}$,假设银行从合同卖方收取现金 M,则其借款的净成本为 $N \times S \times d/360 - M \times (1+S \times d/360) = N \times S \times d/360$,所以按远期利率协定借款的实际成本与按市场利率借款的成本是一样的。

权利而非义务的契约。

期权的种类很多,可以从投资者的买卖行为、合约履行时间、期权标的物的性质来划分。

a) 从投资者的买卖行为划分,期权有买权(call option)也称看涨期权和卖权(put option)也称看跌期权之分。买权(卖权)是指在约定的未来时间内按协定价格购买(出售)若干标准单位金融工具的权利。无论是买权还是卖权,都有合同的买方(也称合同持有人)和卖方(合同让与人),期权合同的买方是从卖方购进一种承诺,表明卖方将在约定的时期内随时准备依买方的要求按协定价格买进(或卖出)标准数量的金融工具。期权合同的买方为取得这一承诺要付出一定的代价,即期权的价格(premium)。但是,合同的买方除了付出期权价格以外,只享受购买或出售金融工具的权利,而没有其他义务,即不是合同到期时非买或非卖不可。

下面举例说明,假定有一看涨期权,2003年1月8日时期权价格为5美元,期权合约规定合约持有人于2003年2月到期前可以105美元购入IBM股票,交易所交易的期权在到期月的第三个星期五到期,在本例中,是2月20日。在这以前,期权买方有权以105美元/股购得IBM股票。1月8日,IBM股票的价格为104.3125美元/股,低于期权执行价格。因此,此时不会有人执行期权。实际上,如果在到期前IBM股票一直低于105美元,期权会自动失效。反之,如果到期时IBM股价高于105美元,则期权持有者会执行期权。例如,如果2月20日IBM的股票价格为108美元,持有者就会执行,因为他花105美元就得到了价值108美元的股票。执行期权的净收入为:净收入=股票价格-执行价格=108美元-105美元=3美元,尽管到期日收入为3美元,但投资者仍损失2美元,因为当初他购买期权时花去了5美元:利润=净收入-初始投资=3美元-5美元=-2美元。无论如何,只要到期日股价高于执行价格,那么执行期权就是最优选择,因为执行期权带来的收益至少会冲销部分初始投资。如图1-2可以看得很清楚,只有在IBM股票价格高于110美元时,看涨期权多头(合约持有人)才会盈利。

b) 按照金融期权标的物性质的不同,金融

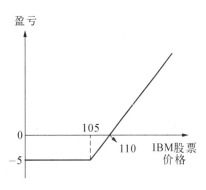

图1-2 看涨期权多头的盈亏状态

期权可以分为股票期权、股票指数期权、行业指数、外汇、农产品期货、金、银、固定收益证券与股票指数等。下面我们将讨论它们中的一些典型代表。

股票期权：买方在交付了期权费后，即取得在合约规定的到期日或到期日以前按协议价买入或卖出一定数量相关股票的权利。

股票指数期权：以股票市场指数作为标的物的看涨期权或看跌期权，例如标准普尔500指数、纽约证券交易所指数。与股票期权相反，指数期权不需要卖方在到期日交割"指数"，也不需要买方购买指数，采用的是现金结算方式。在到期时计算期权增值额，卖方将此额支付给买方即可。计算期权增值额即期权执行价格与指数价值的差额。例如，执行价格为1 040点的标准普尔指数在到期时为1 050点，买方会收到(1 050－1 040)乘以合约所定的乘数100美元或1 000美元。

期货期权：持有者有以执行价格买入或卖出特定期货合约的权利。交割过程稍微有点复杂，期货期权合约条款的设计是以期货价格为标的物。在到期日，期权买方会收到目前期货价格与执行价格之间的差额。例如，如果期货价格为37美元，而看涨期权的执行价格为35美元，则买方会收到2美元的收益。

外汇期权：持有者享有以确定数额的本国货币买入或卖出一定数额的外币的权利。外汇期权于1982年在费城股票交易所开始交易，此后，芝加哥期权交易所与芝加哥商品交易所(CME)也挂牌经营外汇期权。外汇期权合约要求以确定金额的美元买入或卖出外币。合约的报价单位为每单位外币的美分数。

利率期权：美国交易所与芝加哥期权交易所交易美国中长期国债的期权，短期国库券、大额存单、政府国民抵押协会转手证券以及各种期限的财政债券的收益率也可作为标的资产。还有利率期货期权，其标的物包括中长期国债期货、地方政府债券期货、伦敦银行同业拆借利率期货、欧洲美元期货等。

c) 期权按合同所规定的履约时间的不同有欧式和美式之分，美式期权(American option)允许其持有者在期权有效期内的任何一天行使买入或卖出标的物的权利，欧式期权(European options)只允许在到期日当天执行。美式期权比欧式期权的余地多，所以一般说来价值更高。实际上，美国国内交易的所有期权都是美式期权，但是在芝加哥期权交易所交易的外汇与股票指数期权例外。

d) 近年来期权工具领域发生了很多创新。以下这些创新的期权一般被称为新型期权。

亚洲期权：亚洲期权的收益取决于标的资产在至少是期权部分有效期内的平

均价格。例如,一个亚洲期权的收益等于在过去三个月中股票的平均价格减去执行价格(如果这个值为正,否则便为零)。有些公司会对这种期权感兴趣,如公司相对其利润进行套期保值,而利润又取决于某段时间的商品的平均价格。

屏障期权:其收益不仅取决于期权到期时标的资产的价格,还取决于资产价格是否达到了特定的值,达到了特定的"屏障"。例如,被击垮期权(down-and-out option)就是一种当股价降至一定水平就自动失效的屏障期权。同样,被击垮期权只有在期权的有效期内股价下降到特定值至少一次时才会有收益。这种期权也被称作敲出(knock-out)与敲进(knock-in)期权。

回顾期权(look back)的收益取决于期权有效期内标的资产所达到的最大或最小值。例如,回顾期权的收益等于期权有效期内股价的最高值减去执行价格,而不是收盘价减去执行价格。

币种转换期权(currency-translated option)的标的资产与执行价格以外币记值。quanto 就是一个典型的例子,投资者可以按照事先确定的汇率将外汇投资兑换为美元。这种能设定汇率将外币兑换成美元的权利是一种简单的外汇期权。quanto 更有趣之处在于,它所能兑换的外币的数量取决于此项外汇投资的业绩,因此 quanto 实际上所提供的期权数是随机的。

两值期权(binary option)的收益是固定的,它取决于标的资产的价格是否满足预定条件。例如,当股票价格超过执行价格时,两值看涨期权的收益固定为某一数值如 150 美元不变。

③ 金融期货。

期货交易是指交易双方在集中性的市场以公开竞价方式所进行的期货合约的交易。期货合约则是由交易双方订立的、约定在未来某个日期按成交时约定的价格交割一定数量的某种商品的标准化协议。

金融期货是以各种金融商品如外汇、债券、股价指数等作为标的物的期货。

a) 金融期货的特征。

i) 金融期货的特有性质。

主要有两个方面:一是金融期货交易中基差的决定与变动不同于普通商品的期货交易,这种区别主要是由金融商品的持有成本和运输成本远较普通商品为低、持有金融商品还可获取收益的特点所决定的;二是金融期货交易中的结算与交割同普通商品相比有着明显的便利性,这主要是由金融商品的同质性决定的。

ii) 金融期货的基本特征。

金融期货的基本特征是与金融现货交易相比而体现出来的,具体表现在以下三个方面。

第一,交易对象不同。金融现货交易的对象是某一具体形态的金融商品,它代表着一定所有权或债权关系的股票、债券或其他金融商品,而金融期货交易的交易对象是期货合约。期货合约是由期货交易所设计的一种对指定金融商品的种类、规格、数量、交收月份、交收地点都作出统一规定的标准化书面协议。

第二,交易目的不同。金融现货交易的首要目的是为了获得价值或收益,这要通过为生产和经营筹集必要的资金或为暂时闲置的货币资金寻找生息获利的投资机会来实现。金融期货交易的主要目的是套期保值,即为不愿承担价格风险的生产经营者提供稳定成本的条件,从而保证生产经营活动的正常进行。

金融期货的交易价格是在交易过程中形成的,而且实际上这个交易价格是金融现货的未来价格,这相当于在交易的同时发现了金融现货标的的未来价格,因此,从这个意义上看期货的交易过程也就是价格的发现过程。正是金融期货交易的这一特点,导致了在金融期货交易过程中蕴藏着巨大的投机获利的机会。

第三,结算方式不同。金融现货交易通常以证券与货币等金融商品的转手而结束交易活动;而在金融期货交易中,仅有极少数的合约到期进行实物交割,接近98%的期货合约是通过做相反交易实现对冲结算的。

b) 金融期货的种类。

金融期货按基础工具来划分,主要有三种类型:外汇期货、利率期货和股票价格指数期货。

i) 外汇期货。

外汇期货又称货币期货,是以外汇为标的的期货合约,是金融期货中最先产生的品种,主要是为了规避外汇风险。所谓外汇风险,又称汇率风险,是指由于外汇市场汇率的不确定性而使人们遭受损失的可能性。从其产生的领域分析,外汇风险可分为商业性汇率风险和金融性汇率风险两大类。

第一,商业性汇率风险。商业性汇率风险主要是指人们在国际贸易中因汇率变动而遭受损失的可能性,是外汇风险中最常见且最重要的风险。

第二,金融性汇率风险。金融性汇率风险包括债权债务风险和储备风险。所谓债权债务风险,是指在国际借贷中因汇率变动而使其中一方遭受损失的可能性。

所谓储备风险,是指国家、银行、公司等持有的储备性外汇资产因汇率变动而使其实际价值减少的可能性。

外汇期货交易自20世纪70年代初在国际货币市场上率先推出后,得到了迅速发展。

ii) 利率期货。

利率期货是继外汇期货之后产生的又一个金融期货类别,其标的物是一定数量的某种与利率相关的商品,即各种固定利率的有价证券,利率期货主要是为了规避利率风险而产生的。固定利率有价证券的价格受到现行利率和预期利率的影响,价格变化与利率变化一般呈反比关系。

利率期货产生于1975年10月,虽然比外汇期货晚了3年,但其发展速度与应用范围都远较外汇期货来得迅速和广泛。在美国期货市场上,交易的利率期货主要有以下三种。

第一,短期国库券期货。美国短期国库券期货交易是1976年1月芝加哥商业交易所的国际货币市场(IMM)首先开办的,随后其他交易所也开办了这种交易。国际货币市场中的国库券期货以面值100万美元的3个月期国库券为标的物,交货月份为每年的3月、6月、9月和12月,按国际货币市场指数报价,该指数以100与国库券的年贴现率的差价来计算。但是,在合约到期时卖方可用以交割的并不仅限于标的债券。根据IMM规定,可用以交割的既可以是新发行的3个月期的国库券,也可以是尚有90天剩余期限的原来发行的6个月期或1年期的国库券。之所以扩大可交割债券的范围,主要是为了使可用于交割的现货国库券的供给更加充裕,从而确保交割的完成。

第二,3个月期欧洲美元期货。欧洲美元是指存放于美国境外的非美国银行或美国银行设在境外的分支机构的美元存款。国际货币市场上的欧洲美元期货的交易对象主要是存放于伦敦各大银行的欧洲美元定期存款。欧洲美元期货采用指数报价和现金结算方式,该指数以100与年收益率的差价计算,最后的结算价则由现货市场决定,即等于100减去合约最后交易日的3个月期经特别处理的伦敦银行同业拆放利率。

第三,美国政府长期国债期货。美国政府长期国债期货的标的物是期限为20年、息票利率为8%的美国长期公债券。它采用价格报价法,即以标的债券为基础,报出其每100美元面值的价格,且以合约面值10万美元1%的1/32为最小报价单位。长期国债期货的交割日为合约月份的任一营业日,具体在哪一日交割,由期货合约的卖方决定,但必须比实际交割日提前两个营业日向结算单位发出交割通知。长期国债期货合约到期时,卖方可用于交割的并不仅限于标准化的债券。

只要是剩余期限不少于15年的美国长期公债券,都可用于长期国债期货的交割,这样,交易者便会从中选择最便于交割的债券进行交割,在计算实际收付的金额时,要将其他可交割债券的总值通过转换系数加以调整。

此外,在其他国家和地区较为流行的利率期货还有90天英镑定期存款期货、英镑长期国债期货、日元长期国债期货以及3个月港元利率期货等。

iii) 股票价格指数期货。

股票价格指数期货是金融期货中产生最晚的一个品种,是20世纪80年代金融创新中出现的最重要、最成功的金融工具之一。股票价格指数是反映整个股票市场上各种股票的市场价格总体水平及其变动情况的一种指标,而股票价格指数期货即是以股票价格指数为标的物的期货交易。

股票指数期货的标的物特征决定了它独特的交易规则。股价指数期货的交易单位是由标的指数的点数与某一既定的货币金额的乘积表示的。这一乘数是由交易所规定的、赋予每一指数点以一定价值的金额。这一固定金额反映了股价指数期货合约的标准化特征。股价指数期货的报价方式是以期货合约标的指数的点数来报出价格的,最小变动价位通常也以一定的指数点来表示。由于股价指数本身并没有任何的实物存在形式,因此股价指数是以现金结算方式来结束交易的。在现金结算方式下,每一未平仓合约将于到期日得到自动冲销,即买卖双方根据最后结算价计算出盈亏金额,通过借记或贷记保证金账户而结清交易部位。

股票价格指数期货是为适应人们管理股市风险,尤其是系统性风险的需要而产生的。股票价格指数期货之所以能规避股票交易中的风险,主要是因为股价指数的变动代表了整个股市价格变动的方向和水平,而大多数股票价格的变动是与股价指数同方向的。股票价格指数期货采用现金结算的方式,其合约的价值通常是以股票价格指数值乘以一个固定的金额来计算的。

自1982年美国堪萨斯农产品交易所正式开办世界上第一个股票价格指数期货交易以来,美国的股票价格指数期货交易品种已发展至数种,它们是:芝加哥商品交易所的标准普尔500种股票价格综合指数期货、纽约期货交易所的纽约证券交易所综合指数期货和堪萨斯农产品交易所的价值线综合指数期货。此外,1983

年,澳大利亚悉尼期货交易所制定了自己的股票价格指数期货;1984 年,伦敦国际金融期货交易所推出了金融时报 100 种股票价格指数期货;中国香港期货交易所开办了恒生价格指数期货等。

c) 金融期货的基本功能。

i) 套期保值功能。

套期保值是指通过在现货市场与期货市场同时作相反的交易而达到为其现货保值目的的交易方式。

套期保值的原理。期货交易之所以能够套期保值,其基本原理在于某一特定商品或金融资产的期货价格和现货价格受相同经济因素的制约和影响,从而使它们的变动趋势是一致的,而且现货价格与期货价格具有市场走势的收敛性,即当期货合约临近到期日时现货价格与期货价格将逐渐趋合,它们之间的价差即基差将接近于零。

套期保值的基本做法。在现货市场买进或卖出某种金融资产的同时,作一笔与现货交易品种、数量、期限相当但方向相反的期货交易,以期在未来某一时间通过期货合约的对冲,以一个市场的盈利来弥补另一个市场的亏损,从而规避现货价格变动带来的风险,实现保值的目的。套期保值的基本类型有两种:一是多头套期保值,是指交易者先在期货市场买进期货,以便将来在现货市场买进时不至于因价格上涨而给自己造成经济损失的一种期货交易方式;二是空头套期保值,是指交易者先在期货市场卖出期货,当现货价格下跌时以期货市场的盈利来弥补现货市场的损失,从而达到保值的一种期货交易方式。

ii) 价格发现功能。

价格发现功能是指在一个公开、公平、高效、竞争的期货市场中,通过集中竞价形成期货价格的功能。期货价格具有预期性、连续性和权威性的特点,能够比较准确地反映出未来商品价格的变动趋势。期货市场之所以具有价格发现功能,是因为期货市场将众多的、影响供求关系的因素集中于交易场所内,通过买卖双方公开竞价,集中转化为一个统一的交易价格。这一价格一旦形成,立即向世界各地传播,并影响供求关系,从而形成新的价格。如此循环往复,使价格不断地趋于合理。

由于期货价格与现货价格走向一致并逐渐趋合,所以今天的期货价格可能就是未来的现货价格。这一关系使世界各地的套期保值者和现货经营者都利用期货价格来衡量相关现货商品的近远期价格发展趋势,利用期货价格和传播的市场信息来制定各自的经营决策。这样,期货价格就成为世界各地现货成交价的基础。

当然,期货价格并非时时刻刻都能准确地反映市场的供求关系,但它比较真实地反映了一定时期世界范围内供求关系影响下的商品或金融资产的价格水平。

d) 金融期货的主要交易制度。

金融期货交易有一定的交易规则,这些规则是期货交易正常进行的制度保证,也是期货市场运行机制的外在体现。

i) 集中交易制度。

金融期货在期货交易所或证券交易所进行集中交易。期货交易所是专门进行期货合约买卖的场所,是期货市场的核心,期货交易所为期货交易提供场所和必要的交易设施,制定标准化的期货合约,为期货交易制定规章制度和交易规则,监督交易过程,控制市场风险,保证各项制度和规则的实施,提供期货交易的信息,承担着组织、监督期货交易的重要职能。

期货交易所一般实行会员制度,只有交易所的会员才能直接进场进行交易,而非会员交易者只能委托属于交易所会员的期货经纪商参与交易。期货经纪商又称期货经纪公司,是依法设立的以自己的名义代理客户进行期货交易并收取一定手续费的中介机构。期货交易的撮合成交方式分为做市商方式和竞价方式两种。做市商方式又称报价驱动方式,是指交易的买卖价格由做市商报出,交易者在接受做市商的报价后,即可与做市商进行买卖,完成交易,而交易者之间的委托不直接匹配撮合。竞价方式又称指令驱动方式,是指交易者的委托通过经纪公司进入撮合中心后,按照一定的规则(如价格优先、时间优先)直接匹配撮合,完成交易。无论采取哪种方式,期货交易必须遵循"公开、公平、公正"原则,以保证期货交易正常、有序地进行。

ii) 标准化的期货合约和对冲机制。

期货合约是由交易所设计、经主管机构批准后向市场公布的标准化合约。期货合约对标的商品的品种、交易单位、最小变动价位、每日限价、合约月份、交易时间、最后交易日、交割日、交割地点、交割方式等都作了统一规定,唯一的变量是标的商品的交易价格。交易价格是在期货交易所以公开竞价的方式产生的。

期货合约设计成标准化的合约是为了便于交易双方在合约到期前分别作一笔相反的交易进行对冲,从而避免实物交割。标准化的合约和对冲机制使期货交易对套期保值者和投机者产生强大的吸引力,他们利用期货交易达到为自己的现货商品保值或从中获利的目的。实际上绝大多数的期货合约并不进行实物交割,仅有2%左右的期货合约到期需要进行最终交割。

ⅲ) 保证金及其杠杆作用。

为了控制期货交易的风险和提高效率,期货交易所的会员经纪公司必须向交易所或其附属的结算所缴纳结算保证金,而期货交易双方在成交后都要通过经纪人向交易所或结算所缴纳一定数量的保证金。

由于在期货交易中买卖双方都有可能在最后清算时发生亏损,所以双方都要交保证金。双方成交时缴纳的保证金叫初始保证金,以后每天都要以结算所公布的结算价格与成交价格加以对照,调整保证金账户余额。因市场行情的变化,交易者的保证金账户会产生浮动盈亏,因而保证金账户中实际可用于弥补亏损和提供担保的资金就会随时发生变动。保证金账户必须保持一个最低的水平,称为维持保证金,这一水平一般为初始保证金的50%—75%。当交易者连续亏损,保证金余额不足最低维持水平时,结算所会通过经纪人发出追加保证金的通知,要求交易者在规定时间内追交保证金直达初始保证金水平。交易者如果不能在规定时间内补足保证金,结算所有权将交易者的期货合约平仓了结。

设立保证金的主要目的是当交易者出现亏损时能及时制止,防止出现不能偿付的现象。期货交易的保证金是买卖双方履行其在期货合约中应承担义务的财力担保,起履约保证作用。保证金制度使每一笔期货交易都有与其面临风险相适应的资金作财力保证,并对交易中发生的盈亏作及时处理。这一制度为期货合约的履行提供了安全可靠的保障。

保证金的水平由交易所附属的结算所制定,一般初始保证金的比率为期货合约价值的5%—10%,但也有低至1%或高达18%的情况。由于期货交易的保证金比率很低,因此有高度的杠杆作用,这也是期货市场具有吸引力的重要原因。这一杠杆作用使套期保值者用少量的资金为价值量很大的现货资产找到回避价格风险的手段,也为投机者提供了用少量资金获取盈利的机会。

ⅳ) 结算所和无负债结算制度。

结算所是期货交易所附设的专门清算机构,但又以独立的公司形式组建。结算所通常也采取会员制。所有的期货交易都必须通过结算会员由结算机构进行,而不是由交易双方直接交割清算。

结算所的职责是确定并公布每日结算价及最后结算价、负责收取和管理保证金、负责对成交的期货合约进行逐日清算、对结算所会员的保证金账户进行调整平衡、监督管理到期合约的实物交割以及公布交易数据等有关信息。

结算所实行无负债的每日清算制度,又称逐日盯市制度。就是以每种期货合约在交易日收盘前最后1分钟或几分钟的平均成交价作为当日结算价,与每笔交易成交时的价格作对照,计算每个结算所会员账户的浮动盈亏,进行随市清算。由于逐日盯市制度以一个交易日为最长的结算周期,并对所有账户的交易头寸按不同到期日分别计算,还要求所有的交易盈亏都能及时结算,所以能及时调整保证金账户,控制市场风险。

期货合约成交后,买卖双方都无须了解自己的交易对手是谁,因为所有的交易都记载在结算所的账户上,结算所成为所有交易者的对手,充当了所有买方的卖方,又是所有卖方的买方,当合约对冲或到期平仓时,结算所又负责一切盈亏清算。这样一种清算制度为期货交易提供了一种简便高效的对冲机制和清算手续,从而提高了期货交易的效率和安全性。

由于结算所成了所有交易者的对手,也就成了所有成交合约的履约担保者,并承担了所有的信用风险,这样就可以省去成交双方对交易对手的财力、资信情况的审查,也不必担心对方是否会按时履约。这种结算制度使期货市场不存在潜在的信用风险,提高了期货市场的流动性和安全性。

v) 限仓制度。

限仓制度是交易所为了防止市场风险过度集中和防范操纵市场的行为,而对交易者持仓数量加以限制的制度。根据不同的目的,限仓可以采取根据保证金数量规定持仓限额、对会员的持仓量限制和对客户的持仓量限制等几种形式。通常,限制制度还实行近期月份严于远期月份、对套期保值者与投机者区别对待、对机构与散户区别对待、总量限仓与比例限仓相结合、相反方向头寸不可抵消等原则。

vi) 大户报告制度。

大户报告制度是交易所建立限仓制度后,当会员或客户的持仓量达到交易所规定的数量时,必须向交易所申报有关开户、交易、资金来源、交易动机等情况,以便交易所审查大户是否有过度投机和操纵市场行为,并判断大户的交易风险状况。

通常,交易所规定的大户报告限额小于限仓限额,所以大户报告制度是限仓制度的一道屏障,将大户操纵市场的违规行为防患于未然。对于有操纵市场嫌疑的会员或客户,交易所有权随时限制其建立新的头寸或要求其平仓。如果会员或客户不在交易所规定的时间内自行平仓,交易所有权对其强行平仓。

限仓制度和大户报告制度是降低市场风险,防止人为操纵,提供公开、公平、公正市场环境的有效途径。

e) 金融期货交易和远期交易区别(以外汇交易为例)。

i) 期货交易具有标准化的合同规模。比如在芝加哥国际货币市场上,主要西方货币期货合同的标准买卖单位为 6.25 万加元、10 万英镑、1 250 万日元等。期货交易的总额是标准合同额的倍数,或者说是交易若干份合同。外汇远期交易的数额不限,由客户与银行之间视需要而定。

ii) 期货交易具有固定的到期日。比如在芝加哥 IMM,货币期货合同只在 1、3、4、6、7、9、10 和 12 月的第三个星期三到期。另外,当月合同(Spot Month Contract)也有,这是一种短期的期货合同,在下一个标准到期日到期。商业客户与银行之间,以及银行同业之间的远期外汇交易合同,则可以在任何工作日到期。

iii) 两种交易的定价方式不同。期货合同的价格是在期货交易所大厅以买卖双方公开竞价的方式确定,而远期外汇的价格是由银行以卖价和买价的方式报出。

iv) 期货合约是保证金交易。交易者准备开始期货交易时,需要在期货经纪人那里开设一个账户,并交纳一定的保证金存款,这个保证金也称"初始保证金"。设置保证金的目的在于防止交易中的欺诈行为,降低交易的信用风险。在期货合同的有效期内,客户的这一账户要逐日进行盈亏清算。经纪人每日都要核查该账户的余额,如果发现它低于某个规定的水平时,经纪人就会要求客户追加保证金(margin calls),新增加的保证金称为变动保证金(Variation Margin)。当该账户的余额高于规定水平时,客户可以将之提取出来,但余下的数额必须不低于这个水平,这个最低限额即维持保证金(Maintenance Margin)。

v) 期货交易都有固定的交易场所,期货合同是在交易所大厅交易,交易所设有期货清算所(Clearing House),所有的期货合同都是与清算所之间的交易,客户不必担心交易的另一方违约。而外汇的远期交易可以在任何地点发生,通过电话或电传即可完成,而且外汇交易可以是商业客户之间通过经纪人来成交。

vi) 从事期货交易需支付佣金,期货合约的买方要向经纪人机构一次性支付佣金,以便完成合同的购买以及日后的出售或对冲合同交易。而外汇远期交易的客户只需支付远期外汇的成本,因为银行是从外汇的买卖差价中获利。

综上所述,也可以说期货交易是标准化的远期交易。所以货币期货合同的使用方法和目的也与远期交易基本相同,这里不再重复论述。

④ 其他金融衍生工具。

a) 互换(swap)。

当事双方同意在预先约定的时间内,直接或通过一个中间机构来交换一连串付款义务的金融交易,主要有货币互换和利率互换两种类型。

货币互换是指交易双方互相交换不同币种、相同期限、等值资金债务的货币及利率的一种预约业务。交易双方在期初交换两种不同货币的本金在后按预先规定的日期,进行利息和本金的分期互换。互换程序——初期本金互换;利息互换;到期日本金的再次互换。通常两种货币都使用固定利率。

利率互换是指交易双方在债务币种相同的情况下,互相交换不同形式利率的一种预约业务。利率互换由于双方交换的利率币种是同一的,故一般采取净额支付的方法来结算。利率互换有两种形式:息票互换(Coupon Swaps),即固定利率对浮动利率的互换。基础互换(Basis Swaps),即双方以不同参照利率互换利息支付(例如美国优惠利率对LIBOR)。

例1-1 (利率互换的例子)A、B两家公司面临如下的利率:(A需要浮动利率贷款,B需要固定利率贷款。)

	浮动利率	固定利率
A公司	LIBOR+0.3%	10.0%
B公司	LIBOR+1.1%	11.4%

如果某金融机构要用为它们安排互换,并至少赚20个点的利差,并对A、B有同样的吸引力,A、B各要付多少利率?

剖析:(1)目的:A需要浮动利率贷款,B需要固定利率贷款。

(2)策略:A公司的比较优势在固定利率贷款(1.4%),B公司的相对比较优势在浮动利率贷款(只相差0.8%),策略是A公司借固定利率贷款,B公司借浮动利率贷款。

(3) 利益如何划分：总收益是 1.4%－0.8%＝0.6%，扣除金融机构为它们安排互换，赚得 20 个点(0.2%)的利差，则 A、B 各要获得(0.6%－0.2%)/2＝0.2% 的利益。

(4) 流程图如下：(利息流支付的一种安排)

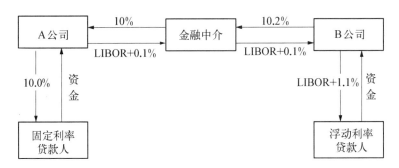

(5) 此利率互换的设计有多种答案，上面提供的是其中一种：A 公司借 10.0% 的固定利率贷款，互换得 LIBOR＋0.1% 的浮动利率贷款(指利息互换)，B 公司借 LIBOR＋1.1% 的浮动利率贷款，互换得 11.2% 的固定利率贷款，10.2%＋LIBOR＋1.1%－(LIBOR＋0.1%)＝11.2%。

例 1－2 (货币互换的例子) A、B 两家公司面临如下的利率：(A 需要美元，B 需要英镑) A 公司借美元须支付的利息(浮动利率)：LIBOR＋1.0%；借英镑须支付的利息(固定利率)：5.0%。B 公司借美元须支付的利息(浮动利率)：LIBOR＋0.5%；借英镑须支付的利息(固定利率)：6.5%。如果某金融机构要用为它们安排互换，并至少赚 50 个点的利差，请设计一个对 A、B 有同样的吸引力货币互换安排，A 和 B 各要付多少利率？

剖析：(1) 目的：A 需要美元贷款，B 需要英镑贷款。

(2) 策略：A 公司的比较优势在英镑贷款(1.5%)，B 公司的比较优势在美元贷款(0.5%)，策略是 A 公司借英镑贷款，B 公司借美元贷款。

(3) 利益如何划分：总收益是 1.5%＋0.5%＝2%，扣除金融机构为它们安排互换，赚得 50 个点(0.5%)的利差，则 A、B 各要获得(2%－0.5%)/2＝0.75% 的利益。

(4) 流程图如下：(利息流支付的一种安排)

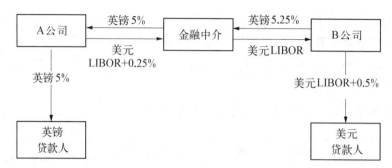

(此货币互换的设计有多种答案,上面提供的是其中一种:A公司借5%的英镑贷款,互换得LIBOR+0.25%的美元贷款,B公司借LIBOR+0.5%的美元贷款,互换得5.75%的英镑利率贷款,5.25%+LIBOR+0.5%-LIBOR=5.75%)

(5)请注意与利率互换不同的是,货币互换涉及本金的互换,而且有期初和期末两次。

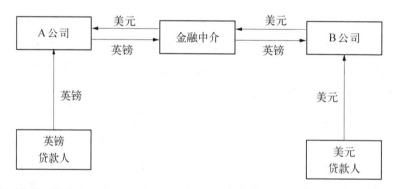

(上图是期初的本金互换,期末的本金互换实际上将箭头方向变反就可以了。)

互换交易曾被西方金融界誉为20世纪80年代最重要的金融创新。1982年在其始创时,金融互换市场成交额约30亿美元,1985年为800亿—1 000亿美元,到1995年,仅货币互换交易额就达7 770亿美元。目前许多大型的跨国银行或投资银行机构都提供安排互换交易的服务。互换交易之所以受到如此欢迎,是因为通过互换,交易双方可以利用各自的筹资优势,达到降低双方筹资成本的目的。通过互换,筹资者可以比较容易地筹措到任何期限、币种和利率的资金。借款人可以根据外汇率各种货币的利率变化情况,不断调整资产和负债的货币结构,使其更加合理,避免外汇汇率和利率变化带来的风险。互换交易额不增加举债总额,并且不计入资产负债表,被称为受欢迎的表外业务。另外,就其对国际金融市场的影响而言,互换交易的发展使浮动利率与固定利率,以及不同币种金融工具之间的差别趋于缩小,同时还对国内和国际金融市场的一体化起着加速作用。

b）可转换证券。

可转换证券,是指其持有者可以在一定时期内按一定比例或价格将之转换成一定数量的另一种证券的证券。可转换证券通常是转换成普通股票,因此也是一种普通股票的看涨期权。

按照发行时证券的性质,可转换证券主要分为可转换债券和可转换优先股票两种。可转换债券是指证券持有者依据一定的转换条件,可将信用债券转换成为发行人普通股票的证券;可转换优先股票是指证券持有者可依据一定转换条件,将优先股票转换成发行人普通股票的证券。目前,我国只有可转换债券,下文的可转换债券主要指可转换公司债券。

i）可转换证券的特征。

第一,可转换证券是一种附有认股权的债券,兼有公司债券和股票的双重特征。在转换以前,它是一种公司债券,具备债券的一切特征,体现的是债权债务关系,持有者是债权人;在转换成股票后,它变成了股票,具备股票的一般特征,体现产权关系,持有者由债权人变成了股权所有者。它是附有转股权的特殊债券,是一种准股票。

第二,可转换证券具有双重选择权的特征。可转换债券具有双重选择权:一方面,投资者可自行选择是否转股,并为此承担转债利率较低的机会成本;另一方面,转债发行人拥有是否实施赎回条款的选择权,并为此要支付没有赎回条款的转债更高的利率。双重选择权是可转换公司债券最主要的金融特征,它的存在使投资者和发行人的风险、收益限定在一定的范围以内,并可以利用这一特点对股票进行套期保值,获得更加确定的收益。

ii）可转换证券有若干重要要素。这些要素基本决定了可转换证券的转换条件、转换价值、市场价格等总体特征。

第一,有效期限和转换期限。

就可转换债券而言,其有效期限与一般债券相同,指债券从发行之日起至偿清本息之日止的时间。

转换期限是指可转换证券转换为普通股份的起始日至结束日的期间。但在大多数情况下,发行人都规定一个特定的转换期限,在该期限内允许可转换证券的持有人按转换比例或转换价格转换成发行人的股票。我国现行法规规定,可转换公司债的期限最短为 3 年,最长为 5 年,自发行之日起 6 个月后可转换为公司股票。

第二,票面利率或股息率。

可转换公司债券的票面利率(或可转换优先股的股息率)由发行人根据当前市场利率水平、公司债券资信等级和发行条款确定,一般低于相同条件的不可转换公司债(或不可转换优先股)。可转换公司债应半年或一年付息一次,到期后 5 个工作日内应偿还未转股债券的本金及最后一期利息。

第三,转换比例或转换价格。

可转换证券包括转换比例、转换价格和转换期限三大要素。

转换比例是指一定面额可转换证券可转换成普通股的股数。用公式表示为

$$转换比例 = \frac{可转换证券面值}{转换价格}$$

以可转换债券为例,如果债券面额为 1 000 元,规定其转换价格为 25 元,则转换比例为 40,即 1 000 元债券可按 25 元 1 股的价格转换为 40 股普通股票。

转换价格是指可转换证券转换为每股普通股份所支付的价格。用公式表示为

$$转换价格 = \frac{可转换证券面值}{转换比例}$$

中国现行法规规定,可转换公司债的转换价格应以公布募集说明书前 30 个交易日公司股票的平均收盘价格为基础,并上浮一定幅度。

第四,赎回条款与回售条款。

赎回是指发行人在发行一段时间后,可以提前赎回未到期的发行在外的可转换公司债券。赎回条件一般是当公司股票价格在一段时间内连续高于转股价格达到一定幅度时,公司可按照事先约定的赎回价格买回发行在外尚未转股的可转换公司债券。

回售是指公司股票在一段时间内连续低于转换价格达到某一幅度时,可转换公司债持有人按事先约定的价格将所持可转债卖给发行人的行为。

赎回条款和回售条款是可转换证券在发行时规定的赎回行为和回售行为发生的具体市场条件。

第五,转换价格修正条款。

转换价格修正是指发行公司在发行可转换证券后,由于公司的送股、配股、增发股票、分立、合并、拆细及其他原因导致发行人股份发生变动,引起公司股票名义价格下降时而对转换价格所做的必要调整。

iii) 可转换证券的转换价值。

转换价值是可转换证券实际转换时按转换成普通股的市场价格计算的理论价值。转换价值等于每股普通股的市价乘以转换比例,用公式表示如下:

$$CV = Po \cdot R$$

在上例中,可转换债券转换比例为 1:40,若股票市价为 26 元 1 股时,其转换价值为

$$CV = 26 \times 40 = 1\,040(元)$$

如果债券的理论价值为 1 400。显然,1 040＜1 400,即此时的转换价值低于债券的理论价值,投资者不会行使转换权。在转换价值小于其理论价值时,投资者可继续持有债券。一方面可得到每年固定的债息,另一方面可等待普通股价格的上涨。如果直至债券的转换期满,普通股价格上涨幅度仍不足以使其转换价值大于理论上投资价值,投资者可要求在债券期满时按面值偿还本金。或者,在这一期间,投资者需要现金时,可以将它作为债券出售,其市场价格以债券的理论价值为基础,并受供求关系影响。只有当股票价格上涨至债券的转换价值大于债券的理论价值时,投资者才会行使转换权;而且,股票价格越高,其转换价值越大。上例中,只有当普通股票价格上涨至每股 35 元以上时,债券的转换价值才会大于其理论价值。当然,可转换债券的理论价值和转换价值都是可变的,其理论价值主要随市场利率的变化而变动,转换价值则随普通股市价涨跌而变动。

iv) 可转换证券的市场价格。

可转换证券的市场价格受供求关系的影响,可能与理论价值相同,也可能不同,当市场价格与理论价值相同时,称为转换平价;如果市场价格高于理论价值,称为转换升水;市场价格低于理论价值,称为转换贴水。

c) 存托凭证。

存托凭证(Depositary Receipt,简称 DR)是指在一国证券市场流通的代表外国

公司有价证券的可转让凭证。存托凭证一般代表外国公司股票，有时也代表债券。

为方便美国投资者投资非美国股票，1927年美国证券市场出现了存托凭证。到目前为止，存托凭证(DR)主要以美国存托凭证(ADR)形式存在，也有全球存托凭证(GDR)和国际存托凭证(IDR)等多种形式。实际上，无论从法律规定还是发行交易等业务流程上，ADR和GDR等都是一样的，它们都以美元标价、以美元支付，都可以通过与欧洲清算系统联网的美国存券信托公司进行无纸化的账户交割，差异仅仅是由于营销方向的不同而引起的名称差异。IDR是以一种或多种非美国货币计价，且以不记名方式发行的存托凭证。

ⅰ) 美国存托凭证的有关业务机构。

参与美国存托凭证发行与交易的中介机构包括存券银行、托管银行和中央存托公司。

第一，存券银行。

存券银行作为ADR的发行人和ADR市场中介，为ADR的投资者提供所需的一切服务。

首先，作为ADR发行人，存券银行在ADR基础证券的发行国安排托管银行，当基础证券被解入托管账户后，立即向投资者发出ADR；ADR被取消时，指令托管银行把基础证券重新投入当地市场。

其次，在ADR交易过程中，存券银行负责ADR的注册和过户，安排ADR在存券信托公司的保管和清算，及时通知托管银行变更股东或债券持有人的登记资料，并与经纪人保持经常联系，保证ADR交易的顺利进行。同时，存券银行还要向ADR的持有者派发美元红利或利息，代理ADR持有者行使投票权等股东权益。

最后，存券银行为ADR持有者和基础证券发行人提供信息和咨询服务。作为ADR持有者、发行公司的代理者和咨询者，存券银行向ADR持有者提供基础证券发行人及ADR的市场信息，解答投资者的询问；向基础证券发行人提供ADR持有者及ADR市场信息，帮助发行人建立和改进ADR计划，特别是提供法律、会计、审计等方面的咨询和代理服务；协调ADR持有者和发行公司的一切事宜，并确保发行公司符合法律要求。

第二，托管银行。

托管银行是由存券银行在基础证券发行国安排的银行，它通常是存券银行在当地的分行、附属行或代理行。托管银行负责保管ADR所代表的基础证券；根据存券银行的指令领取红利或利息,用于再投资或汇回 ADR 发行国;向存券银行提供当地市场信息。

第三,中央存托公司。

中央存托公司是指美国的证券中央保管和清算机构,负责 ADR 的保管和清算。美国证券中央保管和清算机构的成员为金融机构,如证券经纪公司、自营商、银行、信托投资公司、清算公司等,其他机构和个人也可以通过与以上成员建立托管或清算代理关系间接地参加证券中央保管和清算机构。

ii) 美国存托凭证的种类。

按照基础证券发行人是否参与存托凭证的发行,存托凭证可分为无担保的存托凭证和有担保的存托凭证。

第一,无担保的 ADR。无担保的 ADR 由一家或多家银行根据市场的需求发行,基础证券发行人不参与,存券协议只规定存券银行与 ADR 持有者之间的权利和义务关系,无担保的 ADR 目前不存在。

第二,有担保的 ADR。有担保的 ADR 由基础证券发行人的承销商委托一家存券银行发行。承销商、存券银行和托管银行三方签署存券协议。协议内容包括:ADR 与基础证券的关系,ADR 持有者的权利,ADR 的转让、清偿、红利或利息的支付,协议三方的权利义务,等等。采用有担保的 ADR,发行公司可以自由选择存券银行。

有担保的 ADR 分为一、二、三级公开募集 ADR 和美国 144A 规则下的公开募集 ADR。这四种有担保的 ADR 各有其不同的特点和运作惯例,美国的相关法律也对其有不同的要求(见表 1-6)。

表 1-6 ADR 分类及其法律要求

ADR 类型	适用的法律	注册登记及豁免	公开性要求	美国会计准则	成本费用	交易方式	可否集资
无担保 ADR (已很少应用)	证券法 交易法	F—6 $12e^3$—2(b)	无 无			OTC	否
一级有担保 ADR	证券法 交易法	F—6 $12S^3$—2(b)	无 无	不需符合	$5 000 $20 000	OTC	目前不可
二级有担保 ADR	证券法 交易法	F—6 20—F	无 详细持续	部分符合	$200 000 $500 000	交易所或 NASDAQ	目前不可

续表

ADR 类型	适用的法律	注册登记及豁免	公开性要求	美国会计准则	成本费用	交易方式	可否集资
三级有担保 ADR	证券法 交易法	F-1 20-F	严格的详细的	完全符合	\$400 000 \$800 000	交易所或 NASDAQ	可以
144A 私募 ADR	证券法 交易法	无 $12e^3$-2(b)	欧洲的标准	不需符合	\$75 000 \$300 000	QIB6 之间	可以

说明：

① 证券法、交易法分别是美国《1933年证券法》和《1934年证券交易法》的简称。

② F-6指按美国《1933年证券法》要求以F-6表格注册登记单，向美国证管会（SEC）注册。

③ $12g^3$-2(b)指根据1934年的证券交易法1283 SEC申请豁免。

④ OTC是指柜台交易市场。

⑤ NASDAQ指全美证券商协会自动报价系统。

⑥ QIB(Qualified Institutional Buyer)指合格机构投资者。

从美国《1933年证券法》和《1934年证券交易法》对有担保 ADR 的不同要求及其运作惯例中可以发现，对于暂时没有集资需要的 ADR 计划，一级有担保 ADR 是合适的选择。一级有担保 ADR 可以根据《1934年证券交易法》$12e^3$—2(b)豁免规则向美国证券与交易委员会（SEC）申请豁免，不需编制符合美国会计准则的财务报表，费用较低。中国国内现有的 B 股 ADR 计划，如上海氯碱、二纺机、深房产都是以一级有担保形式建立的。对于有集资需求，同时发行普通股的公司，大都选择144A 私募 ADR。144A 私募 ADR 无需到美国证券与交易委员会注册，可以在合格机构投资者范围内集资。上海石化、仪征化纤、庆铃汽车和马钢等企业采用了 H 股和 144A 私募 ADR 同时发行的形式。二、三级有担保 ADR 的股东范围更广些，但对公开性和会计准则方面要求更高，许多二、三级有担保 ADR 通常由144A 私募 ADR 或一级 ADR 方式升级而来。

ⅲ) 存托凭证的优点。

第一，市场容量大、筹资能力强。

以美国存托凭证为例，美国证券市场最突出的特点就是市场容量极大，这使在美国发行 ADR 的外国公司能在短期内筹集到大量的外汇资金，拓宽公司的股东基础，提高其长期筹资能力，提高其公司证券的流动性并分散风险。

第二,上市手续简单、发行成本低。

对股份公司而言,采用一级 ADR 和 144A 规则下发行的一级 ADR 方式无需到 SEC 登记注册,不受发行地严格的上市要求的限制,也无需按照美国 Generally Accepted Accounting Principles(GAAP 美国公认会计准则)要求进行审计。避开直接发行股票与债券的法律要求。

iv) 美国存托凭证的发行与交易。

ADR 的发行步骤如下:

第一,美国投资者委托美国经纪人以 ADR 形式购入非美国公司证券;

第二,美国经纪人与基础证券所在地的经纪人联系购买事宜,并要求将所购买的证券解往美国的存券银行在当地的托管银行;

第三,当地经纪人通过当地的交易所或场外市场购入所指示的证券,该证券既可以是已经在二级市场上流通的证券,也可以是非美国公司一部分以 ADR 形式发售的证券;

第四,将所购买的证券存放在当地的托管银行;

第五,托管银行解入相应的证券后,立即通知美国的存券银行;

第六,存券银行即发出 ADR,交给美国经纪人;

第七,经纪人将 ADR 交给投资者或存放在存券信托公司,同时把投资者支付的美元按当时的汇价兑换成相应的外汇,支付给当地的经纪人。

美国存托凭证(ADR)的交易。

ADR 可以和其他任何美国证券一样在美国市场上自由交易,通常有以下两种交易形式。

第一种,市场交易。这种交易是指在美国市场的 ADR 持有者之间相互买卖,在存券银行过户,在存券信托公司清算,其交易过程和其他美国证券完全一样。目前,市场交易占全部 ADR 交易的 95% 左右。

第二种,取消。当客户指示卖出 ADR 而本地市场无 ADR 买家时,美国的经纪人委托基础证券所在国的经纪人出售基础证券;当经纪人接到已经出售的通知时即把 ADR 交回存券银行,由存券银行取消 ADR;同时,存券银行指示托管银行将相应的基础证券解入当地购入该证券的证券商账户。这里,美国的经纪人负责把外汇按当时的汇价换成美元,支付给 ADR 持有者。

d) 认股权证。

i) 认股权证的定义。

认股权证全称股票认购授权证，它由上市公司发行，给予持有权证的投资者在未来某个时间或某一段时间以事先确认的价格购买一定量该公司股票的权利。认股权证实质上是一种股票的长期看涨期权。通常，认股权证与债券或优先股共同发行，20世纪80年代以来，出现了认股权证与普通股共同发行的情形。

ii) 认股权证的要素。

认股权证包括认股数量、认股价格和认股期限三个要素。

认股数量。认股数量是指认股权证认购股份的数量，它可以用两种方式约定：一是确定每一单位认股权证可以认购多少普通股的数量；二是确定每一单位认股权证可以认购普通股的金额。

认股价格。认股权证在发行时，发行公司即要确定其认股价格。认股价格的确定，一般在认股权证发行时该公司普通股票价格的基础上，上浮10%—30%。如果出现公司股份增加或减少等情况，一般要对认股权证的认股价格进行调整。

认股期限。认股期限是指认股权证的有效期。在有效期内，认股权证的持有人可以随时认购股份；超过有效期，认股权自动失效。认股期限的长短因不同国家、不同地区以及不同市场而差异很大，主要根据投资者和股票发行公司的要求而定。一般来说，认股期限多为3—10年。认股期限越长，其认股价格就越高。认股期限极短的认股权证与配股权证十分相似。

iii) 认股权证的发行。

认股权证一般采取共同发行和单独发行两种方式，共同发行是最常见的方式。

共同发行是发行人在发行优先股份或公司债券时对投资者发行认股权证的方式。由于投资者认购认股权证无须支付认购款项，从而可增强公司优先股份或债券对投资者的吸引力。共同发行的认股权证将随优先股份或债券凭证一同给予认购者，在无纸化交易制度下，认股权证将随优先股份或债券一并由中央登记结算公司划入投资者账户。

单独发行认股权证与优先股份或债券的发行没有内在的联系，而是发行人对老股东的一种回报，按老股东的持股数量以一定比例发放。

iv) 认股权证的交易。

认股权证的交易既可以在交易所内进行，也可以在场外交易市场上进行，其交易方式与股票类似，如：认股权证的最低交易量为一手，有买入价和卖出价，交易双方要支付佣金、印花税、交易征费和特别征费,在交易后24小时内交割。

认股权证交易中最常见的价格是认股权证行使价,它是指以认股权证换取普通股的成本价。其计算公式为

$$行使价 = \frac{认股权证的市价 \times 每手认股权证的数目}{每手认股权证可换的普通股数目}$$

v) 认股权证的价值。

第一,内在价值。

认股权证的内在价值是指持有认股权证的潜在收益,它与发行人的普通股票价格与认股权证的认购价格之间的差价相关。认股权证内在价值的计算公式为

$$V = (P - E) \cdot N$$

上式中:V— 认股权证的内在价值;P— 公司发行的每股普通股的市场价格;E— 认股权证的每股普通股的认购价格;N— 换股比例,即每张认股权证可购买的普通股票数。

由上式可以看出,影响认股权证价值的因素主要有:

一是,普通股的市价。市价高于认购价格越多,认股权证的价值越大;市价波动幅度越大,市价高于认购价格的可能性越大,认股权证的价值就越大。

二是,剩余有效期间。认股权证的剩余有效期间越长,市价高于认购价格的可能性越大,认股权证的价值就越大。

三是,换股比例。认股权证的换股比例越高,其价值越大;反之,则越小。

四是,认股价格。认股价格越低,认股权证的持有者为换股而付出的代价就越小,而普通股市价高于认股价格的机会就越大,因而认股权证的价值也就越大。

第二,投机价值。

从认股权证内在价值的决定看,如果普通股的市价高于或等于认股价格,则认股权证的内在价值就可能大于或等于零;当普通股的市价低于认股价格时,认股权证的理论价值小于零,但市场价格仍可能大于零,因为认股权证本身还有投机价值。这就是说,普通股的市价低于认股价格的现象只是暂时的,只要认股权证没有到期,普通股的价格就仍有超越认股价格的机会,其内在价值就会大于零。

另外,认股权证也有杠杆作用,即认股权证价值的变化幅度大于股价的涨跌幅度,这也是其投机价值的一种表现。

习 题

1. 多项选择题(摘自过去的注册金融分析师(CFA)考试的试题)

1) 公司的优先股经常以低于其债券的收益率出售,这是因为:

A. 优先股通常有更高的代理等级。

B. 优先股持有人对公司的收入有优先要求权。

C. 优先股持有人在公司清算时对公司的资产有优先要求权。

D. 拥有股票的公司可以将其所得红利收入免征所得税。

2) 在股指期权市场上,如果预期股市会在交易完成后迅速上涨,以下哪种交易风险最大?

A. 卖出看涨期权 B. 卖出看跌期权

C. 买入看涨期权 D. 买入看跌期权

2. 请比较金融市场上通常使用的四种交易指令:市价指令(market order)、限价指令(limit order)、止损指令(stop order)、止损限价指令(stop limit order)。

3. 按金融市场的发育程度可将金融市场划分为哪四种类型?

4. 单选题(摘自过去的注册金融分析师考试的试题)

1) 投资者要卖空XYZ公司的100股股票,如果最后两笔交易为34.125美元、34.1875美元,下一笔交易中,投资者只能以什么价位卖出?

A. 34.125美元或更高。 B. 34.1875美元或更高。

C. 34.1875美元或更低。 D. 34.125美元或更低。

2) 纽约证券交易所的做市专家不做的是:

A. 自己账户的交易商 B. 执行限制性委托

C. 有助于市场的流动性 D. 零股自营商

5. A、B两家公司面临如下的利率:(A需要浮动利率贷款,B需要固定利率贷款)

	浮动利率	固定利率
A公司	LIBOR+0.3%	10.0%
B公司	LIBOR+1.1%	11.4%

如果某金融机构要用为它们安排互换,并至少赚20个点的利差,并对A、B有同样的吸引力,A、B各要付多少利率?(同时请画出利率互换的流程图)

6. 某银行购买了一份"3对6"的FRAS,金额为人民币1 000 000元,期限3个月从当日起算,3个月后开始,6个月后结束。协定利率为10%,FRAS期限确切为91天。3个月后,FRAS开始时,市场利率为9.5%。

(1) 3个月后,FRAS开始时,谁要支付现金?支付多少现金?

(2) 以本例说明FRAS的作用是什么?

7. A公司必须在6个月后对其日本供应商支付1亿日元,为防范日元升值风险,它想购入20份日元买入期权合同(每份500万日元),给定价格0.008 00 \$/¥,期权费(保险费)每日元0.016美分。此外,A公司也可以购买10份6个月日元期货合同(每份1 000万日元),价格为0.007 950 \$/¥。即期汇率为0.007 910 \$/¥。A公司财务经理相信6个月最可能汇率是0.007 910 \$/¥,但日元汇率的可能范围是0.008 500 \$/¥至0.007 400 \$/¥。

(1) 用图表示A公司在其预期汇率范围内,它在买入期权合同头寸和期货合同头寸上的损益。

(2) 如果到期日汇率为预期最可能汇率水平,计算A在期权和期货头寸上的损益。

(3) A公司在期权合同和期货合同中收支相抵点的到期日即期汇率分别是多少?

第 2 章 资产配置

资产配置(Asset Allocation)是指根据投资目标将投资者财富分配于不同国家和不同类型资产的过程,而同类资产是由具有相似特点、风险—收益关系的资产组成的。一类宽泛的资产类型如债券,能分成好几小类,如国库券、公司债券、高收益债券等。我们会发现在长期内那些承受更大风险的投资者能得到更高的收益,我们还会发现虽然没有保证投资者成功的捷径存在,但如果能遵循一个合理的并严格执行的投资方法,那么这会提高投资成功的可能性。

资产配置不是一个独立的决定,而是一个资产组合管理的过程。这一章我们会讨论资产组合管理过程的四个步骤。第一步就是投资策略声明(Investment Policy Statement)。它会指导我们以后所有的行动,如投资目标、限制和指导原则都要符合这个投资策略声明。

2.1 个人投资生命周期

每个人都有着不同的财务计划和投资需求。投资需求会随着个人生命周期的变化而变化。个人如何构建自己的财务计划与他的年龄、财务状况、未来计划、个人对风险偏好程度都有关系。

2.1.1 投资前期工作

在开始投资计划之前,我们必须保证一些其他的需求,一般来讲,只有当潜在的投资者有足够的收入来满足以下需求后剩余的部分才能拿来投资。

(1)保险。生命保险应该是任何财务计划中的一部分。财务计划完成之前万一投资人死亡,生命保险能帮助受益人度过经济难关。保险公司支付的补偿金能支付医疗费、安葬费或帮助家人维持生计、偿还贷款或用于其他目的的投资如孩子的教育。保险还能用于其他目标,包括满足长期的需要,如退休金问题,如果你买了养老保险,就可以在达到退休年龄后领取保险金颐养天年。

有几种人身保险单可供投资者选择。死亡险仅仅提供死亡补偿,它是在人身保险中最便宜的一种,但随着投保人年龄的增长,死亡率在提高,所以费率也在相应提高。储蓄型寿险除了能提供死亡补偿金外,还能为投保人提供储蓄功能,投保人所交保费要超出保险公司能支付的死亡补偿金,超出部分会投资于一些金融工具,随着超出部分的规模和投资表现的变化,储蓄型寿险能提供的现金流也在变化。

保险还能保障不受到其他不确定因素干扰。医疗保险能帮助受益人支付医疗费。意外伤害险可以为因伤残而不能工作的受益人提供持续的收入。汽车和家庭财险能弥补因意外事故对汽车和住宅造成的伤害。

(2) 现金储备。意外事件、下岗、一些不可预见的支出和好的投资机会的出现,都要求有一定的现金储备来满足这些要求,除了提供一个缓冲外,现金储备还降低了在不适当的时候卖出投资以应付突发事件的可能性。大部分专家都建议保留一个能应付六个月生活支出的现金储备,而且这些储备应投资于那些变现能力相当高的资产上,如货币市场互助基金、银行储蓄账户。

投资者保险和现金储备的需求都与财务计划一样在一生中是不断变化的。当一个人退休了,则因伤残而需的保险需求就会下降,但同时医疗保险需求会上升。

2.1.2 投资生命周期

假定基本保险需求和现金储备需求已经满足,现在个人可以开始用自己的储蓄投资了。由于财富净值和风险承受能力在一生中会发生变化,个人的投资策略也会随之变化。下面我们就看一下投资生命周期的几个阶段。

(1) 积累阶段(Acculmulation Phase)。在工作初期的个人一般是处于这个阶段。正如这阶段的名字暗示的那样,处于这个阶段的人努力地想积累资产来满足长期需要(如孩子上大学的教育、自己退休后的养老问题)或以防由于工作不稳定而带来的收入下降。这期间,通常他们的财富净值比较小,而以前借入的汽车贷款和助学贷款比较重。考虑到他们投资的长期性和未来赚钱的能力,处于这个阶段的人比较倾向于承受适当的风险,期望得到超出一般水平的收益。

(2) 巩固阶段(Consolidation Phase)。处于巩固阶段的人一般正处于他们事业的中点,已经付清了他们的债务或支付了一部分。他们的收入大于支出,所以超出部分可以用于投资,以防将来的退休或固定资产的购置。这时投资的期限一般比较长,所以适当的风险还是具有吸引力的,当然他们也不想把全部所得置于危险中。

(3) 花费阶段(Spending Phase)。花费阶段一般开始于退休之时,这时的生活费用来自社会保障体系和以前的投资。因为他们已经不能再有收入,所以他们更加需要对资产的保护。在美国,一个65岁的老人大约还有20年的寿命,虽然他们整个资产组合只能承受较低的风险,但他们仍需要一些有风险的增长型投资来使自己的资产不会因通货膨胀而贬值,如普通股。

(4) 享受阶段(Gifting Phase)。这一阶段与花费阶段十分相似,也可能是同时开始的。在这一阶段,他们会认为自己有足够的收入和资产来应付不确定性事件,满足他们的支出,多余的资产可以为亲戚朋友提供财务支出、投入慈善基金等。

在投资生命周期中,投资者有许多财务目标:短期的高优先度目标(Near-term High Priority Goals)是一些短期的财务目标,投资者认为这些目标对他们来说非常重要,如买房、买车,一些有孩子的家庭要设立这种目标以供应孩子上大学。因为这些需要在他们心中具有很重要的地位,而且是短期的,所以高风险投资不适合这类投资者。

长期的高优先度目标(Long-term High Priority Goals)这类目标一般是为了达到某种形式的财务独立的能力,如能够在某一个特定年龄退休,因为它们是长期的,所以高风险投资可以用来满足这种要求。

一个完善的投资策略声明会把这些因素考虑进去。下面我们就讨论资产组合管理的过程。

2.1.3 资产组合管理过程

资产组合管理的过程(The Portfolio Management Process)对资产组合的管理是不会停止的,一旦一笔投资根据计划投出去,那么对该资产组合和投资需求监管和改进就开始了。

对于投资者来说,无论是个人独立完成还是在专业人士帮助下,可以通过以下四步构建资产组合。

第一步是构建一个策略声明。这个策略声明就如同一张地图,在其中,投资者详细地讲述他愿意承担的风险、投资目标和约束条件。所有投资决定必须以该声明为准,以确保投资者利益。这个声明也要随着时间的推移而被重新审视构建。

第二步是资金运作人必须仔细研究当前的金融经济形势,预测未来走势,结合在声明中体现的投资者要求与金融市场上的预期一起来决定具体的投资策略。经济是动态的,它受到行业竞争、政治因素、人口因素和社会态度的影响,因此资产组合需要随时监控和更新,以反映金融市场的预期。

第三步是构建资产组合。知道了投资者的策略声明和金融市场的预期,投资运作人就可以在不同国家和不同资产种类间分配资产了。在构建资产组合过程中要遵循在一定收益情况下最小化风险的原则,具体的内容我们将在第 5 章马柯维茨组合理论中讨论。

第四步继续观察投资者的需求、资本市场条件,如果需要,就对策略声明进行修正,进而对具体投资策略作出相应的修正。

2.2　策略声明的作用

正如上面所说,策略声明是指导投资过程的纲领,它能帮助投资者更好地了解自己的需求,还可以帮助管理者经营其客户的资金。虽然它不能保证投资一定成功,但它为投资过程设定了纪律,这可以减少作出鲁莽、不合时宜决定的概率。策略声明的重要性体现在两个方面:一是帮助投资者在了解金融市场和投资风险后设立一个比较现实的投资目标;二是它提供了评判资产组合管理者经营表现的标准。下面我们就分别讨论。

2.2.1　提出一个现实的投资目标

每当问到一个投资者他们的投资目标是什么时,他们总是回答类似"赚很多钱"这样的答案。这种目标太模糊而不能使投资具体化。这样的目标只适合那些买彩票的人,而不适合于金融市场的投资者。

策略声明一个重要的目的是帮助投资者弄清自己的需求、目标和投资约束条件。为此,投资者需要了解金融市场和投资风险,这些背景知识能防止他们在未来作出不适宜的决定,提高达到他们投资目标的可能性。

因此,策略声明使投资者更明确自己的投资目标,更加清楚投资的风险与成本。不管是股票、债券还是实物资产,它的市场价值都会剧烈波动,例如在1987年10月的股市崩盘中,道·琼斯工业平均指数在一天之内下跌超过20%,让我们回顾一下历史,在几个月内资产价格下降10%—20%并不罕见。如果投资者仅期望每年股票市场收益达到11%,这种想法忽略了市场的风险,是不恰当的。在完成策略声明过程中就是让投资者熟悉投资的风险,因为在收益与风险之间存在很强的相关性。

构建一个策略声明主要是投资者自己应做的事。构建过程是投资者明确自己实际的需求和目标,熟悉金融市场和投资风险的过程,没有这些信息,投资者就不能把他们真正的需要传达给资产组合经营者;没有这些信息,资产组合经营者就不能建立一个满足他们顾客要求的资产组合,这一步的省略很可能会给将来带来损失。

2.2.2 提供评判资产组合优劣的标准

策略声明也为评判资产组合经营者业绩好坏提供了标准。没有一个客观标准我们是没有办法评审他们业绩的。一个经营者业绩的好坏应与策略声明者中具体化的指标相比较,而不是只关心资产组合整体收益。例如,一个只能承受较低风险的投资者,不能因为他的资产管理人没有达到风险标普500股票指数的收益率而炒掉他,正因为在投资策略声明中指出了该投资者的低风险承受能力,所以他能获得的收益肯定会低于把他全部资产投于股票市场所获来的收益。

在策略声明中应包含一个作为标准的基准资产组合(Benchmark Portfolio)。这个基准资产组合的风险和其中的资产应与投资者的风险偏好和投资需要相一致,这样资产管理者的业绩就可以和这个基准资产组合相比了。例如,一个在策略声明中表明自己为低风险承受者的投资者,那么他应将经营者的业绩与那些低风险的基准资产组合相比较。经营者的行为是否恰当是以他是否遵循策略声明来判断的,经营者的任何偏离都不是为投资者的利益着想,很可能招致投资的辞退函。一个合理的策略声明能防止资产管理者不明智的投资和不道德的行为。另外,投资者的资产管理人可能会因为某种原因发生变更,如果没有策略声明可能会带来前后的不一致性。

总而言之,一个明确清晰的策略声明能回避未来一些可能出现的问题。只有当投资者清晰地表达了自己的需求,资产管理者才能更有效地构建一个适宜的资产组合。策略声明提供了评判经营者业绩的标准,防止他们不道德的行为,理顺不同经营者交接时的关系,因此投资的第一步无论对于个人还是基金来说,必须是建立一个投资策略声明。

2.3 投资声明的构成要素

在投资者和他的咨询人构建一个策略声明之前,他们必须交换各自的信息、想法、担心之处。为了构建这个策略声明,客户与咨询人应就客户的目标和约束条件进行磋商,我们将以25岁和65岁两种典型的投资人为例来说明投资目标和约束条件。

2.3.1 投资目标

投资者的投资目标应包括风险和收益两个方面而不能仅仅提出收益要求。若仅仅以收益作为目标,可能会导致资产管理者不恰当的投资操作,如投资于高风险领域或为了低买高卖而频繁转换投资标的。

例如,一个人可以设定自己的目标为"在五年之内使我的投资翻一番",但在这之前,此人必须明白这样一种投资目标意味着多大的风险,有多少损失的可能性。在讨论任何收益目标之前必须对客户有一个仔细的风险承受能力分析。风险承受能力受到各种因素的影响,如保险所覆盖的范围、现金储备的多少、家庭状况和年龄。风险承受能力还受到个人现期财富净值和收入预期的影响,在其他条件相等的情况下,具有较高收入的人有能力承担更大的风险。

投资者的收益目标可以以一个绝对或相对的百分比来表示,也可以用一个大概的目标来表示,它可分为资本保值(Capital Preservation)、资本增值(Capital Apperation)、现期收入(Current Income)、整体收入(Total Return)。

(1) 资本保值意味着投资者想最小化损失的风险。投资者一般要剔除通货膨胀因素,他们想维持他们投资的购买力不下降,也就是说,投资收益不能低于通胀率,这个目标适用于极其厌恶风险的投资者,或者那些很快就需要一笔资金用作支付的投资者。

(2) 有一些投资者需要自己的资产组合升值,以便购买一些自己需要的东西,这时资本增值这个目标就比较合适他们了。在这个策略下,资本的升值主要通过资本利得实现，也就是通过低买高卖实现。这个策略对投资者来说比较激进，他们要承担一些风险以实现他们的投资目标。一般那些为自己以后退休打算的投资者会有这种要求。

（3）持现期收入目标的投资者希望自己的资产组合能带来定期收入而不是资本利得，一些想用这种收入来补贴家用的投资者可能会选择这种目标。另外，退休的人一般也会选择这种目标以维持生计。

（4）整体收入目标与资本增值目标比较接近，持这种目标的投资者也是为了满足以后的某种需要而希望资产组合在一段时间内升值。但是，它不像资本增值目标主要依靠资本利得来实现，整体收入目标是通过资本利得和取得固定收入两种途径来实现的。因为整体收入目标有这两种途径，它所承担的风险处于现期收入和资本增值两种目标之间。

以 25 岁的典型投资者为例，假定此人拥有一份稳定的工作，已买了足够的保险，在银行也有足够的现金储备，而且他长期的高优先度投资目标是建立一个退休基金，根据他的风险偏好，他可以选择承担中等到高度的风险，这样整体收入或资本增值策略可能就是最合适的。下面就是他的投资目标声明：可投资于中等风险到高度风险的各类资产，权益类资产组合的平均风险应大于股票市场大盘指数水平，权益类投资应占全部资产组合的 80%—90%，其余资金可以投资于中短期票据或国债。

相对应地我们也假定 65 岁的典型投资者有足够的保险单和现金储备，而他将在当年退休，由于他即将退休，不会再有工资薪金，所以他能承担风险的能力比 25 岁的投资者要弱，因为他不能再用自己的工资来弥补投资的损失。除了从社会保障体系中取得收入外，他也许还需要从他的资产组合中得到额外的收入以补贴日常支出。假定他还能活 20 年，那么资本保值也是十分必要的。一位风险厌恶者可能会选择现期收入和资本保值的混合策略，一个更能忍受风险的投资者会选择现期收入和整体收入的混合策略以防止突如其来的通货膨胀。下面就是他的投资目标：投资于股票和债券来满足获得定期收入的要求，固定收益证券部分应占整个资产组合的 60%—70%，这其中 10%—20% 可以投资于短期证券以获得更多的流动性和安全性，其余 30%—40% 可以投资于与标普 500 指数风险相当的高质量股票。

2.3.2 投资的约束条件

除了投资目标会对投资的风险与收益有限制外,还有其他一些约束条件也会影响投资计划,这些约束条件包括流动性需求、投资期限、税收因素、法律法规的限制和特殊偏好。

(1) 流动性要求。

一种资产流动性好是指它能以接近市场价值的价格转变为现金。一般来讲,交易者越多,交易品种越规范化、标准化,那么这种资产的流动性会更好。例如,国库券是流动性很强的,而实物资产和风险资产却不是。

投资者也许会有一定的流动性要求,对这一点投资计划必须给予考虑。例如,虽然投资者只有一个长期主要目标,但他也许会有许多短期资金需求。一个富有的人可能会承担大量的所得税义务,所以他需要足够的流动性来支付这些税收。一些为退休储蓄的人可能还会有一些短期的目标,如买一辆车、一套房子等。

25 岁的投资者也许对流动性的要求不是很高,因为他的主要目标是他那个长期的退休计划,但当他面临失业或度蜜月时,他可能就会感到流动性不足了,所以只要有新情况出现,投资者就应该相应地调整自己的策略声明。

(2) 投资期限。

在期限、流动性和承受风险能力之间存在非常紧密的关系。如果一个投资者投资期限较长,而且不要求很高的流动性,那么他就能承受更大的风险:不要求很高的流动性是因为这笔资金在很长时间内不需要用,能承受较大的风险是因为暂时的损失可以由以后的收入弥补。而那些从事短期投资的投资者更偏好低风险,因为一旦损失就没有多少时间允许他们再赚回来。

再以 25 岁投资者和 65 岁投资者为例,前者比后者有更长的预期生命年限,所以前者可能会比后者有一个更长期的投资,这样两个人的资产组合相比一下,25 岁投资者很可能将更大的部分投资于小公司的股票。

(3) 税收因素。

如果考虑上税收因素,投资计划就更复杂了。由于资产价格的上升或下降带来的资本利得或损失与定期收入的征税方法是不一样的。资本利得或损失只有在资产卖出、收益或损失已经实现时才纳税,而未实现的资本利得在资产未卖出之前,纳税义务可以无限期推迟。资本利得只有在资本以高于它成本价卖出后才成为应纳税所得。资本利得税仅仅是针对已实现的是应税资本利得征收的。有一些收入是免税的,以美国为例,国库券的利息收入免征联邦所得税,市政债券是免征州所得税,如果投资者购买本州发行的市政债券,州所得税和联邦所得税都是免征的,因此一些高收入人群总是购买一些市政债券来避税。

此外还有一些避税的手段。例如,投资于 IRA(individual retirement account)就是其中一个。从 IRA 中获得的投资收益只有当从该账户中提现时才征税。这种延期纳税账户的好处在长期内能迅速积累起来,若是一项投资每年收益率为 8%,如果不交税的话,以复利计算在 30 年后 1 元钱变成了 $(1+8\%)^{30} = 10.06$ 元。相反,如果需要交税,假设税率为 28%,这时税后的收益率为 $8\% \times (1-28\%) = 5.76\%$,那么 30 年后 1 元变成了 $(1+5.76\%)^{30} = 5.37$ 元。可以看出利用这种特殊账户会有如此大的差别。

对于 25 岁的投资者来说,他们一般处于较低的税率档次中,所以他们不会太在意税收因素,而 65 岁的投资者就不同了,他们积累了一生的财富,所以很可能处于较高税率档次中,他们会极力寻找一些避税的措施。

(4) 法律法规的限制。

正如我们所知道的,投资过程和金融市场是受高度监管的,有时这些法律法规也会限制个人或机构投资者策略,如受托人要紧遵"谨慎人"原则,他们必须像对待自己的事情一样照顾顾客的资产。所有投资者必须遵守各种法律,如禁止内部人交易(内部人交易是指在一些重要信息没有公开的情况下,内部人利用这些信息来买卖证券以获得高额利润)。投资者最好向专业人士进行咨询来确保自己的策略声明符合各项法律法规。

(5) 特殊偏好。

每个投资者都有自己所关心的方面,一些投资者仅仅因为个人偏好而要求把某些特定股票从自己的资产组合中剔除除去,例如他们会要求只能投资于不生产香烟、酒精、色情产品的企业。1998 年年末,在美国大约有 2 500 亿美元由于社会公共意识而设有一定的限制。个人时间或专业知识也会对个人的投资策略产生影响,一些工作繁忙的经理可能更喜欢在空闲时间放松一下自己,他们会把自己的资产交给信任的人去管理,一些退休者很有时间,但由于缺乏专业知识,也只好把资产交给专业人士。因为每个人的具体情况都不同,每个人都会有自己独特的需求,在构造投资策略声明时一定要指明这一点。

2.3.3 资产配置的重要性

要构建一个策略声明的主要原因是确定整体的投资规划,虽然策略声明并不能具体指出哪一种证券该买,什么时候买,它应该说明要投资于哪些资产种类,每类资产所占的比例是多少,如何在不同种类资产之间分配自己的资金,具体形式一般为一个百分比区间而不是一个确切的数值,例如:一个策略声明可能会要求全部资产的60%—80%投资于普通股,20%—40%投资于债券,如果资产组合管理者十分看好股票市场,他可能会提高股票所占份额,向80%逼近,同时降低债券份额,逼近20%,这为管理者提供了一定的自由度。

一般在构建一个投资策略声明时要决定以下四个方面:

(1) 应投资于哪几类资产;

(2) 每一类资产应分配的比例;

(3) 在指导性比例基础上应给予多大的比例浮动;

(4) 资产组合中应该包括或剔除哪种特定的资产。

我们都知道具有较高收益的资产同时具有较高的风险,这就是为什么投资者需要作一个策略声明的原因,而且也正是如此,投资者和经营者一定要了解资本市场,遵循一定的原则去投资。国债有时候表现会优于股票,股票的风险性较大,有时它会大幅下跌,所以当股市崩盘后,有些专业知识不够、原则性又不是很强的投资者就会卖掉全部的股票并且发誓再也不进来了;相反,那些原则性较强的投资者却坚持他们的投资计划以期待下一轮行情的到来,因为在未来股票市场肯定会再次经历一次大幅上涨。

一个认真构造的策略声明决定哪些种类的资产应该包括在自己的投资组合中。资产配置并不是具体到要选择哪一种证券,它要解决的是确定一个整体的收益率和风险。在这一章我们看出投资者的投资策略所承担的风险与投资者的目标和投资期限相关的。通过这一章我们了解了资产管理的步骤,尤其是第一步策略声明的重要性,还明确了构建一个策略声明所要考虑的问题。

习 题

1. 有人认为年轻人的财富很少，他们不应该投资于风险性资产，如股票市场，因为他们负担不起投资的损失。这种说法是否正确？为什么？

2. 如果一位健康的 63 岁老人马上就要退休了，他准备把所有的退休金投资于货币市场基金。这种投资策略是否合理？

3. 为什么投资策略声明是非常重要的？

4. 随着投资者生命阶段的不断变化，他的投资策略应该作何调整？

5. 若一个投资者的边际税率为 36%，他投资 \$1 000 于 IRA，每年的收益率为 9%，那么在 5 年后该账户的资产组合余额为多少？10 年呢？20 年呢？相反，若他不投资于 IRA 这类延期纳税的资产项目，而是投资于应纳税项目，其他条件相同，那么在 5 年后该投资的资产组合余额为多少？10 年呢？20 年呢？

第3章 投资的收益与风险

投资者之所以选择投资而放弃现期消费,就是为了得到投资收益,从而在未来能带来更大的消费,因此必然会关心投资的收益率;而绝大多数的投资是有风险的,一项投资的风险程度会影响它所带来的收益,甚至使投资者血本无归。在第2章中我们也说明了当投资者进行资产配置时,一定要同时考虑收益率与风险。下面我们就介绍各种收益率和风险。本章的收益率都是事后收益率,有关预期收益率的计算在第5章中会讲到。

3.1 投资的收益率

收益率的一个重要用途是用来比较不同投资的获利能力。对投资者来说,用百分比的形式而不是用收益总量的形式来表示其投资证券的获利能力,是合乎规定和标准的做法。以百分比表示的获利能力使我们能够比较不同投资额度下的资产的收益情况。例如,我们将通过比较投资于 A 股票上的收益和投资于 B 股票上的收益,来说明我们是怎样决定两种投资中哪一种更具获利能力的。假设在 A 股票上可获收益 200 美元,在 B 股票上可获收益 100 美元,这样是否说明投资于 A 股票就比投资于 B 股票好呢?答案是不一定的。如果为了在 A 股票上获利 100 美元必须投资 1 000 美元,而为了在 B 股票上获利 100 美元仅需投资 200 美元,那么投资于 B 股票就要强得多。这一结论完全可以通过比较百分比形式的收益率得出。A 股票的收益率是 200 美元/1 000 美元=20%,B 股票的收益率是 100 美元/200 美元=50%,显然 B 股票的收益能力更强。在计算一给定投资的收益率时,有下面几种不同的方法。

3.1.1 期间收益率(HPR)

期间收益率是收益率的一种基本形式。将相应投资期间所获得的所有利润

（包括价格上涨，即通常所讲的资本利得或资本增益），除以初始投资额，便得到期间收益率：

$$R = \frac{EMV - BMV + D}{BMV}$$

其中：R 为期间收益率；EMV 是期末证券市场价值；BMV 是期初证券市场价值；D 是投资者在该期收到的收入（如股票的红利）。

例 3-1 某位投资者在年初投资购买了 10 000 美元的股票，到年底卖出股票收回现金 15 000 美元，期间他收到分红 100 美元，显然，一年里他的投资收益率为

$$R = \frac{15\,000 - 10\,000 + 100}{10\,000} = 51\%$$

期间收益率并不考虑投资者在期间得到分红的时间价值，而仅仅是把它当作是在期末分配的。

上面的期间收益率是最基本的形式，在现实生活中税收和通货膨胀都会影响期间收益率的计算。

(1) 税后收益率。在现实生活中，虽然有一些证券是不征税的，但大多数是要征税的。下面就讨论税收对期间收益率的影响。这里要区分两种情况：一是在期末并不出售证券；二是在期末出售证券。

期末并不出售证券时，不征收资本利得税（就证券升值所征的税），仅就期间获得的收入（如股息）征税，税后收益率计算如下：

$$R_i = \frac{EMV - BMV + D_i(1-t)}{BMV}$$

其中：R_i 是第 i 期的税后收益率；t 是收入税税率。

仍使用上面的例子，假定分红的税率是 25%，而且投资者也没有卖出手中的股票，那么税后收益率为

$$R_i = \frac{15\,000 - 10\,000 + 100 \times (1 - 25\%)}{10\,000} = 50.75\%$$

显然在征税后所得到的收益就小了。

如果期末出售全部股票,除了要考虑收入的税收外,还要考虑资本利得税,它的计算如下:

$$R_i = \begin{cases} \dfrac{EMV - BMV - (EMV - BMV) \times t' + D_i(1-t)}{BMV} & \text{当 } EMV \geqslant BMV \text{ 时} \\ \dfrac{EMV - BMV + D_i(1-t)}{BMV} & \text{当 } EMV < BMV \text{ 时} \end{cases}$$

其中:t' 为资本利得税税率。

它的计算要分两种情况,是因为资本利得税仅当所持证券卖出时的价值大于购买时的价值时才征收,如果投资者发生损失,是不征资本利得税的。

仍使用上面的例子,假定资本利得税税率为 30%,那么这时的税后收益率为

$$R_i = \frac{15\,000 - 10\,000 - (15\,000 - 10\,000) \times 30\% + 100 \times (1 - 25\%)}{10\,000} = 35.75\%$$

如果年末股票的价值降到 9 000 美元,那么税后收益率为

$$R_i = \frac{9\,000 - 10\,000 + 100 \times (1 - 25\%)}{10\,000} = -9.25\%$$

(2) 实际收益率。上面我们所计算的收益率均为名义收益率,即忽略通货膨胀影响的收益率。假定在投资期间物价上涨 10%,期初 100 美元的东西到了期末必须支付 110 美元才能买到,也就是说,当投资者在将来出售其拥有的资产,并希望用其收入来购买商品和劳务时,通货膨胀会使他们拥有的资金失去一部分购买力。为了反映通货膨胀对收益率的影响,我们必须计算实际收益率。所谓实际收益率,是指从名义收益率中扣除了通货膨胀率的收益率。其计算公式为

$$R_{real} = \frac{1+R}{1+h} - 1$$

其中:R_{real} 表示实际收益率;R 表示名义收益率;h 表示通货膨胀率。

仍利用最初的例子,假定这一年物价上涨 10%,那么实际收益率为

$$R_{real} = \frac{1 + 51\%}{1 + 10\%} - 1 = 37.27\%$$

显然当物价上涨时,实际收益率小于名义收益率。

3.1.2 时间权重收益率

时间权重收益率不同于期间收益率,它充分考虑了资金(如股息)的时间价值。时间权重收益率的计算方法假定投资者在实现现金流入(如收到现金股息)时,立即将这部分现金再投资到现存的证券上。

在这个时期内如果发生现金流入,那么投资者必须把这些资金在获得之日以当天的市场价格购买证券以进行再投资。这样,计算收益率最为准确的办法就应该是:先计算证券在现金流入之日的市场价值,再计算下一个时期的期间收益率,然后,将各个时期的期间收益率综合起来考虑,即可得到整个期间的收益率。

时间权重收益率假定在某一时期内收到的任何收入立即在获得收入的当天被再投资到证券上。其计算公式如下:

$$R_{TW} = [(1+R_1)(1+R_2)\cdots(1+R_n)] - 1$$

其中:R_{TW} 是时间权重收益率;R_n 是各期的期间收益率;n 是时期数。

例 3-2 A公司股票的有关情况:

日 期	当日发放每股现金股息	当日股票价格
1月1日		100 美元
2月15日	2 美元	80 美元
5月15日	2 美元	95 美元
8月15日	2 美元	105 美元
11月15日	2 美元	120 美元
12月31日		100 美元

首先我们计算收益率:从1月1日到2月15日,即第1期的期间收益率是 $[80-100+2]/100 = -0.18$;从2月15日至5月15日,即第2期的期间收益率是 $(95-80+2)/80 = 0.2125$,这样,在1月1日到5月15日这段时间内该A公司股票的时间权重收益率就是 $(1-0.18)(1+0.2125) - 1 = -0.0057$。同样,我们可以计算出全年的时间权重收益率,见表3-1。

表 3-1 时间权重收益率的计算

日期	时期	期间收益率	时间权重收益率
1月1日			
2月15日	1	−0.18	−0.18
5月15日	2	0.212 5	−0.005 7
8月15日	3	0.126 3	0.119 8
11月15日	4	0.161 9	0.301 1
12月31日	5	−0.166 7	0.084 2

如果我们忽略资金的时间价值,即忽略股息发放的时期,仅计算这一年的期间收益率,(100−100+2×4)/100=8%。它与我们计算出的时间权重收益率是不同的。

3.1.3 平均法计算收益率

期间收益率与时间权重收益率衡量的是投资者在一段时期的投资收益率,它们没有把时间单位化;也就是说,如果要比较两种金融产品的期间收益率或时间权重收益率,其持有期必须相同(起点时刻和终点时刻都相同),否则是无法比较的。比如说,投资者投资股票1年的期间收益率为10%,投资债券2年的期间收益率为15%,那么是股票的收益率高还是债券的收益率高呢?我们必须找到一种投资收益率的计算方法,使得不同投资期的收益率可以相互进行比较。这就要用平均法计算收益率,也就是要求出每一期(例如一年)的平均收益,用于比较。

(1) 算术平均法。算术平均法是将各历史时期已经实现了的收益率加起来,然后再除以时期数。即

$$\bar{R}_A = \frac{\sum_{i=1}^{n} R_i}{n}$$

其中:$\bar{R}_A$ 是算术平均收益率;R_i 是第 i 期的收益率(可能为期间收益率,也可能是时间权重收益率);n 是期数(一般来讲,一期都是取一年)。

例 3-3 假设投资于 A 公司股票第一、第二、第三、第四年的收益率为 8%、7.6%、9%、11.5%,那么平均每年的收益率为

$$\bar{R}_A = \frac{8\% + 7.6\% + 9\% + 11.5\%}{4} = 9.025\%$$

(2) 几何平均法。几何平均法与时间权重收益率都使用复利思想的计算方法,即考虑了资金的时间价值;也就是说,在第一期期初所投资的 1 美元,到第一期期末它将价值 $(1+R_1)$ 美元,几何平均法假定,投资者在第二期会将这 $(1+R_1)$ 美元再投资,第二期期末投资将价值 $(1+R_1)(1+R_2)$ 美元,这样下去,在第一期期初所投资的 1 美元,在第 n 期期末它将价值 $(1+R_1)(1+R_2)\cdots(1+R_n)$ 美元,再将这个总收益开 n 次算术根,则得到几何平均值,用数学式表达为

$$\bar{R}_G = \left[\prod_{i=1}^{n}(1+R_i)\right]^{\frac{1}{n}} - 1$$

$\bar{R}_G$ 为几何平均收益率。利用上例来计算每年的几何平均收益率:

$$\bar{R}_G = [(1+8\%) \times (1+7.6\%) \times (1+9\%) \times (1+11.5\%)]^{\frac{1}{4}} - 1 = 9.01\%$$

从上面的例子我们可以看出几何平均法和算术平均法计算出的收益率是不同的,那么哪一个更科学呢?让我们来看一个事例,假设一只股票没有支付股息,初始价格是每股 100 美元,在第一年年末,该股票价格是每股 50 美元,第二年年末是每股 100 美元,该股票第一年的收益率是:$[(50-100)/100]=-0.50$,即损失 50%。第二年的收益率是 $[(100-50)/50]=1.0$,即收益 100%。那么,算术平均收益是 $(-0.5+1.0)/2=25\%$,几何平均收益率是 $[(1-0.5)(1+1.0)]^{\frac{1}{2}}-1=0\%$。哪一个平均收益是正确的?如果投资者的原始投资额是 100 美元,两年之后,还是 100 美元,很明显,他不赚不赔,即收益率是 0%,所以几何平均收益率真实地反映了该投资者资产价值的变化,而算术平均收益率在本例中则毫无意义。这并不是说算术平均法就毫无用处了,当你计算某一特定行业的多种证券的平均收益率时,你则可以使用算术平均法。如果你想评估汽车行业的股票在过去一年中的业绩情况,那么你则可以使用汽车行业各种股票的算术平均收益率。

3.2 投资的风险

3.2.1 风险的类型

现实经济生活中处处充满了不确定性,在证券市场上更是如此,我们明显可以感觉到证券价格每天的变化是多么变幻莫测,如果我们要投资于这些证券,就必须承担这种不确定性。风险就是指影响证券价格的不确定性因素,证券的风险主要有下面七种。

(1) 利率风险(Interest Rate Risk)。利率可以说是证券市场上最重要的变量,它对证券市场的影响最为深刻。利率反映了资金的时间价值和投资的机会成本,当利率发生变化的时候,证券的未来的现金流的折现值会发生变化,这将导致证券现在的价格的变动。例如,债券的价格和市场利率的变动方向呈反向关系,在市场利率升高的时候,债券的价格会下降,导致投资者的损失(这在本书第9章中会讲到)。这种由于利率的变动带来的证券价格的变化就称为利率风险。

(2) 信用风险(Credit Risk)。信用风险是由于借款人(证券发行人)破产、死亡、财务状况不佳或故意不按时归还本金或利息而带来的风险。信用风险对于债券来说,是很重要的风险。一般来说,国债的信用风险是最低的,市政债券其次,信用风险最大的是公司债券。

(3) 商业风险(Business Risk)。公司在现阶段能够顺利生产,有着良好的预期,但这并不表示公司一直能够良好地运转下去,公司在运营过程中会遇到很多不确定的因素影响其现金流大小和支付给股东的红利数额,从而影响了公司的股票价格。我们称这种风险为商业风险。

(4) 流动性风险(Liquidity Risk)。流动性风险是指投资者无法按合适的价格及时的卖出或买进某种证券的可能性,任何在市场上进行交易的资产都会存在流动性风险。流动性包括市场的流动性和证券的流动性,一个市场参与者越多,交易品种越多,那么当一个投资者想要以某个合适价格卖出或买进某种证券时,就更容易找到交易对方;另外,如果某种证券的发行者的信用等级越高,发行量越大,那么这种证券的流动性就越好,因为其他投资者更容易青睐这种证券。

(5) 通货膨胀风险(Inflating Risk)。通过上面收益率的计算,我们已经看到通货膨胀对收益率的影响了。通货膨胀用来表示现金的实际购买力,影响到整个市场的预期收益率大小。大部分债券的票面利率在存续期间是固定不变的,当通货膨胀的幅度大于债券的票面利率时,将使得债券现金流的实际购买力下降,这个时候债券的价格会下降,收益率会上升。这种由于通货膨胀带来的风险就称为通货膨胀风险。

(6) 汇率风险(Exchange-rate Risk)。随着国际金融的发展,跨国投资已经相当普遍了,这就涉及两种货币的兑换了,当投资者持有证券的利息或者红利和本金以外国货币偿还或者以外国货币计算但是用本国货币偿还的时候,投资者就会面临汇率变动风险。我们称这种由于汇率引起的风险为汇率风险。当外国货币相对于本国货币升值的时候,本金和利息汇回时就可以兑换到更多的本国货币,从而使持有外币证券的投资者获得额外的收益;当外国货币相对于本国货币贬值的时候,本金和利息汇回时,可以兑换的本国货币会减少,导致投资者意外的损失。

(7) 事件风险(Event Risk)。事件风险是指某些突发事件的发生对证券价值的影响,如灾难、公司重组、市场游戏规则的变化、政府的政策变动等。如果意外灾难的来临,如"9·11",一些保险公司将会面临很大的赔偿金额,这就有可能使保险公司债券的现金流支付发生困难,从而导致投资者对于债券的信用风险的重新评估,最终影响到债券的市场价格。

3.2.2 风险的度量

在了解了风险种类后,风险的度量成了必要。在组合投资理论中风险一般是通过方差度量的。上面在讲到风险时给我们的印象可能是风险带来的只是损失,但如果我们用方差来度量风险,这个指标不仅仅代表损失,它表示的是收益率的波动性。

方差是收益率偏离其均值大小的平方的期望值。用公式可表示为

$$Var(R) = \sigma^2 = \sum_{i=1}^{N} P_i \, (R_i - E(R))^2$$

其中,$E(R) = P_1 R_1 + P_2 R_2 + \cdots + P_n R_n = \sum_{i=1}^{N} P_i R_i$,称收益率$R$的期望值。

P_i 为收益率取值为 R_i 时的概率。

例 3-4 某金融产品的收益率可能结果如下：

状　态	收　益　率	概　率
1	10%	0.2
2	15%	0.2
3	20%	0.2
4	−15%	0.2
5	0	0.2

$$E(R) = 0.2 \times 10\% + 0.2 \times 15\% + 0.2 \times 20\% - 0.2 \times 15\% + 0.2 \times 0 = 6\%$$

$$\sigma^2 = \sum_{i=1}^{N} P_i (R_i - E(R))^2$$
$$= 0.2 \times (10\% - 6\%)^2 + 0.2 \times (15\% - 6\%)^2 + 0.2 \times (20\% - 6\%)^2$$
$$+ 0.2 \times (-15\% - 6\%)^2 + 0.2 \times (0 - 6\%)^2$$
$$= 1.54\%$$

方差在计算过程中，其数量单位是收益率的平方单位，使用起来不方便，那么为了使得波动性的单位和收益率相同，将方差开方得到标准差：

$$\sigma = \sqrt{\sigma^2}$$

上面例子中金融产品的标准差为

$$\sigma = \sqrt{0.0154} = 12.41\%$$

用方差度量风险有一个缺点就是期望的大小会影响标准差，已知国债的平均收益率为 0.2%，收益率标准差为 0.36%，标准普尔 500 指数的平均收益率为 1%，收益率标准差为 7%，哪个的风险更大呢？所以，为了剔除期望对方差的影响，我们利用差异系数这个概念，也可以度量风险：

$$CV = \frac{\sigma}{E(R)}$$

计算出国债和标准普尔 500 指数的差异系数得到：

$$CV_1 = \frac{0.36\%}{0.2\%} = 1.8$$

$$CV_2 = \frac{7\%}{1\%} = 7$$

可以看出,相对于标准普尔500指数来说,国债的波动性更小。

在其他一些教科书中可能会介绍其他度量风险的方法,如极差、绝对值偏差等,在后面的组合投资理论中运用标准差度量风险就足够了。

习 题

1. 假设年初你以25美元/股的购买价格购入A公司普通股票1000股,5月份,A公司按1股换成3股的比例进行股票分割,全年没有发放股利,年底A股票的交易价格为10美元/股。求当年的期间收益率。

2. 假定你在1月1日以50美元/股的价格购买了100股通用电器的股票。在3月15日,发放每股股利2.3美元,此时其股票价格为55美元。在5月30日,通用电器决定按2股换成3股的比例进行股票分割,此时股票的市场价格为每股60美元。如果12月31日的市场价格为每股35美元。求时间权重收益率。

3. 如果你持有一种股票4年,每年的收益率如下表:

年 份	收益率
1	5%
2	3.2%
3	−17.4%
4	0.23%

利用算术平均法和几何平均法分别计算平均收益率。

4. 一个由不分配股利的股票构成的投资组合,从1995年1月1日到2001年12月31日的几何平均收益率为5%,同期算术平均收益率为6%。如果在1995年年初该投资组合的市场价值为100 000美元,那么在2001年年末该投资组合的市

场价值为多少？（CFA 2003）

5. 一位分析师发现某只股票的收益率分布如下：

状 态	概 率	收 益
1	0.25	0.08
2	0.5	0.12
3	0.25	0.16

求期望收益、标准差、差异系数。（CFA 2003）

第 4 章 有效市场理论

有效市场全称信息有效市场,在一个有效的市场上,证券价格会随着新信息的进入而迅速调整,因此市场上的现行价格已经包含了所有可用的信息,那么,如果要使一个市场有效,需要什么样的前提条件呢？它包括三个方面：

第一,该市场拥有大量的追求最大利润的参与者,他们分析、评估市场上的各种证券,而且他们相互独立；

第二,有关证券的信息是随机地进入市场的,即各种信息宣布的时间相互独立；

第三,这些竞争性的投资者会根据新信息的到来而迅速调整证券的价格,这种价格调整虽然不是完美的,但它是无偏的,这就是说,有的时候价格会超调,有时候价格调整得不够,但在一个给定时间,却不能肯定到底会出现超调还是调整不足。

信息的随机独立出现,再加上大量相互竞争的投资者,他们分析信息,并据以迅速调整证券的价格,这样市场上价格就表现为一种随机独立波动,正因为在有效市场中,现行价格是对所有可用信息的无偏反映,这些信息中包括各种证券的风险,所以,在有效市场中证券的预期收益率应包括了风险因素(见第 6 章)。

4.1 有效市场假设

大多数早期有关有效资本市场的文献都是以随机假设为基础的,与之相对应的许多实证检验并没有理论支持,后来有效市场假设集大成者 Eugene F. Fama 用一个公平博弈模型(fair game model)展示了有效市场理论,它与随机游走假定不同,随机游走假定所研究的是一段时间内价格的运动,而公平博弈模型研究的是一

个特定时点上的价格,它假定证券的价格已经充分反映了所有可用的信息。价格形成的预期收益率理论可以表述为

$$E(\bar{P}_{j,t+1}/\Phi_t) = [1 + E(\bar{r}_{j,t+1}/\Phi_t)]P_{j,t}$$

其中:$P_{j,t}$ 是 t 期证券 j 的价格;$P_{j,t+1}$ 是 $t+1$ 期证券 j 的价格;$\bar{r}_{j,t+1}$ 是 $t+1$ 期证券 j 的收益率;Φ_t 是 t 期已经被充分反映的信息集。

该式表明在给定 t 期的信息集 Φ_t 下,证券 j 的预期价格等于 t 期的现行价格乘以 1 加上预期收益率,这个预期收益率是充分考虑了全部可用信息后得出的,信息集包括 t 期和以前各期的全部相关变量,如通胀率、利率、GDP 等,另外,假定这个信息集还包括各种变量之间的相互关系,即它们是怎么相互联系,是怎么影响证券价格的。

如果均衡价格可以用已经充分考虑的信息集的预期收益率来表示,那么这意味着没有人能得到一个比预期收益率更高的收益。我们设 $x_{j,t+1}$ 为 $t+1$ 期证券 j 的实际价格与预期价格之差,即 $x_{j,t+1} = P_{j,t+1} - E(P_{j,t+1}/\Phi_t)$。如果是在有效市场中 $E(x_{j,t+1}) = 0$,这个公式就反映了公平博弈。投资者确信现行价格已经完全反映了全部可用信息。

根据信息集包括的内容,Fama 把有效市场假设假设分为三种形式:(1) 弱有效市场假设(weak-form EMH);(2) 半强有效市场假设(semistrong-form EMH);(3) 强有效市场假设(strong-form EMH)。

弱有效市场假设:弱有效市场假设是假定现行证券价格已经充分反映了证券市场信息,包括历史价格、收益率、交易量和其他市场信息,如异常交易、特殊群体交易等,这种假设意味着过去的收益率和市场公开信息与未来收益率无关,也就是说,未来收益率与它是相互独立的,因此如果投资者遵循一个交易规则来买卖,而这个交易规则又是基于过去收益率或市场信息的话,他是不会得到什么额外收益的。

半强有效市场假设:半强有效市场假设指出证券价格会对所有公开信息作出迅速调整,即证券的现行价格已经充分反映了全部公开信息,半强有效市场假设要比弱有效市场假设更严格,因为弱有效市场假设中的市场信息如历史价格、收益率、交易量都是公开信息,而公开信息还包括所有非市场信息,如市盈率、分红的宣布、账面价值与市场价值之比、拆股、经济消息和政治消息的发布等,半强

有效市场假设意味着投资者若从已经公开发布的信息来作投资决策,他们是不会获得超出平均水平的收益的,因为所有证券价格已经根据这些信息迅速调整了自己的价格。

强有效市场假设:强有效市场假设认为证券价格已经对所有公开和私人信息作出了调整,这就说明没有哪类投资者能占有信息,因此也就没有哪类投资者能一直获得超出一般水平的收益。强有效市场假设比弱有效市场假设、半强有效市场假设都要严格,它不仅假设证券市场是一个有效市场,即证券价格会对所有信息作出调整,而且还是一个完美市场,即所有信息都是免费的,而且对于任何投资者都是同时获得的。

4.2 对三种有效市场假设的检验

我们了解了三种有效市场假设的含义之后,很自然地想到这三种假设是不是与现实相符合呢?如果实证表明它们根本不能指导实际行动,那这些假设就没有意义了。可是,正如一些对其他金融市场假设的检验一样,检验结果有的支持有效市场假设,可有的却提出了反对意见,下面就让我们看一下。

4.2.1 对弱有效市场假设的检验

对弱有效市场假设的检验分为两类。

第一类是收益独立性的统计检验,有效市场假设指出:证券收益应该在时间上相互独立的,因为信息是随机独立地进入市场的,证券价格根据信息迅速调整,收益率自然在时间上也应是独立的,这种统计检验又分为两种:一种是自相关检验(antocorrelation test),它检验的是第 t 期的收益率与 $t-1$, $t-2$, $t-3$ 或 $t-4$ 期收益率的相关性,如果它们之间不存在显著的相关性,那么就说明市场为弱有效的;另一种是游程检验(runs test),它是把一段时期证券价格变化出现的周期数与随机数列表相比较来检验收益独立性的。

第二类是对交易规则的检验,检验者要构造两个投资组合:一个是模拟投资者的交易规则构造的,交易规则是基于过去交易数据而建立的,在构建的过程中要考虑交易成本;另一个投资组合则是简单地采用购买并持有到期策略构建的,然后检验者通过比较这两个组合的收益来检验前者是否获得了一个比后者高的收益,若是,那么就表明有效市场假设不成立。

在众多的实证检验中,大部分检验的结论是支持弱有效市场假设的,但也有一些不同的声音,如在对小公司证券收益的自相关检验就对弱有效市场假设提出了质疑。

4.2.2 对半强有效市场假设的检验

对半强有效市场假设的检验可以分以下两类:一是检验是否能利用除纯市场信息(价格、交易量)以外的可用信息来预测未来收益率,如利用市盈率、市值、市值与账面价值之比来预测未来收益率,如果不能利用这些信息来预测未来收益率,那么这就支持了半强有效市场假设;二是事件检验,即检验在发生经济事件后,证券价格需要多长时间作出反应。这些事件包括诸如拆股、首次公开发行、挂牌交易等。从另一个角度来讲,就是检验在事件发生后,再投资于相关证券会不会得到一个超额收益,如果证券价格调整得非常快,那么这种事后投资就不会获得超额收益,也就支持了有效市场假设。

大量实证检验的结果并不能明确告诉我们半强有效市场假设是否成立。通过对诸如拆股、世界性事件、会计准则的变更事件的检验,表明半有效市场假设是成立的,可是第一种检验,即利用各种信息是否能预测未来收益率的结果表明半有效市场假设并不成立。

4.2.3 对强有效市场假设的检验

强有效市场假设指出没有投资者能够占有给他们带来超额收益的私人信息,这样对强有效市场假设的检验就变成分析是否有特定的投资群体能够长时期获得一个超额收益。要获得一个长期的超额收益,这些特定的投资群体必须能够持续获得重要的私人信息,或者他们总能抢在其他投资者之前行动,这样一来就表明证券价格并没有根据所有新信息立即调整,也就是说,强有效市场假设并不成立。对强有效市场假设的检验一般集中于这样三类投资群体上。

(1) 公司内部人。内部人包括公司管理人员、董事会成员,还有持有股份超过10%的股东,美国 SEC 要求内部人每日上报他们的交易,6 个月后 SEC 会把这些信息向市场公开。这些信息可用来判断内部人是否在股票价格上升前买入或在股票价格下降前卖出,实证①表明内部人总是能获得一个高于平均水平的收益,尤其是他们的买入交易,虽然很多文献表明在美国内部人具有获得超额收益的能力,但同样大量文献也指出非内部人并不能利用内部人的交易信息来取得超额收益。

(2) 做市商。股票交易的做市商制度使得做市商能够获得一些关于限价指令方面的重要信息,做市商可以利用这些信息来获得超额收益,在20世纪70年代初美国SEC的一项研究表明做市商可以获得一个明显的超额收益,但现在情况已不同于20世纪70年代初,竞争不断加剧和其他交易方式的出现使做市商的收益下降了。

(3) 职业投资经理。对职业投资经理的调查比对以上两类投资群体的研究更具现实意义,因为他们不像上两类投资群体拥有获得内部信息的渠道,除了专业知识和经验,其他并不比普通投资者有优势。但是,他们专门从事投资,所以如果非内部人能获得超额利润,那么就应该是他们。但是,对于美国共同基金的研究表明,大多数基金所获得的收益比不上购买并持有策略②。

公司内部人和做市商能获得一个长期的超额收益,而职业投资经理则不行,这三类投资群体中,职业投资经理更类似于普通大众投资者,所以当我们研究对象为大多数投资者时,强有效市场假设还是能成立的。

随着行为金融学的发展,越来越多否定有效市场假设的现象被发现,具体内容请参阅本书的行为金融学部分。

---

① James H. Jorie and Victor Niederhoffer, Predictive and Statistical Properties of Insider Trading, *Journal of Law and Ecomomics* 11(April 1968); Joseph E. Finnerty, Insiders and Market Efficiency, *Journal of Finance* 31, No. 4(September 1976); Jeffrey F. Jaffe, Special Information and Insider Trading, *Journal of Business* 47, No. 2(April 1974); Halbert Kerr, The Battle of Insider Trading and Market Efficiency, *Journal of Portfolio Management* 6, No. 4(summer 1980); Michael S. Rozeff and Mir A. Zaman, Market Efficiency and Insider Trading: New Evidence, *Journal of Business* 61, No. 1(January 1988); George W. Trivoli, How to Profit from Insider Trading Information, *Journal of Portfolio Management* 6, No. 4(summer 1980).

② Ravi Shukla and Charles Trzcinka, Persistent Performance in the Mutual Fund Market: Test with Funds and Investment Advisors, *Review of Quantitative Finance and Accounting* 4, No. 2(June 1994); Scott D. Stewart, Is Consistency of Performance a Good Measure of Manager Skill?, *Journal of Portfolio Management* 24, No. 3(Spring 1998).

4.3 有效市场假设的运用

4.3.1 有效市场假设与技术分析

技术分析的前提假设与有效市场正好是互相矛盾的。技术分析的一个基本假设是股票以一个持续的趋势运动。技术分析人相信新进入市场的信息不会立刻被每个投资者所了解,而是从消息灵通的职业投资人扩展到积极的投资公众,最后才会被广大投资群体所知晓,他们还认为投资者不会立即分析信息并作出行动,所以从新信息出现到股票价格作出相应调整是需要时间的。因此,技术分析者认为新信息公布后,股票价格是以一个渐进的方式走向新的均衡的,这就使得股票价格运动在一段时间内会呈现一种趋势。

技术分析者认为,老道的交易者能够以自己的方法察觉到证券价格什么时候开始向新均衡点运动,这样他们就在这个时点买入或卖出股票,使自己在以后的股票价格变动中受益。

然而,有效市场假设指出证券价格会对新信息立刻作出调整,虽然有效市场假设并不意味着价格调整是完美的,即可能存在超调或调整不足,但谁也不能判断将会出现超调还是调整不足,因此价格调查是无偏的,投资者不会因为价格调整的偏差获得超额收益。

如果资本市场是弱有效的,那么任何基于以前交易数据的技术分析方法都是毫无意义的,因为在市场信息公布之时,证券价格已经作出了相应调整。

4.3.2 有效市场假设与基础分析

基础分析者认为在任何时候整个股票市场、不同行业或个股都有一个内在价值,这个内在价值是由一些基本经济因素决定的,因此基础分析者就想通过分析各种变量,诸如利率、未来收益现金流等,试图发现投资项目的内在价值,如果现市场价格与内在价值不一致,而且它们的差超过了交易成本的话,投资者就会采取相应的行动:当市场价格低于内在价值时,就买入;当市场价格高于内在价值时,就卖出。这是因为基础分析者认为市价与内在价值的偏离仅仅是暂时的,最终投资者会意识到并且纠正这个偏离,使市价向内在价值回归。

基础分析包括全市场分析、行业分析和公司分析。基础分析一般会以全市场分析开始，在有效市场假设下证券价格会根据信息的出现迅速调整，如果投资者仅仅分析以前的经济事件、数据，他是不太可能获得超额收益的。当然，即使是在有效市场中，价格运动也是存在长期趋势的，要想利用价格的这种长期运动趋势，投资者必须对相关变量作一个预先的正确分析，也就是说，依靠历史数据来预测未来价值并投资是得不到额外收益的。

有效市场假设与基础分析中的内在价值并不矛盾。在一个有效市场上，有大量投资者在寻找这种内在价值与现行价格相背离的机会，这就使这种机会稍纵即逝，也就是说明现行价格就是证券的内在价值。这样基础分析也就失去了作用，但这并不表示内在价值就没有意义了，因为有效市场是基于已经公布的信息之上，如果投资者能做到以下两点：(1) 了解哪些变量如何影响收益率；(2) 能够正确预测这些变量未来的运动，那么基于这种信息（也可以称为信心）进行投资可能会获得超额收益。

习　题

1. 一个市场要成为一个有效的市场需要哪些条件？

2. 简单叙述三种形式的有效市场假设。讨论在一个完全有效的市场中，证券组合管理者应该做些什么。(1992 年 CFA)

3. 简要叙述一下对三种有效市场假设的检验。

4. 简要说明有效市场与 (1) 技术分析；(2) 基础分析的关系。(1995 年 CFA)

5. Tom 是 TMP 的数量分析师，他自己建立了一个模型。他搜集了标普 500 股票指数中的每只股票在过去 5 年中的现金流、价格和总收入。而且，每年末根据价格/现金流这个指标，把 500 只股票平均分成五组，他发现价格/现金比最低的一组年收益为 19.0%，而同期标普 500 的年收益率为 15.9%，而且他发现该组的贝塔值低于市场的平均值。结合有效市场假设，讨论 Tom 的模型。(1993 年 CFA)

第5章 马柯维茨组合理论

在第2章中我们已经说明了在构建投资策略声明时以"赚很多钱"为投资目标是不可取的,一定要同时考虑投资的风险。1952年马柯维茨(Harry M. Markowitz)发表了一篇里程碑式的论文,被公认为"现代组合理论"的开端。马柯维茨方法为单期方法,即在期初 $t=0$ 时买入一个资产组合,在期末 $t=1$ 时卖出,目的是在给定投资者的风险收益偏好和各种证券组合的预期收益与风险之后,确定投资者的最优风险收益组合关系,进而确定投资组合构成。

马柯维茨理论建立在下面五个前提假设基础之上:

(1)每一项投资呈现在投资者面前的是在一段时期内的预期收益的概率分布,即投资者用预期收益的概率分布来描述一项投资;

(2)投资者的目标是单期效用最大化,而且他们的效用函数呈现边际效用递减的特点;

(3)投资者以投资的预期收益的波动性来估计投资的风险;

(4)投资者仅依靠预期的投资风险和收益来作出投资决定,所以他们的效用函数只是预期风险和收益的函数;

(5)在给定预期风险水平后,投资者偏好更高的预期收益,而在给定预期收益后,投资者偏好更低的风险。

下面我们就由浅入深地介绍最优投资是如何确定的。

5.1 财富效用函数与无差异曲线

在投资学中一般都假设投资者是厌恶风险的,也就是说,当一个确定的收益与一个预期收益相等的时候,投资者会选择确定的收益。举个例子,假设一个投资者面对两个选择:一是直接得到5美元,另一个是让他扔硬币决定,正面得到8美元,反面仅得到2美元。尽管第二种选择的预期收益也为5美元(8×0.5+2×0.5),但投资者会选择第一种选择。通过财富效用函数我们能更清楚地了解这个概念。

5.1.1 财富效用函数

财富效用函数是效用和财富间的确切关系。所有的投资者都在自己力所能及的范围内选择更多的财富,每一单位的额外财富都能增加投资者的效用,也就是说,投资者是永远不满足的,这个效用的增加量被称为边际效用,在上面提到的马柯维茨理论的前提假设中已经假定边际效用是递减的。见图5-1。

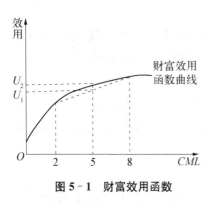

图5-1 财富效用函数

从图中可以看出,随着财富的增加,效用是增加的,但增加的幅度越来越小。用这个图我们就可以进一步解释风险厌恶了。还是利用上面的例子,如果投资者选择直接得到5美元,我们发现从财富5美元出发的直线在效用水平为U_2处与财富效用函数曲线相交,也就是说这种选择能给投资者带来U_2的效用;如果投资者选择了扔硬币,他得到的仅为U_1的效用。显然$U_1<U_2$,这就说明这条财富效用曲线是属于一个风险厌恶投资者的。

5.1.2 无差异曲线

(1) 预期收益和预期风险。

根据马柯维茨理论的前提假设,投资者仅依靠投资的预期收益和预期风险来作出决定。下面我们就介绍预期收益和风险的计算方法。

① 证券投资组合的预期收益。

为了确定一个投资组合的预期收益,首先应该确定单一证券i的预期收益,这种证券在未来有s种状态,那么证券i的预期收益为

$$E(r_i) = \sum_{s=1}^{n} r_{is} p_s$$

其中:p_s是状态s出现的概率,r_{is}是状况s出现时证券i的收益率。

在了解了单一证券的预期收益率后,就可以计算证券组合的预期收益率了。$\bar{r}_p$ 表示组合中各种资产的预期收益的加权平均数,其表达式为

$$\bar{r}_p = \sum_{i=1}^{N} x_i E(r_i)$$

其中:x_i 表示组合中证券 i 所占的比例,即权数;$E(r_i)$ 表示组合中证券 i 的预期收益;N 表示组合中证券的种类。

例 5-1 证券 A 与证券 B 收益的波动周期相同,两种证券在三个不同状态下的概率及收益数据如下:

状 态	概 率	证券 A 收益	证券 B 收益
1	25%	30%	10%
2	50%	13%	15%
3	25%	−4%	12%

可以分别计算出两种证券期望收益和收益概率分布的标准差(标准差计算见第 3 章)为:

	A	B
预期收益	13%	13%
标准差	12%	2%

如果投资到两种证券上的资金相等,即 $x_1 = x_2 = 0.5$,那么上例中投资组合的预期收益率为

$$13\% \times 0.5 + 13\% \times 0.5 = 13\%$$

我们也可以先计算出组合证券在不同状态下的收益率,再以状态概率为权数计算出投资组合的期望收益率。

状 态	概 率	组合证券的收益
1	0.25	20%
2	0.5	14%
3	0.25	4%

组合证券期望的收益率为

$$20\% \times 0.25 + 14\% \times 0.5 + 4\% \times 0.25 = 13\%$$

② 证券投资组合的预期风险。

风险本身有多种含义,并且随着时间的推移,风险的含义也在不断地发展变化。在马柯维茨理论中,把风险定义为投资收益率的波动性。收益率的波动性越大,投资的风险越高。收益率的波动性通常用标准差或方差表示。单一证券 i 的预期风险,即方差和标准差的计算公式如下:

$$\sigma_i^2 = \sum_{s=1}^{n} [r_{is} - E(r_i)]^2 p_s$$

$$\sigma_i = \sqrt{\sum_{s=1}^{n} [r_{is} - E(r_i)]^2 p_s}$$

投资组合的预期风险 σ_p^2 为

$$\sigma_p^2 = \sum_{i=1}^{N} \sum_{j=1}^{N} Cov_{ij} x_i x_j$$

标准差为

$$\sigma_p = \left(\sum_{i=1}^{N} \sum_{j=1}^{N} Cov_{ij} x_i x_j \right)^{\frac{1}{2}}$$

其中:当 $i \neq j$ 时,Cov_{ij} 表示证券 i 与证券 j 收益的协方差,反映了两种证券的收益在一个共同周期中变动的相关程度,x_i、x_j 表示组合中证券 i、j 所占的比例。

协方差与相关系数(用 ρ 表示)存在下列关系:

$$Cov_{ij} = \rho_{ij} \sigma_i \sigma_j$$

也就是说证券 i 与证券 j 两者收益的协方差等于这两种证券收益的相关系数与其各自收益的标准差的乘积。

当 $i = j$ 时,$Cov_{ij} = \sigma_i^2 = \sigma_j^2$,即 $\rho_{ij} = 1$。

还是用上面的例子:证券 A 的预期收益为 13%,标准差为 12%;证券 B 的预期收益为 13%,标准差为 2%。假设两种证券的相关系数是 -0.59,投资比例相

同。组合证券的标准差为

$$[0.5^2 \times 1 \times 0.12^2 + 2 \times 0.5 \times 0.5 \times (-0.59) \times 0.02 \\ \times 0.12 + 0.5^2 \times 1 \times 0.02^2]^{\frac{1}{2}} = 5.74\%$$

(2) 无差异曲线。

现在我们知道了如何计算投资组合的预期收益与预期风险。投资者在进行投资决策之前都会衡量自己对风险、收益的偏好程度,这就需要利用无差异曲线了。一条无差异曲线代表能提供给投资者相同效用量的一系列风险和预期收益的组合。在同一条无差异曲线上的组合对于投资者来说是无差异的。把无差异曲线绘制在一个平面坐标图上,其中横轴表示用标准差测度的风险,纵轴表示用预期收益率测度的收益(见图 5-2)。

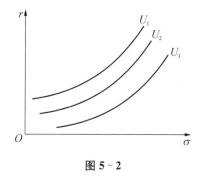

图 5-2

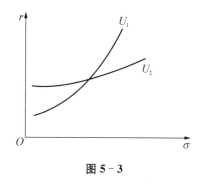

图 5-3

无差异曲线表现出以下四个特点:

① 每一个投资者都有无数条无差异曲线,位于上方的无差异曲线所代表的效用水平比下方的无差异曲线所代表的效用水平高。这是因为在同一风险水平下,上方的无差异曲线能提供更高的预期收益,从另一个角度来看,在同一预期收益率水平下,上方的无差异曲线能提供更小的风险。

② 每一条无差异曲线都是上升的。因为投资者是风险厌恶的,所以如果要让他承担更大的风险,就必须支付更高的收益。

③ 无差异曲线上升的速度是递增的,也就是说,无差异曲线是下凸的。这说明随着风险的增加,投资者对它的厌恶程度是上升的,为弥补增加的一单位风险,必须支付更多的收益。

④ 无差异曲线是不相交的。如果如图5-3所示，两条无差异曲线相交，就会出现矛盾。交点同时在两条无差异曲线U_1和U_2上，而U_1上的所有组合对投资者来说是同样满意的，这意味着它们与交点有相同的满意程度；同时交点也在U_2上，而U_2上所有组合与交点的满意程度相同，于是U_1上所有组合必然与U_2上所有组合有相同的满意程度。这就出现了矛盾，因为U_1和U_2是假设代表不同满意水平的两条曲线。为了不引起矛盾，这些曲线不能相交。

每一投资者都拥有一组无差异曲线图形来表示他对于预期收益率和标准差的偏好。这意味着投资者将对每一可能的组合确定预期收益率和标准差。从无差异曲线还可以看出一个投资者的风险厌恶程度，高度风险厌恶者的无差异曲线更陡峭一些，轻微风险厌恶者的无差异曲线就比较平缓一些。这是因为要让高度风险厌恶者再多承担一单位的风险时，他要求收益的增加要大于轻微风险厌恶者的要求。

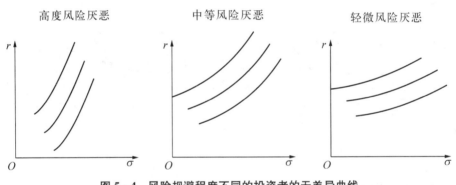

图5-4 风险规避程度不同的投资者的无差异曲线

5.2 有效市场边界

无差异曲线可以算是投资者对自己风险收益的主观偏好，用于评价各种资产组合的收益和风险。但是，这只解决了问题的一半，仅解决了投资者的评价标准，还缺少投资者评价的客体，这就要用到有效市场边界了。

5.2.1 可行集与有效市场边界

对于N种证券来说可有无穷多的组合，仅对两个证券来说就有无数多种的组合方式。利用上一节的例子，投资者可以仅持有 A 证券而放弃 B 证券，也可以一个持有 33%，另一个持有 67%，或者以任何一个大于等于 0 小于等于 1 的比例持有 A，其余全部投资于 B。这仅考虑了两种证券，更不用说 N 种证券了。如果我们把这无数种组合方式的预期收益和风险都计算出来，把它们描绘在坐标系中，就如图 5-5。

图 5-5 中的阴影部分就是所有可能的证券组合，这就是可行集。这无穷多的组合，我们是不是都要考虑呢？幸好答案是否定的，投资者只要考虑可行集中的一个子集即可，其理由可以表述为有效集定理：一个投资者选择他的最优组合时将从下列组合中进行：

（1）对每一水平的风险，该组合提供最大的预期收益；

（2）对每一水平的预期收益，该组合能提供最小的风险。

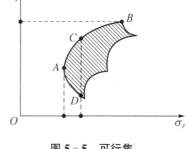

图 5-5 可行集

满足这两个条件的组合被称为有效集，也叫有效市场边界。从图 5-5 中看出：A 点具有最小的标准差，也就是在可行集中 A 点的风险最小；B 点的预期收益最高，夹在 A、B 两点中间的边界部分就是有效市场边界，投资者仅仅考虑这个子集就可以了，而不必考虑其他组合，因为只有在有效市场边界上才满足以上两个条件。例如，线段 CD 就不需要被考虑，因为在这条线段上的组合都具有相同的风险水平，然而只有 C 点的预期收益最高，根据有效集定理，投资者只会选择 C 点。

5.2.2 有效市场边界的凹面

从图 5-5 中可以看出有效市场边界是下凹的，这个性质非常重要。为了简便，我们只以两种证券的组合为例来说明其中的原因。

	A	B
预期收益	5%	15%
标准差	20%	40%

在下面的讨论中,我们将考虑以下五种组合:

组合	组合 1	组合 2	组合 3	组合 4	组合 5
x_1	1.00	0.67	0.50	0.33	0.00
x_2	0.00	0.33	0.50	0.67	1.00

有了 A、B 证券在组合中所占比例和各自的预期收益,就可以计算出各个组合的预期收益了。根据 $\bar{r}_p = \sum_{i=1}^{N} x_i \bar{r}_i$,可以计算出组合 1 的预期收益率为 $1.00 \times 5\% + 0.00 \times 15\% = 5\%$。同理可以得到其他组合的预期收益。

组合	组合 1	组合 2	组合 3	组合 4	组合 5
预期收益	5%	8.3%	10%	11.7%	15%

要计算各个组合的标准差,必须利用 $\sigma_p = \left(\sum_{i=1}^{N} \sum_{j=1}^{N} Cov_{ij} x_i x_j \right)^{\frac{1}{2}}$

$$\sigma_p = \left(\sum_{i=1}^{N} \sum_{j=1}^{N} Cov_{ij} x_i x_j \right)^{\frac{1}{2}}$$

$$= \left(\sum_{i=1}^{2} \sum_{j=1}^{2} Cov_{ij} x_i x_j \right)^{\frac{1}{2}}$$

$$= (x_1^2 \sigma_1^2 + x_2^2 \sigma_2^2 + 2 x_1 x_2 Cov_{12})^{\frac{1}{2}}$$

$$= (x_1^2 \sigma_1^2 + x_2^2 \sigma_2^2 + 2 x_1 x_2 \rho \sigma_1 \sigma_2)^{\frac{1}{2}}$$

$$= (20\%^2 x_1^2 + 40\%^2 x_2^2 + 2 \times 20\% \times 40\% x_1 x_2 \rho)^{\frac{1}{2}}$$

其中,ρ 是 A、B 证券的相关系数(有关概念请见数学附录)。

考虑组合 3:

$$\text{组合 3 的标准差} = (20\%^2 \times 0.5^2 + 40\%^2 \times 0.5^2 + 2 \times 20\%$$
$$\times 40\% \times 0.5 \times 0.5 \rho)^{\frac{1}{2}}$$
$$= (0.01 + 0.04 + 0.04 \rho)^{\frac{1}{2}}$$
$$= (0.05 + 0.04 \rho)^{\frac{1}{2}}$$

显然,当 $\rho = -1$ 时,组合 3 的标准差最小,为 10%;当 $\rho = 1$ 时,组合 3 的标准差最大,为30%。进一步,从上面的推导来看,对于任何给定的 x_1、x_2,标准差的上限和下限分别出现在 $\rho=-1$ 和 $\rho=1$ 时。

当 $\rho=-1$ 时,我们通过计算可得到下表。

组 合	组合1	组合2	组合3	组合4	组合5
预期收益	5%	8.3%	10%	11.7%	15%
标准差	20.00%	0.00	10.00%	20.00%	40.00%

当 $\rho=1$,我们能得到下表。

组 合	组合1	组合2	组合3	组合4	组合5
预期收益	5%	8.3%	10%	11.7%	15%
标准差	20.00%	26.67%	30.00%	33.33%	40.00%

当 $\rho=0$ 时,有以下结果。

组 合	组合1	组合2	组合3	组合4	组合5
预期收益	5%	8.3%	10%	11.7%	15%
标准差	20.00%	18.81%	22.36%	27.60%	40.00%

把这三种情况绘制在坐标系中就得到图5-6。

图5-6中,线段 AB 是根据当 $\rho=1$ 时五种组合绘制成的,折线 ACB 是根据 $\rho=-1$ 时的五种组合绘制成的,曲线 ADB 是根据 $\rho=0$ 绘制成的。从该图中我们就看到上面可行集的样子了。

现在我们就可以解释为什么有效市场边界一定是下凹的。从上面作图的过程中可以了解到,当两个投资组合构成第三个组合时,这第三个组合一定是位于前两个组合连线的

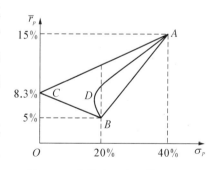

图5-6 有效市场边界的凹面

上方,这一点可以从图5-6中的 A、B 看出。点 A 表示一个证券组合,预期收益为15%,标准差为40%;点 B 为另一个证券组合,预期收益为5%,标准差为20%。

假定 A、B 的相关系数为 1(这是最保守的情况),那么 A、B 的任意组合就在它们的连线上。

我们假设在点 N 和点 M 之间的有效市场边界有一个凹陷(见图 5-7),我们要讨论的就是这种情况是不是会存在。答案是否定的,因为投资者可以将自己的资金分配于 M 和 N 这两种资产组合上,得到的新的资产组合一定位于假设的有效市场边界的外侧(它与上面在组合 A、B 时所得的结论是一致的),从而新的组合将比假设的有效市场边界上位于 N、M 之间具有同一预期收益的组合更有效。

例如,位于 N、M 之间的组合 K 如果真的是一个有效组合的话,那么就不能构造一个与 K 有一样预期收益却有着更低的风险的投资组合。但显然存在这样一个证券组合,假定 N、M 的相关系数为 1,那么肯定有一个 N、M 的组合能提供与 K 一样的预期收益却有着更低的风险,图 5-7 中表示就是 L。这说明我们开始的假设是错误的,所以有效市场边界是不能有凹陷的。

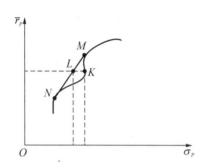

图 5-7 有效市场边界不能凹陷的情况

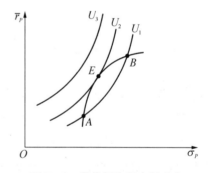

图 5-8 最优投资组合的确定

现在我们有了衡量风险预期收益的无差异曲线,也有了可供投资者选择的有效市场边界,就可以确定最优组合了。如图 5-8,在同一坐标系下画出投资者的无差异曲线和有效市场边界,最优投资组合就是无差异曲线与有效市场边界的切点。

根据无差异曲线与有效市场边界的切点 E,我们找到了最佳组合点。虽然投资者更希望能达到 U_3 的水平,但是这条无差异曲线上的组合已经落在可行集外,是不可能实现的。无差异曲线 U_1 虽然也与有效市场边界有交点 A、B,但是,因为 $U_1 < U_2 < U_3$,所以 E 点的效用最高,且落在有效市场边界上,也就是说,A 点构成了多元证券组合的最佳组合点,而且我们知道无差异曲线是下凸的,而有效市场边

界是下凹的,这也保证了切点的唯一性。

习　题

1. 给出一个证券组合和其中每一种证券的预期收益,如下表。

股　　票	市场价值(美元)	预期收益
A	15 000	0.14
B	17 000	0.17
C	32 000	0.18
D	23 000	−0.04
E	7 000	0.23

求这个证券组合的预期收益。

2. 下面是有关 A、B 公司股票的月收益率资料:

月　　份	A公司股票	B公司股票
1	−0.06	0.02
2	0.04	−0.04
3	−0.05	−0.11
4	0.11	0.12
5	−0.03	−0.05
6	0.01	0.07

求：(1) 两只股票的期望月收益率;

(2) 期望月收益率的标准差;

(3) 两只股票期望月收益率的协方差;

(4) 两只股票期望月收益率的相关系数。

3. 一位养老基金经理正在考虑三种共同基金。第一种是股票基金,第二种是长期政府债券与公司债券基金，第三种是回报率为 8% 的以短期国库券为内容的货币市场基金。这些风险基金的概率分布如下：

名　称	期望收益率(%)	标准差(%)
股票基金(S)	20	30
债券基金(B)	12	15

基金回报率之间的相关系数为 0.10。

试问：两种风险基金的最小方差资产组合的投资比例是多少？这种资产组合回报率的期望值与标准差各是多少？

4. A、B 两种证券的期望收益率和标准差如下：

名　称	期望收益率(%)	标准差(%)
证券 A	12	4
证券 B	16	6

如果这两种证券的相关系数为 1.00，绘出它们构成的证券组合的预期收益—标准差图形。如果相关系数为 0 呢？为 −1.00 呢？

5. 描述马柯维茨有效市场边界的特点(CFA 2003)，并请说明有效市场边界不能有凹陷的原因。

第6章 资本资产定价模型(CAPM)

在介绍了投资组合理论的原理后,我们现在要讲述资本市场理论以及这一理论和投资组合理论对于金融资产定价的意义。本章我们讨论的是一个众所周知的资产定价模型,称为资本资产定价模型(Capital Asset Pricing Model,CAPM)。下一章,我们将讨论其他资产定价模型。CAPM 的发展凝结着许多人的心血,包括 William Sharpe[1]、John Lintner[2]、Jack Treynor[3] 和 Jan Mossin[4]。

资本资产定价模型(CAPM)是现代金融学的奠基石。模型对于资产风险及其预期收益率之间的关系给出了精确的预测。这一关系引出了两个极富创造力的命题。第一,它提供了一种对潜在投资项目估计其收益率的方法。举例而言,投资人在分析证券时,极为关心股票在给定风险的前提下其期望收益同其"正常应有"的收益之间的差距。第二,模型使得我们能对不在市场交易的资产同样作出合理的估价。譬如说,证券一级市场的发行应如何定价?投资者通过什么途径将一个新的投资项目反映在股票价格的要求收益率上?尽管资本资产定价模型同实证检验并不完全一致,但由于该模型简单明了,在诸多重要应用中具有高精确度,它仍然得到了广泛的应用。

6.1 CAPM 的前提假设

CAPM 包括以下主要前提假设:

---

[1] W. F. Sharpe, 1964, Capital Asset Prices: A Theory of Market Equilibrium under Conditions of Risk, *Journal of Finance* 19, No. 3: pp. 425 – 442.
[2] J. Lintner, 1965, The Valuation of Risk Assets and the Selection of Risky Investments in Stock Portfolios and Capital Budgets, *Review of Economics and Statistics* 47, No. 1.
[3] Jack L Treynor, *Toward a Theory of Market Value of Risky Assets*, Arthur D. Little, Cambridge, MA, (1961).
[4] J. Mossin, 1966, Equilibrium in a Capital Asset Market, *Econometrica* 34, No. 4: pp. 768 – 783.

(1) 所有投资者处于同一单期投资期,即认为投资者行为短视,不考虑投资决策对该期之后的影响。

(2) 市场上存在一种收益大于 0 的无风险资产,而且所有投资者均可以按照该无风险资产的收益率进行任何数量的资金借贷,从事证券买卖。

(3) 没有税负,没有交易成本。

(4) 每种资产都是无限可分的,也就是说,投资者可以买卖单位资产或组合的任意部分。

(5) 投资者使用预期收益率和标准差这两个指标来选择投资组合,也就是说,投资者遵循的是 Markowitz 的组合理论。

(6) 投资者永不满足:当面临其他条件相同的两种组合时,他们将选择具有较高预期收益率的组合。

(7) 投资者风险厌恶:当面临其他条件相同的两种组合时,他们将选择具有较低风险(也就是标准差较小)的组合。

(8) 市场是完全竞争的:存在着大量的投资者,每个投资者所拥有的财富在所有投资者财富总和中只占很小的比重,因此是价格的接受者(Price-takers);每个投资者拥有相同的信息,信息充分、免费并且立即可得。

(9) 投资者以相同的方法对信息进行分析和处理,从而形成对风险资产及其组合的预期收益率、标准差以及相互之间协方差的一致看法。这被称为一致性预期假设(Homogeneous Expectations Assumption)。

要说明的是,正如第 5 章 Markowitz 有效组合所选择的模型一样,资本资产定价模型(CAPM)也是现实世界的抽象化,因此它也是以某些简化的假设为基础的,其中有些假设看上去甚至有些不现实。但是,从数学角度看,这些假设使得 CAPM 在应用中更为方便。例如,CAPM 假设所有的投资者在某单一投资期间制定投资决策。这一期间的长短(6 个月、1 年、2 年等)并不是规定不变的。在现实中,投资决策过程比这一假设更为复杂,因为许多投资者的投资期间不止一个。然而,单一投资期间的假设对于简化该理论的数学计算是必需的。

6.2 资本市场理论

上一章我们讨论了如何根据风险资产构造 Markowitz 有效组合。我们并没有考虑存在无风险资产时构造 Markowitz 有效组合的情况。不存在无风险利率时，投资组合理论认为可以基于期望收益率和方差构造 Markowitz 有效组合，最优组合则是与投资者的无差异曲线相切者。一旦引入了无风险资产，并假设投资者可以按无风险利率借款和贷款，Markowitz 投资组合理论的结论就可以用图 6-1 进行描述。无风险资产与 Markowitz 有效组合的每一结合点 M 都在资本市场线（Capital Market Line，CML）上。这条线是由纵轴的无风险利率点向 Markowitz 有效边界作的切线，切点用 M 表示。

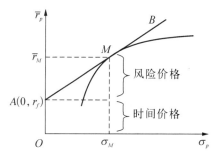

图 6-1　资本市场线

资本市场线上的所有投资组合都是投资者可以构造出来的。M 点左边的投资组合代表了风险资产和无风险资产的组合。M 点右边的投资组合中包括的风险资产是用以无风险利率借入的资金购买的，这种投资组合称为杠杆组合（Leveraged Portfolio），因为它购买资产时使用了借入资金。

以无风险利率借款或贷款的机会意味着存在某种资本市场——在该市场中，风险规避型投资者倾向于选择由无风险资产和位于马柯维茨有效边界上的某投资组合 M 组成的投资组合。Sharpe、Linter、Treynor 和 Mossin 都证明了这一点。Sharpe 把从无风险利率点 A 到有效边界上的投资组合 M 之间的这段线称为资本市场线。

资本市场线（CML）的函数表达式如下：

$$\bar{r}_p = r_f + \frac{\bar{r}_M - r_f}{\sigma_M}\sigma_p \tag{6-1}$$

其中：$\bar{r}_M$ 是市场组合 M 的预期收益率；σ_M 是市场组合 M 收益的标准差。

可见，资本市场线的实质就是在允许无风险借贷情形下的新的有效边界，它反映了当资本市场达到均衡时，投资者将资金在市场组合 M 和无风险资产之间进行分配，从而得到的所有有效组合的预期收益和风险的关系。位于资本市场线上的组合提供了最高的单位风险回报率，即 $\dfrac{\bar{r}_M - r_f}{\sigma_M}$。

下面举一个例子以增加对资本市场线的理解。

例 6-1　投资者张三很年轻而且没有耐心,他观察到市场无风险利率为 6%,而市场上风险资产投资组合的期望收益率是 12%,标准差 σ_M 为 15%。如果投资以市场收益率计算的话,则他投入 1 000 美元资本,要等待 60 年才能增加到 100 万美元。张三是很没有耐心的,无法等待那么长时间,他希望以 10 年时间将 1 000 美元增加到 100 万美元。请评价:他是否可以比较确定地达到目的呢?

简析:投资者张三很容易算出,为达到目的他必须每年得到 100% 的平均收益率(2 的 10 次方为 1 024,1 000 美元增加到 100 万美元大约是增加 1 000 倍)。这样,根据资本市场线(CML)的函数表达式:

$$\bar{r}_p = r_f + \frac{\bar{r}_M - r_f}{\sigma_M} \sigma_p$$

可以得到 $1.0 = 0.06 + [(0.12 - 0.06)/0.15] \times \sigma$,其中 σ 为组合年收益率的标准差,算出来为 10(1 000%),而预期平均收益率不过为 1.0(100%),张三的投资收益是高度不确定的,他无法比较确定地达到投资预期目的。

阐述到这里时,细心的读者可能会追问:投资者应该如何构造投资组合 M 呢?芝加哥大学教授 Eugene Fama 回答了这一问题,他证明:M 必须包括投资者可投资的全部资产,并且每一资产的持有比例必须是其市场价值占全部资产的总市场价值的比例[①]。因而,如果某资产的总市场价值是 200 亿美元,全部资产的总市场价值是 2 万亿美元,那么,该资产在投资组合中所占的百分比就是 1% (200 亿/2 万亿)。由于投资组合 M 由全部资产组成,因而称为市场组合(market portfolio)。

现在我们可以重新说明一个按 Markowitz 的要求制定投资决策并能以无风险利率借款和贷款的风险规避型投资者是如何构造有效组合的。要做到这一点,应当把无风险资产和市场组合结合起来投资。所有的投资者都持有包括无风险资产和市场组合的投资组合,这一理论结果被称为"两资金分离定理"(Two Fund Separation Theorem)[②]:一部分资金由无风险资产组成;另一部分由市场组合构

[①] Eugene F. Fama, Efficient Capital Markets: A Review of Theory and Empirical Work, *Journal of Finance* (May 1970), pp. 383-417.
[②] James Tobin, Liquidity Preference as Behavior towards Risk, *Review of Economic Studies* (Febrary 1958), pp. 65-86.

成。当所有的投资者都在资本市场线上选择投资组合时,某特定投资者的最优组合就是使该投资者的效用函数最大化的那个组合。如图6-2所示,面对相同的有效边界AMB,无差异曲线为I_1、I_2、I_3的投资者,其最佳组合在E点,表示他的初始资金中有一部分将投资于无风险资产,剩余部分投资于共同的风险资产组合M;无差异曲线为I'_1、I'_2、I'_3的投资者,其最佳组合恰好与M点重合,表示他的初始资金将全部投资于风险资产组合M;无差异曲线为I''_1、I''_2、I''_3的投资者,其最佳组合在E''点,表示他将以无风险利率借入资金,与自有资金一起投资于风险资产组合M。

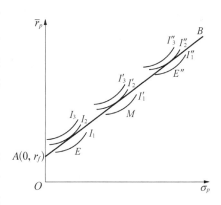

图6-2 不同投资者最佳组合的决定

6.3 证券市场线(SML)

资本市场线反映了市场达到均衡时有效组合的预期收益与风险之间的关系。对于构成市场组合的单个资产以及它们的其他组合,由于是非有效的,资本市场线并没有体现其预期收益与风险之间的关系。为了更多地了解均衡条件下任意单个资产及其组合的预期收益从而对资产的价格进行预测,我们需要进行更深入的分析。

我们知道,当证券市场达到均衡时,无法通过改变市场组合中任意一项资产或者资产组合的比重,而使得整个组合的预期收益相对于风险有所上升,或者说使得单位风险的回报增加。图6-3中,射线AMB为资本市场线(CML),其中M点为均衡时的市场组合。现在我们来构建一个新的组合P,其中包括市场组合M和任意一种资产或者几种资产的某个组合i,假定资产(组合)i在新的组合中所占的比重为α,那么市场组合M所占的比重就为$1-\alpha$。当$\alpha=1$时,表

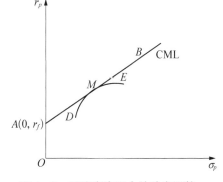

图6-3 风险资产组合的动态调整

示组合 P 仅由资产(组合) i 构成;当 $\alpha=0$ 时,这一新的组合 P 即为市场组合 M。要注意的是,当 $\alpha=0.5$ 时,并不表示资产(组合) i 在新组合 P 中所占的比例为 0.5,因为在市场组合 M 中还有一定比例的 i 存在,所以当 α 为某一个小于 0 的值时,新的组合 P 中才不包括资产(组合) i。

组合 P 的预期收益 $\bar{r}_P$ 和风险 σ_P 分别为

$$\bar{r}_P = \alpha \bar{r}_i + (1-\alpha)\bar{r}_M \tag{6-2}$$

$$\sigma_P = [\alpha^2 \sigma_i^2 + (1-\alpha)^2 \sigma_M^2 + 2\alpha(1-\alpha)\sigma_{iM}]^{\frac{1}{2}} \tag{6-3}$$

弧线 DE 反映了新的组合 P 的预期收益与风险的对应关系,显然,市场组合 M 在弧线 DE 上。

通过前面的分析,我们知道,任意组合的对应点与无风险资产对应点的连线的斜率表示该资产单位风险所提供的预期收益率。由均衡的性质可以知道,当市场达到均衡时,所有的投资者持有的风险资产组合都为市场组合 M,此时射线 AMB 的斜率应该是 A 点与弧线 DE 上任意一点连线的斜率中最大的,也就是说,在市场组合 M 基础上,无论是增加资产 i 还是减少资产 i 的比例,都不能得到更高的单位风险回报,即射线 AMB(资本市场线)与弧线 DE 相切,切点为市场组合 M 的对应点。

将预期收益和标准差分别对 α 求偏导,有:

$$\frac{\partial \bar{r}_P}{\partial \alpha} = \bar{r}_i - \bar{r}_M \tag{6-4}$$

$$\frac{\partial \sigma_P}{\partial \alpha} = \frac{\alpha \sigma_i^2 - (1-\alpha)\sigma_M^2 + (1-2\alpha)\sigma_{iM}}{\sigma_P} \tag{6-5}$$

关键是要考察弧线 DE 在点 M,即 $\alpha=0$ 处的斜率,此时 $\sigma_P = \sigma_M$,所以由式(6-5)得:

$$\left.\frac{\partial \sigma_P}{\partial \alpha}\right|_{\alpha=0} = \frac{\sigma_{iM} - \sigma_M^2}{\sigma_P} = \frac{\sigma_{iM} - \sigma_M^2}{\sigma_M} \tag{6-6}$$

根据式(6-4)和式(6-5)可以得到:

$$\left.\frac{\partial \bar{r}_P / \partial \alpha}{\partial \sigma_P / \partial \alpha}\right|_{\alpha=0} = \left.\frac{\partial \bar{r}_P}{\partial \sigma_P}\right|_{\alpha=0} = \frac{\sigma_M(\bar{r}_i - \bar{r}_M)}{\sigma_{iM} - \sigma_M^2} \tag{6-7}$$

因为资本市场线与弧线 DE 在点 M 相切,所以资本市场线的斜率应该等于弧

线 DE 在点 M 处的斜率,即

$$\frac{\bar{r}_M - \bar{r}_f}{\sigma_M} = \frac{\sigma_M(\bar{r}_i - \bar{r}_M)}{\sigma_{iM} - \sigma_M^2} \qquad (6-8)$$

整理得:

$$\bar{r}_i = r_f + \frac{\bar{r}_M - r_f}{\sigma_M^2}\sigma_{iM} \qquad (6-9)$$

式(6-9)就是证券市场线(Security Market Line,简写为 SML)的一般表达形式①。它表明当市场达到均衡时,任意资产(组合)i(无论有效还是非有效组合)的预期收益由两部分构成:一是无风险资产的收益率;二是单位风险的预期收益率②与其风险的乘积。要注意的是,在这里资产的风险已经不再用预期收益的标准差来衡量,而是用该资产与市场组合的协方差。这是因为,风险回避的投资者都尽量通过资产的多元化来降低风险,当市场达到均衡时,所有的投资者都会建立市场组合与无风险资产的某种比例的组合,从而最大限度地降低风险,最终使得非系统风险等于 0,只剩下不可分散的系统风险,单个资产的风险回报自然就应该与它对系统风险的贡献而不是与总风险成比例,因为其中的非系统风险已经通过组合消除了。所以,不能认为总风险很大的资产,相对于总风险较小的资产,必然会给市场组合带来较大的风险,从而应该提供较大的回报。

6.4 CAPM 的定价公式

证券市场线反映的是资产(组合)的预期收益与其风险的关系。与此相联系,如何确定资产(组合)的价格呢?

假定:t_0 期资产 i 的市场价格为 P_i,t_1 期该种证券能给投资者带来的全部收益为 x_i,则资产 i 的预期收益率可表述为

---

① 式(6-9)可以改写为 $\qquad \bar{r}_i = r_f + \beta_{iM}(\bar{r}_M - r_f) \qquad (6-10)$
其中,$\beta_{iM} = \frac{\sigma_{iM}}{\sigma_M^2}$,$\beta_{iM}$ 就是我们通常所说的贝塔系数,它是衡量系统性风险大小的重要指标。

② 用公式表示也就是 $\frac{\bar{r}_M - r_f}{\sigma_M^2}$。

$$\bar{r}_i = \frac{x_i - P_i}{P_i} = \frac{x_i}{P_i} - 1 \qquad (6-11)$$

当市场达到均衡时,资产 i 的预期收益率一定满足式(6-9),即

$$\bar{r}_i = E\left(\frac{x_i}{P_i} - 1\right) = \frac{\bar{x}_i}{P_i} - 1$$

$$= r_f + \frac{\bar{r}_M - r_f}{\sigma_M^2} cov\left[\left(\frac{x_i}{P_i} - 1\right), r_M\right] \qquad (6-12)$$

由于 P_i 和 1 都是常数,根据协方差的数学性质:

$$cov\left[\left(\frac{x_i}{P_i} - 1\right), r_M\right] = \frac{1}{P_i}\sigma_{iM} \qquad (6-13)$$

注意,这里我们定义 $\sigma_{iM} = cov(X_i, r_M)$

将式(6-13)代入式(6-12),得到:

$$\frac{\bar{x}_i}{P_i} - 1 = r_f + \left(\frac{\bar{r}_M - r_f}{\sigma_M^2}\right) \cdot \frac{1}{P_i}\sigma_{iM} \qquad (6-14)$$

解出 P_i,可以得到:

$$P_i = \frac{\bar{x}_i - [(\bar{r}_M - r_f)/\sigma_M^2] \cdot \sigma_{iM}}{1 + r_f} \qquad (6-15)$$

式(6-15)就是资本资产定价模型的一般表达式①,即风险资产在达到均衡时决定的价格水平。作为特例,针对无风险资产,其 t_0 期的当前价格等于其 t_1 期的全部预期收益按无风险资产的收益率进行贴现后算出的现值。即

$$P_f = \frac{\bar{x}_i}{1 + r_f}$$

例 6-2 投资者张三想投资于一个信托基金。这个基金将其 10% 投资于利率为 7% 的无风险资产,而将剩余的 90% 投资于一个极其分散化的投资组合,该组

---

① 我们想提醒读者的是这里推导出的资本资产定价模型的一般表达式一般称为 X_i 的确定性等价表达式,其中 σ_{iM} 严格来说应该写为 $cov(X_i, r_M)$,请读者不要误认为还是 $cov(r_i, r_M)$。另外,读者在一些教科书上会见到资本资产定价模型的另外一种表达式 $P_i = \dfrac{\bar{x}_i}{1 + r_f + \beta(\bar{r}_M - r_f)}$,(6-16),其中,$\beta$ 是贝塔系数,满足 $\beta = \dfrac{cov(r_i, r_M)}{\sigma_M^2}$。

合近似于市场投资组合,期望收益率为15%。基金中的每一股份代表其资产的100美元。利用CAPM定价公式,推算这样的一股股份应该值多少钱?

(1) 若投资者观察到 $cov(X_i, r_M) = 90\sigma_M^2$,其中 x_i 为 t_1 期该种证券能给投资者带来的全部收益,推算这样的一股股份应该值多少钱?

解:一年后每股的期望价值为 $10 \times 1.07 + 90 \times 1.15 = 114.2$,根据式(6-15),我们有 $P = (114.2 - 90 \times 0.08)/1.07 = 100$ 美元,所以一股股份确实将等于它所代表的基金价值。

(2) 若投资者观察到 $\beta = \dfrac{cov(r_i, r_M)}{\sigma_M^2}$ 为0.90,推算这样的一股股份应该值多少钱?

解:一年后每股的期望价值为 $10 \times 1.07 + 90 \times 1.15 = 114.2$,所以根据上页脚注①中的式(6-16),我们有 $P = 114.2/(1.07 + 0.90 \times 0.08) = 100$ 美元,这种情况下一股股份也确实将等于它所代表的基金价值。

6.5 CAPM的扩展以及实证检验简介

6.5.1 限制性借款条件下的CAPM:零贝塔模型

当投资者们都能以无风险利率借入与贷出资本时,所有投资者均会选择市场资产组合作为其最优的切线资产组合。但是,当借入受到限制时(这是许多金融机构的实际情况),或借入利率高于贷出利率时(这是因为借入者需要支付违约溢价),市场资产组合就不再是所有投资者们共同的最优资产组合了。

当投资者无法以一个普通的无风险利率借入资金时,他们将根据其愿意承担风险的程度,从全部有效率边界资产组合中选择有风险的资产组合。市场资产组合不再是共同的理想的资产组合了。事实上,随着投资者们开始选择不同的资产组合,这一资产组合就不再一定是市场资产组合这个所有投资者们总的资产组合了,但这些资产组合仍然处在有效率边界之上。如果市场资产组合不再是最小方差有效率资产组合,则CAPM推导出的期望收益—贝塔关系,就不再反映市场均衡。

费希尔·布莱克(Fischer Black)[①]发展了无风险借入限制条件下的期望收

---

① Fischer Black, Capital Market Equilibrium with Restricted Borrowing, *Journal of Business*, July 1972.

益—贝塔均衡关系式。布莱克的模型极其复杂,理解它需要高深的数学知识,我们仅简要介绍布莱克的理论框架,而将主要精力放在他的结论上。布莱克的禁止卖空无风险资产的 CAPM 建立在下列三项有效率资产组合的方差均值性质之上:

(1) 任何有效率资产组合组成的资产组合仍然是有效率资产组合。

(2) 有效率边界上的任一资产组合在最小方差边界的下半部分(无效率部分)上均有相应的"伴随"资产组合存在,由于这些"伴随"资产组合是不相关的,因此这些资产组合可以被视为有效率资产组合中的零贝塔资产组合(Zero-beta Portfolio)。

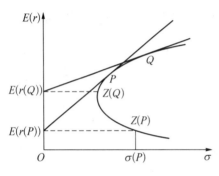

图 6-4 有效率资产组合及其它们的零贝塔伴随

有效率资产组合的零贝塔"伴随"资产组合的期望收益可以由以下作图方法得到,对于图 6-4 中任意有效率资产组合 P,过 P 点做有效率资产组合边界的切线,切线与纵轴的交点即为资产组合 P 的零贝塔"伴随"资产组合,记为 $Z(P)$,从交点做横轴平行线到有效率边界的交点即得到零贝塔"伴随"资产组合的标准差。

从图 6-4 可以看出不同的有效率资产组合 P 与 Q 有不同的零贝塔"伴随"资产组合。这些切线仅仅是有助于我们分析问题,并不能认为投资者可依照切线上的点来进行投资,除非是在资产组合中允许加入无风险资产。但是,本章中我们讨论问题的条件是投资者不能进行无风险资产的投资。

(3) 任何资产的期望收益可以准确地由任意两个边界资产组合的期望收益的线性函数表示。例如,考虑有两个最小方差边界资产组合 P 与 Q,布莱克给出了任意资产的期望收益的表达公式。证明比较复杂,本书暂略,有兴趣的读者可以参考西方相关投资学教材。

6.5.2 生命期消费:动态 CAPM

简单 CAPM 的一个限制性假定是投资者是短视的——所有投资者在一个共同的时期内计划他们的投资。事实上,很多投资者考虑的是整个生命期内的消费计划,并且有将其投资作为遗产留给后人的打算。消费计划的可行性取决于投资者的现有财富与资产组合的未来收益率。这些投资者希望能够随着其财富的不断变化而时刻保持资产组合的不断平衡。

但是,尤金·法马(Eugene Fama)[1]指出,即便我们扩展我们的分析到多阶段模型,单一阶段的 CAPM 仍然适用。法马用来替换短视投资假定的关键之处是,投资者偏好不随时间变化而发生变化,以及无风险利率与证券收益的概率分布不随时间发生无法预测的变动[2]。

6.5.3 CAPM 与流动性:流动溢价理论

流动性(liquidity)是指资产转化为现金时所需的费用与便捷程度。交易者非常注重流动性,一些研究证实缺乏流动性将大大降低资产的市场出售价格水平。例如,一项研究[3]发现股权高度集中(因此市场交易困难)的企业,其市场价值的折扣超过了 30%。此外,限制交易两年至三年的股票,其出售价格的折扣也达到了 30%。有趣的是,这些折扣水平等同于普通股票三年的风险溢价(通常股票的风险溢价平均每年在 8%—9%之间)。这意味着非流动性导致的溢价同风险溢价大致同等重要,应当引起足够的重视。阿米赫德(Amihud)与门德尔森[4]精确研究过流动性的价值问题,最近的研究表明流动性在解释金融资产的收益率方面起着重要作用[5]。

CAPM 的第 3 个假定要求所有的交易均是免费的。在现实中,没有任何证券是完全可以流动的,也就是说,所有交易都会包括交易费用。投资者愿意选择那些流动性强并且交易费用低的资产,所以看到流动性差的资产低价交易或流动性高的资产期望收益也高,也就不足为怪了。因此,非流动性溢价(illiquidity premium)一定会体现在每一种资产的价格中。流动性效用的大小同资产的交易费用分布状况以及投资者投资内容的分布有关。

限于篇幅,本书对 CAPM 的扩展不再介绍,有兴趣的读者可以阅读 Reilly &

---

[1] Eugune F. Fama, Multiperiod Consumption-Investment Decision, *American Economic Review* 60 (1970).
[2] 当然,这后一假定也是不现实的。
[3] Shannon P. Pratt, *Valuing a Business: The Analysis of Closely Held Companies*, 2nd ed. (Homewood, Ill.: Dow Jones-Irwin, 1989).
[4] Yakov Amihud and Haim Mendelson, Asset Pricing and the Bid-ask Spread, *Journal of Financial Economics* 17 (1986), pp. 223-249.
[5] Venkat Eleswarapu, Cost of Transacting and Expected Returns in the Nasdaq Market, *Journal of Finance* No. 5 (1993), pp. 2113-2127.

Brown 编写的 CFA 指定教材《投资分析与组合管理》P314—317 的相关内容,这部分是围绕 CAPM 的假设展开的讨论,准备 CFA 二级以上的读者尤其应该熟练掌握。

对于关心学术研究的读者,可进一步阅读如下文献。

关于 CAPM 的简化形式及其变化参见:

Jensen, Michael C, The Foundation and Current State of Capital Market Theory, In Jensen, Michael C. , ed. *Studies in the Theory of Capital Markets*. New York: Praeger, 1972.

有关 CAPM 的零贝塔模型参见:

Black, Fischer, Capital Market Equilibrium with Restricted Borrowing, *Journal of Business*, July 1972.

有关 CAPM 应用的精彩的研讨参见:

Mullins, David, Does the Capital Asset Pricing Model Work?, *Harvard Business Review*, January/February 1982.

Rosenberg, Barr and Andrew Rudd, The Corporate Uses of β, In Stern, J. M. and D. H. Chew, Jr, eds. *The Revolution in Corporate Finance*, New York: Basil Blackwell, 1986.

有关流动性、资产定价及财务策略的研究参见:

Amihu Yakov and Haim Mendelson, Liquidity, Asset Prices and Financial Policy, *Financial Analysts Journal*, November–December 1991.

6.5.4　CAPM 检验的简介

"CAPM 的检验"是一个常用的标题,以此为题有许多非常出色的论文。在此我们仅做简单的介绍。

一般来说,金融学家经常用一种称为两路径回归(Two-pass Regression)的方法检验 CAPM。第一级路径是借助于特征线方程描述的时间序列回归分析来估计每一证券的贝塔值。由第一级路径回归得出贝塔值然后被用于创建以投资组合的贝塔作为分级标准的证券组合。然后,这些投资组合的收益率、无风险资产收益率和这些投资组合的贝塔值再应用于第二种回归,即交叉组合回归的估计中。

应用两路径回归法检验 CAPM 的实际过程要考虑一些计量经济学问题(如测

量误差、相关误差项和贝塔的不稳定性),这些已超出了本章的范围①。接下来,我们简单讨论两方面的论题:

(1) 对贝塔系数的争论。

1980 年 7 月《机构投资者》(Institutional Investor)杂志提出了一个富有争议的问题:"贝塔系数失灵了吗?"答案当然是:还没有,虽然目前它肯定处于被攻击的地位。但是,贝塔系数(即单只股票的价格相对于市场的波动程度的衡量系数)的影响力仍由于其被各金融阶层和董事会议认可并奉为金融正统而在 20 世纪 80 年代迅速增强。

到了 1992 年,关于贝塔系数即将寿终正寝的报告再次出现。这次最具毁灭性的打击来自芝加哥大学的 Eugene Fama 和 Kenneth French,他们在最近的研究结果中指出,长期股票收益率不仅取决于贝塔系数,而且取决于其他更为普通的因素,如公司的规模或公司的账面价值/市场价值比率等。

Fama 和 French 得出结论说,实际上,被普遍接受的在贝塔系数和收益率之间的关系根本不存在。Fama 早期的研究为贝塔系数提供了部分经验支柱,说:"人们已经发现'高贝塔系数和高收益率之间的相关性'比 CAPM 预期的要平直得多。我们则发现它是完全平直的。"

有关贝塔系数混乱的传奇始自哈里·马柯维茨 (Harry Markowitz)。1952 年马柯维茨在芝加哥大学的博士学位论文中证明,投资组合内各个股票之间的协方差(收益率之间的相关性)能被用于在既定风险程度上实现最大收益。马柯维茨使用了一种称为均值—方差分析的技术去构造"有效"组合——一种在既定风险水平上提供最高收益的组合。

马柯维茨的工作为资本资产定价模型的发展铺平了道路,该模型是由斯坦福大学的夏普和其他人员在 20 世纪 60 年代中期开发的。CAPM 的设计旨在,通过把无风险收益率(通常是短期国库券的利率)加到风险调整市场收益率上来预测单只股票或投资组合的期望收益率。风险调整收益率则是由平均市场收益率乘以该股票或投资组合的贝塔算出。

---

① 有兴趣的读者可参见:Merton H. Miller and Myron S. Scholes, Rates of Return in Relation to Risk, 见 Studies in the Theory of Capital Markets, ed. Michael C. Jensen(New York: Praeger, 1972); Richard Roll, A Critique of the Asset Pricing Theory's Test, Journal of Financial Economics (March 1977), pp. 129-176.

贝塔系数衡量的是系统风险——即市场风险（理论学家们假设非系统风险可以通过投资组合的分散化消除，非系统风险是由特定公司的特有因素导致的风险）。如果某只股票的价格波动超过市场的总体波动，该股票的贝塔系数就大于1；如果其波动小于整个市场的波动，其贝塔系数就小于1。根据CAPM，高贝塔系数的股票具有比低贝塔系数的股票更高的期望收益率。

几乎从诞生之日起，贝塔系数和CAPM就一直处于激烈地争论之中。"15年前你根本没有必要指望发现贝塔系数和收益率之间的任何关系"，位于Los Angeles的加利福尼亚大学的金融学教授Richard Roll说，"CAPM要求实际的市场指数应是马柯维茨有效型的，也就是说，对其期望收益率来说方差最小；接下来就是算术推导。问题是从来没有真正的马柯维茨有效市场指数曾被用于检验CAPM。"Roll补充说，真正的市场指数"应包括世界上的全部资产"。这是根本不可能的。

尽管Fama和French的研究涵盖的资料范围包括了1963—1990年在纽约股票交易所、美国股票交易所、NASDAQ交易的全部非金融股股票，但根据Roll所言，他们的研究仍然没能达到马柯维茨有效市场指数的要求。Roll的结论是：这篇论文没有证明任何事情。

事情就此结束了吗？很难说。期权定价理论的合作创始人（Fischer Black和Myron Scholes）之一，也是Goldman Sachs公司的合伙人，Fischer Black不同意Roll的观点。根据Black的观点，人们已经在寻找CAPM的缺陷方面投入了太多的精力以致他们已经出现了"数据采集"问题。Black说："如果你挖掘资料的时间足够长或搜集的资料足够多，基本上就会得到你想要的结果。"他又补充说："并没有证据表明说贝塔系数不是一个好的风险衡量指标。唯一的问题是，它是否是期望收益率的一个好的指标。"

而且，关于贝塔系数的传统见解仍然是有生命力的。Fama说："我们当然已经知道贝塔系数并不是一个衡量风险（相对于收益）的适当的指标，但我们只是从没有面对这一问题。"斯坦福大学的夏普，称Fama和French的工作是"一个很巧妙的研究"，他承认："如果你不承认贝塔系数与收益有关，那么你就等于也放弃了CAPM。"然而，他又补充说："我当然不会放弃CAPM，因为我不喜欢进入一个没有理论的世界。"

尽管在理论上总是存在争论，但大多数金融学教授仍在继续讲授贝塔系数和

CAPM。Roll 说:"之所以仍在讲授它们,是因为它们能够表明风险与收益之间的关系,并是一种理论的最简单的形式——而不是因为它们是正确的。每个人都同意在风险与收益之间存在某种关系,他们只是对于如何把这种关系纳入一种模型中持有不同意见。教学是以 CAPM 作为起点并要继续探讨衡量风险的多因素模型,如套利定价理论(APT)。"APT,通过合并考虑一些非系统风险的衡量因素,包括通货膨胀和利率,从而算出了期望收益率。APT 是由耶鲁大学的经济学家 Stephen Ross 在 1976 年开发的,并马上得到了 Roll 的支持。我们接下来在第 7 章要详细对其展开介绍。

(2) Roll 的批评。

Richard Roll 所写的《对资产定价理论的检验的质疑》是关于 CAPM 最具争议的论文之一①。在此我们将讨论 Roll 的一些主要论点。

根据 Roll 的观点,CAPM 是一个以市场组合的存在为基础的一般均衡模型,其中市场组合定义为全部投资资产的价值加权组合。市场组合还被定义为事前均值—方差有效组合。这意味着市场组合位于所有投资者的事前马柯维茨有效边界上。Roll 指出,对 CAPM 的唯一真实检验是看所应用的市场组合是否真正是事前均值—方差有效组合。然而,实际上真实的市场组合应该是事前均值—方差有效组合,因为它包括了所有的投资资产(如股票、债券、不动产、艺术品和人力资本)。

真实的市场组合的这种不可观测性的后果如下。

① CAPM 的检验对所使用的市场组合的代替品极为敏感,即使大多数市场组合的代替品(如 S8LP500 和 NYSE 指数)的收益率是高度相关的。

② 研究者不可能因为真实的市场组合是事前均值—方差无效组合或者说因为市场组合的代替品是无效的,就明确地判定 CAPM 是否在一次检验中失效了。或者说,研究者不可能清楚地断定一次检验是否支持 CAPM。这是因为,实际上,真实的市场组合应该是事前均值—方差有效组合或者说是因为市场组合的代替品应该是有效的。

③ 某些变量(如股利收益)在解释经风险调整的资产收益率时的有效性证明:用来检验 CAPM 市场组合的代替品并非事前均值—方差有效组合。

因此,Roll 指出,在弄清楚真实的市场组合的确切构成以前,不可能对 CAPM

---

① Richard Roll, A Critique of the Asset Pricing Theory's Test, 1977.

进行检验。对CAPM的唯一有效检验是,观察事前真实市场组合究竟是不是均值—方差有效组合。Roll根据他的研究声称,他不相信会有明确的、清楚的CAPM的检验。但是,他并不是说CAPM是无效的。Roll是想说明,由于真实市场组合及其特性的不可预测性,不可能有一种非常明确的、无任何模糊含义的方式去检验CAPM及其含义。

(3) 其他检验结果简介。

实际上,一些关于CAPM的假说是可检验的:有些检验结果支持CAPM的假说,例如,贝塔系数和收益率之间的关系是线性的,得到了检验结果的肯定。此外,实证结果显示,市场组合的收益率大于无风险利率,这也符合CAPM的相关假说。另外一些检验结果却不支持CAPM的假说,例如,一些研究发现贝塔系数并非是市场定价的唯一因素,并发现了可能解释股票收益率的其他因素,包括价格—收益比率因素、股利因素、公司规模因素[1],以及同时存在的公司规模因素和账面价值—市场价值因素[2]。此外,实证结果显示,市场组合的收益率大于无风险利率。

习 题

1. CAPM有哪些假设?这些假设与实际相符吗?

2. 假定贝克基金(Baker Fund)与标准普尔500指数的相关系数为0.7,贝克基金的总风险中特有风险为多少?

    A. 35%   B. 49%   C. 51%   D. 70%

3. 假定无风险利率为6%,市场收益率是16%。一股股票今天的售价为50美元,在年末将支付每股6美元的红利。贝塔系数为1.2。预期在年末该股票售价是多少?

4. 假定借款受到限制,因此零贝塔CAPM成立。市场资产组合的期望收益

---

[1] Rolf Banx, The Relationship between Return and Market Value of Common Stocks, *Journal of Financial Economic* (1981), pp. 3–18.

[2] Eugene Fama & Kenneth French, The Cross-Section of Expected Stock Returns, *Journal of Finance* (1992), pp. 427–465.

率为17%,而零贝塔资产组合的期望收益率为8%。贝塔系数为0.6的资产组合的预期收益率是多少?

5. 在一个只有两种股票的资本市场上,股票A的资本是股票B的两倍。A的超额收益的标准差为30%,B的超额收益的标准差为50%。两者超额收益的相关系数为0.7。

A. 市场指数资产组合的标准差是多少?

B. 每种股票的贝塔系数是多少?

C. 每种股票的残差是多少?

6. 两个投资顾问比较业绩。一个的平均收益率为19%,而另一个为16%。但是,前者的贝塔系数为1.5,后者的贝塔系数为1。

A. 你能判断哪个投资顾问更善于预测个股(不考虑市场的总体趋势)吗?

B. 如果国库券利率为6%,这一期间市场收益率为14%,哪个投资者在选股方面更出色?

C. 如果国库券利率为3%,这一时期的市场收益率是15%吗?

第 7 章 套利定价理论

Stephen Ross 教授长期以来一直对 CAPM 持批评态度,他对 CAPM 假设的有效性提出了质疑[1]。1976 年,他完全以套利观点为基础开发了一个模型,即套利定价理论(Arbitrage Pricing Theory,APT)模型[2]。既然该模型是以套利观点为基础的,因此我们在此先解释一下套利的含义。

7.1 套利的含义

套利(Arbitrage)就是在两个不同的市场上以两种不同的价格同时买入和卖出某证券。通过在一个市场上以较低的价格买进并同时在另一市场上以较高的价格卖出,套利者就能在没有风险的情况下获利。但要注意的是,因为套利收益根据定义是没有风险的,所以投资者一旦发现这种机会就会设法利用,并随着他们的买进和卖出消除这些获利机会。这就意味着无风险套利机会的存续时间很短。

我们举一个例子说明上述分析的含义。我们来考虑当存在三只证券时如何创造套利机会。这三只证券是表 7-1 中的 A、B、C。这些证券能以表中的价格在当前购买,而且从现在起,一年内每一只证券只能产生情形 1 和情形 2 这两种回报之一。不同的回报取决于某种额外的市场风险(比如通货膨胀)。

---

[1] Stephen A. Ross,The Capital Asset Pricing Model (CAPM),Short-Sale Restrictions and Related Issues,*Journal of Finance*(March 1977),pp. 177-184.

[2] Stephen A. Ross,The Arbitrage Theory of Capital Asset Pricing,*Journal of Economic Theory*(December 1976),pp. 343-362. 自从 Ross 的文章发表后,又有一些研究开始讨论对该理论的改进问题,如 Gur Hubermand 的 A Simple Approach to Arbitrage Pricing Theroy,*Journal of Economic Theory*(October 1982),pp. 183-191.,以及 Jonathan E. Ingersolld 的 Some Results in the Theory of Arbitrage Pricing,*Journal of Finance*(September 1984),pp. 1021-1039。

第 7 章 套利定价理论

表 7-1 三种证券的价格和可能回报 （单位：美元）

证　券	价　格	情形 1 的回报	情形 2 的回报
A	70	50	100
B	60	30	120
C	80	38	112

我们能构造一个包含 A 和 B 的投资组合，它与证券 C 在情形 1 或情形 2 下具有完全相同的收益。以 W_A 和 W_B 分别表示证券 A 和 B 在投资组合中的比例。那么，在两种情形下的回报（即该投资组合的末期价值）可以用数学方式表达如下：

情形 1：$\$50 W_A + \$30 W_B$

情形 2：$\$100 W_A + \$120 W_B$

可解出：$W_A = 0.4$　$W_B = 0.6$

我们可以计算出两种投资的单位成本：投资组合（A+B）为 0.4×70+0.6×60=64；证券 C 为 80。这样，投资者仅花了 64 美元就获得了与证券 C 相同的回报。这就是一个可以设计出的套利机会：按上述比例买入证券 A 和 B 并卖空（卖出）C。表 7-2 分别表明了情形 1 和情形 2 的套利结果，其中包含 A 和 B 的投资组合的价值是 100 万美元，卖空的 C 也是 100 万美元。注意总投资为零。无论情形 1 还是情形 2，我们都在没有风险的情况下获利了。

表 7-2 套利结果 （单位：美元）

证　券	投　资	情形 1	情形 2
A	400 000	285 715	571 429
B	600 000	300 000	1 200 000
C	−1 000 000	−475 000	−1 400 000
总　计	0	110 715	371 429

APT 假定这样的机会将被市场迅速消除。这是为什么呢？请读者思考。（提示：如果很多投资者都采取这种无风险套利方法，A、B、C 的价格会发生什么样的变化？对套利结果又会产生什么样的影响？）

7.2 套利定价理论的假设

套利定价理论的假设如下：
(1) 存在一个完全竞争的资本市场。
(2) 投资者是风险厌恶者，而且追求效用最大化。
(3) 投资者认为任何一种证券的收益率都是一个线性函数，其中包含 K 个影响该证券收益率的因素，函数表达式如下：

$$\widetilde{R}_i = a_i + b_{i1}\widetilde{F}_1 + \cdots + b_{ik}\widetilde{F}_k + \widetilde{\varepsilon}_i \tag{7-1}$$

其中：$\widetilde{R}_i$ 表示证券 i 的收益率，它是一个随机变量；$\widetilde{F}_k$ 表示第 k 个影响因素的指数；b_{ik} 表示证券 i 的收益对因素 k 的敏感度；$\widetilde{\varepsilon}_i$ 表示影响证券 i 收益率的随机误差项，其期望值为 0；参数 a_i 代表当所有指数为 0 时的证券收益率的期望水平。

(4) 组合中证券品种 n 必须远远超过模型中影响因素的种类 K。
(5) 误差项 $\widetilde{\varepsilon}_i$ 用来衡量证券 i 收益中的非系统风险部分，它与所有影响因素以及证券 i 以外的其他证券的误差项是彼此独立不相关的。

将以上假设与 CAPM 的假设相比较，可以发现：首先，它对于投资者的风险与收益偏好所作的限制性假设较少。正如在第 6 章所解释的，CAPM 理论假设投资者在权衡收益与风险时仅以未来的投资期望收益率和标准差为基础，而 APT 没有这个约束条件。其次，它没有对证券收益的分布进行假设。最后，APT 不依赖于一个理想化的市场组合①。

7.3 对套利组合的条件的分析

我们在第一节中通过一个例子形象地揭示了 APT 中套利的内涵。接下来，本节将在套利定价理论的假设的前提下，通过对套利组合的条件的分析，更深入地把握套利的内涵。

根据套利定价理论，投资者将尽力发现构造一个套利组合的可能性，以便在不

---

① 因而该理论相比 CAPM 是潜在可检验的。

增加风险的情况下,提高组合的预期回报率。套利组合(arbitrage portfolio)是指同时满足下列三个条件的证券组合:(1)它是一个不需要投资者追加任何额外投资的组合;(2)该组合既没有系统性风险,又没有非系统性风险;(3)当市场达到均衡时,组合的预期收益率为0。下面依次介绍上述三个条件。

7.3.1 不需要追加投资

用 W_i 表示某投资者投资证券 i 占其总投资比例的变化值。要满足证券 i 所占投资比例变化而总投资不变的条件,可以通过卖出某些证券的收益来买进其他一些证券的方式来解决,而不需要追加投资。在数学上,可以表示为

$$\sum_{i=1}^{n} W_i = 0 \tag{7-2}$$

其中,n 表示该投资者持有证券种类的个数。

当投资比例发生变化后,该组合的收益变化 $\Delta \widetilde{R}_p$ 为

$$\Delta \widetilde{R}_p = \sum_{i=1}^{n} W_i \cdot \widetilde{R}_i = \sum_{i=1}^{n} W_i \cdot a_i + \sum_{i=1}^{n} W_i \cdot b_{i1} \cdot \widetilde{F}_1 + \cdots$$
$$+ \sum_{i=1}^{n} W_i \cdot b_{ik} \cdot \widetilde{F}_k + \sum_{i=1}^{n} W_i \cdot \widetilde{\varepsilon}_i \tag{7-3}$$

7.3.2 组合的风险为零

要满足组合的系统风险为 0 的条件,包括:(1)选择较小的投资比例 W_i;(2)选择大量证券以分散风险;(3)选择特定的投资比例 W_i,使得各影响因素的系数 b_{ik},即证券收益率对该因素的敏感度,与投资比例的加权平均数等于零。这三个条件可以表述为

$$W_i = 1/n \tag{7-4}$$

$$n \to \infty \tag{7-5}$$

$$\sum_{i=1}^{n} W_i \cdot b_{ik} = 0 \tag{7-6}$$

同时,由于误差项 $\widetilde{\varepsilon}_i$ 是独立的,根据统计上的大数法则,可以推知,当 n 增大时,误差项与投资比例的加权平均数会趋向于零,即组合中的非系统风险趋向于

零。所以,式(7-2)可以简化为

$$\Delta \widetilde{R}_p = \sum_{i=1}^{n} W_i \cdot \widetilde{R}_i = \sum_{i=1}^{n} W_i \cdot a_i + \sum_{i=1}^{n} W_i \cdot b_{i1} \cdot \widetilde{F}_1 + \cdots + \sum_{i=1}^{n} W_i \cdot b_{ik} \cdot \widetilde{F}_k \tag{7-7}$$

7.3.3 组合的收益为零

根据式(7-5)可知,该组合的系统性风险等于零,所以,该套利组合的收益变为一个常数,而不是一个随机变量,即

$$\Delta \widetilde{R}_p = \sum_{i=1}^{n} W_i \cdot \widetilde{R}_i \tag{7-8}$$

根据上述条件(1)、条件(2)可以知道,该套利组合既不需要追加投资,又没有任何风险,所以,当该组合的收益不为零时,会给投资者带来可观的收益。但是,这一点在资本市场达到均衡时是不可能实现的,因此,在套利行为的推动下,该套利组合的收益最终将必然等于 0,即

$$\Delta \widetilde{R}_p = \sum_{i=1}^{n} W_i \cdot \widetilde{R}_i = \sum_{i=1}^{n} W_i \cdot E(\widetilde{R}_i) = 0 \tag{7-9}$$

根据线性代数的知识,式(7-1)和式(7-5)表示一组正交条件,而式(7-8)又产生了 W_i 应满足的一个正交条件。由于 W_i 已经满足式(7-1)和式(7-5),所以只需 $E(\widetilde{R}_i)$ 为这 $K+1$ 个向量的线性组合就可以了,即存在 $K+1$ 个系数 $(\lambda_0,\lambda_1,\cdots,\lambda_k)$,使得

$$E(\widetilde{R}_i) = \lambda_0 + \lambda_1 \cdot b_{i1} + \cdots + \lambda_k \cdot b_{ik} \tag{7-10}$$

当证券 i 是一种无风险资产时,表示它不受任何因素的影响,即 $b_{i1},b_{i2},\cdots,b_{ik}=0$,令该种无风险资产的收益率为 r_f,那么:

$$E(r_f) = r_f = \lambda_0 + \lambda_1 \cdot 0 + \cdots + \lambda_k \cdot 0 \tag{7-11}$$

$$r_f = \lambda_0 \tag{7-12}$$

结合式(7-9)和式(7-11),可以把套价组合中证券 i 的预期收益用超过无风险资产收益的超额收益形式表示,即

$$E(\widetilde{R}_i) - r_f = \lambda_1 \cdot b_{i1} + \cdots + \lambda_k \cdot b_{ik} \tag{7-13}$$

投资者的套利行为将会对证券的价格产生影响,相应地,它们的预期收益率也将作出调整。具体来说,由于不断增加的买方压力,被买入的证券的价格会上升,进而导致预期回报率的下降,而被卖出的证券,由于不断增加的卖方压力,导致其价格下跌和预期回报率上升。

7.4 套利定价理论

7.4.1 单因素模型

如果影响证券 i 收益的因素只有一种 k 因素时,可以从图 7-1 中看到预期收益与影响因素的关系。

图 7-1 中的 AB 线是一条套利定价线。套利定价线(Arbitrage Pricing Line,简称 APL),是反映证券 i 的预期收益与其对影响因素敏感度两者关系的直线。其函数表达式为

$$E(\widetilde{R}_i) = r_f + \lambda_k \cdot b_{ik} \quad (7-14)$$

其中,λ_k 为常数。

下面对 λ_k 的含义作出解释:

就 λ_k 而言,可以考虑一个对因素 k 有单位

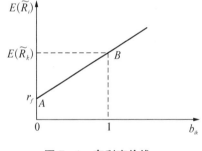

图 7-1 套利定价线

敏感度的组合,即 $b_{ik}=1$。组合的预期回报率 $\bar{\delta}_k = r_f + \lambda_k$,所以 $\lambda_k = \bar{\delta}_k - r_f$,它是敏感性组合的预期超额回报率(即高出无风险利率的那部分回报率),也被称作因素风险溢价或者因素预期回报率溢酬。所以,证券收益率的单因素模型可以表示为

$$E(\widetilde{R}_i) = r_f + [\bar{\delta}_k - r_f] \cdot b_{ik} \quad (7-15)$$

7.4.2 多因素模型

若影响证券 i 收益的因素个数 $K>1$,那么上式可以拓展为

$$E(\widetilde{R}_i) = r_f + [\bar{\delta}_1 - r_f] \cdot b_{i1} + [\bar{\delta}_2 - r_f] \cdot b_{i2} + \cdots + [\bar{\delta}_k - r_f] \cdot b_{ik}$$

$$(7-16)$$

其中，$\bar{\delta}_1, \bar{\delta}_2, \cdots, \bar{\delta}_k$ 的含义同上。

该式是套利定价理论的一般表达式。该理论认为，某种证券的预期收益率由两部分组成：其一是无风险资产的收益率；其二是对各影响因素的敏感度 b_{ik} 和敏感度为 1 时的组合预期收益与无风险资产收益之差这两项的乘积。它表示投资者希望能针对所有的对某只证券的收益率产生系统影响的要素取得相应补偿。

7.5 APT 与 CAPM 的区别和联系

7.5.1 两者的联系

（1）两者的研究对象相同：都是风险资产的定价问题。

（2）两者都以有效市场为前提。

（3）两者在一定条件下可以转化。

如果把式(7-15)看作一个线性回归方程，并假定影响证券收益的唯一因素是因素 K，而且把系数 b_{ik} 也定义为 CAPM 中的 β 系数，即

$$b_{ik} = \frac{COV(\widetilde{R}_i, \bar{\delta}_k)}{VAR(\bar{\delta})} \quad (7-17)$$

其中，$COV(\widetilde{R}_i, \bar{\delta}_k)$ 是证券 i 的收益与因素 K 的线性变换之间的协方差，$VAR(\bar{\delta}_k)$ 是因素 K 线性变换的方差。

这样的话，式(7-15)表示的 APT 公式就可以简化为 CAPM 公式，这表明 CAPM 只是 APT 的一个特例。

7.5.2 两者的区别

其主要表现在以下三个方面：

（1）APT 理论中，资产均衡的得出是一个动态的过程，它是建立在一价定理的基础之上，而 CAPM 理论则是在马柯维茨的有效组合基础之上，强调的是一定风险下的收益最大化或者是一定收益下的风险最小化，均衡的导出是一个静态的过程。

（2）APT 认为，达到均衡时，资产的收益率取决于多种因素，并非像 CAPM 那样只有一种市场组合因素。

（3）两者的假设前提不一样：首先，在 APT 中，并不特别强调市场组合的作用，而 CAPM 则强调市场组合必须是一个有效的组合；其次，APT 对于投资者的风险与收益偏好进行的限制性假设较少，正如，在第 6 章解释的，CAPM 理论假设投资者在权衡收益与风险时仅以未来的投资期望收益率和标准差为基础，而 APT 没有这个约束条件；最后，APT 没有对证券收益的分布进行假设。

7.6　APT 模型的检验

APT 是一个相对较新的理论，因而在金融领域仍在继续检验它的有效性[1]。到目前为止的研究表明，在解释资产的收益方面 APT 可望成为代替单要素 CAPM 的模型。这项研究还表明，在解释普通股收益率的方差时，APT 可以解释的方差值明显大于 CAPM 可解释的方差值。然而，在 APT 的实际应用方面仍存在一些没有解决的问题。

仍存在的问题就是影响证券收益率的要素有多少？由 Nai-fu Chen、Richard Roll、Stephen A. Ross 进行的一项研究推荐了如下四个似乎比较合理的经济要素[2]：

（1）未预期到的行业生产情况的变化；

（2）未预期到的在低级别债券与高级别债券之间的价差的变化；

（3）未预期到的收益曲线的形状和利率的变化；

（4）未预期到的通货膨胀的变化。

Eric Scorensen 和他在所罗门兄弟公司（Salomon Brothers）的同事们建立了一

---

[1] 关于 APT 中要素数量问题的讨论可参见 Phoebus J. Dhrymes, The Empirical Relevance of Arbitrage Pricing Model, *Journal of Portfolio Management* (Summer 1984), pp. 35–44；Stephen A. Ross, Reply to Phrymes APT is Empirically Relevanit, *Journal of Portfolio Management* (Fall 1984), pp. 54–56；T. Daniel Coggin & John E. Hunter, A Meta-analysis Pricing Risk Factors in APT, *Journal of Portfolio Management* (Fall 1987), 第 35—38 页；Delores A. Conway & Marc R. Reinganum, Stable Factors in Security Returns: Identification Using Cross-validation, *Journal of Business & Economic Statistics* (January 1988), pp. 1—15.

[2] Nai-fu Chen, Richard Roll and Stephen A. Ross, Economic Forces and the Stock Market, *Journal of Business* (July 1986), pp. 383–403.

个与 APT 的一般陈述相似的模型，该模型假定了系统影响普通股收益率的 7 个宏观经济要素：长期经济增长、短期商业周期风险、长期债券收益率的变化、短期国库券利率的变化、通货膨胀的冲击、美元与交易伙伴国的货币的汇率变化，以及残余的市场贝塔系数。

研究人员与实践操作人员仍在继续搜索能系统影响收益率的要素。

其中，关于利用 APT 理论来研究与检验影响普通股股票收益率的因素方面的文章为：

Bower, D. A., R. S. Bower and D. E. Logue, Arbitrage Pricing and Utility Stock Returns, *Journal of Finance*, September 1994.

Chen, N. F., R. Roll and S. Ross, Economic Forces and Stock Market: Testing the APT and Alternative Asset Pricing Theories, *Journal of Business*, July 1986.

Sharpe, W., Factors in New York Stock Exchange Security Returns, 1931-1979, *Journal of Portfolio Management*, Summer 1982.

编者列出这些文献，供部分有兴趣的读者进一步研究做参考之用。

习　　题

1. 根据套利定价理论：

A. 高贝塔值的股票都属于高估定价。

B. 低贝塔值的股票都属于低估定价。

C. 正阿尔法值的股票会很快消失。

D. 理性的投资者将会从事与其风险承受力相一致的套利活动。

2. 与 CAPM 相比，套利定价理论：

A. 要求市场均衡。

B. 使用以微观变量为基础的风险溢价。

C. 指明数量并确定那些能够决定期望收益率的特定因素。

D. 不要求关于市场资产组合的限制性假定。

3. 套利定价理论不同于单因素CAPM,是因为套利定价理论:
A. 更注重市场风险。 B. 减小了分散化的重要性。
C. 承认多种非系统风险因素。 D. 承认多种系统风险因素。

4. 考虑下面的单因素经济体系的资料,所有资产组合均已充分分散化。

资产组合	E(r)(%)	贝塔系数
A	12	1.2
F	6	0

现假定另一资产组合E也充分分散化,贝塔系数为0.6,期望收益率8%,是否存在套利机会?如果存在,则具体方案如何?

5. 请简述APT与CAPM的区别和联系。

第8章 财务报表分析

8.1 财务报表简介

财务报表分析是指以财务报表为依据和起点,采用专门方法,系统分析和评价企业的过去和现在的经营成果、财务状况及变动,目的是了解过去、评价现在、预测未来,帮助利益关系主体改善决策。财务分析的最基本功能是将大量的报表数据转换成对特定决策有用的信息,减少决策的不确定性。

既然财务报表分析是以财务报表为起点的,那么我们就先介绍一下财务报表。财务报表是根据日常会计核算资料归集、加工、汇总而成的一套完整的报告体系,用以反映企业的财务状况、经营成果和现金流动的状况。在日常会计核算中,企业生产经营活动所发生的各项经济业务,只能通过填制会计凭证和复式记账等方法,分别反映在各种企业账簿中。尽管账簿资料是按照会计科目归类汇总的,但其提供的核算资料还是相对分散的,不能集中、概括、系统、全面地提供经营管理所需要的完整财务信息,因此必须在日常核算资料的基础上,定期地对账簿等核算资料进行归集、加工、汇总,编制各种财务报表。

财务报表主要包括资产负债表、损益表和现金流量表。

资产负债表是反映企业某一特定日期财务状况的会计报表,它是根据资产、负债和所有者权益之间的关系,按照一定的分类标准和一定的顺序,把企业一定日期的资产、负债和所有者权益各项目予以适当排列,并对日常工作中形成的大量数据进行高度浓缩整理后编制而成的。它表明企业在某一特定日期所拥有或控制的经济资源,所承担的现有义务和所有者对净资产的要求权。

通过资产负债表可以反映某一日期的资产总额、负债总额以及结构,表明企业拥有和控制的经济资源以及未来需要用多少资产或劳务清偿债务,它还反映了所有者权益的情况,表明投资者在企业资产中所占的份额,了解所有者权益的构成情况。下面给出了一个例子,见表8-1。

表8-1 A公司资产负债表　　　　　　　　　　　(单位:千美元)

	2002年12月31日	2003年12月31日
流动资产		
存货(成本价)	300.0	370.8
应收账款	240.8	210.2
银行存款	3.4	3.0
流动资产总计	544.2	584.0
固定资产		
自有土地及建筑物原价	451.2	451.2
减:累计折旧	−70.0	−75.0
固定装置及设备原价	129.0	160.4
减:累计折旧	−64.4	−97.2
固定资产总计	445.8	439.4
资产总计	990	1 023.4
短期负债		
应付账款	221.4	228.8
应付股利	40.2	60.0
应交公司税金	30.1	38.0
流动负债总计	291.7	326.8
长期负债	200.0	60
负债总计	491.7	386.8
股本及准备		
普通股股本	300.0	334.1
总准备	26.5	40.0
留存利润	171.8	262.5
股本及准备总计	498.3	636.6
负债及权益总计	990	1 023.4

损益表又称利润表,是反映企业一定期间(如年、季)经营成果的报表,它说明该企业在此期间的盈利情况。它把一定时期的营业收入与其同一会计期间相关的营业费用进行配比,以计算出企业在该时期的净利润。通过损益表反映的收入、费用等情况能够反映企业生产经营的收益和成本耗费情况,表明企业生产经营成果,同时通过损益表提供的不同时期的比较数字,可以分析企业今后利润的发展趋势及获利能力,了解投资者投入资本的完整性。损益表和资产负债表不同,它所涉及的会计变量都是一段时间内发生的量,如销售收入是一年或一个季度发生的销售收入,某个时刻的销售收入是没有意义的。其格式如表8-2所示。

表8-2 A公司损益表 (单位:千美元)

	2002年度	2003年度
销售收入	2 240.8	2 681.2
期初存货	241.0	300.0
采　购	1 804.4	2 142.8
减:期末存货	300.0	370.8
减:销售成本	-1 745.4	-2 072.0
毛利润	495.4	609.2
管理费用	-185.8	-275.6
销售费用	-66.2	-87.2
息税前净利润	243.4	246.4
减:应付利息	-24.0	-6.2
税前净利润	219.4	240.2
减:公司税金	-60.2	-76.0
税后净利润	159.2	164.2
加:结转前期留有利润	52.8	171.8
结　存	212.0	336.0
减:转入总准备		-13.5
计划发放的股利	-40.2	-60.0
留存利润	171.8	262.5

现金流量表是以现金为基础编制的财务状况变动表。这里的现金是指企业库存现金、可以随时用于支付的存款,以及现金等价物。编制现金流量表的目的是为会计报表使用者提供企业一定会计期间内有关现金流入和流出的信息。企业一定时期内现金流入和流出是由各种因素产生的,现金流量表首先要对企业各项经营业务产生或运用的现金流量进行合理的分类,通常按照企业经营业务发生的性质将企业一定期间内产生的现金流量归为三类:(1)经营活动产生的现金流量。经营活动是指企业投资活动和筹资活动以外的所有交易和事项,包括销售商品和提供劳务、经营性租赁、购买货物、接受劳务、制造产品、广告宣传、交纳税款等;(2)投资活动产生的现金流量。投资活动是指企业长期资产的购建和不包括在现金等价物范围内的投资及其处置活动;(3)筹资活动产生的现金流量。筹资活动是指导致企业资本及债务规模和构成发生变化的活动,包括吸收投资、发行股票、分配利润等。其格式如表8-3所示。

表8-3 A公司现金流量表　　　　　　　　　　　　　　(单位:千美元)

	2002年度	2003年度
经营活动产生的净现金流入	231.0	251.4
投资及融资服务的收益		
已付利息	−24.0	−6.2
税金		
已付的公司税金	−46.4	−68.1
资本支出		
固定资产购买	−121.2	−31.4
股东股利		
普通股股利	−32.0	−40.2
筹　资		
普通股发行	20.0	34.1
借贷资本偿付		−140.0
现金及现金等价物净增加(减少)	27.4	−0.4

8.2 财务比率的计算

为了便于理解公司不同方面的特点，我们把财务比率分为下面四大类：内部流动性指标、经营表现类指标、负债比率、投资类指标。

8.2.1 内部流动性指标

内部流动性指标表明了公司清偿短期债务的能力。这些指标包括流动比率、速动比率、现金比率、存货平均周转期、债权平均清偿期。

(1) 流动比率。

流动比率对公司的流动资产（现金及持有的能很快变现的资产）与流动负债（短期负债）进行了比较。流动比率的计算公式如下：

$$流动比率 = \frac{流动资产}{流动负债（短期负债）} \qquad (8-1)$$

根据表 8-1 的资产负债表，A 公司 2002 年度的流动比率为

$$流动比率 = \frac{544\,200\,美元}{291\,700\,美元} = 1.9(倍)$$

该流动比率说明流动资产对流动负债有 1.9 倍的支付保障能力。

同理，计算 A 公司 2003 年度的流动比率为

$$流动比率 = \frac{584\,000\,美元}{326\,800\,美元} = 1.8(倍)$$

流动比率越高，公司的流动性就越好，一般来讲，较高的流动比率比较低的流动比率更受欢迎。但是，如果一家公司有过高的流动比率，那么这也可能说明资金被占用在现金或其他流动资产上而没有实现对资金的有效使用，造成了资源的浪费。

(2) 速动比率。

速动比率是对公司流动性的一种更严格的衡量。相对于银行存款、有价证券来说，许多公司所持有的存货并不能很快得到变现。因此，将这些具体资产从内部流动性指标中去掉可能更合理一些。速动比率正是建立在这一观点之上的：

$$速动比率 = \frac{流动资产(不包括存货)}{流动负债(短期负债)} \quad (8-2)$$

A 公司在 2002 年度的速动比率为

$$速动比率 = \frac{(544\,200 - 300\,000)\,美元}{291\,700\,美元} = 0.8(倍)$$

由于速动比率小于 1,表明能迅速变现的流动资产并不能完全保障流动负债的支付,因此该公司可能正面临着一些流动性问题。但是,这必须具体问题具体分析,不同行业、不同企业的情况是不同,对某些存在正的强现金流入的公司而言,这样的速动比率不产生流动性问题也是很平常的。

同理,计算 A 公司 2003 年度的速动比率为

$$速动比率 = \frac{(584\,000 - 370\,800)\,美元}{326\,800\,美元} = 0.7(倍)$$

这说明 A 公司的速动比率有所下降,这应该引起注意。

(3) 现金比率。

现金比率相对于流动比率和速动比率是一个更严格的指标,它的计算公式为

$$现金比率 = \frac{现金 + 短期证券}{流动负债} \quad (8-3)$$

A 公司 2002 年度的现金比率为

$$现金比率 = \frac{现金 + 短期证券}{流动负债} = \frac{3\,400\,美元}{291\,700\,美元} = 0.011\,7(倍)$$

同理,2003 年度 A 公司的现金比率为

$$现金比率 = = \frac{3\,000\,美元}{326\,800\,美元} = 0.009\,18(倍)$$

(4) 债权平均清偿期。

公司现在销售时通常采用赊销的方式,债权是否能比较快的收回是非常重要的,还款速度会对公司的现金流产生重要影响。债权平均清偿期所计算的就是债务客户归还公司欠款的平均时间。该比率的计算公式如下:

$$债券平均清偿期 = \frac{平均应收账款}{赊销额} \times 365\,天 \quad (8-4)$$

假定A公司的所有销售均是赊销,因为没有期初的应收账款,所以仅仅使用了期末的数值也是可以的,2002年度的债权平均清偿期为

$$债券平均清偿期 = \frac{240\,800\,美元}{2\,240\,800\,美元} \times 365\,天 = 39(天)$$

同理,A公司2003年度的债权平均清偿期为

$$债券平均清偿期 = \frac{210\,200\,美元}{2\,681\,200\,美元} \times 365\,天 = 29(天)$$

8.2.2 经营表现类指标

经营表现类指标分为两类:运营效率指标和运营利润指标。

(1) 运营效率指标包括资产周转率、固定资产周转率、所有者权益周转率和平均存货周转期。

① 总资产周转率。

总资产周转率表明了一个公司对自己总资产的利用效率,这个指标越高,说明利用率就越高。

$$总资产周转率 = \frac{销售额}{平均总资产} \tag{8-5}$$

因为要计算平均总资产,需要年初和年末数据,所以这里我们只能计算A公司2003年度的总资产周转率为

$$总资产周转率 = \frac{2\,681\,200\,美元}{(990\,000 + 1\,023\,400)\,美元/2} = 2.66$$

这里也可以不使用平均总资产,而只采用年末的数据,只是这样不够精确,如使用2002年年末的数据得:

$$总资产周转率 = \frac{2\,240\,800\,美元}{990\,000\,美元} = 2.26$$

② 固定资产周转率。

$$总固定资产周转率 = \frac{销售额}{平均净固定资产} \tag{8-6}$$

A公司2003年度的总固定资产周转率为

$$总固定资产周转率 = \frac{2\,681\,200\ 美元}{(445\,800 + 439\,400)\ 美元/2} = 6.06$$

③ 所有者权益周转率。

$$所有者权益周转率 = \frac{销售额}{平均所有者权益} \tag{8-7}$$

A 公司 2003 年度的总固定资产周转率为

$$所有者权益周转率 = \frac{2\,681\,200\ 美元}{(498\,300 + 636\,600)\ 美元/2} = 4.72$$

④ 存货平均周转期。

存货是公司的一项很重要的资产,它保证企业生产和销售的不会中断。为了加强对存货的管理,一个企业必须了解应该持有规模存货,存货平均周转期衡量的是存货持有的平均天数。该比率的计算公式如下:

$$存货平均周转期 = \frac{平均存货持有量}{销售成本} \times 365\ 天 \tag{8-8}$$

某一期间的平均存货持有量是通过计算年初和年末存货水平的简单平均数而得到,若能取月平均数会更精确一些,这里我们只有年初和年末数据。

A 公司 2002 年度的存货平均周转期为

$$存货平均周转期 = \frac{(241\,000 + 300\,000)\ 美元/2}{1\,745\,400\ 美元} \times 365\ 天 = 57(天)$$

这表示持有的存货平均 57 天周转一次。

企业存货平均周转期越短,说明它的存货周转越快,那么存货占用的资金就越少,资产的利用率就越高。

同理,A 公司 2003 年度的平均存货周转期为

$$存货平均周转期 = \frac{(300\,000 + 370\,800)\ 美元/2}{2\,072\,000\ 美元} \times 365\ 天 = 59(天)$$

(2) 运营利润指标。

运营利润指标包括销售毛利润、销售净利率、净利润率、权益报酬率。

① 销售毛利率。

销售毛利率将公司某一时期的毛利润与同期所发生的销售额联系在一起。由

于销售毛利率是不考虑其他费用情况下的经营利润,因此销售毛利率是衡量公司商品购销活动盈利性的一个指标。销售毛利率的计算方法如下:

$$销售毛利率 = \frac{毛利润}{销售额} \times 100\% \qquad (8-9)$$

A 公司 2002 年度的销售毛利率为

$$销售毛利率 = \frac{495\,400\ 美元}{2\,240\,800\ 美元} \times 100\% = 22.1\%$$

同理,A 公司 2003 年度的销售毛利率为

$$销售毛利率 = \frac{609\,200\ 美元}{2\,681\,200\ 美元} \times 100\% = 22.7\%$$

② 销售净利率。

销售净利率将某一期间的净利润与同期所发生的销售额联系在一起。该财务比率为

$$销售净利率 = \frac{息税前净利润}{销售额} \times 100\% \qquad (8-10)$$

销售净利率并不考虑公司资本筹集方式,也就是说,它反映的是不考虑长期营运资本成本情况下的经营利润。

A 公司 2002 年度的销售净利率为

$$销售净利率 = \frac{243\,400\ 美元}{2\,240\,800\ 美元} \times 100\% = 10.9\%$$

同理,A 公司 2003 年度的销售净利率为

$$销售净利率 = \frac{246\,600\ 美元}{2\,681\,200\ 美元} \times 100\% = 9.2\%$$

③ 净利润率。

净利润率反映的是销售额能带来多少净利润。它是税费后的净利润与销售额之比:

$$净利润率 = \frac{净利润}{销售额} \times 100\% \qquad (8-11)$$

A 公司 2002 年度的净利润率为

$$\text{净利润率} = \frac{159\,200 \text{ 美元}}{2\,240\,800 \text{ 美元}} \times 100\% = 7.10\%$$

同理，A 公司 2003 年度的净利润率为

$$\text{净利润率} = \frac{164\,200 \text{ 美元}}{2\,681\,200 \text{ 美元}} \times 100\% = 6.12\%$$

④ 权益报酬率。

权益报酬率是本期获得的净利润额与公司净资产，也就是所有者权益的百分比。其计算公式如下：

$$\text{权益报酬率} = \frac{\text{净利润}}{\text{所有者权益}} \times 100\% \qquad (8-12)$$

A 公司 2002 年度的这一比率为

$$\text{权益报酬率} = \frac{159\,200 \text{ 美元}}{498\,300 \text{ 美元}} \times 100\% = 31.9\%$$

同理，A 公司 2003 年度的权益报酬率是

$$\text{权益报酬率} = \frac{164\,200 \text{ 美元}}{636\,600 \text{ 美元}} \times 100\% = 25.8\%$$

在这里计算权益报酬率时使用的是年度末的所有者权益数，也有人认为用该年度的平均股本数也许更好，因为它更能代表本期所有者权益数额。这两种方法都可以，但一旦采取一种方法就应该保持下去。

8.2.3 负债比率

负债比率是指债务和资产、净资产的关系。它反映企业偿付到期债务的能力。它包括资产负债率、产权比率、利息保证倍数。

① 资产负债率。

资产负债率是负债总额除以资产总额的百分比，也就是负债总额与资产总额之间的比例关系。它反映在总资产中有多大比例是通过借债来筹集的，也可以衡量公司在清算时保护债权人利益的程度。计算如下：

$$资产负债率 = \frac{负债总额}{资产总额} \times 100\% \qquad (8-13)$$

A 公司 2002 年度的资产负债率为

$$资产负债率 = \frac{491\ 700\ 美元}{990\ 000\ 美元} \times 100\% = 49.7\%$$

同理,A 公司 2003 年度的资产负债率为

$$资产负债率 = \frac{386\ 800\ 美元}{1\ 023\ 400\ 美元} \times 100\% = 37.8\%$$

与资产负债率相关的一个概念是权益乘数,它表示公司的负债程度,权益乘数越大,公司负债程度就越高,其计算公式如下:

$$权益乘数 = 1 \div (1 - 资产负债率) \qquad (8-14)$$

A 公司 2002 年度的权益乘数为

$$权益乘数 = 1 \div (1 - 49.7\%) = 1.99$$

2003 年度的权益乘数为

$$权益乘数 = 1 \div (1 - 37.8\%) = 1.61$$

② 产权比率。

产权比率也是衡量偿债能力的指标之一。这个指标是负债总额与所有者权益总额之比。计算如下:

$$产权比率 = \frac{负债总额}{所有者权益} \times 100\% \qquad (8-15)$$

A 公司 2002 年度的产权比率为

$$产权比率 = \frac{491\ 700\ 美元}{498\ 300\ 美元} \times 100\% = 98.7\%$$

A 公司 2003 年度的产权比率为

$$产权比率 = \frac{386\ 800\ 美元}{636\ 600\ 美元} \times 100\% = 60.8\%$$

③ 利息保证倍数。

利息保证倍数指标是指公司息税前利润与利息费用之比,用以衡量公司偿付借款利息的能力。利息保证倍数的计算公式如下:

$$\text{利息保证倍数} = \frac{\text{息税前利润}}{\text{应付利息}} \quad (8-16)$$

A公司2002年度的利息保证倍数为

$$\text{利息保证倍数} = \frac{(219\,400 + 24\,000)\text{美元}}{24\,000\text{美元}} = 10.1(\text{倍})$$

$$\text{利息保证倍数} = \frac{(219\,400 + 24\,000)\text{英镑}}{24\,000\text{英镑}} = 10.1(\text{倍})$$

该比率表明公司的利润水平比应付利息水平高出很多。因此,只有当利润额出现大幅下降时,应付利息的支付才会得不到保障。利息保证倍数越小,贷款者的应收利息得不到偿付的风险就越大。

同理,A公司2003年度的利息保证倍数为

$$\text{利息保证倍数} = \frac{(240\,200 + 6\,200)\text{美元}}{6\,200\text{美元}} = 39.7(\text{倍})$$

8.2.4 投资类指标

人们设计了种种不同的财务比率以帮助持有公司股票的投资者对其投资的收益水平做出评价。这类指标包括每股股利、股利支付率、每股收益、市盈率。

(1)每股股利。

每股股利反映了某期宣布的股利与该期间发行在外的股份数之比,它是一个关于股东从所持有的公司股份中获得现金回报的指标。每股股利的计算公式为

$$\text{每股股利} = \frac{\text{某期宣布的股利}}{\text{年末普通股份总数}} \quad (8-17)$$

A公司2002年度的每股股利为

$$\text{每股股利} = \frac{40\,200\text{美元}}{300\,000} = 0.134(\text{美元})$$

同理,A公司2003年度的每股股利为

$$每股股利 = \frac{60\,000\ 美元}{334\,100} = 0.180(美元)$$

(2) 股利支付率。

股利支付率衡量的是以股利形式支付给股东的利润占公司利润的比例,它反映了公司把得到的净利润中多大的部分分配给股东。股利支付率的计算公式为

$$股利支付率 = \frac{宣布的该年度股利}{净利润} \times 100\% \quad (8-18)$$

A 公司 2002 年度的股利支付率为

$$股利支付率 = \frac{40\,200\ 美元}{159\,200\ 美元} \times 100\% = 25.3\%$$

同理,2003 年度的股利支付率为

$$股利支付率 = \frac{60\,000\ 美元}{164\,200\ 美元} \times 100\% = 36.5\%$$

(3) 每股收益。

每股收益反映了某期间公司产生的净利润与发行在外的股份数之比,它反映普通股的获利水平。许多投资分析师把每股收益看做评价股票业绩的一个基本指标。人们常常用每股收益的长期走势来评价公司股票的投资潜力。普通股股东的每股收益的计算公式为

$$每股收益 = \frac{净利润}{年末普通股份总数} \quad (8-19)$$

A 公司 2002 年度的每股收益为

$$每股收益 = \frac{159\,200\ 美元}{300\,000} = 0.531(美元)$$

同理,A 公司 2003 年度的每股收益为

$$每股收益 = \frac{164\,200\ 美元}{334\,100} = 0.491(美元)$$

(4) 市盈率。

市盈率反映的是每股收益与每股市价之间的关系,它衡量了市场对公司未来的信心。市盈率越高,投资者对公司未来盈利能力的信心就越高,从而也愿意支付

更高的与公司收益流量相关的市价。市盈率的计算方法为

$$市盈率 = \frac{每股市价}{每股收益} \qquad (8-20)$$

假定 2003 年 1 月 1 日 A 公司每股市价为 8 美元,则该公司当日的市盈率为

$$市盈率 = \frac{8\ 美元}{0.531\ 美元} = 15.07$$

8.2.5 杜邦体系

权益报酬率是一个很重要的财务指标,它受什么因素影响,这些因素又是怎么影响它的。要弄清楚这些问题,我们通常把权益报酬率拆分为几个组成部分加以分析,这种方法成为杜邦体系。杜邦体系是由美国杜邦公司的经理提出的。

下面我们就把权益报酬率分拆成几个部分,即权益报酬率=净利润/所有者权益,我们不妨把这个比率乘以"资产/资产",而不改变其他的任何东西:

$$权益报酬率 = \frac{净利润}{所有者权益} = \frac{净利润}{所有者权益} \times \frac{资产}{资产} = \frac{净利润}{资产} \times \frac{资产}{所有者权益} \qquad (8-21)$$

接着我们可以通过在分子、分母上同时乘以销售收入总额来进一步分解权益报酬率:

$$权益报酬率 = \frac{销售额}{销售额} \times \frac{净利润}{总资产} \times \frac{总资产}{权益总额} \qquad (8-22)$$

我们把式(8-22)稍微整理一下,得出:

$$权益报酬率 = \frac{净利润}{销售额} \times \frac{销售额}{总资产} \times \frac{总资产}{权益总额}$$

$$= 净利润率 \times 总资产周转率 \times 权益乘数 \qquad (8-23)$$

式(8-23)被称为杜邦恒等式,它把权益报酬率分解成经营利润指标、经营效率指标和负债比率三部分的通行表达式。

我们可以以 A 公司为例来验证这种关系。A 公司的净利润率为 7.10%,总资产周转率为 2.26(这里我们使用的是年末数据),权益乘数为 1.99。权益报酬率应该为

$$ROE = 净利润率 \times 总资产周转率 \times 权益乘数$$
$$= 7.10\% \times 2.26 \times 1.99 = 31.9\%$$

这正好等于我们直接计算的结果。

杜邦恒等式告诉我们权益报酬率受以下三个因素的影响：

(1) 经营利润指标(用净利润率来测度)；

(2) 经营效率指标(用总资产周转率来测度)；

(3) 负债比率(用权益乘数来测度)。

经营利润指标或经营效率指标的缺陷都将最终导致较低的权益报酬率。另外，通过杜邦恒等式会发现权益报酬率可以通过增加企业负债额来提高。这种情形只有在企业的权益报酬率超过债务的利率的情况下才会发生。

我们在本部分所讨论的对ROE的分解是系统地进行财务报表分析的一条方便的途径。如果对ROE不满意，杜邦恒等式能够告诉你从哪里下手去查找原因。

8.3 财务比率的应用

财务比率是反映企业价值的一条重要途径，很多投资者就是通过财务报表和财务比率来决定是否投资于该企业的。在进行资产定价时(如债券)，是将该资产的未来现金流贴现得出该资产的内在价值，然后再比较资产的市场价格与内在价值，来决定是否投资于该资产。财务比率就可以用来预测企业未来的现金流，从而评估该企业的股票或债券的价值。

在利用财务比率时，一个孤立的财务比率数字是没有用的。例如，只知道一个公司的权益报酬率为19.8%，这并不能说明该公司的利润水平高或者低。我们必须把这些财务比率与相关数据做比较才能得出一些结论。通常把一个公司的财务比率与以下四个方面的数据作比较：(1) 整个经济形式；(2) 所处行业的平均水平；(3) 本行业中主要竞争对手的水平；(4) 该公司以前数据。

由于经济周期的存在，几乎每个企业都会受到经济膨胀或收缩的影响，所以把单个企业与整个经济作一个比较是很有必要的。如果在整个经济陷于衰退时，还要求企业的利润大幅上升，这是很不合理的，此时要求企业保持一个盈利水平这就比较合理了；相反，在经济繁荣时期，如果企业的利润仅仅是小幅上升，这说明该企业可能就有问题。所以,把企业的财务指标和与之类似的经济指标相比较就可以弄清楚该企业对经济周期的敏感性,并以此判断出在今后经济出现类似情况时该企业的表现。

把企业的表现与它所处行业相比则更为重要了。不同行业对处于其中的企业的影响是不同的,而且这种行业影响还是很明显的,例如,在钢铁、玻璃、木材行业中,其行业影响是最强的。不同行业的利润水平是不同的,例如,钢铁行业与软件行业的利润水平显然是不同的,我们不可能要求一个钢铁企业年增长速度超过一倍,可软件行业中这种增长却屡见不鲜,所以考查一个企业与之所处行业间的联动关系是很重要的。

有时候可能你觉得自己正在分析的企业由于某种特殊原因而不具有典型性,所以只找一些与该企业具有相似特点的企业来比较,比如,它们具有相同的规模。假设投资者想投资于计算机行业中的 IBM,那么他宁愿把 IBM 与苹果公司相比较,而不愿把 IBM 与整个行业的平均水平相比,因为整个计算机行业中,各企业的差别实在太大。

要预测一个企业在未来的趋势,有必要分析财务比率在一段时期内的变化,因为一个时点上的独立数据根本说明不了什么。例如,1998 年某企业的权益报酬率为 20%,这对于预测 1999 年的盈利水平没有帮助,但如果 1997 年的权益报酬率为 15%,那么在其他情况不变时,我们就能预测 1999 年的盈利水平很可能上升;相反,若 1997 年的权益报酬率为 25%,我们就有理由认为 1999 年的盈利水平可能会下降。

总之,在应用财务比率时必须联系以上四个方面才能得出正确结论。

尽管财务比率提供了一种分析公司状况和业绩的快速有效的方法,但这种分析方法也有其局限性。下面对一些较为重要的局限性做一讨论如下。

(1) 会计报表本身的属性。会计报表是静态的,它们是反映一个时点或一个时段内公司的状态,如流动比率、速动比率、负债比率都是根据资产负债表而计算出的相关数据。然而,资产负债表仅仅只是对公司某一时刻经济状况的一种"快照"式描述而已,它上面的数值只是代表了经济循环中某一特定时刻的财务状况而已。所以,基于静态的报表计算的财务比率也是静态的,某个财务比率的好转可能是由这个时期或时点上某种特定原因造成的,而这种原因又在财务报表中反映不出来时就会使我们作出错误的判断。例如,通常会发生这样的情况:一家季节性公司的会计年度截止日期可能恰好处于公司经营活动的低谷期,这样,在资产负债表日的存货和债权就会较低,而且流动性比率也会很低,但这一个时点上公司的财务状况并不是很具有代表性。另外,会计采用的是成本计价,也就是说,资产、负债的计入是以当时的历史成本为准的,然而通货膨胀是普遍存在,它使持有了一段时间的资产价值变得可能与现值无关。我们在编制损益表时,要把某期的销售收入与当期的成本进行配比。而成本(如存货)是以获得时的实际支付计价的,当实现销售收入时,成本是不变的,但实际上该成本支出现值早不是原来的价格了,也就是说,在通货膨胀时期,成本与目前的市场价格不一致,销售收入与成本的配比失去了时间基础。结果,现有损益表中的成本就会被低估,从而导致利润的夸大。

(2) 会计的一致性。在编制会计报表的时候,不同的公司会采用不同的会计处理方法,如在对于固定资产的折旧政策方面,有的公司采用平均年限法,而有的为了加强对自己固定资产的管理而采用加速折旧。这样可能就导致了某些财务比率不同,尽管除了会计政策的不同外,什么都是一样的。这可能会误导我们。

(3) 公司的统一性。在实际经济生活中,跨行业的大型公司越来越多,这些公司也是通过财务报表来反映自己的财务状况的,然而正如我们上面提到的,不同行业的利润率是不同的,所以我们应该如何来比较两个跨行业的大公司呢,应该采取什么行业标准呢?

(4) 财务比率的同一性。财务比率之间也可能存在不一致,例如,一家出现流动性困难的公司可能盈利能力很强,这就导致了流动性指标和运营利润类指标之间的矛盾,使投资者陷入两难的境况。

习　题

1. 给出 A 公司的资产负债表和损益表如下:

A公司的资产负债表

2002 年 12 月 31 日　　　　　　　　　　(单位:千美元)

流动资产	
存货(成本价)	592.0
应收账款	176.4

续　表

银行存款	84.6
流动资产总计	853.0
固定资产	
自有土地及建筑物原价	436.0
减：累计折旧	76.0
固定装置及设备原价	173.4
减：累计折旧	86.4
固定资产总计	447
资产总计	1 300
短期负债	
应付账款	271.4
应付股利	135.0
应交公司税金	16.0
流动负债总计	422.4
长期负债	190.0
负债总计	612.4
股本及准备	
普通股股本	320
总准备	355.9
留存利润	11.7
股本及准备总计	687.6
负债及权益总计	1 300

A 公司的损益表

2002 年度　　　　　　　　　　　　（单位：千美元）

销售收入	1 478.1
期初存货	480.8
采　购	1 129.5

续 表

减：期末存货	592.0
减：销售成本	−1 018.3
毛利润	459.8
管理费用	−195.8
销售费用	−112.7
息税前净利润	151.3
减：应付利息	−19.4
税前净利润	131.9
减：公司税金	−32.0
税后净利润	99.9
加：结转前期留有利润	46.8
结　存	164.7
减：转入总准备	
计划发放的股利	−135.0
留存利润	11.7

计算：(1) 流动比率、速冻比率、现金比率；

(2) 销售毛利率、销售净利率、净利率、权益报酬率；

(3) 资产负债率、产权比率。

2. 下面给出 A 公司 1999 年、2000 年部分损益表和资产负债表：

A 公司资产负债表(部分)　　　　　　　　(单位：千美元)

	1999 年	2000 年
流动资产	201	326
固定资产	474	489
总资产	675	815
流动负债	57	141

续 表

	1999年	2000年
长期负债	0	0
总负债	57	141
所有者权益	618	674
负债与所有者权益	675	815

A公司损益表(部分) （单位：千美元）

	1999年	2000年
毛利润	474	598
折 旧	20	23
其他经营成本	368	460
税前利润	86	115
税 收	26	35
净利润	60	80
分配股利	18	24
每股收益	0.714	0.952
每股股利	0.214	0.286
普通股股本	84	84

计算2000年度的权益报酬率，并用杜邦分析法分解之。

3. Brown公司的财务报表如下：

Brown公司损益表　第2年12月31日　　　（单位：美元）

销售收入	19 000
销售成本	12 000
折 旧	1 500
销售费用与管理费用	1 000
财务费用	1 200
税前收入	3 300

		续　表
税收支出		1 440
净利润		1 860
其他数据		
分配股利		864

Brown 公司负债表　第 2 年 12 月 31 日　　　（单位：美元）

现　金	2 000	2 200
应收账款	3 000	3 500
存　货	4 000	4 200
流动资产	9 000	9 900
固定资产原值	22 000	24 300
累计折旧	9 000	10 500
固定资产净值	13 000	13 800
总资产	22 000	23 700
短期借款	1 600	1 760
应付账款	24 000	2 640
流动负债	4 000	4 400
应付债券	11 000	11 800
长期借款	4 000	3 204
普通股股本	2 000	2 300
未分配利润	1 000	1 996
负债与所有者权益	22 000	23 700

计算第 2 年的速动比率。（CFA 2003）

第9章 债券分析

债券是一种很重要的投资工具。在很多国家,整个债券市场的市值都超过了股票市场,如美国 1998 年年末,所有公开发行债券的市值超过了 12 万亿美元,而股票市场总市值大约为 11 万亿美元。全球市场上,债券总值大约为 26 万亿美元,而股票总值大约为 23 万亿美元。下面我们就介绍一下债券的有关知识。

9.1 债券基础知识

9.1.1 债券的定义与性质

债券是债的证明书。债是按照合同的约定或者依照法律的规定,在当事人之间产生的特定的权利和义务关系。债券是发行人依照法定程序发行,并约定在一定期限还本付息的有价证券。

9.1.2 债券的构成要素

债券作为证明债权债务关系的凭证,一般用具有一定格式的票面形式来表现。通常,债券票面有以下四个基本构成要素。

(1) 债券的票面价值。

在这一要素中,首先要规定票面价值的币种,即以何种货币作为债券价值的计量标准。币种的确定主要是考虑债券的发行对象。一般来说,在国内发行的债券通常以本国本位货币作为面值的计量单位;在国际金融市场筹资,则通常以债券发行地所在国家或地区的货币或以国际上通用的货币为计量标准。在币种确定后,还要规定债券的票面金额。票面金额大小的确定主要得考虑不同的投资对象,同时也要考虑不同的发行成本：票面金额定得较小，有利于小额投资者购买，持有者分布面广，但债券本身的印刷及发行工作量大，费用可能较高；票面金额定得较大，有利于少数大额投资者认购，且印刷费用等也会相应减少，但却使小额投资者无法参与。因此，债券票面金额的确定要根据债券的发行对象、市场资金供给情况及债券发行费用等因素综合考虑。

(2) 债券的偿还期限。

债券偿还期限是指债券从发行之日起至本金利息偿清之日止的时间跨度。各种债券有着不同的偿还期限，短则几个月，长则几十年，甚至没有期限，习惯上有短期债券、中期债券和长期债券之分。发行人在确定债券期限时，要考虑多种因素的影响，主要有：第一，资金使用方向。债务人借入资金可能是为了弥补自己临时性资金周转的短缺，也可能是为了长期资金的需求。在前者情况下，可以发行一些短期债券；在后者情况下，可以相应地发行中长期债券。这样安排的好处是既能保证发行人的资金需要，又不使其因占用资金时间过长而多承担利息。第二，市场利率变化。债券偿还期限的确定还应考虑市场利率的变化情况，相应地选择有助于减少发行者筹资成本的期限。一般来说，当预计未来市场利率趋于下降时，应选择发行期限较短的债券，偿还上一期债券后可以以更低的利率发行新一期债券，这样可以避免市场利率下跌后仍负担较高的利息；而当预计未来市场利率趋于上升时，应选择发行期限较长的债券，这样在市场利率趋高情况下仍可保持较低的利息负担。第三，债券变现能力。一般来讲期限越短，变现能力就越强，因为期限越短，不可控因素就越少，另外，这一因素与债券流通市场发育程度也有关系：如果流通市场发达，债券容易变现，那么购买长期债券无变现之忧，长期债券的销路就可能好一些；如果流通市场不发达，投资者买了长期债券而又急需资金时不易变现，长期债券的销路就可能不如短期债券。

(3) 债券的票面利率。

债券票面利率是债券利息与债券票面价值的比率，通常年利率用百分数表示。债券利息对于债务人来说是筹资成本，利率高则负担重，利率低则负担轻；反过来，债券利息对于债权人来说是其投资收益，利率高则收益大，利率低则收益小。因此，利率成为债券票面要素中不可缺少的内容。

在实际经济生活中，债券票面利率有多种形式，如单利、复利或者贴现方式等。债券票面利率亦受很多因素影响，主要有三个方面。第一，市场利率水平。市场利率普遍较高时,债券票面利率也应相应提高,否则,投资者会选择其他金融资产投资;反之,市场利率较低时,债券发行人为了降低筹资成本肯定也会相应降低债券票面利率。第二,债券发行人的资信。如果债券发行人的资信状况好,债券信用等级高,债券的信用风险就会比较小,投资者所承担的风险就小,他要求的风险溢价就会低一些,则债券票面利率可以定得低一些;相反,如果债券发行人的资信状况差,债券信用等级低,投资者会要求较高的收益率来弥补他所承担的风险,这时债券票面利率就需要定得高一些才能吸引投资者。此时利率差异反映了风险的大小,高利率是对高风险的补偿。第三,债券期限的长短。一般来说,期限较长的债券,流动性差,风险相对较大,利率应该定得高一些;而期限较短的债券,流动性强,风险相对较小,利率就可以定得低一些。不过,债券利率与期限的关系是较复杂的关系,它们还受其他因素的影响,所以有时也能见到短期债券利率高而长期债券利率低的现象,这在后面的期限理论中会讲到。

(4)债券发行者名称。

债券发行者名称指明了该债券的债务主体,也为债权人到期追索本金和利息提供了依据。要说明的是,上面四个要素虽然是债券票面的基本要素,但也不一定全部都在实际的债券上印制出来。比如,在许多情况下,债券发行者是以公布条例或公告形式向社会公开宣布某债券的期限与利率的,只要发行人具备良好的信誉,投资者也会认可接受。此外,债券票面上有时还包含一些其他要素,如还本付息方式,是否还有赎回条款等。

9.1.3 债券的分类

债券的种类很多,在债券的历史发展过程中,曾经出现过许多不同品种的债券,各种债券共同构成了一个完整的债券体系。各种债券可以依据不同的标准进行分类。根据发行主体的不同,债券可以分为政府债券、金融债券、公司债券、国际债券。

(1)政府债券。

顾名思义,政府债券是由政府发行的,政府债券是国家为了筹措资金或调节宏观经济而向投资者出具的、承诺在一定时期支付利息和到期还本的债务凭证。依政府债券的发行主体不同,政府债券又可分为中央政府债券和地方政府债券。中央政府发行的债券也可以称为国债。除了政府部门直接发行的债券外,有些国家把政府担保的债券也划归政府债券体系,称为政府保证债券。这种债券由一些与政府有直接关系的公司或金融机构发行,并由政府提供担保。

政府债券的性质主要可以从两个方面来考察:第一,从形式上看,政府债券是一种有价证券,具有债券的一般性质。政府债券本身有面额,投资者投资于政府债券可以取得利息。第二,从功能上看,政府债券最初仅仅是政府弥补赤字的手段,但在现代商品经济条件下,政府债券已成为政府筹集资金、扩大公共事业开支的重要手段,并且随着金融市场的发展,逐渐具备了金融商品和信用工具的职能,成为国家实施宏观经济政策、进行宏观调控的工具。

① 政府债券主要特征。

a) 安全性高。

政府债券是政府发行的债券,还本付息由政府的税收权利作为保证,它是国家信用的体现。在各类债券中,国债的信用等级通常被认为是最高的。投资者购买政府债券,被认为是一种较为安全的投资。

b) 流通性强。

政府债券是一国政府的债务,它的发行量一般都非常大。同时,由于政府债券的安全性高,投资者比较青睐,所以,许多国家政府债券的二级市场十分发达,一般不仅允许在证券交易所挂牌上市交易,还允许在场外市场进行买卖。这样,发达的二级市场为政府债券的转让提供了方便,使其流通性大大增强。

c) 收益稳定。

政府债券的付息由政府税收保证,其信用度最高、风险最小,因此,对于投资者来说,政府债券几乎是不可能违约的,每期都能固定地收到利息。此外,假如投资者认购政府债券后到二级市场上转让,因政府债券的本息大多数固定且有保障,所以其转让价格一般不会像股票那样容易出现大的波动,转让双方也能得到相对稳定的收益。

d) 免税待遇。

政府债券是政府自己的债务,为了鼓励人们投资政府债券,大多数国家规定对于购买政府债券所获得的收益,可以享受税收上的免税待遇。因此,政府债券与其他收益证券相比较,具有税收的优惠待遇。比如,我国的《个人所得税法》中规定,个人的利息、股息、红利所得应缴纳个人所得税,但国债利息可免缴个人所得税。公司的国债利息收入也不用交纳公司所得税。

② 国债的分类。

a）按偿还期限分类。

国债的偿还期限是国债的存续时间，依此为标准，习惯上把国债分为短期国债、中期国债和长期国债。短期国债一般是指偿还期限为 1 年或 1 年以内的国债，它具有周转期短及流动性强的特点，是货币市场上最重要的工具之一。政府发行短期国债，一般是应付国库暂时的入不敷出之需。在国际上，短期国债的常见形式是国库券。国库券是由政府发行，用于弥补临时收支差额的一种债券。我国自 20 世纪 80 年代以来，也曾使用国库券的名称，但它与发达国家所指的短期国债不同，很多的偿还期是超过 1 年的。中期国债是指偿还期限在 1—10 年的国债。政府发行中期国债筹集的资金或用于弥补赤字，或用于投资，不再作临时周转。长期国债是指偿还期限在 10 年或 10 年以上的国债。长期国债常被用作政府投资的资金来源，长期国债在资本市场上占有重要地位。

短期国债、中期国债以及长期国债都属于有期国债，在国债发展史上，还曾经出现过一种无期国债，这种国债在发行之时并未规定还本期限，债券持有人仅有权按期索取利息，而无权要求清偿，但政府可以随时从市场上买入而将其注销。

b）按资金用途分类。

政府通过国债筹集的收入，可用于各项开支。根据举借国债对其使用方向的规定，国债可以分为赤字国债、建设国债、战争国债和特种国债。赤字国债是指用于弥补政府预算赤字的国债。政府收支不平衡是一个经常可能出现的现象，如果支出大于收入，便产生赤字，国债发行的初衷就是为了弥补政府赤字。建设国债是指发债筹措的资金用于建设项目。随着政府职能的发展，它在社会经济中往往要承担一些大型基础性项目的投资，如修建铁路和公路，这些项目耗资十分巨大，因此，通常由政府通过举借债务筹集专项资金来建设，为此而专门发行了建设债券。战争国债专指用于弥补战争费用的国债。战争时期，军费开支庞大，在用其他方法已无法再筹集到资金的时候，政府就有可能以发行国债来弥补。特种国债是指政府为了实施某种特殊政策而发行的国债。随着政府职能的扩大，政府有时为了某个特殊的社会目的而需要大量资金，为此也有可能举借国债。

c）按流通与否分类。

流通性是债券的特征之一，当然也是国债的基本特点，但是也有一些国债是不能流通的，因此国债可以分为流通国债和非流通国债。流通国债是指可以在流通市场上交易的国债,这种国债的特征是自由认购、自由转让,通常不记名,转让价格取决于对该国债的供给与需求。流通国债的转让一般是在证券市场上进行,如通过证券交易所或柜台市场交易。在不少国家,流通国债占据了国债发行量中的大部分。非流通国债是指不允许在流通市场上交易的国债,这种国债不能自由转让,它可以记名,也可以不记名。非流通国债吸收资金,有的以个人为目标,有的以一些特殊的机构为对象。以个人为目标的非流通国债,一般是吸收个人小额储蓄资金,故有时称为储蓄债券。

③ 地方政府债券。

地方政府债券是由地方政府发行并偿还的债券,简称地方债券,也可以称为地方公债或地方债。地方政府债券是地方政府根据本地区经济发展和资金需要状况,以承担还本付息责任为前提,向社会筹集资金的债务凭证,筹集的资金一般用于弥补地方财政资金的不足,或者地方兴建大型项目。地方政府债券的发行主体是地方政府,地方政府一般又由不同的级次组成,而且在不同的国家有不同的名称。美国地方政府债券由州、市、区、县和州政府所属机关和管理局发行。日本地方政府债券则由一般地方公共团体和特殊地方公共团体发行,前者是指都、道、府、县、市、镇、村政府,后者是指特别地区、地方公共团体联合组织和开发事业团等。地方政府债券的信用等级一般要低于中央政府债券。

地方政府债券按用途分类,通常可以分为一般债券和专项债券。前者是指地方政府为缓解其资金紧张或解决临时经费不足而发行的债券,后者是指为筹集资金建设某项具体工程而发行的债券。对于一般债券的偿还,地方政府通常以本地区的财政收入作担保,而对于专项债券,地方政府往往以项目建成后取得的收入作保证。

(2) 金融债券。

金融债券的发行主体是银行或非银行金融机构。金融机构一般有雄厚的资金实力,信用度较高,因此金融债券往往也有良好的信誉。银行和非银行金融机构是社会信用的中介,它们发行债券的目的主要有两个方面:一是筹资用于某种特殊用途;二是改变本身的资产负债结构。对于金融机构来说,吸收存款和发行债券都是它的资金来源,都构成它的负债,但存款的主动性在存款户,金融机构只能通过提供服务条件来被动地吸引存款,而不能完全控制存款。而发行债券是金融机构的主动负债,金融机构有更大的主动权和机动权。金融债券的期限以中期较为多见。

(3) 公司债券。

公司债券是公司依照法定程序发行、约定在一定期限、以一定方式还本付息的有价证券,它属于债券体系中的一个品种,证明发行债券的公司和债券投资者之间的债权债务关系。公司债券的发行主体是股份公司,但有些国家也允许非股份公司的企业发行债券,所以,一般归类时,公司债券和企业发行的债券合在一起,可直接称为公司(企业)债券。公司发行债券的目的主要是为了经营需要。由于公司的情况千差万别,有些经营有方、实力雄厚、信誉高,也有一些经营较差,可能处于倒闭的边缘,因此公司债券的风险性相对于政府债券和金融债券而言要大一些。公司债券有中长期的,也有短期的,视公司的需要而定。

① 公司债券的特征。

a) 契约性。

公司债券代表一种债权债务的责任契约关系,它规定债券发行人在既定的时间内必须支付利息,在约定的日期内必须偿还本金,从而明确债务双方的权利、义务和责任。这种责任契约关系还通过债券持有者的索偿权表现出来,一般有两种方式:一种是公司债券持有者对公司的特定资产(如不动产)具有索偿权,一旦发行人经营不善,债券持有者可以要求用已指定的资产进行赔偿,这种债券是抵押债券;另一种是公司债券持有者不针对公司资产有索偿权,而是债券发行人仅凭借自己的信誉保证自己会支付承诺的本金和利息,这也是常见的形式,属于非抵押债券,也叫信用债券。

b) 优先性。

债券持有者是公司的债权人,不是股东。他无权参与公司的经营管理决策,但有权按期取得利息,并且利息分配顺序优先于股东。如果公司因经营不善而破产,在清理资产时,债券持有者也优先于股东收回本金。

c) 风险性。

公司债券与政府债券和金融债券比较风险较大,这是由于公司债券的发行主体是公司,它最终的还款保证来自于自己的经营业绩,但公司的经营业绩存在太大的变数,所以公司的信誉不能与政府信誉相比较;就是与金融机构相比,公司的风险相对来说一般也比较大。

此外,部分债券附有可赎回条款和可转换条款。所谓可赎回条款,是指债券发行人具有选择在债券到期之前偿还本金的权利。赎回时机的掌握,往往以公司筹资成本较低为原则,如公司在市场利率下降时可发行低利率的新债券,而赎回原较高利率的债券,可以降低筹资成本。可转换条款是指允许其持有者在一定条件下转换成另一种金融工具,如公司普通股票。

② 公司债券的类型。

各国在实践中,曾创造出许多种类的公司债券,这里选择若干品种介绍。

a) 信用公司债。

信用公司债是一种不以公司任何资产作担保而发行的债券,属于无担保证券范畴。因为政府掌握国家资源,可以征税,政府债券无须提供担保,金融机构作为信用机构,本身就具有较高的信用,金融债券大多数也可免除担保,公司债券不同,一般公司的信用状况要比政府和金融机构差,所以很多公司发行债券被要求提供某种形式的担保。但是,也有少数大公司因经营良好、信誉卓著可以发行信用公司债。这样,发行人实际上是将公司信誉作为担保。发行这种债券时,为了保护投资者的利益可附有某些限制性条款,如公司债券不得随意增加、债券未清偿之前股东的分红要有限制等。

b) 不动产抵押公司债。

不动产抵押公司债是以公司的不动产(如房屋、土地等)作抵押而发行的债券,是抵押证券的一种。公司以这种财产的房契或地契作抵押,如果发生了公司不能偿还债务的情况,抵押的财产将被出售,所得款项用来偿还债务。

c) 保证公司债。

保证公司债是公司发行的由第三者作为还本付息担保人的债券,是担保证券的一种。担保人是发行人以外的他人(或称第三者),如政府、信誉好的银行或举债公司的母公司。相对于信用债券来说,投资者比较愿意购买保证公司债,因为在这种情况下,即使公司到期不能偿还债务,担保人就由责任代替债券发行人偿还债务。在实践中,保证行为常见于母子公司,也就是由母公司对子公司发行的公司债予以保证。

d) 收益公司债。

收益公司债也是一种具有特殊性质的债券,一方面,它与一般债券的共同特点,有固定偿还期限,公司清偿时债权排列顺序先于股票;另一方面,它又与一般债券不同,其利息只在公司有盈利时才支付,即发行公司的利润扣除各项固定支出后的余额用作债券利息的来源。如果余额不足支付,未付利息可以累加,待公司收益改善后再补发。所有应付利息付清后,公司股东才可享受分红。

e) 可转换公司债。

可转换公司债是指发行人依照法定程序发行、在一定期限内依据约定的条件可以转换成公司股票的公司债券,在发行时应在契约中规定转换期限和转换价格。这种债券的持有人享受转换特权,在转换前是公司债形式,转换后相当于增发了股票。在转换前,可转换公司债与一般的债券一样可以定期得到利息收入,如果发行公司的经营业绩取得显著增长时,投资者会选择将可转换公司债在约定期限内按预定转换价格转换成公司的股票,因为这样,投资者可以分享公司未来的增长利益。

f) 附新股认股权公司债。

附新股认股权公司债是公司发行的一种附有认购该公司股票权利的债券。这种债券的购买者可以按预先规定的条件在公司新发股票时享有优先购买权。预先规定的条件主要是指股票的购买价格、认购比例和认购期间。附新股认股权公司债与可转换公司债不同,前者在行使新股认购权之后,债券形态依然存在;而后者在行使转换权之后,债券形态即消失。另外,按照附新股认股权和债券本身能否分开来划分,这种债券有两种类型:一种是可分离型,即认股权与债券可以分开,独立买卖;另一种是非分离型,即不能把认股权从债券上分离,认股权不能成为独立买卖的对象。

(4) 国际债券。

最后我们有必要介绍一下国际债券的情况。国际债券是指一国借款人在国际证券市场上,以外国货币为面值,向外国投资者发行的债券。国际债券的发行人,主要是各国政府、政府所属机构、银行或其他金融机构、工商企业及一些国际组织等。国际债券的投资者包括政府、银行或其他金融机构、各种基金会、工商财团和自然人。

国际债券可以理解为国内债券在境外的延伸,是直接融资跨越了国境,从国内市场走向了更为广阔的国际市场。发行国际债券的目的主要有:第一,发行债券以弥补一国的国际收支逆差;第二,吸收外币资金以补充国内预算资金的不足;第三,为某国大型或特大型工程建设筹集资金,并使其高度的风险得以分散;第四,为某些国际组织筹资以支持其活动;第五,为大型的工商企业和跨国公司增加经营资本。

① 国际债券的特征。

国际债券是在国际市场上筹融资的媒介,会涉及两个或两个以上的国家,同国内债券相比,具有一定的特殊性。

a) 资金来源广。

国际债券的发行是面向国际证券市场的,发行对象为众多国家的投资者,因此其资金来源比国内债券要广泛得多,通过发行国际债券可以使发行人灵活和充分地为其建设项目和其他需要提供资金。

b) 存在汇率风险。

发行国内债券,筹集和还本付息的资金都是本国货币,所以不存在汇率风险。发行国际债券,筹集到的资金是外国货币,利息和本金的偿还也都是外币,汇率一旦发生波动,发行人和投资者都有可能蒙受意外损失或获取意外收益,因此国际债券很重要的一部分风险是汇率风险。

c) 发行规模大。

发行国际债券,规模一般都较大,这是因为举借这种债务的目的之一就是要利用国际证券市场资金来源广泛的特性。同时,由于发行人进入国际债券市场必须由国际性的资信评估机构进行债券信用级别评定,发行费用要高于国内债券,只有发行达到一定规模,才能使单位筹资成本更低。

② 国际债券的分类。

a) 外国债券。

外国债券是指某一国借款人在本国以外的某一国家发行的以该国货币为面值的债券。债券发行人在一个国家,债券的面值货币和发行市场则属于另一个国家。有些国家将在该国发行的外国债券赋予特别的名称,比如,在美国发行的外国债券被称为扬基债券,它是由非美国居民在美国国内市场发行的以美元计价的债券。在日本发行的外国债券称为武士债券,它是指日本国以外的债券发行人在日本债券市场上发行的以日元为面值的债券。它是外国政府、金融机构及某些国际性组织筹措日元长期资金的一种重要形式。第一笔日元债券是亚洲开发银行在1970年12月发行的。

外国债券市场是一种传统的国际债券市场,外国债券的发行在19世纪初就已经盛行了。从19世纪至20世纪初,英国伦敦曾是当时世界上最大的国际金融中心,外国债券的发行也大多集中于该地区。第二次世界大战后,国际金融的关键货币由英镑转为美元,外国债券的发行中心也从伦敦转移到纽约,吸引了各国企业到美国筹措长期资本,于是美元大量外流,结果造成美元汇率上升和美国国际收支恶化。鉴于这种情况,美国在20世纪60年代实施利息平衡税,对美国居住者在美国资本市场上购买外国债券征税。此后,出现了欧洲债券市场并取得快速发展,目前已在国际资本市场占据主导地位。

b) 欧洲债券。

欧洲债券是指借款人在本国境外市场发行的,不以发行市场所在国的货币为面值的国际债券。债券发行者、债券发行地点和债券面值所使用的货币可以分别属于不同的国家,例如日本在英国发行的以美元计价的债券。欧洲债券票面使用的货币一般是可自由兑换的货币,主要为美元,其次还有欧元、英镑、日元等。

欧洲债券和外国债券在很多方面有一定的差异。如在发行方式方面,外国债券一般由发行地所在国的证券公司、金融机构承销;而欧洲债券则由一家或几家大银行牵头,组成十几家或几十家国际性银行在一个国家或几个国家同时办理经销。在发行法律方面,外国债券的发行受发行地所在国有关法规的管制和约束,并且必须经官方主管机构批准;而欧洲债券在法律上所受的限制比外国债券宽松得多,它不需要官方主管机构的批准,也不受货币发行国有关法令的管制和约束。在发行纳税方面,外国债券受发行地所在国税法的管制;而欧洲债券的预扣税一般可以豁免,投资者的利息收入也免缴所得税。

欧洲债券是在 20 世纪 60 年代初期随着欧洲货币市场的形成而出现和发展起来的。到 70 年代中期,欧洲债券已初具规模。80 年代以来,欧洲债券的发展更快。据统计,1976 年国际债券发行总额中,外国债券占 56%,欧洲债券占 44%;而在 1983 年,欧洲债券升至 64%,外国债券则降为 36%。目前,欧洲债券已成为在国际资本市场上筹措资金的一个重要手段。

9.2 债券定价基础

9.2.1 债券的估价

在评价债券的价值时,有两种方法:一种以债券现值来表示,即现值模型,它是以一个单一的贴现利率来计算债券的现值;另一种是以债券的收益率来表示,即收益率模型,它是利用债券的现行价格来计算它能提供的收益率。

(1) 现值模型:此模型是将债券所提供的现金流,以一个贴现率进行折现所得的数值即为此债券的价值。债券所提供的现金流包括每期支付的利息(设一年两次付息)和到期支付的本金,贴现率为市场上该种债券现行的到期收益率,这样现值模型表达为

$$P_m = \sum_{t=1}^{2n} \frac{C_i/2}{(1+i/2)^t} + \frac{P_P}{(1+i/2)^{2n}} \qquad (9-1)$$

其中:P_m 是债券现在的市场价格;n 是债券的期限(年);C_i 是每年债券所付利息;i 是市场上该种债券现行的到期收益率(也就是市场利率);P_P 是债券本金(票面价值)。

这种估价方法要求债券的持有期就等于债券的期限,即投资者要持有到期。由公式(9-1)可以看出债券的价格包括两个部分:一部分是各期所支付利息的贴现值 $\sum_{t=1}^{2n} \frac{C_i/2}{(1+i/2)^t}$;另一部分是到期归还本金的现值 $\frac{P_P}{(1+i/2)^{2n}}$。

例9-1 设债券的票面价值为 $1 000,票面利率为8%,即每6个月付息$40,期限为20年,市场上到期收益率为10%,投资者将持有到期,那么这种债券的价格为

$$P_m = \sum_{t=1}^{40} \frac{40}{(1+0.1/2)^t} + \frac{1\,000}{(1+0.1/2)^{40}} = 686.36 + 142.00 = \$828.36$$

显然这种债券价格分为两部分:一是每6个月支付的$40利息的现值 $\sum_{t=1}^{40} \frac{40}{(1+0.1/2)^t} = \$686.36$,二是票面价值$1 000的现值 $\frac{1\,000}{(1+0.1/2)^{40}} = \$142.00$。

如果市场上这种债券的到期收益率变了,我们同理可以得出一系列债券的价格。如表9-1。

表9-1 到期收益率与债券价格　　　　　　　　　　(单位:美元)

市场上的到期收益率	债券价格
2%	1 985.09
4%	1 547.12
6%	1 231.19

续 表

市场上的到期收益率	债券价格
8%	1 000.00
10%	828.36
12%	699.05
14%	600.07
16%	522.98

再根据此表可以作出图9-1。

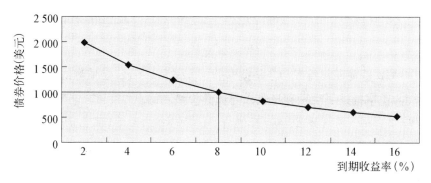

图9-1 价格—收益曲线

这就是价格—收益曲线,从这条曲线可以看出:

① 债券价格与市场到期收益率呈反向变化关系;

② 当市场到期收益率小于票面利率时,债券价格高于其票面价值;

③ 当市场到期收益率大于票面利率时,债券价格低于其票面价值;

④ 价格—收益曲线并不是一条直线,它是下凸的,即当到期收益率下降时,债券价格以一个递增的速度上升;当到期收益率上升时,债券价格以一个递减的速度下降。

(2) 收益率模型:投资者经常用一个债券的预期收益率来评价此种债券,收益率模型是利用债券的现行价格和它提供的现金流来计算预期收益率:

$$P_m = \sum_{t=1}^{2n} \frac{C_i/2}{(1+i/2)^t} + \frac{P_P}{(1+i/2)^{2n}} \quad (9-2)$$

其中 P_m、C_i 和 P_P 是已知的,计算出 i 即可,这里 i 的含义是使未来现金流贴现值等于该债券现在市场价格的贴现率。得出这个预期收益率后,投资者会把这个预期收益率与他心里所期望的收益率相比较,如果计算出的收益率等于或大于他期望的收益率时,他会购买这种债券;若计算出的收益率小于他期望的收益率,他就会放弃这种债券。

9.2.2 债券收益率

根据不同的目的有下面五种衡量债券收益率的计算方法。

(1) 名义收益率(nominal yield),即为债券发行的票面利率,如一个票面利率为 8% 的债券,它的名义收益率就为 8%,它仅仅描述了债券每期提供的利息特征。

(2) 现期收益率(current yield)是每年支付的利息与现在市场价格之比。

$$CY = C_i/P_m \tag{9-3}$$

其中:CY 是现期收益率;C_i 是债券的年支付利息;P_m 是债券的市场价格。

现期收益率描述了现期利息收入与债券价格之比。

例 9-2 一个期限为 20 年,面值为 \$1 000,市价为 \$1 231.19,票面利率为 8% 的债券的现期收益率为

$$CY = \frac{1\,000 \times 8\%}{1\,231.19} = 6.50\%$$

这个指标对于那些希望取得定期收入的投资者是非常有用的,但它没有考虑债券价格变化带来的资本利得,使得现期收益率对于希望获得资本利得的投资者没有什么用处。

(3) 到期收益率(yield to maternity, YTM)。如果投资者打算将债券持有到期,那么以现值公式计算出的、使债券产生的现金流的现值与债券现在市场价格都相等的贴现率为到期收益率,即通过 $P_m = \sum_{t=1}^{2n} \frac{C_i/2}{(1+i/2)^t} + \frac{P_P}{(1+i/2)^{2n}}$ 解出 i 即可,它与收益率模型中的预期收益率含义是一样的。

例 9-3 如果面值为 \$1 000、票面利率为 8%、期限为 20 年的债券,现在市场价格为 \$828.36,那么通过 $828.36 = \sum_{t=1}^{40} \frac{40}{(1+i/2)^t} + \frac{1\,000}{(1+i/2)^{40}}$,得 $i=10\%$,这就是该债券的到期收益率。

零息债券(zero-coupon bond)只在到期日提供一次相当于票值的现金流入,而在到期前是不按期提供利息的,这样它的到期收益率就通过方程 $P_m = \dfrac{P_P}{(1+i/2)^{2n}}$ 来求解。

例 9-4 一个期限为 10 年,票面值为 \$1 000 的零息债券现在市场价格为 \$311.80,求其到期收益率。

$$311.80 = \frac{1\,000}{(1+i/2)^{20}}$$

解出到期收益率 $i = 12\%$。

(4) 赎回收益率(yield to call)。有些债券在发行时附有赎回条款,在市场利率下跌,这些债券的发行者为了利用更低的市场利率以改善自己的财务状况,一般不等原先发行的债券到期就赎回,这样计算到期收益率的前提就被破坏了,这时我们就需要一个赎回收益率:

$$P_m = \sum_{t=1}^{2nc} \frac{C_i/2}{(1+i/2)^t} + \frac{P_c}{(1+i/2)^{2nc}} \qquad (9-4)$$

其中:C_i 是债券的年支付利息;P_c 是债券的赎回价格;P_m 是债券的市场价格;nc 是为赎回日前的持有期。

(5) 已实现收益率(realized yield horizon yield)。这个指标描述的是投资者在债券到期之前就把它卖出时的收益率,这时投资者的持有期(hp)是小于债券期限(n)的。

$$P_m = \sum_{t=1}^{2hp} \frac{C_i/2}{(1+i/2)^t} + \frac{P_f}{(1+i/2)^{2hp}} \qquad (9-5)$$

其中:C_i 是债券的年支付利息;P_f 是债券在远期的卖出价格;P_m 是债券的市场价格;hp 是为卖出日前的持有期。

通过这个方程解出 i 即为已实现收益率。

这里又有一个问题出现了,公式中的 P_f 如何确定呢?其实 P_f 的确定与先前 P_m 的确定在原理上是一样的,只不过折现期不同罢了:

$$P_f = \sum_{t=1}^{2n-2hp} \frac{C_i/2}{(1+i/2)^t} + \frac{P_P}{(1+i/2)^{2n-2hp}} \qquad (9-6)$$

$n-hp$ 为从债券卖出到债券到期之间的年数。

例 9-5 投资者持有一个 25 年期票面利率为 10%，面值为 \$1 000 的债券，投资者预期他将在 5 年末卖出，而且他还预计 5 年后到期收益率为 8%，那么 5 年末该债券的价格估计为

$$P_f = \sum_{t=1}^{2\times25-2\times5} \frac{50}{(1+0.08/2)^t} + \frac{1\,000}{(1+0.08/2)^{2\times25-2\times5}}$$

$$= 989.64 + 208.30$$

$$= 1\,197.94$$

从上面可以看出在估计 P_f 时，真正困难的是如何确定什么时候卖出，卖出时市场上到期收益率是多少。

我们在计算债券价值时是通过用单一的到期收益率把所有现金流全部折现而得出的，这要求不同期限的贴现率相等，然而这是不太现实的，事实表明不同期限的现金流是有不同贴现率的。我们把未来某一特定时点上的一笔现金流折现到现在的贴现率称为即期利率(spot rate)。从定义中我们可以看出零息债券的到期收益率就是即期收益率。由表 9-2 可以看出不同期限的即期利率是不同的：

表 9-2 即期利率

期 限	即期利率(%)
1 年	4.99
2 年	5.22
3 年	5.33
4 年	5.42
5 年	5.48
6 年	5.58

资料来源：*Wall Street Journal*, 18 May 1999.

既然我们知道不同期限的即期利率是不同的，那么在折现债券产生的一系列不同期限的现金流时就应该使用与之相对应的即期利率，而不是单一的到期收益率。

$$P_m = \sum_{t=1}^{2n} \frac{C_t}{(1+i_t/2)^t} \qquad (9-7)$$

其中：P_m 是债券市场价格；C_t 是第 t 期产生的现金流入；n 是债券期限（年数）；i_t 是第 t 期的年即期利率。

这里要指出的是在第 n 年末，归还的本金包含在 C_{2n} 中，它在性质上与利息流入没有什么区别。

例 9-6 一个票面价值为 \$1 000，票面值为 8%，期限为两年的债券的现在市场价格为多少？（即期利率参见表 9-2。）

$$\begin{aligned} P_m &= \sum_{t=1}^{4} \frac{C_t}{(1+i_t/2)^t} \\ &= \frac{1\,000 \times 8\% \div 2}{(1+0.049\,9/2)} + \frac{1\,000 \times 8\% \div 2}{(1+0.049\,9/2)^2} + \frac{1\,000 \times 8\% \div 2}{(1+0.052\,2/2)^3} \\ &\quad + \frac{1\,000 \times 8\% \div 2 + 1\,000}{(1+0.052\,2/2)^4} \\ &= 39.026 + 38.076 + 37.025 + 1\,013.55 \\ &= 1\,127.68 \end{aligned}$$

9.3 利率期限结构

上一节我们看出不同期限的即期收益率是不同的，那么它们之间有什么关系，为什么呈现这种关系呢？下面我们就讨论这方面的问题。

9.3.1 收益率曲线

在一定时点上，将具有同样信用级别而期限不同债券的到期收益率与债券期限的关系用坐标图曲线表示出来便形成了收益率曲线，到期收益率和期限间的关系被称为利率期限结构。一般来说，市场上所用的收益率曲线都是对国债市场价格和收益的观察形成的。之所以如此有两个原因：其一，国债一般被认为是无风险资产，信用等级没有什么差别，没有因信用的差异而对收益率产生影响；其二，国债市场是最活跃的债券市场，它具有最强的流动性，很高的交易频率，价格发现机制最完善。从现实的作用来看，国债收益率曲线的主要功能是作为基准给债券定价和在其他的债券市场上设置收益率标准,例如银行贷款、公司债、抵押和国际债券。

收益率曲线有很多种形状,下面给出典型的三种收益率曲线图。

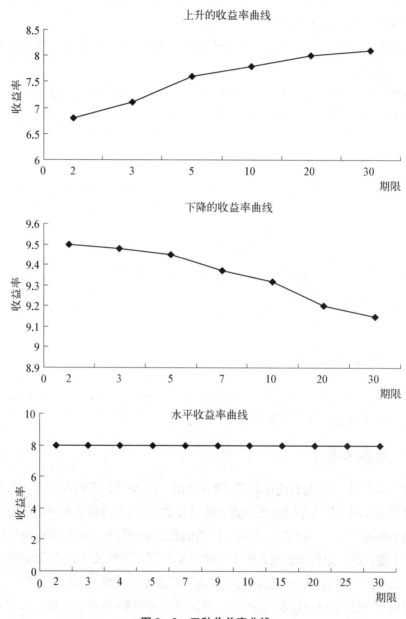

图9-2 三种收益率曲线

这三种形状的收益率曲线中,上升的收益率曲线最为常见,它一般出现在市场利率比较低的时候,而下降的收益率曲线容易出现在市场利率比较高的时候,水平的收益率曲线比较罕见。至于为什么会有三种不同形状的收益率曲线的原因我们会在期限结构理论中介绍。

9.3.2 收益率曲线的构建

任何债券都可被看作是零息债券的组合,因为附息国债的现金流可以用一系列零息债券来复制,这样债券价格就应等于所有零息债券价值的和。如果这一点不成立,对于市场参与者来说,就能够通过套利交易来获取无风险收益。要确定每一零息债券的价值,就有必要知道具有相同到期的零息国债的收益率,这一收益率就是即期利率(spot rate),描绘即期利率和期限之间关系的曲线就被称为即期利率曲线,由于零息国债的期限不会大于一年,不存在与一年以上期限即期利率相对应的国库券,所以不可能只从对国库券市场的观察来构建即期利率曲线,而只能从对国债实际交易收益率中理论上推出即期收益率曲线,由此,这一收益被称为理论即期收益率曲线,它也就是利率期限结构的几何描述。

下面我们就举例构建一个10年期的即期收益率曲线,即要计算20个半年期的即期收益率。假设此刻我们从市场观察到20个假设国债的期限与到期收益率,如表9-3。

表9-3 20种期限国债的到期收益率

期 间	年	到期收益率/票面利率(%)
1	0.5	5.25
2	1.0	5.50
3	1.5	5.75
4	2.0	6.00
5	2.5	6.25
6	3.0	6.50
7	3.5	6.75
8	4.0	6.80

续表

期间	年	到期收益率/票面利率(%)
9	4.5	7.00
10	5.0	7.10
11	5.5	7.15
12	6.0	7.20
13	6.5	7.30
14	7.0	7.35
15	7.5	7.40
16	8.0	7.50
17	8.5	7.60
18	9.0	7.60
19	9.5	7.70
20	10.0	7.80

表9-3的情况是不符合实际的,因为它假定除6个月期和1年期之外的所有债券均以面值交易(100),这样一来债券的票面利率等于其到期收益率,这个假设仅仅是为了计算方便,利用下面的方法就算是利用实际市场价格同样也可以得出即期利率曲线。

6个月期和1年期债券是零息债券,且其价格小于面值。正如前面所指出的,短期债券是零息债券,因而其年收益率5.25%就是半年期的即期利率。同样的,对于1年期国库券,收益率5.5%就是1年期即期利率。给定这两个期限的即期利率,我们可计算出1.5年期的零息国债的理论即期利率,1.5年国债票面利率为5.75%,票面价值为100美元,则其现金流量是:

0.5年：$0.0575 \times 100 \times 0.5 = 2.875$

1.0年：$0.0575 \times 100 \times 0.5 = 2.875$

1.5年：$0.0575 \times 100 \times 0.5 + 100 = 102.875$

债券的价值,也就是现金流量的现值为

$$2.875/(1+R_1) + 2.875/(1+R_2)^2 + 102.875/(1+R_3)^3$$

其中：R_1 = 半年期理论即期利率的 1/2；

R_2 = 1 年期理论即期利率的 1/2；

R_3 = 1.5 年期理论即期利率的 1/2。

因为半年期即期利率和 1 年期即期利率分别是 5.25% 和 5.50%，则

$$R_1 = 0.026\,25, R_2 = 0.027\,5$$

1.5 年期附息国债现值，也就是它的价格为

$$2.875/1.026\,25 + 2.875/(1.027\,5)^2 + 102.875/(1+R_3)^3$$

由于 1.5 年期附息国债的市场价格为 100 美元（这个价格是我们假定的，利用市场真实价格同样可以，其原理是一样的），则下面的关系成立：

$$100 = 2.875/1.026\,25 + 2.875/(1.027\,5)^2 + 102.875/(1+R_3)^3$$

从而解出的 1.5 年期债券理论即期利率的 1/2 如下：

$$100 = 2.801\,461 + 2.723\,166 + 102.875/(1+R_3)^3$$
$$= 94.475\,3 = 102.875/(1+R_3)^3$$
$$(1+R_3)^3 = 1.028\,798$$
$$R_3 = 0.028\,798$$

将这一收益率乘以 2，则得到 1.5 年期理论即期利率 0.057 6 或 5.76%。如果这种证券在现实中存在，则这一利率便是市场所认可的 1.5 年期零息国债利率。

我们计算出了 1.5 年期理论即期利率，进而利用同样的方法就可以得到 2 年期理论即期利率。2 年期附息国债的现金流是

0.5 年：$0.060 \times 100 \times 0.5 = 3.00$

1.0 年：$0.060 \times 100 \times 0.5 = 3.00$

1.5 年：$0.060 \times 100 \times 0.5 = 3.00$

2.0 年：$0.060 \times 100 \times 0.5 + 100 = 103.00$

2 年期附息国债的价格，即现金流的现值是

$$3.00/(1+R_1) + 3.00/(1+R_2)^2 + 3.00/(1+R_3)^3 + 103.00/(1+R_4)^4$$

其中，R_4 是 2 年期理论即期利率的 1/2。由上面的计算知：

$$R_1 = 0.026\,25, R_2 = 0.027\,5, R_3 = 0.028\,798$$

因此，2 年期附息国债的价格，即现金流的现值是

$$3.00/1.002\,625 + 3.00/(1.027\,5)^2 + 3.00/(1.028\,798)^3 + 103.00/(1+R_4)^4$$

因为 2 年期附息国债的价格是 100 美元,则

$$100 = 3.00/1.002\,625 + 3.00/(1.027\,5)^2 + 3.00/(1.028\,798)^3$$
$$+ 103.00/(1+R_4)^4$$

从而可以解出 2 年期即期理论利率的 1/2 为

$$100 = 2.923\,26 + 2.841\,56 + 2.755\,06 + 103.00/(1+R_4)^4$$

$$R_4 = 0.030\,095$$

将这一收益率乘以 2,便得到 2 年期债券理论即期收益率 6.02%。

依此类推,可进一步推出其余 15 个半年期的理论即期利率(见表 9-4)。

表 9-4 理论即期利率

期 间	年	即期利率(%)
1	0.5	5.25
2	1.0	5.50
3	1.5	5.76
4	2.0	6.02
5	2.5	6.28
6	3.0	6.55
7	3.5	6.82
8	4.0	6.87
9	4.5	7.09
10	5.0	7.20
11	5.5	7.26
12	6.0	7.31
13	6.5	7.43
14	7.0	7.48
15	7.5	7.54
16	8.0	7.67
17	8.5	7.80

续 表

期 间	年	即期利率(%)
18	9.0	7.89
19	9.5	7.93
20	10.0	8.07

我们把它绘制在坐标系中就为此刻理论即期利率曲线：

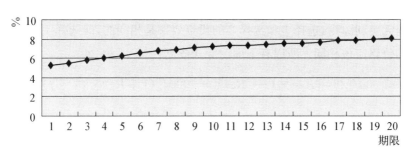

图 9‐3 理论即期利率曲线

9.3.3 远期利率的计算

上一节构造出了理论上的即期收益率曲线,就可以通过收益率曲线推出将来利率的市场预期——远期利率。

假定一个投资者想投资于债券,而且期限为一年,他面临两种选择：

选择 1：购买一年期的国债；

选择 2：先买一种 6 个月的国债,6 个月到期后再买另外 6 个月到期的国债。

显然,根据无套利原则,这两个选择所产生的收益率将是相同的。现在我们假设投资者已经知道 6 个月和一年的该国债的即期收益率,但是不知道从 6 个月到 12 个月的这种国债的即期收益率,我们称这个利率为 6 月后 6 个月的远期利率。我们可以求出这个远期利率。

假定一年期国债的到期价值为 1 000 元,则一年期国债的价格可以表示如下：

$$1\,000/[(1+R_2)\times(1+R_2)]$$

其中,R_2 是理论上一年期债券即期利率的一半。

假定投资者以 p 元的价格购买 6 个月的国债,在 6 个月末该国债的价格为 $p\times$

$(1+R_1)$,其中,R_1 是理论上 6 个月期债券即期利率。

令 f 为 6 月后 6 个月的远期利率的一半,则 p 元投资一年后的价值为

$$p \times (1+R_1) \times (1+f)$$

假设投资 p 元一年之后的价值也为 1 000 元,则有下面的等式:

$$p \times (1+R_1) \times (1+f) = 1\,000$$

我们得到 $p = 1\,000/[(1+R_1) \times (1+f)]$。

根据无套利原则,选择 1 和选择 2 的投资效果是相同的,即选择 1 与选择 2 现在支付的价格应该相同。所以有下面的等式成立:

$$1\,000/[(1+R_2) \times (1+R_2)] = 1000/[(1+R_1) \times (1+f)]$$

就是 $(1+R_2) \times (1+R_2) = (1+R_1) \times (1+f)$。

$$f = [(1+R_2) \times (1+R_2)]/(1+R_1) - 1$$

f 的两倍为 6 月后 6 个月的远期利率。

利用上面计算出来的即期收益曲线来计算远期利率 f。

我们知道 6 个月的债券利率为 5.25%,也就是 $R_1 = 5.25\%/2 = 0.026\,25$。一年期即期利率为 5.50%,则 $R_2 = 0.027\,5$,代入方程,我们可以得到:

$$f = 1.027\,5 \times 1.027\,5/1.026\,25 - 1 = 0.028\,75$$

这样 6 月后 6 个月的远期利率为 5.75%,就是 $0.028\,75 \times 2 = 0.575\,0$。

下面我们来验证一下,到期价值为 1 000 元的一年期国库券的价格为

$$1\,000/(1.027\,5 \times 1.027\,5) = 947.19(元)$$

把 947.19 元以 8% 的即期利率投资 6 个月的话,则 6 个月末的价格为

$$947.19 \times (1+0.026\,25) = 972.05(元)$$

如果将 972.05 以 5.50% 的即期利率再投资 6 个月的话,则一年末的价格为 $972.05 \times (1+0.027\,5) = 1\,000(元)$(计算误差是由于四舍五入引起的)

通过即期收益率曲线,我们可以运用同样的方法确定期限更长的远期利率,1 年、1.5 年、2 年、2.5 年的,都可以计算出来。深入推广下去,可以计算出未来任何

时间的远期利率。

一般地，t 期间的即期利率、半年的即期利率以及隐含的远期利率(半年)的关系如下：

$$R_t = [(1+R_1)(1+f_1)(1+f_2)(1+f_3)\cdots(1+f_{t-1})]^{1/t} - 1$$

其中，f_t 为从当期开始的第 t 个半年的远期利率(半年)。

我们以前面的数据为例子来算算看：

$$f_1 = 0.028\ 75 \quad f_2 = 0.031\ 40 \quad f_3 = 0.036\ 70 \quad f_4 = 0.039\ 45$$

$$f_5 = 0.043\ 20 \quad f_6 = 0.036\ 05 \quad f_7 = 0.044\ 55 \quad f_8 = 0.041\ 00$$

$$f_9 = 0.038\ 85$$

R_1 也就是 6 个月的即期利率为 2.625%，将这些数据代入上面的公式可得到：

$$R_{10} = [(1.026\ 25)(1.028\ 75)(1.031\ 40)(1.036\ 70)(1.039\ 45)(1.043\ 20)$$
$$(1.036\ 05)(1.044\ 55)(1.041\ 00)(1.038\ 85)]^{1/10} - 1 = 0.036 = 3.6\%$$

9.3.4 期限结构理论

在这一节中我们知道收益率曲线有不同的形状，那么是什么因素导致了这种情况的出现呢？下面将介绍关于利率期限结构的三个基本理论。在讨论中，焦点将集中在即期利率的期限结构上。

(1) 无偏差预期理论。

无偏差预期理论认为远期利率代表了对所考虑的未来时期即期利率预期的平均意见，这样即期利率曲线上升可解释为投资者普遍相信未来的即期利率将上升；反之，一个递减的即期利率系列可解释为市场预期未来的即期利率将下跌。

首先，我们以上升的收益率曲线为例。在这种情况下，期限较长的即期利率要大于期限较短的即期利率。考虑一个例子，一年期即期利率为 7%，两年期即期利率为 8%，根据远期利率的计算，我们得到一年后一年期的远期利率为 9.01%。为什么这两个即期利率不同？为什么收益曲线向上倾斜，即两年期的即期利率大于一年期的呢？

投资者可以采用到期策略,即用1美元直接投资于两年期债券,那么他在两年后得到1.1664美元(1美元×1.08×1.08)。投资者也可以采取滚动策略,即将1美元先以7%的即期利率投资一年,一年以后他将有1.07美元(1美元×1.07),然后将其再投资一年,如果投资者预期一年以后的一年期即期利率是10%,则他的1美元投资在两年后预望为1.177美元(1美元×1.07×1.10)。在这种情况下,投资者将选择滚动策略而不是到期策略,因为如果这样做他在两年末将期望获得更多的收入(1.177美元>1.1664美元)。

但是,10%不是市场的均衡状态,因为如果市场上每个投资者都预期一年以后的一年期即期利率是10%的话,就不会有人投资于两年期债券,转而投资于一年期国债,这样两年期债券的需求下降导致其利率上升,而一年期债券需求的上升导致其利率的下降。

与之对应,如果市场预期的未来即期利率为6%而不是10%的情况下,按照滚动策略,投资者预期投资1美元将在两年末得到1.1342美元(1美元×1.07×1.06),因为它小于直接投资于两年期国债的收益率(1.1342美元<1.1664美元),情形正好与上面相反,投资者就不会有人投资于一年期债券,转而投资于两年期国债,所以6%也不是均衡状态。

最终投资者会发现,如果他们的预期为9.01%,在两年期末,以滚动策略投资的1美元将值1.1664美元(1美元×1.07×1.0901),如果直接投资于两年期债券,两年后得到1.1664美元(1美元×1.08×1.08),两种策略是没有差异的,在这种情况下,交易市场将实现均衡。

无偏差预期理论认为预期未来即期利率等于远期利率。在上述例子中,当前一年期即期利率为7%,而根据这一理论,市场普遍认为一年以后它将上升至9.01%,预期的一年期即期利率的上升导致了期限结构上倾,这就表现为两年期即期利率8%大于一年期即期利率7%。同样曲线下倾的原因是投资者预期未来即期利率将下跌。

无偏差预期理论表明,在均衡状态下,预期的未来即期利率等于远期利率,用方程式表示为

$$ER = f$$

其中:ER为预期的未来即期利率,f为远期利率。这可解释为到期策略得到

的预期收益等于滚动策略得到的预期收益。

那么,是什么因素促使投资者形成了上升或下降的预期呢?其中有可能是通货膨胀率引起的。市场上的即期利率是名义利率,名义利率是由实际利率和预期通胀率构成的,对这两者预期的变化都会带来对名义利率预期的变化。

例如,假设一个不变的实际利率为3%,而当前的一年期即期利率为7%,那么这意味着交易市场的普遍看法是下一年度预期的通胀率约为4%,名义利率约等于实际利率与预期通胀率的和,根据无偏差预期理论,预期的未来即期利率为9.01%,比当前的一年期即期利率7%增加2.01%,由于假定实际利率不变,这个增长归因于投资者平均预期通胀率上升2.01%,即预期下一年度的通货膨胀率为4%,再接下来的一年里,预期通货膨胀率将达到6.01%。这说明收益率曲线上升的根本原因来自预期通胀率的上升,在市场利率较低的时候说明这时预期通胀率也较低,这时投资者更倾向于预期通胀率会上升,这就是向上倾斜的收益率曲线容易在市场利率较低时出现的原因。向下倾斜的收益率曲线相应是由于预期通胀率的下降,它容易出现在市场利率较高的时候。

从逻辑上讲,预期即期利率会上升的次数与预期即期利率会下降的次数应大致相同,因而无偏差预期理论应该暗示有相同数量的上倾和下倾的期限结构,但实际上上倾的期限结构出现得更频繁。无偏差预期理论无法解释这一现象,流动性偏好理论对此提供了解释。

(2)流动性偏好理论。

流动性偏好理论认为投资者更偏好短期证券,即使一些投资者拥有较长的投资期限,他们仍然有一种偏好短期的倾向,这是因为这些投资者认为他们在持有债券期间可能需要获得资金,从而必须卖出手中债券。在债券定价一节我们也看到,期限较短的债券面临的利率风险也就越小。

结果是当到期策略与滚动策略有相同的预期收益时,两年期的投资者将不会选择前者,因为它具有更大风险,只有当前者的预期收益更高时,投资者才会选择前者,也就是说,借方不得不以较高的预期收益的形式向投资者提供风险溢价才能促使投资者购买两年期的证券。

在前面的例子中,一年期即期利率为7%,两年期即期利率为8%。如前面所提到的,根据流动性偏好理论,只有获得的预期收益比滚动策略高时,投资者才愿意选择到期策略。这意味着预期的未来即期利率将比远期利率 9.01% 要小——也许为 8.6%。因为只有这样,当采用滚动策略时,1 美元投资两年以后预期将值 1.162 0 美元(1 美元×1.07×1.086),而采用到期策略时,1 美元投资两年以后将值 1.166 4 美元(1 美元×1.08×1.08),到期策略之所以有一个较高的预期收益归因于它具有更大程度的利率风险。

远期利率与预期即期利率的差我们定义为流动性溢酬,它是为鼓励投资者购买期限更长、风险也更大的两年期证券,而向投资者提供的额外收益。表示为

$$f = ER + L \tag{9-8}$$

其中,L 是一年后一年期的流动性溢酬。在上例中,它等于 0.41%(9.01%—8.6%)。

根据流动性偏好理论,到期策略更具有风险,相对于滚动策略它必须有较高的预期收益,即

$$(1+R_1)(1+ER) < (1+R_2)^2 \tag{9-9}$$

其中,各符号含义与前面相同。这个不等式(9-9)是理解流动性偏好理论解释期限结构的关键。

首先,考虑向下倾斜的情形,此时,$R_1 > R_2$,不等式 $(1+R_1)(1+ER) < (1+R_2)^2$ 要成立,只有当预期未来即期利率 ER 小于当年一年期即期利率 R_1 时才成立,也就是当市场相信利率将持续下降时,就会形成一条下倾的收益率曲线。

现在我们就假设一个期限结构下倾的情形:一年期即期利率 R_1 为 7%,两年期即期利率 R_2 为 6%,由此我们可以计算出远期利率 f 为 5.01%,假设流动性溢酬 L 为 0.41%。根据 $f = ER + L$,我们得出 ER 为 4.6%。也就是说,现在一年期即期利率为 7%,而预期在一年后将下降到 4.6% 的情况下,就形成了一条下降的收益率曲线。这个例子中的数据是符合 $(1+R_1)(1+ER) < (1+R_2)^2$ 的,也就是符合流动性偏好理论。与无偏差预期理论相比较,可以看出,流动性偏好理论认为收益率曲线下倾是因为一年期即期利率预期将下降到 4.6%,无偏差预期理论也认为收益率曲线下倾是因为一年期即期利率预期将下降,但只下降到 5.01%。

其次,考虑收益率曲线为水平,即 $R_1 = R_2$。只有当 $ER < R_1$ 时,不等式 $(1+R_1)(1+ER) < (1+R_2)^2$ 才成立,即市场预期一年期即期利率将下降时水平

的收益率曲线才出现。假设 $R_1 = R_2 = 7\%$,流动性溢酬 L 仍为 0.41%。可以计算出远期利率 f 为 7%,根据 $f = ER + L$,我们得出 ER 为 6.59%。与无偏差预期理论不同,这里预期即期利率将下降而不是不变。

最后,考虑上倾收益曲线的情形,即 $R_1 < R_2$。如果是一个平缓的向上倾斜,这可能是预期未来利率将下降的情况。例如,$R_1 = 7\%$,$R_2 = 7.1\%$,从而远期利率 f 为 7.2%,我们仍假定流动性溢酬 L 为 0.41%,根据 $f = ER + L$,我们得出 ER 为 6.79%,比现在的一年期利率 7% 下降了,可见期限结构平缓向上倾斜的原因是市场预期即期利率有一个较小的下降;相反,无偏差预期理论认为,平缓地向上倾斜的原因是预期即期利率有一个小幅度的上升。

如果期限结构上倾更陡峭一些,则更可能是市场预期利率在未来将上升。例如,$R_1 = 7\%$,$R_2 = 7.3\%$,从而远期利率 f 为 7.6%,我们仍假定流动性溢酬 L 为 0.41%,根据 $f = ER + L$,我们得出 ER 为 7.19%,无偏差预期理论同样将陡峭的上倾解释为预期未来即期利率将上升,但将上升一个更大幅度,即为 7.6% 而不是 7.19%。

综上所述,根据流动性偏好理论,下降的收益率曲线表明对即期利率的一个下降预期,而上升的收益率曲线可能表明一个上升的预期,也可能表明一个下降的预期,这取决于上倾的陡峭程度。投资者在预期即期利率时,一般来讲上升和下降的情况各有一半,在无偏差预期理论中,上升的收益率曲线与下降的收益率曲线会因此出现的次数应一样多,但在流动性偏好理论可得出向上倾斜的期限结构将出现得更多一些,这正是实际所发生的情况。

(3) 市场分割理论。

这种理论依赖于假定存在市场分割。它认为不同的投资者有着不同期限需求,从而被限制在不同期限的市场上,也许存在一个短期证券市场、一个中期证券市场和第三个长期证券市场,在每个市场上资金的供给和需求是不同的,在极端的情况下,投资者是不会在不同期限市场之间交易的,仅仅关注于适合自己的那一个期限市场上,根据市场分割理论,即期利率取决于每一市场的供给和需求条件。这样一个上升的收益率曲线的出现是由于短期资金的供给和需求曲线的交点的利率比长期资金市场形成的利率小。相反,一个下降的收益率曲线则出现在短期资金供求的交点形成的利率比长期资金的交点更高的时候。

9.4 久期与凸性

债券的价格总是处于不断变化之中,我们有必要对这种波动性作出进一步分析,由第一节我们讲过的债券的定价公式 $P_m = \sum_{t=1}^{2n} \frac{C_i/2}{(1+i/2)^t} + \frac{P_P}{(1+i/2)^{2n}}$,可以看出债券价格是票面价值、票面利率、期限、市场利率的函数,对于既定的债券来说,只有市场利率是可变的,因此债券价格的变动主要来自市场利率的变化。而不同债券的价格对市场利率的敏感性是不同的,利率敏感性大的债券在利率变化一定的情况下波动就大。经 Malkiel 研究债券价格波动性呈现下列特点:

(1) 期限越长的债券价格波动越大,即价格波动性与期限成正向关系;

(2) 对于一定的市场利率变化,票面利率越高,债券价格波动性就越小,即价格波动性与票面利率呈反向关系。

这两点可以通过表 9-5 体现出来。

表 9-5 债券期限对价格波动性的影响

面值为 $1 000,票面利率为 8% 债券								
期　限	1 年		10 年		20 年		30 年	
到期收益率变化	7%	10%	7%	10%	7%	10%	7%	10%
债券现值($)	1 009	980	1 074	875	1 115	828	1 137	811
价格变动(%)	－2.9		－18.5		－25.7		－28.7	

表 9-6 债券票面利率对价格波动性的影响

面值为 $1 000,期限为 20 年债券								
票面利率	0%		3%		8%		12%	
到期收益率变化	7%	10%	7%	10%	7%	10%	7%	10%
债券现值($)	257	142	579	399	1 115	828	1 544	1 172
价格变动(%)	－44.7		－31.1		－25.7		－24.1	

从表 9-5 中很明显可以看出,当市场利率从 7% 变为 10% 时,1 年期、10 年期、20 年期、30 年期债券,价格波动分别为 -2.9%、-18.5%、-25.7%、-28.7%,即价格波动性明显随着期限上升而上升,而且上升的速度在递减。

从表 9-6 中可以看出,当市场利率从 7% 变为 10% 时,票面利率为 0%、3%、8%、12% 的债券,价格分别波动 -44.7%、-31.1%、-25.7%、-24.1%,价格波动性随着票面利率上升而下降,而且下降的速度在递减。

我们明白了期限和票面利率对波动性的影响,就可以利用这些特点。例如,若预测市场利率将下降,那么,我们尽可能选择一些期限长、票面利率低的债券,这样可以扩大债券组合的利率敏感性;当市场利率下降时,我们能得到一个较大的债券价格上升以增加收益。相反,若预测市场利率将上升,那么,我们尽可能选择期限短、票面利率高的债券,以降低债券组合的利率敏感性;当市场利率上升时,我们可以把债券价格的下降限制到最小。

9.4.1 久期

既然债券价格的波动性与债券的期限和票面利率有关,那么我们在构建债券组合时,必须要考虑这两个因素,久期(Duration)恰好能满足这一要求,它是一种利率敏感性的量度。下面我们介绍其中的两种:麦考勒久期(McCauley Duration)和修正久期(Modified Duration)。

(1) 麦考勒久期提供了一种比期限更恰当的、衡量债券偿还期特征的指标。

$$D = \frac{\sum_{t=1}^{n} \frac{C_t \times t}{(1+i)^t}}{\sum_{t=1}^{n} \frac{C_t}{(1+i)^t}} = \frac{\sum_{t=1}^{n} \frac{C_t \times t}{(1+i)^t}}{P_m} \tag{9-10}$$

其中:D 是麦考勒久期;C_t 是在 t 期支付的利息或本金;t 是利息或本金支付期;i 是到期收益率;P_m 是债券的市场价格(这是根据债券定价公式得到的)。

从式(9-10)中可以看出,麦考勒久期是现金流入时间的加权平均数,权数是每期现金流入现值占整个现金流现值的比例。麦考勒久期不仅考虑了最后本金的偿还时间,而且考虑了债券到期前的利息支付,所以它反映了债券的平均偿还期限。

例 9-7

	债券 A	债券 B
面　　值	$1 000	$1 000
期　　限	10 年	10 年
票面利率	4%	8%

① 到期收益率为 8%，计算 A、B 的麦考勒久期。
② 到期收益率为 12% 呢？

解：① $D_A = \dfrac{\sum_{t=1}^{10} \dfrac{C_t \times t}{(1+8\%)^t}}{\sum_{t=1}^{10} \dfrac{C_t}{(1+8\%)^t}} = 8.12(年) \quad D_B = \dfrac{\sum_{t=1}^{10} \dfrac{C_t \times t}{(1+8\%)^t}}{\sum_{t=1}^{10} \dfrac{C_t}{(1+8\%)^t}} = 7.25(年)$

② $D_A = \dfrac{\sum_{t=1}^{10} \dfrac{C_t \times t}{(1+12\%)^t}}{\sum_{t=1}^{10} \dfrac{C_t}{(1+12\%)^t}} = 7.75(年) \quad D_B = \dfrac{\sum_{t=1}^{10} \dfrac{C_t \times t}{(1+12\%)^t}}{\sum_{t=1}^{10} \dfrac{C_t}{(1+12\%)^t}} = 6.80(年)$

麦考勒久期有以下特性：

① 零息债券的麦考勒久期与它的期限相同，因为这种债券仅提供一次现金流，这可以从麦考勒久期计算公式中看出，零息债券的麦考勒久期为

$$D = \dfrac{\dfrac{C_n \times n}{(1+i)^n}}{\dfrac{C_n}{(1+i)^n}} = n \qquad (9-11)$$

与之对应，附息债券的麦考勒久期小于它的期限，因为它在到期前就开始支付利息了，从式(9-11)中我们也可以看出

$$D = \dfrac{\sum_{t=1}^{n} \dfrac{C_t \times t}{(1+i)^t}}{\sum_{t=1}^{n} \dfrac{C_t}{(1+i)^t}} < \dfrac{\sum_{t=1}^{n} \dfrac{C_t \times n}{(1+i)^t}}{\sum_{t=1}^{n} \dfrac{C_t}{(1+i)^t}} = n \qquad (9-12)$$

② 麦考勒久期与票面利率是反向关系，这一点可以从上例中看出，债券 B 的票面利率高于债券 A，所以债券 B 的麦考勒久期小于债券 A。

③ 麦考勒久期与到期收益率是反向关系，这一点可以从例 9-7 中看出，当到

期收益率从 8%上升到 12%时,债券 A 和债券 B 的麦考勒久期都下降了。

(2) 修正久期。

修正久期是对麦考勒久期稍加改动后得到的。它被用来衡量债券的利率敏感性。

$$D_{\text{mod}} = D / \left(1 + \frac{i}{m}\right) \quad (9-13)$$

其中:D_{mod} 是修正久期;D 是麦考勒久期;i 是到期收益率;m 是债券一年中支付利息次数。

以上例中债券 A 为例,每年付息一次,那么它的修正久期为

$$D_{\text{mod}} = 8.12/(1+0.08) = 7.52(年)$$

(3) 久期与债券价格变动。

在到期收益率变化较小的情况下,我们可以用久期来计算价格的变化。债券价格变动、到期收益率变动和修正久期存在以下关系:

$$\frac{\Delta P}{P} = -D_{\text{mod}} \times \Delta i \quad (9-14)$$

其中:ΔP 是债券价格的变化;P 是债券初始价格;Δi 是到期收益率的变化。

例 9-8 还是利用上例中的债券 A,若到期利率将从 8%变为 9%,那么债券 A 的价格将是多少?

$$p = \sum_{t=1}^{10} \frac{40}{(1+0.08)^t} + \frac{1\,000}{(1+0.08)^{10}} = 731.58$$

$$\frac{\Delta P}{P} = -D_{\text{mod}} \times \Delta i$$

$$\Delta P = -D_{\text{mod}} \times \Delta i \times P$$

$$= -7.52 \times (9\% - 8\%) \times 731.58$$

$$= -55.01$$

所以,当到期收益率变为 9%时,价格为 731.58−55.01=676.57(元)。

但是,这种预测仅是一种近似的计算,如果利用债券定价公式,当到期收益率为 9%时,债券 A 的价格为 679.13 元,这与我们上面以修正久期预测的 676.57 元

很相近，但仍有一定出入，这其中的根本原因可以用图 9-4 表示。

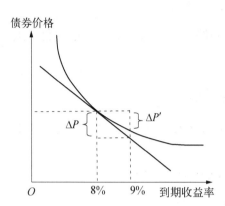

图 9-4 修正久期与价格—收益线的关系

在第一节我们就知道价格—收益线并不是直线，$\dfrac{\mathrm{d}P}{\mathrm{d}i}$ 是价格—收益曲线的切线斜率，所以 $\dfrac{\Delta P}{P} = -D_{\mathrm{mod}} \times \Delta i$ 是当到期收益率变化时，我们沿着切线得到的，如图 9-4 所示。然而，价格收益曲线并不是一条直线，所以实际变化应是 $\Delta P'$ 而不是 ΔP，所以当到期收益率变化较小时，利用修正久期来预期债券价格变化还是比较准确的，可当到期收益率变化很大时，这种误差就大了。

9.4.2 凸性

(1) 凸性定义。

由上面得知，价格—收益曲线的弯曲程度也成为影响债券利率敏感性的一个因素，凸性(convexity)就是用来衡量这种影响的概念，即是 $\Delta P'$ 与 ΔP 之差的近似量度。凸性 $C = \dfrac{\dfrac{\mathrm{d}^2 P}{\mathrm{d}i^2}}{P}$，其中 $\dfrac{\mathrm{d}^2 P}{\mathrm{d}i^2} = \dfrac{1}{(1+i)^2}\left[\sum_{t=1}^{n}\dfrac{C_t}{(1+i)^t}(t^2+t)\right]$，这就是对债券定价公式对到期收益率求二阶导。

不同债券的凸性是不同的，如图 9-5。

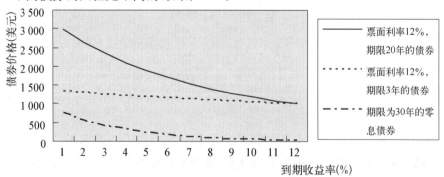

图 9-5 不同债券凸性的比较

可以看出：

① 凸性与票面利率呈反向关系，即票面利率越低，凸性越大；

② 凸性与期限呈正向关系，即期限越长，凸性越大；

③ 凸性与到期收益率呈反向关系，即价格—收益曲线左边比右边凸性更大，这一点说明凸性沿着价格—收益曲线是变化的。

（2）凸性与债券价格变动。

既然了解了凸性，那么由于凸性而带来的价格变化为

$$\Delta P = \frac{1}{2} \times P \times C \times \Delta i^2 \qquad (9-15)$$

其中：ΔP 是凸性带来的价格变化；P 是债券现在的市场价格；C 是凸性；Δi 是到期收益率变化。

现在我们知道了到期收益率变化引起的债券价格变化可以大致分为两个部分，一种是由于久期不同而带来的，另一种是由于凸性不同而带来的，现在把这两种影响合并起来，我们就能知道当到期收益率变化时，债券价格大概会变化多少。

例9-9 期限为18年，票面利率为12%的债券，当前价格为126.50美元，到期收益率为9%，修正久期为8.38，凸性为107.70。设现在到期收益率下降1%，那么该债券的价格将为多少？

第一步：由久期带来的价格变化 $8.38 \times 1\% \times 126.50 = 10.60$（美元）。

第二步：由凸度带来的价格变化 $\frac{1}{2} \times 126.50 \times 107.70 \times 1\%^2 = 0.68$。

所以：价格将为 $126.50 + 10.60 + 0.68 = 137.78$（美元）。

（3）金程凸度。

假定债券每期的现金流（票息）均为 c，现金流的达到时间（付息日）分别为 $1, 2, \cdots, n$ 年，投资者要求的年收益率为 y，债券价格为 P。价格与收益率的关系为

$$P = \sum_{t=1}^{n} \frac{c}{(1+y)^t} \qquad (9-16)$$

价格对收益率求导数：

$$\frac{\mathrm{d}P}{\mathrm{d}y} = \left[\sum_{t=1}^{n} t \frac{c}{(1+y)^{t+1}} \right]$$

$$D_{mac} = \sum_{t=1}^{n} t \frac{\frac{c}{(1+y)^t}}{p} \qquad (9-17)$$

我们在前面介绍到麦考利久期的金融含义是以折现现金流作为权重的现金流回流平均时间,这里说的作为权重的折现现金流就是式(9-17)中的 $\frac{\frac{c}{(1+y)^t}}{p}$,每一个 coupon 回流的时间是 t。如果这里我们将 $\frac{\frac{c}{(1+y)^t}}{p}$ 视为每一个 coupon 回流的时间 t 的概率,或是每 t 时间上,现金流贴现占价格的权重,不妨设为 w_t,那么:

$$D_{mac} = \sum_{t=1}^{n} \left(t \frac{\frac{c}{(1+y)^t}}{p} \right) = \sum_{i=1}^{n} (t \times w_t) = E(t)$$

$$E(t^2) = \sum_{t=1}^{n} \left(\frac{\frac{c}{(1+y)^t}}{p} \right) t^2 = \sum_{i=1}^{n} (w_t \times t^2)$$

这个概念我们将在下面的证明中用到。

价格对收益率求二阶导数:

$$\frac{\mathrm{d}^2 P}{\mathrm{d} y^2} = \frac{1}{(1+y)^2} \left[\sum_{t=1}^{n} t(t+1) \frac{c}{(1+y)^t} \right]$$

凸度为

$$C = \frac{1}{P} \frac{\mathrm{d}^2 P}{\mathrm{d} y^2} = \frac{1}{P(1+y)^2} \left[\sum_{t=1}^{n} t(t+1) \frac{c}{(1+y)^t} \right] \qquad (9-18)$$

我们对凸度的公式进行变换如下:

$$C = \frac{1}{P(1+y)^2} \left[\sum_{t=1}^{n} t(t+1) \frac{c}{(1+y)^t} \right]$$

$$= \frac{1}{P(1+y)^2} \left[\sum_{t=1}^{n} \frac{t^2 c}{(1+y)^t} + \sum_{t=1}^{n} \frac{tc}{(1+y)^t} \right]$$

$$= \frac{1}{(1+y)^2}\left[\underbrace{\sum_{t=1}^{n}\left[\frac{\frac{c}{(1+y)^t}}{P}t^2\right]}_{E(t^2)} + \underbrace{\sum_{t=1}^{n}\left[\frac{\frac{c}{(1+y)^t}}{P}t\right]}_{E(t)}\right]$$

$$= \frac{1}{(1+y)^2}\left[\underbrace{\sum_{t=1}^{n}(w_t \times t^2)}_{E(t^2)} + \underbrace{\sum_{t=1}^{n}(w_t \times t)}_{E(t)}\right] \quad (9-19)$$

如式(9-19),

$$D_{mac} = \sum_{t=1}^{n}\left[t\frac{\frac{c}{(1+y)^t}}{P}\right] = \sum_{i=1}^{n}(t \times w_t) = E(t)$$

$$E(t)^2 = \sum_{t=1}^{n}\left[\frac{\frac{c}{(1+y)^t}}{P}\right]t^2 = \sum_{i=1}^{n}(w_t \times t^2)$$

根据方差公式 $V(t) = E(t^2) - [E(t)]^2$, 可知 $E(t^2) = V(t) + [E(t)]^2$, 而这里的 $V(t)$ 被定义为

$$V(t) = E[t - E(t)]^2 = \sum_{t=1}^{n}\left\{\frac{\frac{c}{(1+y)^t}}{P}[t - D_{mac}]^2\right\} = \sum_{t=1}^{n}[w_t \times (t - D_{mac})^2]$$

$$(9-20)$$

这个 $V(t)$ 度量的是现金流的离散程度! 也就是说,现金流到达时间距离平均现金流回流时间(D_{mac})的方差,它是一个正值。什么是现金流的离散程度呢? 形象地讲,就是现金流是否集中在某一个时点上,零息债券的现金流最集中,则 $V(t)$ 很小; 付息债券随着 coupon 的增大,现金流越分散,则 $V(t)$ 很大。

为了表达方便,我们将这个度量现金流离散程度的方差 $V(t)$ 定义为 $C_{现金流集中程度}$。则式(9-19)可以表达为

$$C = \frac{1}{(1+y)^2}[E(t^2) + E(t)]$$

$$= \frac{1}{(1+y)^2}[V(t) + [E(t)]^2 + E(t)]$$

$$= \frac{1}{(1+y)^2}[C_{\text{现金流集中程度}} + D_{mac}^2 + D_{mac}] \quad (9-21)$$

在这里,我们有一个很创新性的定义,我们将式(9-21)中的$[C_{\text{现金流集中程度}} + D_{mac}^2 + D_{mac}]$定义为金程凸度(golden future convexity),即 $C_{GF} = C_{\text{现金流集中程度}} + D_{mac}^2 + D_{mac}$,那么:

$$C = \frac{1}{(1+y)^2} C_{GF} \quad (9-22)$$

而在久期的定义中:$D_{mod} = \frac{1}{1+y} D_{mac}$,$D_{mod}$ 度量的是价格变化率对收益率变化的一阶敏感度,D_{mac} 度量的是以折现现金流作为权重的现金流回流的平均时间,是时间的概念。

与久期相对应。我们这里就可以将 C 视为 C_{mod},C_{mod} 度量的是价格变化率对收益率变化的二阶敏感度,CGF 度量的是时间的平方的概念。当 D_{mac} 确定的时候,现金流越集中,C 越小;现金流越分散,C 越大。

例 9-10 设有两个债券 A 和 B,A 是 5 年期的付息债券,息票利率为 8.5%;B 是 4 年期的零息债券。它们的到期收益率和面值相同分别为 8.5% 和 1。如下表:

债券	息票利率(%)	期限(年)	到期收益率(%)
A	8.50	5	8.50
B	0	4	8.50

分别应用麦考利久期和凸度的计算公式:

$$D_{mac} = \sum_{t=1}^{n} \left(t \frac{\frac{c}{(1+y)^t}}{P} \right)$$

$$C = \frac{1}{P}\frac{\mathrm{d}^2 P}{\mathrm{d} y^2} = \frac{1}{P(1+y)^2}\left[\sum_{t=1}^{n} t(t+1)\frac{c}{(1+y)^t}\right]$$

计算债券 A 和 B 的麦考利久期和凸度为下表所示：

债券	息票利率(%)	期限(年)	到期收益率(%)	麦考瑞久期	凸　度
A	8.50	5	8.50	4.0	19.816 4
B	0	4	8.50	4.0	13.300 9

可以看出，两个债券的久期是相同的，但是由于债券 A 的现金流并非集中在某一个时点，而债券 B 的现金流完全集中在一个时点上，所以根据金程凸度(Golden Future Convexity)中的相关概念，债券 A 的离散程度大于债券 B，从而债券 A 的凸度大于债券 B。

下面，我们结合价格敏感度与凸度的关系曲线，来分析凸度大小与债券偏好程度的关系。将债券 A 和债券 B 的价格敏感度与凸度的关系曲线作于一张图上，如图 9-6 所示。

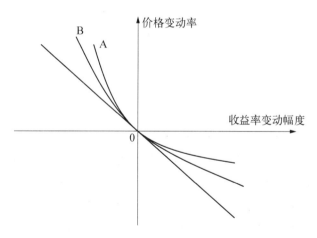

图 9-6　价格敏感度与凸度的关系

从图 9-6 中可以看出，当收益率下降时，债券 A 的价格的实际上升率高于债券 B；当收益率上升时，债券 A 的价格的实际下降率低于债券 B。更为直观的理解是，当债券收益率上升时，凸度大的债券提供了相对更低的价格，使得投资者可以获得上升之后的收益率。这也就是，在其他条件相同的情况下，人们应该偏好凸度大的债券的原因。

此例说明了实际中,对债券的选择角度的多样性。同时,给出金程凸度的意义在于,用更为直观和简便的方式代替复杂公式运算,并且得出毫不逊色的判断结果。

习　题

1. 当前一年期零息债券的到期收益率为 7%,两年期零息债券到期收益率为 8%。财政部计划发行两年期债券,票面利率为 9%,每年付息。债券面值为 100 美元。

　　a) 该债券售价为多少?

　　b) 该债券的到期收益率是多少?

2. 正如一位基金经理发现的,你能看到下面有关资料:

	票面利率	到期日	价　格	赎回价格	到期收益率
Edgar 公司(新发行)	14.00%	2002	$101.3/4	$114	13.75%
Edgar 公司(新发行)	6.00%	2002	$48.1/8	$103	13.60%
Edgar 公司(1972年发行)	6.00%	2002	$48.7/8	$103	13.40%

如果你预期利率将在 3 年后下降,那么你会选择哪种债券?(CFA 1982)

3. Superior Trust Company 的一个资产组合经理正为一名顾客构造固定收益的投资组合。该顾客计划在 15 年后退休,希望到时候获得一笔可观的总收益,并指明要 AAA 级证券。资产组合经理比较了美国附息国库券和零息国库券,发现后者有明显的优势。数据如下:

期限(年)	附息国库券利率(%)	零息国库券收益率(%)
3	5.50	5.80
5	6.00	6.60

续 表

期限(年)	附息国库券利率(%)	零息国库券收益率(%)
7	6.75	7.25
10	7.25	7.60
15	7.40	7.75
30	7.75	8.80

请解释为什么同样期限的零息国库券会有较高的收益率。(CFA 1992)

4. Philip Morris 公司发行每半年支付利息的债券,特征如下:

票面利率	到期收益率	期　限	麦考勒久期
8%	8%	15 年	10 年

a) 利用上表的数据计算修正久期;

b) 解释为什么利用修正久期比利用麦考勒久期更能衡量债券对利率的敏感性;

c) 指出修正久期的变化,如果:

(i) 债券的票面利率为 4%,而不是 8%;

(ii) 债券的麦考勒久期为 7 年,而不是 10 年。

d) 解释凸性概念,并支出如果给定一个利率变化,如何利用久期和凸性大概地计算债券价格的变化。

第10章 股票定价分析与组合管理

本章10.1节主要是对基本面分析中的宏观问题进行阐述,包括宏观经济分析和行业分析;10.2节讨论股票定价模型;10.3节讨论股票组合管理。

10.1 股票定价分析基础

从某种角度而言,任何资产的价格都等于未来现金流的贴现,定价需要知道贴现率和现金流。对于股票来说,要确定公司股票的合理价格,证券分析家们必须先预测该公司预期的股利和盈利。我们把诸如分析预期收益等价值决定因素的方法称为基本面分析(fundamental analysis),而对公司股利和盈利的预测正是它的核心所在。总而言之,公司发放给股东红利的数量和股市上公司股票的价格都将由公司的经营业绩来决定。然而,由于公司的未来业绩与宏观的经济因素相关,所以基本面分析也应该把公司所在的商业环境考虑进去。对于某些公司来说,在其众多影响公司利润的因素当中,宏观经济和行业环境也许比其在该行业中的业绩好坏更重要。因此,对于公司前景预测来说,"由上至下"的三层次分析法是很适用的。如图10-1。

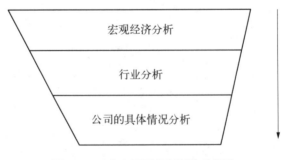

图10-1 由上至下的三层次分析法

这种分析方法是从宏观的经济环境入手，主要考察国内的整体经济条件，甚至还包括全球经济环境。然后，分析者可以据此确定外部经济环境对公司所在行业的影响。最后，分析者才对公司在行业中的所处位置进行分析。本节主要是对基本面分析中的宏观问题进行阐述，包括宏观经济分析和行业分析。

10.1.1 宏观经济分析

首先考虑与公司业绩相关的国际因素，然后对通常用以描述一国宏观经济水平的重要指标进行介绍。接下来讨论政府的宏观经济政策，然后用经济周期现象来结束宏观经济的分析。

（1）全球经济。

对公司前景所作的"由上至下"分析必须先从全球经济入手。国际经济环境可能会影响公司的出口，还会影响竞争者之间的价格竞争和公司海外投资的收益。下面介绍影响全球经济的两个因素。

① 政治因素。

1997年亚洲金融危机引发了亚洲国家经济的动荡，尤其是泰国、印度尼西亚和韩国的经济危机。在这段时期内政治与经济的相互影响也非常显著。同时，公众对国际货币基金组织是否给予援助和援助所需条款的谈判作出了剧烈的反应，货币汇价和股价也因此大幅度变动。关于亚洲危机对美国经济影响的有关评论，指出了解决问题要考虑经济因素，同时也要考虑政治因素。这些政治因素的考虑说明国外投资并不只有纯经济意义上的风险，也有政治这一领域内的风险。

当然，政治上的进步同样也能成为有利因素。例如，地区冲突的结束预示着该地区经济的高速发展。政治进步（或者强烈的政治冲突）为获取利润（或亏损）提供了很重要的机会。另外，一些政治条件虽然不至于有轰动效应，但仍然是决定经济增长和投资收益的重要因素。这些因素主要包括贸易政策中的保护主义、资本的自由流动问题和该国劳动力的水平。

② 汇率因素。

影响某国在国际经济竞争力的一个显著因素是该国货币与其他国货币的兑换汇率。汇率就是本国货币在换成他国货币时的交换比率。比如说，在2003年10月，111日元可以交换1美元。于是我们就可以说，当时的汇率是1美元兑111日元，或者1日元兑0.090美元。当汇率变动时，以外币标价的产品的美元价值也会随之变动。例如,在1980年,美元兑日元的汇率约为0.004 5美元兑1日元。由于现在的汇率已升至0.009 0美元兑1日元,如果一个美国人要购买价值10 000日元的产品,那么2003年的他就要比1980年多付100%的美元。如果日本厂商希望能保持其产品的日元价格不变,那么该产品以美元表示的价值就会增长100%。但是,这会使日本的产品更加昂贵,于是日本的销售额就下降了。很明显,日元的升值使日本厂商陷入与美国厂商激烈竞争的难题之中。

(2) 描述宏观经济的关键经济变量。

所有企业都在宏观经济这个大环境中运行,宏观经济是决定投资业绩的重要因素。要预测宏观市场表现,第一步就是要从整体经济的评估入手。下面列举了一些描述宏观经济的关键经济统计量。

① 国内生产总值。

国内生产总值,即GDP,它是该经济生产的产品与提供劳务的总和。快速增长的GDP表示该国经济正迅速扩张,公司有充足的机会来提高销售量。另一个应用较广的经济产出测度标准是工业总产量。它更多反映的是制造业方面的经济活动水平。

② 就业。

失业率是指正在寻找工作的劳动力占总劳动力(即包括正在工作和正积极寻找工作)的百分比。失业率测度了经济运行中生产能力极限的运用程度。虽然失业率是仅与劳动力有关的数据,但从失业率可以得出其他生产要素的信息,它们有助于对该经济生产能力进行进一步的研究。分析家们也会注意工厂生产能力利用率这个指标,它是实际产出与潜在生产能力之间的比值。

③ 通货膨胀。

通货膨胀是指价格全面上涨的程度。高通货膨胀经常与过热的经济联系在一起,也就是说,当对产品与劳务的需求超过了该经济的生产能力时,它就会导致价格升高的压力。许多政府在它们所采取的经济政策上都非常微妙。它们希望能完全刺激经济以保证几乎为零的失业率,但却不至于引发通货膨胀的压力。通胀率与失业率的权衡是众多宏观经济政策争论的焦点。几十年来,在对这些政策的成本和经济对通胀压力的脆弱性这两个问题的理解上,人们总是有很大的分歧。

④ 利率。

高利率会减少未来现金流的现值,因而会减少投资机会的吸引力。正是因为这个原因,真实利率才成为企业投资成本的主要决定因素。房产和高价耐用消费品(譬如汽车)一般采用融资方式购买,由于利率影响利息的支付,因此这些商品的需求对利率很敏感。

⑤ 预算赤字。

政府的预算赤字是政府支出与政府收入之间的差额。任何一个预算差额都要通过政府借债来消除。大量的政府借债会抬高利率,因为这样就会增加经济中的信贷需求。经济学家们普遍认为,过量的政府借债会对私人借债及投资产生"挤出"作用,从而使利率上升,并进一步阻碍企业投资。

⑥ 心理因素。

经济发展水平的另一个重要因素是消费者与生产者的心理问题,即他们对该经济采取的是悲观态度还是乐观态度。比方说,如果消费者对他们的未来收入水平有很大的信心,那么,他们就会愿意进行大量的现期消费。同样,如果公司预测其产品的需求会上升,那么,他们就会提高产品的产量和库存水平。这样,公众的信心就会影响到消费和投资的数量,以及对产品或劳务的总需求。

(3) 影响宏观经济走势的主要因素。

① 政策。

政策对宏观经济走势的影响是不可忽视的。政府的宏观经济调控工具有两大类:一类是对产品或劳务的需求产生影响;另一类是影响产品或劳务的供给。二战后,影响需求的政策成为了主流,具体方式有政府支出、税收水平和货币政策。但从 1980 年以来,影响供给的经济政策已得到了各国政府的日益重视。从广义上来说,供给学派的政策强调提高经济的生产能力,而不是刺激对产品或劳务的需求。从实施方法来看,供给学派经济学家一般着眼于提高工作的积极性和创新性,并致力于消除源自于税收系统的风险。但是,诸如教育、基础设施(如通信和交通设施)和研究开发等在内的国家政策,通常也被认为是宏观经济供给政策中的一部分。

a) 需求政策。

财政政策是指政府的支出和税收行为,它是需求管理的一部分。财政政策可能是刺激或减缓经济发展的最直接方式。政府支出的下降直接减少了对产品与劳务的需求;同样,税率的上升也会立即减少消费者的收入,从而导致消费的快速下降。

具有讽刺意味的是,尽管财政政策的影响很直接有效,但它的实施手续是如此的繁杂,以致在现实中它不能用作经济发展的微调工具。除此以外,许多政府支出,如医疗和社会保险,都是非选择性的政策;这意味着它们不是一种政策而是一种法令,于是它们就不能按照经济状况变化而进行调整,这使财政政策的形成和实施更加缺乏灵活性。

货币政策是另一种主要的需求影响政策,它指通过控制货币的供应量而影响宏观经济的政策。货币政策主要是通过影响利率而实现的。货币供应量的加大会使短期利率下降,并最终刺激投资需求和消费需求。如果从长期看,许多经济学家都认为货币的高供给只会导致高的价格水平,它并不能对经济活动产生持续的影响。于是,货币管理当局就面临着一个两难的选择。扩张的货币政策可能会在短期内降低利率,从而刺激投资并增加消费的需求,但这些做法也许会导致极高的价格水平。刺激经济与通货膨胀之间的权衡是争论货币政策正确性的内涵所在。

货币政策的实施也是比较直接的。其中最广泛使用的工具是公开市场运作,其他工具还包括再贴现率和准备金要求率。再贴现率是其他银行向中央银行进行短期借贷时中央银行索取的利率;而准备金要求率是银行必须以现金形式留在手中或存放在中央银行的那部分存款占银行总存款的比重。贴现率的下调预示着扩张的货币政策;准备金要求率的降低加大了银行中每一元存款的借贷能力,货币供给的效率得到了提高,于是刺激了经济。

与财政政策相比,货币政策影响经济的方式是迂回曲折的。财政政策一般是直接刺激或减缓经济发展,而货币政策则主要通过对利率的影响而达到效果。货币供给的提高降低了利率,从而刺激了投资需求。当经济中货币量增加了,投资者就会发现在他们的资产组合中现金过剩了。于是,他们就会通过购买证券的方式来重新调整他们的资产组合。如果他们购买的是债券,那么债券的价格就会上升,利率就会下降。从长期来看,个人投资者也会提高他们手中的股票持有量,并最终增加实物资产的购买量,从而直接刺激人们对消费的需求。但是,货币政策对投资需求和消费需求的刺激远远不如财政政策那样直接。

b) 供给政策。

财政政策和货币政策都是引导需求的工具,它们通过刺激产品与劳务的总需求来影响经济。这些政策的一个暗含假定就是经济不能自动地到达完全就业的均衡,因此必须通过宏观经济政策来推动经济向该目标努力。与此相反的是,供给政策一般处理经济中生产能力的问题。它的目标是创造一个良好的环境,它能使工人和资本所有者具有最大动力和能力去生产或发展产品。

供给学派的经济学家们也很重视税收政策。需求学派看到的是税收对消费需求的影响,而供给学派则注重边际税率以及由此产生的激励机制问题。他们认为,降低税率将引发更多的投资,也会提高工作的积极性,因此会促进经济的增长。某些学者甚至认为,税率的减少可能会使税收增加,因为较低税率所引起的经济增长与收益增长的幅度将超过税率减少的幅度。

② 经济周期。

a) 经济周期。

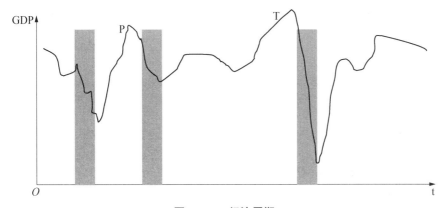

图 10-2　经济周期

经济会重复地经历扩张和紧缩的阶段,不过这些周期的时间长度和影响深度可能是各不相同的。这种经常发生的衰退和景气就被称为经济周期。我们把循环周期中的转折点称作波峰或波谷,图的顶部以 P 与 T 标明。波峰是指经济扩张结束后开始收缩的转折点,而当经济开始复苏时,前一次经济衰退的最底部即为波谷。图 10-2 中的所有阴影部分都处于经济衰退期。当经济处于经济周期的不同阶段时,不同行业之间可能会表现出相互各异的业绩。

b) 经济指标。

正因为经济周期具有循环特性,所以在某种程度上周期也是可以被预测的。一组由国会委员会编制的周期指标可以用来对经济活动的短期变化做出预测、测度与解释。先行经济指标(leading economic indicators)是指那些在经济中预先上升或下降的经济数据。同步经济指标和滞后经济指标,正如他们的名称一样,就是与经济同时变化或稍落后于宏观经济的指标。先行经济指标主要包括股市的价格指数、货币供应、其他的先行经济指标。

股市的价格指数是一个先行经济指标。道理很简单,因为股价就是公司未来盈利能力的预报器。但不幸的是,对于投资决策来说,这缩小了先行经济指标的用武之地:当它们显示经济将上扬时,市场却已经先行一步了。尽管从某种程度上来说,经济周期是可以预测的,但股票市场的周期却似乎很难预先知晓。这是对有效市场假设的进一步证明。

货币供应是另一种先行经济指标,在前文的讨论中我们知道,货币政策对经济的影响是相当滞后的。正因为这个原因,虽然我们可以马上看到一个扩张的货币政策,但它可能要在今后的几个月内才影响整个经济。所以,现在的货币政策很可能预示着未来经济活动的振兴。

其他的先行经济指标一般都是能影响今后产量的当期决策结果。例如,制造业厂家的货物新订单、厂房、设备的合同和订单、房地产业的兴起,这些都预示着经济扩张即将到来。

10.1.2 行业分析

与宏观经济分析重要性的原因一样,行业分析也是不可缺少的。正如当宏观经济处于萧条期时处于其中的行业不可能获得好发展的道理一样,在某个行业陷入困境时,其中的一个公司也很难创出惊人的业绩。行业分析主要包括公司对经济周期的敏感性、行业的生命周期以及影响行业整体业绩的一些战略问题。

(1) 经济周期的敏感性。

一个公司对于经济周期的敏感性取决于三个因素:销售额、经营杠杆比率、融资杠杆度。

第一个因素是销售额对经济周期的敏感性,对经济周期敏感性最低的是生活必需品行业,其中包括食品、药物和医疗服务。另外,在一些行业,其收入并不是决定对该行业产品需求的主要因素,这些行业也属于低敏感度的行业。正如前文所言,烟草生产商就是这一类行业的显著代表;另一个具有低敏感度的行业例子是影视业,因为当收入水平很低时,人们就倾向于用电影来代替其他较高成本的娱乐方法。相反,对像生产机器设备、钢铁、汽车和交通工具这一类产品的厂家来说,它们对经济的发展状况具有很大的敏感性。

决定经济周期敏感性的第二个因素是经营杠杆比率。它反映了企业固定成本与可变成本之间的分配比例关系(固定成本是无论生产水平有多高企业总须负担的成本,而可变成本指的是那些随企业产量变化而上下波动的成本)。如果企业中的可变成本相对较高,那么它对经济环境的敏感性就比较低。这是因为当经济衰退时,这些公司会由于销售量的降低而削减产量,于是它的成本就下降了。而高固定成本公司的利润额对销售的敏感度要大得多,因为其成本固定不能抵消其收入的变动。因此,高固定成本的公司具有较高的经营杠杆比率,经济形势的任何细微波动都会对它们的盈利能力产生很大的影响。

影响经济周期敏感度的第三个因素是融资杠杆度,它是使用债务的一个反映。债务的利息支付与销售额无关,它们同样也可以看作是能提高净利润敏感度的固定成本。

(2) 行业生命周期。

① 一个典型的例子。

现今,许多可行的技术正在创造高获利的投资机会。新产品会得到专利权的保护,边际利润也相当高。在如此具有诱惑力的投资机会下,众多厂家会把所有的利润都投入到这个行业,于是该行业的规模急剧膨胀。但是,行业的发展速度最终总会慢下来。高利润率驱使众多的新公司进入该行业,日益增强的竞争会使价格下降,从而边际利润也因此下降。新技术被证实后,其发展前景变得日趋明朗,风险水平也就随之下降,这消除了新公司进入该行业的后顾之忧。当内部投资机会逐渐失去吸引力之后,公司利润中用于内部投资的比例也减小了。现金红利于是随着增加。最后,当行业步入成熟,我们就会看到具有固定现金流入、固定股利发放、风险相对较低的"现金牛"。它们的增长率应与整体经济的发展同步。所以,处于生命周期较早阶段的行业将提供高风险—高回报的投资机会,而在一个成熟的行业中只能是低风险—低回报。

② 产业生命周期理论。

上述分析告诉我们,一个典型的行业生命周期应有四个阶段:创业阶段,这时具有较高的发展速度;成长阶段,其发展速度已经降低,但仍高于经济的整体发展速度;成熟阶段,其发展速度与整体经济一致;衰退阶段,其发展速度已经慢于经济中的其他行业,或者已经慢慢萎缩。图10-3就是行业生命周期的图示。

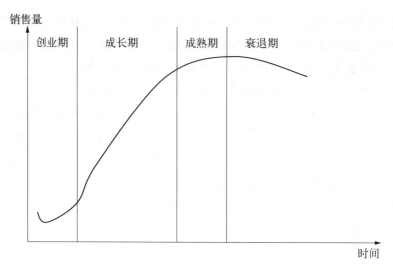

图 10-3 产业生命周期

接下来我们将对其每一个阶段进行详细阐述。

a）创业阶段。

任一产业都是以一项新技术或一种新产品作为序幕的,如 20 世纪 80 年代的个人电脑、20 世纪 90 年代的生物工程技术。在这个阶段中,我们往往很难预测出哪家公司会最终成为行业的领导者。它们中的一些会极其成功,但其他公司却将饮恨市场。因此,这时在行业中选择特定的公司进行投资是相当有风险的。但是,在这个阶段中它们的销售额和净利润会急剧地膨胀,因为此时市场中的新产品远未达到饱和水平。

b）成长阶段。

当某个产品已经建立了较稳定的市场,行业领导者就出现了。从创业期中存活下来的公司一般都比较稳定,其市场份额也比较容易预测。因此,这些公司的业绩就会和整个行业的业绩紧密联系在一起。尽管现在产品已进入市场并广泛使用,该行业仍具有比其他行业更高的发展速度。

c）成熟阶段。

在这个阶段,该产品的普及程度已经达到消费市场的所有有潜力的地点。如果该行业有进一步的发展,那么它可能只是因为经济整体在发展的缘故。该产品会变得越来越标准化,厂商也不得不在基本价格水平上面临激烈的竞争。这会导致很低的边际利润,从而对净利润造成压力。该阶段的公司有时被视为"现金牛",因为他们现在有稳定的现金流收入,但却几乎没有了再增长的可能。于是,一般公司都是从该行业榨取现金流,而不会对其进行再投资。

d) 衰退阶段。

当一个行业步入了衰退阶段,它的发展速度就会低于经济的发展,或者它已基本呈现"萎缩"的迹象。这可能是由于产品过时而引起的,当然也可能是来自新产品的入侵或低成本供应商的竞争。

③ 产业生命周期与企业分类。

著名的投资组合管理经理彼特·林奇根据产业生命周期理论将公司分成了以下六组。

a) 缓慢增长型:历史悠久的大型公司一般只能以稍快于整体经济的速度进行发展。这些公司已经走出了前期的快速发展而步入了成熟。他们通常有稳定的现金流入并分发大量的股利,这表明公司所产生的现金已大于公司赢利性再投资的需求。

b) 强壮型:许多著名的大型公司,如可口可乐、高露洁—棕榈油等,它们的发展都明显好于上述的缓慢增长型公司,但并非像创业阶段中的公司那样具有急剧的扩张。它们也可能是对经济周期不敏感的行业,在经济衰退时所受的影响会相对较小。

c) 快速增长型:一些积极进取的小公司,他们的年收益率一般在2.0%至2.5%之间。公司的高速发展可归因于整个行业的发展,或是因为在成熟行业中该公司市场份额的扩大。

d) 周期型:那些随着经济周期变动,其销售额和净利润也随着扩张和收缩的行业,如汽车行业、钢铁公司、建筑公司等。

e) 危机转变型:那些已经破产或处于破产边缘的公司。如果它们能从即将到来的厄运中恢复过来,它们就可以提供巨额的投资收益。

f) 资产玩家:那些具有高价值资产的公司,但其价值没有被股价所反映。例如,一家公司可能拥有或坐落于一块高价区的地产,而且地产的价值甚至已经超过了公司本身的商业价值。有时这部分隐藏的资产可以用来递延以减轻税负,但有时这些资产却是无形的。比方说,一家电缆公司可能拥有许多电缆的订购商,而这些顾客对厂商来说具有很高的价值。这些资产一般并不产生直接现金流,所以当人们试图对公司进行估价时,许多分析者往往会把这些资产忽略掉。

(3) 行业结构和业绩。

一个行业的成熟过程还包括公司竞争环境的变化,因此有必要考察行业结构竞争策略和盈利能力之间的关系。

① 行业竞争结构。

迈克尔·波特(Michael Porter)着重强调了其中五个决定因素:新竞争者的进入威胁、现有竞争者的对抗、替代品的价格压力、购买者的谈判能力以及供应者的谈判能力。

a) 进入威胁。

行业的新进入者会对价格和利润造成巨大的压力。甚至当其他公司还未真正进入该行业时,进入威胁也会对价格施加压力,因为高价和利润率会驱使新的竞争者加入这个行业。所以,进入壁垒是行业获利能力的重要决定因素。进入壁垒可以有多种形式,例如,通过长期的商业关系,现有的公司可能已经和消费者及供应者建立了牢固的分销渠道,而这对于一个新进入的企业来说成本是很大的。商标、版权使市场进入者难于在新市场中立足,因为它使不同企业遭受到严重的价格歧视。在为市场服务时,私人知识和专利保护让某些公司具有了一定的优势。最后,市场中现有企业的奋斗经历可能也为其提供优势,因为这是它通过长时间的磨炼而学到的经验。

b) 现有企业之间的竞争。

当在某一行业中存在一些竞争者时,由于他们力图扩大各自的市场份额,于是在市场中就会出现价格战,从而降低了边际利润。如果行业本身增长率缓慢,这些竞争就会更加激烈,因为此时扩张就意味着掠夺竞争对手的市场份额。高固定成本也会对降价产生压力,因为固定成本将促使公司利用其完全的生产能力来进行生产。如果企业之间生产几乎相同的产品,那么他们就会承受相当的价格压力,因为此时公司就不能在区分产品的基础上进行竞争。

c) 自替代品厂商的压力。

如果一个行业的产品存在着替代品,那么这就意味着它将面临着与相关行业进行竞争的压力。例如,糖业将面临着玉米糖浆制造业的竞争,毛纺厂将面临着合成纤维厂商的竞争。替代品的存在对厂商向消费者索取高价作了无形的限制。

d) 购买者的谈判能力。

如果一个采购者购买了某一行业的大部分产品,那么他就会掌握很大的谈判主动权,进而压低购买价格。比方说,汽车厂商可以对汽车零部件的生产者施加压力,而这会降低汽车零部件行业的盈利能力。

e) 供给厂商的谈判能力。

如果关键投入品的供给厂商在行业中处于垄断地位,它就能对这件产品索取高价,进而从需求方行业中赚取高额利润。决定供给者谈判能力的关键因素是需求方能否得到相关的替代品。如果替代品存在而且可以被需求者获得,供给者就失去了讨价还价的资本,因此,也就难以向需求方索取高价。

② 两种基本战略。

在与五种竞争力量的抗争中,蕴涵着三类成功型战略思想,这三种思路是:总成本领先战略;差异化战略;专一化战略。波特认为,这些战略类型的目标是使企业的经营在产业中高人一筹:在一些产业中,这意味着企业取得较高的利益;而在另一些产业中,一种战略的成功可能只是企业在绝对意义上能获取些微收益的必要条件。有时企业追逐的基本目标可能不止一个,但波特认为这种情况实现的可能性是很小的。因为有效地贯彻任何一种战略,通常都要全力以赴,并且要有一个支持这一战略的组织安排。如果企业的基本目标不止一个,那么这些方面的资源将被分散。

a) 总成本领先战略。

总成本领先要求坚决地建立起高效规模的生产设施,在经验的基础上全力以赴降低成本,抓紧成本与管理费用的控制,以及最大限度地减少研究、开发、服务、推销、广告等方面的成本费用。为了达到这些目标。就要在管理方面对成本给予高度的重视。尽管质量、服务以及其他方面也不容忽视,但贯穿于整个战略之中的是使成本低于竞争对手。该公司成本较低,意味着当别的公司在竞争过程中已失去利润时,这个公司依然可以获得利润。

赢得总成本最低的有利地位通常要求具备较高的相对市场份额或其他优势,诸如与原材料供应方面的良好联系等,或许也可能要求产品的设计要便于制造生产,易于保持一个较宽的相关产品线以分散固定成本,以及为建立起批量而对所有主要顾客群进行服务。

总成本领先地位非常吸引人。一旦公司赢得了这样的地位,所获得的较高的边际利润又可以重新对新设备、现代设施进行投资以维护成本上的领先地位，而这种再投资往往是保持低成本状态的先决条件。

b) 差异化战略。

差别化战略是将产品或公司提供的服务差别化，树立起一些全产业范围中具有独特性的东西。实现差别化战略可以有许多方式：设计名牌形象、技术上的独特、性能特点、顾客服务、商业网络及其他方面的独特性。最理想的情况是公司在几个方面都有其差别化特点。

如果成功地实施了差别化战略，它就成为在一个产业中赢得高水平收益的积极战略，因为它建立起防御阵地对付五种竞争力量，虽然其防御的形式与成本领先有所不同。波特认为，推行差别化战略有时会与争取占有更大的市场份额的活动相矛盾。推行差别化战略往往要求公司对于这一战略的排他性有思想准备。这一战略与提高市场份额两者不可兼顾。在建立公司的差别化战略的活动中总是伴随着很高的成本代价，有时即便全产业范围的顾问都了解公司的独特优点，也并不是所有顾问都将愿意或有能力支付公司要求的高价格。

c) 专一化战略。

专一化战略是主攻某个特殊的顾客群、某产品线的一个细分区段或某一地区市场。正如差别化战略一样，专一化战略可以具有许多形式。虽然低成本与差别化战略都是要在全产业范围内实现其目标，专一化战略的整体却是围绕着很好地为某一特殊目标服务这一中心建立的，它所开发推行的每一项职能化方针都要考虑这一中心思想。这一战略依靠的前提思想是：公司业务的专一化能够以高的效率、更好的效果为某一狭窄的战略对象服务，从而超过在较广阔范围内竞争的对手们。波特认为这样做的结果，是公司或者通过满足特殊对象的需要而实现了差别化，或者在为这一对象服务时实现了低成本，或者两者兼得。这样的公司可以使其盈利的潜力超过产业的普遍水平。这些优势保护公司抵御各种竞争力量的威胁。

但是，专一化战略常常意味着限制了可以获取的整个市场份额。专一化战略必然包含着利润率与销售额之间互以对方为代价的关系。

10.2 股票定价模型

股票定价模型有很多种，我们可以用一个简单的树状图（如图 10-4）来描述股票定价模型的类别。

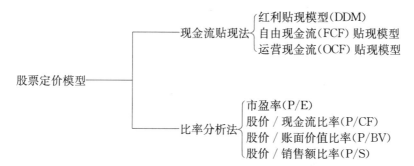

图 10-4　股票定价模型的类别

本节将主要介绍红利贴现模型、自由现金流贴现模型和市盈率分析法这三种股票定价方法。

10.2.1　红利贴现模型

(1) 红利贴现模型的一般形式。

一位投资者购买了一股上市公司的股票，他计划持有一年，股份的内在价值等于第一年末收到的红利 D，加上预期出售价格 P_1 的贴现值。未来价格和红利价格是未知的，对于未来价格我们将其处理为是预期价值，而不是确定价值。我们已经知道：

$$V_0 = \frac{D_1 + P_1}{1 + r} \tag{10-1}$$

虽然在给出公司历史资料的情况下，预测当年红利并不难，但你也许仍会问我们是怎样估价年末价格 P_1 的。根据 10-1 式，V_1（年末内在价值）将等于

$$V_1 = \frac{D_2 + P_2}{1 + r}$$

如果我们假设股票下一年将会以内在价值出售，则 $V_1 = P_1$。将这个值代入 10-1 式，我们发现有

$$V_0 = \frac{D_1}{1 + r} + \frac{D_2 + P_2}{(1 + r)^2}$$

这个等式可以解释为持有期为两年的红利加上售出价格的贴现值。当然，现在我们需要给出 P_2 的预测值。继续相同的方法，我们可以用 $(D_3+P_3)/(1+r)$ 代替 P_2，从而将 P_0 与持有期为三年的红利加上售出价格的贴现值联系起来了。

在持有期为 H 年的情况下，我们一般可以将股票价值写成 H 年中红利的贴现值与最终售出价格 P_H 的贴现值的和。我们有

$$V_0 = \frac{D_1}{1+r} + \frac{D_2}{(1+r)^2} + \cdots + \frac{D_H+P_H}{(1+r)^H} \qquad (10-2)$$

但是，股票的红利不确定，没有确定的到期日，以及最终售出价格是未知的。事实上，由于价格难以明确地推断，可以把上式继续代换下去，有

$$V_0 = \frac{D_1}{1+r} + \frac{D_2}{(1+r)^2} + \frac{D_3}{(1+r)^3} + \cdots = \sum_{t=1}^{t=\infty} \frac{D_t}{(1+r)^t} \qquad (10-3)$$

10-3 式阐述了股票价格应当等于所有预期红利的贴现值。这个公式被称为股价的红利贴现模型(Dividend Discount Model，DDM)。

从 10-3 式来看，很容易让人认为红利贴现模型仅仅重视红利，而忽视了资本利得是投资股票的一个动机。但是，这种推论并不正确。事实上，在 10-1 式中，我们清楚地假定了资本利得(从预期售出价格 P_1 可以反映)是股票价值的一部分，同时，未来的售出价格依赖于那时对股票红利的预测。

仅有红利出现在 10-3 式中并不是投资者忽视了资本利得的原因，而股票售出时对未来红利的预测将决定资本利得。这就是为何我们能够在 10-2 式中将股票价格写成红利加上任何售出日期的价格的贴现值的原因。P_H 是在时间点 H 上对未来所有红利的预期的贴现值。然后将这个值贴现到现在，即时间 0。红利贴现模型说明了股票价格最终决定于股票持有者们不断增加的现金流收入，即红利。

但是，要指出的是，实际操作者很少使用 10-3 式来确定股票价格。相反，人们都经常使用本节后面阐述的特定的 DDM。

(2) 固定增长的红利贴现模型。

10-3 式在对股票估价时仍然没有很大用处，因为它需要在不确定的未来中对每年的红利预测。为了使红利贴现模型实用，我们要引进一些简化的假设，在这个问题上，第一种有用而且普通的思路是假设红利以稳定的速度 g 增长，那么，如果

$g=0.05$,最近红利支付是 $D_0=3.81$,则未来红利的预期值为

$$D_1 = D_0(1+g) = 3.81 \times 1.05 = 4.00$$

$$D_2 = D_0(1+g)^2 = 3.81 \times 1.05^2 = 4.20$$

$$D_3 = D_0(1+g)^3 = 3.81 \times 1.05^3 = 4.41$$

在 10-3 式中使用这些红利预测,我们得出内在价值为:

$$V_0 = \frac{D_0(1+g)}{1+r} + \frac{D_0(1+g)^2}{(1+r)^2} + \frac{D_0(1+g)^3}{(1+r)^3} + \cdots$$

该等式可以被简化为 $V_0 = \dfrac{D_0(1+g)}{r-g} = \dfrac{D_1}{r-g}$ （10-4)

注意,在(10-4)式中,我们用 D_1(不是 D_0)除以 $r-g$ 来计算内在价值。

如果上市公司的市场资本率为 12%,现在我们可以利用 10-4 式计算出上市公司股票的每股内在价值为

$$4 \text{ 美元}/(0.12-0.05) = 57.14 \text{ 美元}$$

10-4 式叫作固定增长的红利贴现模型,或戈登模型[①]。应当指出的是,这个公式中使用的是永续现金流的贴现值。如果预期红利不会增长,那么红利流将简单地延续下去,估值公式为 $V_0 = D_1/r$,10-4 式是永久年金公式在有增长情况下的推广。g 如果增大,D_1 给定,股票价格会上升。

下面,我们利用等式 10-4 给出的模型来预测三家公用产品公司——大西洋贝尔、南方贝尔和辛辛那提贝尔——1994 年的股票价格[②]。

例 10-1 对于以上每家电话用品公司,都假设其贴现率符合资本资产定价模型的假设:(1) 市场风险费率为 5%;(2) 无风险利率为 6%。每家公司的贝塔系数估计从价值线公司取得(大西洋贝尔为 0.9,南方贝尔为 0.80,辛辛那提贝尔为 0.95)。那么,每家公司基于 CAPM 的贴现率就是:

大西洋贝尔 $= 0.06 + 0.90(0.05) = 0.105$ 或 10.5%

---

① 因为是迈伦·戈登(Myron J. Gordon)普及了该模型。
② 这一信息来自 William J. Hurley & Lewis D. Johnson, A Realistic Divident Valuation Model, *Financial Analysts Journal* (July/August 1994), pp. 50-54.

南方贝尔 = 0.06 + 0.80(0.05) = 0.100 或 10.0%

辛辛那提贝尔 = 0.06 + 0.95(0.05) = 0.1075 或 10.75%

使用历史股利增长的组合比率可以估计出股利增长率。三家电话用品公司截至 1994 年的股利分配历史资料见表 10-1。要计算的数据总结如下：

	开始于(年)	股　利	1994 年股利	年　数
大西洋贝尔	1984	$1.60	$2.80	10
南方贝尔	1984	$1.72	$2.88	10
辛辛那提贝尔	1977	$0.22	$0.84	17

表 10-1　大西洋贝尔、南方贝尔和辛辛那提贝尔的年股利和股利变动

年　份	大西洋贝尔		南方贝尔		辛辛那提贝尔	
	股利	变动百分比(%)	股利	变动百分比(%)	股利	变动百分比(%)
1977					0.22	
1978					0.27	22.73
1979					0.30	11.11
1980					0.32	6.67
1981					0.33	3.13
1982					0.34	3.03
1983					0.35	2.94
1984	1.60		1.72		0.37	5.71
1985	1.70	6.25	1.88	9.30	0.42	13.51
1986	1.80	5.88	2.04	8.51	0.44	4.76
1987	1.92	6.67	2.20	7.84	0.48	9.09
1988	2.04	6.25	2.36	7.27	0.56	16.67
1989	2.20	7.84	2.52	6.78	0.68	21.43
1990	2.36	7.27	2.68	6.35	0.76	11.76
1991	2.52	6.78	2.76	2.99	0.80	5.26

续 表

年 份	大西洋贝尔		南方贝尔		辛辛那提贝尔	
	股利	变动百分比(%)	股利	变动百分比(%)	股利	变动百分比(%)
1992	2.60	3.17	2.76	0	0.80	0
1993	2.68	3.08	2.76	0	0.80	0
1994	2.80	4.48	2.88	4.35	0.84	5.00

定义股利年平均增长率 $g = \left(\dfrac{1994\text{年股利}}{\text{开始的股利}}\right)^{1/\text{年份数目}} - 1$ (10-5)

把表中的数据代入公式(10-5),我们得到:

大西洋贝尔的股利年平均增长率 $g = 0.0576$

南方贝尔的股利年平均增长率 $g = 0.0529$

辛辛那提贝尔的股利年平均增长率 $g = 0.0820$

对于每家电器用品公司的 D_0 值、g 的估计值以及贴现率的总结如下:

	D_0	g	r
大西洋贝尔	$2.80	0.0576	0.1050
南方贝尔	$2.88	0.0529	0.1000
辛辛那提贝尔	$0.84	0.0820	0.1075

把这些数值代入式(10-4),我们得到:

大西洋贝尔的预期价格 = 62.47

南方贝尔的预期价格 = 64.38

辛辛那提贝尔的预期价格 = 35.64

估计价格与实际价格的比较如下:

	估计价格	实际价格
大西洋贝尔	$62.48	$61
南方贝尔	$64.38	$60
辛辛那提贝尔	$35.64	$22

从上表我们注意到,简单固定增长模型为大西洋贝尔和南方贝尔公司的股价提供了较接近的估计值,但对辛辛那提贝尔的估计却偏离了实际值。这一结果的原因可以从表10-1中看出。该表提供了三家电话用品公司股利年变化率的信息。在三家电话用品公司中,没有一家的股利增长模式表现出固定增长率。然而,大西洋贝尔和南方贝尔的股利增长模式看起来比辛辛那提贝尔更接近于固定增长模式。在本节后面考察能够解决辛辛那提贝尔股利模式的更现实的DDM时,我们将重新回到这一问题上来。

此外,我们在使用简单固定增长戈登模型时要注意:戈登增长模型是对股票进行估价的一种简单而快捷的方法,但是它对选用的增长率特别敏感。当模型选用的增长率收敛于贴现率的时候,计算出的价值会变得无穷大。这可用下面的例子说明。

例10-2 在戈登增长模型中价值对预期增长率的敏感性

考虑一只股票,它下一时期的预期每股红利为2.50美元,贴现率为15%,预期永续增长率为8%,股票的价值为

$$价值 = 2.50 美元 /(0.15 - 0.08) = 35.71 美元$$

但是请注意,价值对预期增长率的敏感性如图10-5所示。

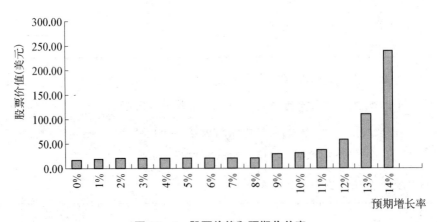

图10-5 股票价值和预期收益率

在这个例子中,如果分析人员使用14%的增长率,得到公司股票的价值将为250美元,显然,在一般情况下,这是荒谬的。原因是用了几乎不可能实现的稳定增长率来估计股票价格。然而,即使稳定增长率限定在一个合理的范围之内,公司

价值对增长率仍具有非常大的敏感性。

(3) 三阶段红利贴现模型。

通过前面的讨论我们知道固定增长的假设是很难实现的,甚至可能还会产生误导。实践中最常用的 DDM 模型是三阶段 DDM(three-phase DDM)[①]。这一模型假设所有的公司都经历三个阶段,与产品生命周期的概念相同。在高增长阶段(growth phase),由于生产新产品并扩大市场份额,公司取得快速的收益增长。在过渡阶段(transition phase),公司的收益开始成熟并且作为整体的经济增长率开始减速。在这一点上,公司处于成熟阶段(maturity phase),公司收入继续以整体经济的速度增长。图 10-6 描绘了这一模式。

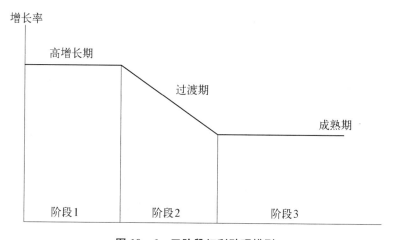

图 10-6 三阶段红利贴现模型

相应的计算公式如下:

$$P_O = \underbrace{\sum_{t=1}^{t=n1} \frac{EPS_O(1+g_a) \times \prod a}{(1+r)^t}}_{\text{高增长期}} + \underbrace{\sum_{t=n1+1}^{t=n2} \frac{D_t}{(1+r)^t}}_{\text{过渡期}} + \underbrace{\frac{EPS_{n2}(1+g_n) \times \prod n}{(r_n - g_n)(1+r)^n}}_{\text{成熟期}}$$

其中:EPS_t = 第 t 年的每股净收益;D_t = 第 t 年的每股红利;g_a = 超常增长

[①] Nicholas Molodvsky, Catherine May & Sherman Chattinef, Common Stock Valuation: Principles, Tables and Application, *Financial Analysts Journal* (March/April 1965).

阶段的增长率（持续时间为 nl）；$g_n =$ 稳定增长阶段的增长率；$\prod a =$ 超常增长阶段的红利支付率；$\prod n =$ 稳定增长阶段的红利支付率；$r =$ 超常增长阶段的股权资本要求收益率；$m =$ 稳定增长阶段的股权资本要求收益率。

这一模型与其他类型的红利贴现模型不同，不存在许多人为强加的限制条件。但是，作为代价，它需要数量较多的输入量——特定年份的红利支付率、增长率和 β 值。对于那些在估价过程中存在大量"噪声"的公司，这些输入量的误差可能会完全淹没因模型灵活性增加所带来的任何好处。

三阶段模型的灵活性使它适用于任何一家增长率随时间改变的同时，其他指标——尤其是红利支付政策和风险也将发生改变公司。该模型最适合的公司是：当前正以超常的速率增长，并预期在一段初始阶段内将保持这一增长率，而后公司拥有的竞争优势的消失导致增长率逐渐降低，直至稳定增长阶段的水平。从实际的角度讲。这一模型可能更适用于具有下列特征的公司：这些公司当前收益以很高的速度增长[①]，这一增长速度预期将保持一段时间，但当公司的规模变得越来越大时，并开始失去其竞争优势的时候，公司预期增长率开始下降，最后逐渐到达稳定增长阶段的增长率。

例 10-3 用三阶段红利贴现模型进行估价：The Home Depot 公司

The Home Depot 公司是 20 世纪 80 年代末 90 年代初最成功的零售商店之一，它经历了收入和利润的超常增长阶段，并给股东带来了丰厚的回报。

使用该模型的依据：

为什么是三阶段？The Home Depot 公司仍处于高速增长阶段。分析人员认为在未来 5 年内公司的每股净收益将以每年 36% 的速度增长。

为什么用红利？公司的红利支付记录显示红利支付额大致等于股权资本的自由现金流。

背景信息如下。

当前收益/红利：

1994 年每股净收益＝1.33 美元

1994 年每股红利＝0.16 美元

---

① "很高"增长率的定义带有很大的主观性。一般而言，当稳定增长率是 6%—8% 的时候，超过 25% 的增长率可以称得上是很高的增长率。

① 超常增长阶段的输入变量：

超常增长阶段的时间＝5年

预期增长率＝36.00%（根据分析人员的预测）

超常增长阶段公司的 β 值＝1.60

超常增长阶段公司的股权资本成本＝7.5%＋1.60(5.5%)＝16.30%①

长期国债的利率＝7.5%

红利支付率＝12.03%（基于公司当前的红利支付率）

② 过渡阶段的输入变量：

过渡阶段的时间长度＝5年

收益增长率按线性从第5年末的36%下降到第10年末的6%。

红利支付率将在相同的时期内按线性从12.03%增加到60%。

公司的 β 值在同一时期内按线性从1.60降到1.00。

③ 稳定增长阶段的输入变量：

预期增长率＝6%

稳定增长阶段公司的 β＝1.00

股权资本成本＝7.50%＋(1.0×5.5%)＝13.00%

红利支付率＝60%

估计价值：这些输入变量用来估计公司的预期每股净收益、红利支付率、每股红利和超常增长阶段、过渡阶段和稳定增长阶段的股权资本成本，现值如下表所示。

时间	EPS(美元)	红利支付率	DPS(美元)	股权资本成本	现值(美元)
1	1.18	12.03%	0.22	16.30%	0.19
2	2.46	12.03%	0.30	16.30%	0.22
3	3.35	12.03%	0.40	16.30%	0.26
4	4.55	12.03%	0.55	16.30%	0.30
5	6.19	12.03%	0.74	16.30%	0.35

---

① 请读者回忆资本资产定价理论里的公式。

续表

时间	EPS(美元)	红利支付率	DPS(美元)	股权资本成本	现值(美元)
6	8.04	21.62%	3.28	15.64%	1.33
7	9.97	31.22%	4.55	14.98%	1.16
8	11.77	40.81%	5.93	14.32%	1.83
9	13.18	50.41%	7.28	13.66%	1.98
10	13.97	60.00%	8.38	13.00%	2.02

因为在过渡阶段公司的股权资本成本每年都发生变化,计算现值时不得不使用累积的股权资本成本。这样,第7年红利的现值为

第7年红利的现值 = 4.55 美元 /(1.163×1.156 4×1.149 8) = 1.61 美元

第10年末的期末价格可根据第11年的每股净收益、稳定增长率6%、股权资本成本13.00%(基于 β 值等于1)和红利支付率60.00%进行计算。

末期价格 = 13.97 美元 × 1.06 × (0.13 − 0.06) = 126.96 美元

价值的各个组成部分如下:

超常增长阶段红利的现值 = 1.31 美元

过渡阶段红利的现值 = 8.77 美元

过渡阶段结束时的期末价格的现值 = 30.57 美元

The Home Dopot 公司股票的价值 = 1.31 + 8.77 + 30.57 = 40.65 美元

The Home Dopot 公司股票在1995年2月的交易价格为每股45美元。

蕴含在股票价格中的超常增长率暗示:公司的股票价格对任何影响公司预期增长率的消息非常敏感。例如,图 10 - 7 给出了价值与预期增长率的函数关系。

(4) DDM 的其他形式——随机 DDM。

我们在固定 DDM 模型的讨论与说明中注意到,像辛辛那提贝尔公司那样不稳定的股利模式可能导致估计价格与实际价格之间的巨大差异。以辛辛那提贝尔公司为例,其估计价格是 35.74 美元,大大高于实际价格 22 美元。这表明这家电话用品公司的股票以大大低于其真实价值的价格进行交易。

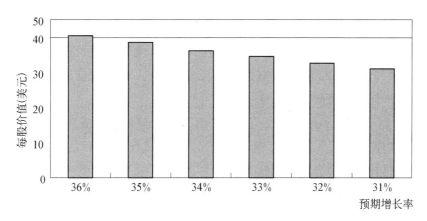

图 10-7 价值与预期增长率

William Hurley 和 Lewis Johnson 建议使用一组新的定价模型[1]。该模型适用更现实的股利支付模式。基本模型产生了基于某一模型的股利支付额。这一模型假设公司要么在一段时期内将以固定数量增加股利,要么保持股利不变。因为股利以出现的每种可能性的预计概率为基础,可能增加也可能不变,所以该模型就称为随机模型。随机 DDM 中使用的股利流称作随机股利流。

随机 DDM 又可以分成附加随机 DDM 和几何随机 DDM,考虑本书的深度,这里不再展开阐述。

(5) 使用红利贴现模型(DDM)存在的问题。

① 任何时候使用 DDM,都应该认识到 DDM 有下列三个隐含假设。

假设 1:存在属性偏好。属性偏好(Attribute bias)意指 DDM 偏好的股票倾向于特定的股票属性。股票属性是指低市盈率、高股利率、高账面价值率或特定行业部门等性质。为了检验这类偏好,Jacobs 和 Levy 进行了一项研究[2]。他们在 5 年中(1982 年中期到 1987 年中期)以季度为基础分析了 1 000 种股票,并且使用 DDM 估计了每种股票的预期收益率。得出了预期收益率后,他们利用多元回归分

---

[1] 参见 Hurley 和 Johnson, Arealistic Dividend Valuation Model 和未发表的论文 Confidence Intervals for Stochastic Dividend Discount Model。在前面一篇论文中,作者将模型称作 Markov DDM 模型,因为假设 Markov 过程能产生随机的股利流。关于随机 DDM 的进一步研究见 William J. Hurley & Frank J. Fabozzi, Dividend Discount Model: Selected Topics in Equity Portfolio Management (Chapter 7), Frank J. Fabozzi edited(New Hope, PA: Frank J. Fabozzi Asso ciates, 1998)。

[2] Bruce L Jacobs & Kenneth N. Levy, On the Value of "Value", *Financial Analysts Journal* (July/August, 1988), pp. 47-62。

析来估计25种收益属性和38个行业类别与预期收益率之间的关系。Jacobs和Levy发现，由DDM得出的预期收益率与低市盈率、账面价值价格比率、股利支付率、贝塔值和公司规模等股票属性相关。因此，虽然DDM假设没有属性偏好，但这一假设并没有实证研究来支持①。

假设2：投资者的时间跨度与模型的相等。DDM假设投资者的时间跨度与模型使用的时间相匹配。实际上，这一假设经常不能成立。DDM的使用者持有股票的时间通常比模型隐含的期间短。

假设3：是否能准确地估计$r-g$。在应用数量方法时，人们应经常对"哪些变量能够严重地影响分析"提出疑问。在股利贴现模型中，分母$r-g$是问题的答案。在估计r或g时20个基点的误差就会导致最终价格预测产生重大差异。这一点至关重要，因为非常难估计r和g。

② 要注意红利贴现模型（DDM）被认为不适用的领域。

a）对不支付红利或支付低红利的股票进行估价。

人们习惯认为红利贴现模型不能用于低红利或无红利股票的估价，这其实是不正确的。如果根据预期增长率的变化来调整红利支付率，即使对于不支付红利的公司，也能得到合理的价值。这样，对于一家高速增长且当前不支付红利的公司，根据增长率下降时的预期红利支付率仍然可以估计出其价值。但是，如果不根据预期增长率的改变来调整红利支付率，则红利贴现模型将会低估不支付红利或支付低红利的股票的价值。

b）在估价中红利贴现模型过于保守吗？

大家普遍认为红利贴现模型的一个缺陷是根据它计算出的价值过于保守。这种批评的依据是股票价值不只由红利的现值决定。例如，有人认为红利贴现模型没有反映"未利用资产"的价值。但是，没有理由认为这些"未利用资产"不能分离出来单独进行估价，并把它的价值加到红利贴现模型计算出的价值中。一些被认为在红利贴现模型中被忽略的资产，例如品牌的价值等，可以根据实际情况进行公平的估价。

---

① 已经进行的属性差异研究的另一项研究参见 Richard Michaud 的 A Scenario-dependent Dividend Discount Model: Bridging the Gap between Top — down Investment Information and Bottom-up Forecasts, *Financial Analysts Journal* (November/December 1985), pp. 49 – 59.

c) 模型的对立属性。

红利贴现模型也被许多人认为是与市场相对立的模型。他们的根据是：当股票市场处于牛市时,使用红利贴现模型会发现越来越少的股票的价值被低估了。这一点未必是不正确的。如果股票市场上升的原因是宏观经济基本面的改善,如更高的预期经济增长率或更低的利率,那么没有理由认为由红利贴现模型得到的价值不会相应地增加;如果股票市场上升的原因不是宏观经济基本因素的改善,红利贴现所得到的价值就不会随着市场而改变,但这时模型所发出的信号是更强烈而不是更弱,它显示相对红利和现金流,市场对股票的价值高估了,并提醒谨慎的投资者注意。

d) 高红利股票存在着税收劣势。

由红利贴现模型筛选出的股票通常有高红利的特点。如果红利所得税税率比资本所得税税率高,或者纳税时间的不同会对于投资者的收益产生很大差别,高红利股票将产生税收上的劣势。由于上述研究所揭示的超额收益是对投资者的税前而言的,所以考虑个人所得税可能会大大削减或甚至消除这些超额收益。

总之,我们不得不小心对待研究历史数据得到的令人印象深刻的结论。对于长期的免税投资,红利贴现模型不是唯一可选的估价工具,但却能够产生很好的效果。对于纳税投资者而言,因为红利贴现模型在各个年份的表现具有很大的波动性,所以它可能不会产生预期的超额收益。

(6) 小结。

红利贴现模型是用来对股权资本进行估价的一个简单模型,它的基本原理是股票价值等于其预期红利的现值总和。虽然该模型被指责为使用价值有限,但是事实证明它在相当广泛的范围内具有惊人的适用性。它可能是一个保守的模型,当市场价格的上升与基本因素(收益、红利等)无关时,它能够发现价值低估的公司越来越少,但这也可以被认为是该模型的优点所在。对红利贴现模型的实证检验表明它在投资估价中能够发挥作用,尽管它的大部分有效性可能来自它通常以为低市盈率、高红利收益率的股票是价值被低估的股票。

10.2.2 自由现金流模型

(1) 自由现金流(FCF)贴现模型的理论基础与一般形式。

① 自由现金流(FCF)的财务解释。

资产价值等于其全部预期收益的现值之和,是堪称当代财务学基石的现值恒等式。现值恒等式的形式是完美而对称的,它说明为了得到现值,必须估计预期收益和贴现率。人们估计预期收益的努力遇到了两个需要首先回答的问题:如何选取能够恰当代表预期收益的指标,以及如何预测这些指标。

这些问题肯定有不止一个答案。这一章的回答是:现金流时常在估价中作为预期收益的替代。我们在上一节已经介绍了股利贴现模型(DDM)。股利是一种实际发生的现金流,虽然估计股利比较容易,但是由于股利政策在很大程度上为公司管理层的主观意志所左右,因此股利贴现模型在大多数情况下不能得到正确的结论。

在权益证券定价领域,自由现金流贴现模型(Free Cash Flow Discount Model,FCF)是具有更广泛适用性的一种现金流贴现模型。自由现金流在这里被定义作可供分配的现金流,即公司在履行了财务义务和满足了再投资需要之后的全部剩余现金流。与公司管理层愿意并且有能力支付的各期股利相比,自由现金流是一种较少受到人为干扰的财务指标。

② 自由现金流贴现模型的一般形式。

公式(10-6)描述了自由现金流贴现模型的一般形式:

$$Value = \Sigma FCF_t/(1+k)^t \qquad (10-6)$$

其中,FCF_t 是第 t 期的自由现金流,k 是贴现率

从不同投资者的角度去观察,自由现金流有:

股权自由现金流(Free Cash Flow to Equity,FCFE)

公司自由现金流(Free Cash Flow to the Firm,FCFF)

两种定义。公司自由现金流和股权自由现金流可以通过公司财务报表信息进行计算,并进一步作出合理预测,由此具体化了自由现金流贴现模型的一般形式,见公式(10-7)、(10-8)和(10-9)。

$$Equity\ Value = \Sigma FCFE_t/(1+r_e)^t \qquad (10-7)$$

$$Firm\ Value = \Sigma FCFF_t/(1+WACC)^t \qquad (10-8)$$

$$Equity\ Value = \Sigma FCFF_t/(1+WACC)^t - MV_{debt} \qquad (10-9)$$

其中,$FCFE_t$ 是第 t 期的股权自由现金流,r_e 是股东要求回报率;

$FCFF_t$ 是第 t 期的公司自由现金流,$WACC$ 是公司加权平均资本成本;

MV_{debt} 是公司负债的市场价值;

③ 自由现金流贴现模型的适用场合。

与股利贴现模型相比,当被估价的公司至少符合下述条件之一时,自由现金流贴现模型更为适用:

a) 公司从不支付股利;

b) 公司虽然支付股利,但是实际支付金额与公司的支付能力出入很大(包括支付不足或支付超额);

c) 在可以合理估计的期间,分析师有充分理由认为自由现金流与公司获利能力较好地吻合;

d) 从投资者拥有公司控制权的角度进行估价。

显而易见,当出现上述一种或多种情形时,自由现金流是公司预期收益的更准确的替代物,此时自由现金流贴现模型更为适用。要指出的一点是,上述情形不仅并非罕见,而且代表了分析师在估价中遇到的绝大多数场合,因此自由现金流模型受到广泛的重视。

公司财务理论与理财实务都告诉我们,在成熟的资本市场上,有相当数量的大公司和中小公司采用力求保持股利稳定或稳中有升的股利分配政策,这是由于投资者与公司之间客观存在的信息不对称,使得不论当年实际盈利状况如何,公司此举都将有利于制造令投资者可以获得稳定现金回报的烟雾,从而有利于在公众面前树立稳健经营的好形象。美国纽约证券交易所的很多传统行业公司多年来一直是这样做的,这种作法符合上述第二种估价情形。

上市公司的财务实践还告诉我们,自 20 世纪八九十年代的新经济崛起,资本市场上涌现出一大批不能或不愿支付股利的少年英雄,其中绝大多数是在创业板市场上市的中小型高科技公司。一些公司甚至在成年之后也因袭了不付股利的做派,例如在美国纳斯达克上市的,市值高居全球前几位的微软公司仅在 2003 年 3 月才首次向股东分发共计 8.6 亿美元的红利,而该公司同期市场总值高达 2 845 亿美元,现金储备高达 460 亿美元。这说明按照上述第一种估价情形操作的公司也同样大有人在。无论是第一种还是第二种估价情形,采用股利贴现模型都会得出相当错误的结论。

再注意到当上述第四种估价情形出现,也即投资者已经拥有公司控制权,或者投资者希望评估未来一旦取得公司控制权所能得到的全部经济收益时,自由现金流贴现模型优于股利贴现模型。因为一旦取得控制权,新的管理层往往会变更公司原有的资本结构,包括对能否采纳股利贴现定价模型(DDM)至关重要的股利政策。

(2) 股权自由现金流(FCFE)与公司自由现金流(FCFF)的比较。

① FCFE 的定义。

权益价值等于股东全部预期收益的现值之和,而现金流时常在估价中作为预期收益的替代。股利是一种实际发生的现金流,在股利贴现模型(DDM)的应用中隐含着一个假设,即股利是股东所获得的唯一现金流。事实上,由于股利往往与净利润和现金流不同步,所以绝大多数场合下,股权自由现金流(FCFE)在理论意义和实践价值方面都优于股利。

FCFE 是公司在支付了各种经营性现金支出,满足了扩大生产所需的投资,以及履行了各种财务义务之后,可供公司普通股股东支配的剩余现金流。经营性现金支出通常指当期应支付的现金营运费用;扩大生产所需的投资不仅包括资本性支出,还包括营运资本追加额;财务义务包括偿还债务利息与本金。这三类项目不完全地对应于现金流量表中经营现金流(CFO)、投资现金流(CFI)和筹资现金流(CFF)的模块结构。FCFE 的定义公式见公式(10-10),定义公式中的各个项目可以通过公司财务报表信息计算得出。第三节还将介绍 FCFE 的其他计算公式。

$$FCFE = NI + NCC - (FCI_{nv} + WCI_{nv}) + Net\ borrowing \quad (10-10)$$

其中,FCFE 是股权自由现金流;NI(Net income)是净利润,NCC(Net non-cash charges)是非现金支出净额;FCI_{nv}(Fixed capital investment)是资本性支出;WCI_{nv}(Working capital investment)是营运资本追加;Net borrowing 是负债净增加额。

也就是说,

普通股股东净利润+非现金支出净额－资本性支出－营运资本追加
＋负债净增加额 ＝ 股权自由现金流

② FCFF 的定义。

公司自由现金流(FCFF)是公司在:支付了各种经营性现金支出;以及满足了

扩大生产所需的投资之后,可供全体公司资本提供者支配的剩余现金流。公司资本提供者包括债权人、普通股股东和优先股股东,表 10-2 对此作了概括,通过对公司各类资本提供者的现金流的汇总,可以直接得到 FCFF。

表 10-2 各类资本提供者的现金流汇总

资本提供者	资本提供者的现金流	贴现率
债权人	利息(1−所得税率)−负债净增加额[1]	税后负债成本
优先股股东	优先股股利	优先股资本成本
普通股股东	FCFE	普通股股东要求回报率
公司=债权人+优先股股东+普通股股东	FCFF=FCFE+利息(1−税率)−负债净增加额+优先股股利	资本加权平均成本

注释:1. 负债净增加额=新债发行额−本金偿还额

公司自由现金流的定义公式见公式(10-11),定义公式中各项目的数据来源是公司的三大财务报表,因此定义公式可以作为计算公式。本节将介绍公司自由现金流的其他计算公式,以及 FCFF 与 FCFE 之间的转换关系。虽然如表 10-2 所示,优先股股利也是构成 FCFF 的一个组成部分,但是由于实践中发行优先股的公司比较少,而且除了税前税后的差别外,对优先股的处理方法与负债基本一致。所以,除非特别指出之处,否则本节忽略含优先股的复杂资本结构(Complicated capital structure)时的情形。

$$FCFF = NI + NCC + Int(1-T) - FCI_{nv} - WCI_{nv} \quad (10-11)$$

其中,$FCFF$ 是公司自由现金流;NI(Net income)是净利润;NCC(Net non-cash charges)是非现金支出净额;Int(Interest)是利息费用;T(Tax Rate)是所得税率;FCI_{nv}(Fixed capital investment)是资本性支出;WCI_{nv}(Working capital investment)是营运资本追加。

也就是说,

普通股股东净利润+非现金支出净额+利息×(1−所得税率)

　　　　　　　　－资本性支出－营运资本追加＝公司自由现金流

③ FCFE、FCFF 适用场合的比较。

通过计算和预测 FCFE，公式(10-7)的股权自由现金流贴现模型可以直接对权益证券进行定价。如果分析师没有直接对 FCFE 进行操作，而是选择了 FCFF 进行计算和预测，就先用式(10-8)的公司自由现金流贴现模型为公司的整体价值定价，然后减去负债的市场价值，从而得到权益证券的价值，如式(10-9)所示。式(10-7)与式(10-9)所做的工作并非总是异曲同工，这是由 FCFE 贴现模型与 FCFF 贴现模型各自的假设和适用场合而决定的。

下列两种情况下，使用 FCFF 贴现模型能得到更可靠的定价。

第一，财务杠杆很高，财务杠杆正在发生变化，或财务杠杆预期将发生变化的公司，适用 FCFF 贴现模型估价。这是因为财务杠杆的不稳定导致公司负债的波动，从而使得预测这些公司股权自由现金流中的新增债务具有相当的难度。而且，财务杠杆的变化将修改对公司增长率和风险因素的估计，对此，权益证券价值比公司整体价值反应更为敏感，定价更为不易。值得指出，在企业并购领域，尤其是以杠杆收购这种高比例融资方式实施并购时，通常被收购的公司在开始时有很高的负债比率，但是新任股东在随后几年内会大幅度调整期初的财务杠杆比率，所以 FCFF 贴现模型在并购领域有很强的操作价值。

第二，股权自由现金流经常小于零的公司，适用 FCFF 贴现模型估价。那些债务负担很重，一定时期内固定资产投资需求巨大，或属于周期性行业的公司，容易出现股权自由现金流为负值的情况。

④ FCFE、FCFF 的贴现率比较。

计算和估计自由现金流的过程，是应用 FCFF 贴现模型估价中最为繁琐和耗时的工作。自由现金流必须与所适用的贴现率匹配，则是自由现金流贴现公式中最不容忽视的原则。

仅从数值上考虑，不论分析师对未来各期自由现金流的预测是多么认真和精确，只要分母上的贴现率有 0.01 个百分点的细小变动，那么整体定价的最终结果就会有动辄百万的估价差异。如果分析师在经历了一番漫长而艰巨的对 FCFF 或 FCFE 的考证和预测之后，不慎疏忽了 FCFF 对应公司全部资本加权平均资本成本，FCFE 对应股东要求回报率这一基本原则的话，造成的损失是十分巨大而没有必要的。加权平均资本成本和股东要求回报率的计算公式分别见(10-12)与(10-13)：

$$r_e = r_f + \beta(r_M - r_f) \tag{10-12}$$

其中，r_e 是股东要求回报率；r_f 是无风险报酬率，r_M 是市场平均报酬率。β 系数代表计量公司系统风险；

$$WACC = r_d(1-t) \times \frac{MV_{Debt}}{MV_{Debt} + MV_{Equity}} + r_e \times \frac{MV_{Equity}}{MV_{Debt} + MV_{Equity}} \tag{10-13}$$

其中，$WACC$ 是公司加权平均资本成本；r_d 是公司负债的税前资本成本；t 是所得税率；r_e 是股东要求回报率；MV_{Debt} 是公司负债的市场价值；MV_{Equity} 是公司股东权益的市场价值。

公式(10-12)中，股东要求回报率是用资本资产定价模型（CAPM）计算得出的。其他的计算方法还有国债收益加风险溢价法、套利定价模型（APT）、戈登增长模型等。不论采用哪一种方法计算股东要求回报率，其基本思路都是货币的时间价值加上公司风险溢价，虽然不同方法对风险溢价因子的确认有分歧，但是对于公司风险与风险溢价呈正相关却是达成一致的。所以，要指出的是，如果公司一味地通过提高财务杠杆这一途径来扩大某些期间的股权自由现金流，那么这并不一定必然导致权益价值的提高，因为当财务杠杆超过理想值之后，公司财务风险将随财务杠杆的进一步上升而显著升高，由此导致股东要求回报率的上升，从而降低式(10-7)的权益价值。

注意式(10-13)中 $WACC$ 是以负债和权益的市场价值，而非会计上的账面价值为权重的。这是因为负债和权益的市场价值代表投资者为取得证券而必须支付的实际成本。不过在证券定价的实践中，分析师经常会使用以公司目标资本结构计算的权重来代替市场价值权重。这又是什么原因呢？考虑一下资本结构的易变性就不难明白，在公司的权益负债比率达到目标资本结构的要求之前，公司通常希望通过融资活动主动调整负债比率，从而使得评估当年的资本结构与未来几年可能有重大出入，公司调整资本结构的活动直至达到目标资本结构之后趋于稳定。为此，分析师的对策是在定价中直接采用目标资本结构权重。

另须注意,在式(10-13)中,负债的税前资本成本要乘以(1-所得税率),得到负债的税后资本成本;而股东要求回报率直接用于计算加权平均资本成本。这是因为作为负债资本成本的利息费用可以在税前列支,而对股东的分配则在税后。

匹配原则无处不在。它在应计制会计中体现为费用和收入的配比,在财务预算中体现为长期资本来源与长期资产运用的匹配,在权益证券定价中,我们必须再一次强调现金流与贴现率必须保持一致的原则。具体而言,除了公司自由现金流对应资本加权平均成本,股权自由现金流对应股东要求回报率之外,还有税前现金流对应税前贴现率,税后现金流对应税后贴现率,名义现金流对应名义贴现率,实际现金流(剔除通货膨胀影响的现金流)对应实际贴现率等。

⑤ FCFE、FCFF 的增长率比较。

在通过财务报表分析计算出股权自由现金流和公司自由现金流之后,接下来的工作包括确定 FCFE 和 FCFF 各自的增长率。通常假定折旧和资本性支出的增长率保持相等,但股权自由现金流和公司自由现金流的增长率却通常是不相等的,原因在于财务杠杆在公司中的普遍应用。公司自由现金流是债务偿还前现金流,其增长率不受财务杠杆比率的影响,但是财务杠杆比率通过净资产回报率(Return on Equity, ROE)对股权自由现金流增长率施加影响,过程如下:

$$g_{FCFF} = ROA \times RR$$

$$g_{FCFE} = ROE \times RR$$
$$= \{ROA + D/E[ROA - Int \times (1-t)]\} \times (1 - payout\ ratio)$$

(10-14)

其中,g 是增长率;ROE 是净资产报酬率;RR(retention rate)是净利润留存率;ROA 是总资产报酬率;D/E 是负债/权益比率;$payout\ ratio$ 是股利支付率;其余同前。

公式(10-14)说明,当公司的总资产报酬率大于税后债务成本时,增大负债/权益比率能够提高股权自由现金流的增长率;反之,增大负债/权益比率则降低股权自由现金流的增长率。但是,公司自由现金流不受负债/权益比率的影响。

10.2.3　市盈率(P/E)比率分析法

现实金融实务界对股市估价的讨论大多集中在公司的价格—盈利乘数上,该值等于每股价格占每股盈利的百分比比值,通常称作市盈率(P/E)比率。

为什么股市分析家看重这个比率?具体如何运用?下面我们将通过具体的例子来认识这两个问题。

(1) 关于股价与投资机会的分析。

假设有两家公司,现金牛公司(Cash Cow)与增长前景公司(Growth Prospects)。它们未来一年的预期每股盈利都是 5 美元。两家公司在原则上都可以将所有盈利当作红利分派,以保持 5 美元的永续红利流。如果市场资本率 $r=12.5\%$,两家公司的价值都将是 $D_1/r=5$ 美元$/0.125=40$ 美元/股。没有一家公司会增值,因为在所有盈利都被作为红利分派的情况下,没有盈利被用作公司再投资,两家公司的资本与盈利能力将保持不变,盈利与红利将不会增长。

实际上,这里盈利是指除去维持公司资本生产率所必需的资金以外的净盈利,也就是"经济折旧"外的净盈利。换句话说,这个有关盈利的数字应当被解释为,在公司不削弱生产能力的前提下,为保持每年的永续红利被分派的最大数额的钱。出于这个原因,该净盈利数字与公司在财务报表中报告的会计盈利有很大的不同。

现在,假设增长前景公司致力于一些投资收益为 15% 的项目,这比应得收益率 $r=12.5\%$ 要大。这样的公司如果将所有盈利都当作红利分派是很愚蠢的。如果增长前景公司将一些盈利留存下来,投入高盈利项目,就可以为股东挣得 15% 的收入,但如果把盈利全部作为红利分派,它只有放弃这些项目,而股东只有用红利去投资另一些只能得到市场利率 12.5% 的机会。所以,我们假设增长前景公司将红利分派率从 100% 降为 40%,从而维持了 60% 的再投资率。再投资率也被称为收益留存比率。

所以,公司红利将是 2 美元(盈利 5 美元的 40%),而不是 5 美元。股价会因此下跌吗?不但不会,反而会上升!虽然在盈利再投资政策影响下,红利一开始会下降,但是由于再投资利润引起的公司资产增长将使未来的红利增加,而这将从现在的股价中得到反映。红利政策下的红利流情况。低投资率计划允许公司开始分派更高的初始红利,但是造成了较低的红利增长率;而高投资率计划最终可以提供更多的红利。如果再投资盈利产生的红利增长率足够高,在高投资策略下该股票将值更多的钱。

会产生多高的增长率？假设增长前景公司最初的厂房与设备的价值为1亿美元，而且所有资金都是通过融资获得的。如果投资或股权收益率(ROE)为15%，则盈利等于股权收益率×1亿美元＝0.15×1亿美元＝1 500万美元。市场上共有流通股300万股，每股盈利是5美元。如果收益的60%用于再投资，那么公司股票的资本价值将会增加为0.60×1 500万美元＝900万美元，或9%。股票资本增加的百分比等于收入产生比率(ROE)乘以再投资率(再投资资金占盈利的百分比)，再投资率我们用b表示。由于增加了9%的股本，公司将多挣9%的收入，并多分派9%的红利。所以红利增长率等于：

$$g = 股权收益率(ROE) \times b = 0.15 \times 0.60 = 0.09$$

如果股价等于它的内在价值，则按戈登增长模型股价为

$$P_0 = D_1/(r-g) = 2 美元/(0.125 - 0.09) = 57.14(美元)$$

当增长前景公司采用零增长政策，将所有盈利当作红利分派，股价仅有40美元。当公司减少当前的红利，并把它用于再投资，就会有足够的增长率，从而股价也会增加。

零增长政策下，股价为40美元，而实际股价为57.14美元。两者的差异应该归因于公司有极好的投资机会。一种考虑公司价值的方法就是将股价描述为零增长政策下的价值(每股 E_1 的永续年金的价值)加上增长机会的贴现值，用PVGO表示。在本例中，增长机会的贴现值＝17.14。然而，

$$股价 = 无增长每股值 + 增长机会的贴现值$$

$$P_0 = E_1/r + PVGO \tag{10-15}$$

也就是 57.14 ＝ 40 ＋ 17.14。

认识到投资者真正想要的并不是公司股本增长这一点很重要。仅仅当公司有高利润(即股权收益率＞r)的项目时，公司的价值才会提高。让我们来看为什么，考虑增长前景公司不幸的姐妹公司现金牛公司。现金牛公司的股权收益率仅有12.5%，与应得收益率r相等。投资机会的净现值为0。我们已经知道，在零增长策略下，$b = 0$，$g = 0$，现金牛公司的股票价值是 $E_1/r = 5$ 美元/0.125＝40美元/股。现在假定现金牛公司与增长前景公司相同，选择再投资率 $b = 0.60$。则 g 将

增加到 $g = ROE \times b = 0.125 \times 0.60 = 0.075$。

然而,股价仍然等于 $P_0 = D_1/(r-g) = 2$ 美元$/(0.125 - 0.075) = 40$ 美元和零增长策略的情况相同。对于现金牛公司,为公司再投资资金节省下的红利仅仅产生了维持股价水平的增长。事实也应该是这样:如果公司的项目收益仅仅和投资者自己挣的相同,在高再投资政策下,股东不会得到更多的好处。这说明了"增长"与增长机会不一样。只有项目的预期收益比股东所能发现的更高时,公司再投资才是正确的。现金牛公司的增长机会的贴现值(PVGO)等于0:公司再投资没有任何好处,这导致了增长机会的贴现值为0。$PVGO = P_0 - E_1/r = 40 - 40 = 0$。当股权收益率(ROE)$= r$ 时,将资金再注入公司并不能带来任何好处,与 $PVGO = 0$ 时的情况是一样的。事实上,这也正是为什么那些拥有相当多现金流,而投资前景却十分有限的公司被称作"现金牛"的原因。这些公司产生的现金最好被取出或被"榨干"。

(2) 关于市盈率(P/E)比率与投资机会的分析。

现在,我们在第一部分分析的基础上继续讨论说明了为什么股市分析家看重市盈率(P/E)比率。现金牛与增长前景这两家公司每股预期收益(EPS)都是5美元,但是增长前景公司将盈利的60%用于投资股权收益率为15%的项目,而现金牛公司把所有盈利都作为红利分派。现金牛公司的股价为40美元,市盈率(P/E)比率等于40/5=8.0,而增长前景公司的股价为57.14美元,市盈率(P/E)比率等于57.14/5=11.4。

这说明市盈率(P/E)比率也许充当了增长机会的有效指示器。我们重组式(10-15),可以清楚地看到

$$\frac{P_0}{E_1} = \frac{1}{r}\left(1 + \frac{PVGO}{E_1/r}\right) \qquad (10-16)$$

当 $PVGO = 0$,从(10-16)式得到 $P_0 = E_1/r$ 股票估值就像每股预期收益(EPS_1)的零增长永久年金。市盈率(P/E)比率刚好等于 $1/r$。然而,当增长机会的贴现值(PVGO)渐渐成为价格的主导因素时,市盈率(P/E)比率会陡然上升。增长机会的贴现值与 E/r 的比率有一个简单的解释。这是公司价值中由增长机会贡献的部分与现有资产贡献的部分(也就是零增长模型下公司的价值,E/r)的比率。当未来增长机会主导了对全部价值的估计时,公司应该得到相对目前收益来

说较高的价格。这样,高市盈率(P/E)比率看上去表示公司拥有广阔的增长机会。

让我们看看是否是这样。1998年初,摩托罗拉公司的市盈率(P/E)为33,而波士顿爱迪生公司的这一比率只有14。这些数字并不一定意味着摩托罗拉公司相对于波士顿爱迪生公司来说被高估了。如果投资者相信摩托罗拉公司会比以波士顿爱迪生公司更快的速度增长,较高的市盈率(P/E)比率就是合理的。如果投资者预期收益将快速增长,他会乐意为每一美元的收益支付较高价格。事实上,摩托罗拉公司的增长率与它的市盈率(P/E)比率是一致的。在1981—1997年它的每股盈利增长了5倍以上,而波士顿爱迪生公司同期的盈利仅仅增加了32%。

很明显,是增长机会的差别使两家公司在市盈率(P/E)比率上大相径庭。市盈率(P/E)比率实际上是市场对公司增长前景的乐观态度的反应。分析家使用市盈率(P/E)比率时,必须清楚自己比市场乐观还是悲观。如果乐观,他们将建议购买股票。

我们还可以结合看固定增长的红利贴现模型将这个问题阐释得更清楚。按公式(10-4),我们有

$$P_0 = D_1/(r-g)$$

红利就是那些未用于公司再投资的盈利:$D_1 = E_1(1-b)$。$g = ROE \times b$,把D_1与g代入上面公式,得到$P_0 = E_1(1-b)/(r - ROE \times b)$,这就意味着市盈率($P/E$)比率为:

$$P_0/E_1 = (1-b)/(r - ROE \times b) \qquad (10-17)$$

证实市盈率(P/E)比率随股权收益率(ROE)增长很容易。意义非常明显,因为股权收益率高的项目会带来增长机会[①]。我们也可以确定,只要股权收益率超过r,市盈率(P/E)比率将随b增加。这一点意义也很清楚,当公司有好的投资机会时,如果它将更多的盈利用于再投资,在利用这些机会上更为大胆,市场将回报给它更高的市盈率(P/E)比率。

但是,请读者注意:虽然随着再投资率提高,增长率会增加(看表10-3中A各行),但是市盈率(P/E)比率并不如此(看B组中各行)。

---

① 注意,式(10-17)是红利贴现模型的一个简单的再安排,即用$ROE \times b = g$。因为公式要求$g < k$,式(10-17)只是在$ROE \times b < k$的情况下,才会有效。

表10-3 股权收益率与再投资率对增长率和市盈率(P/E)比率的影响

股权收益率(ROE)	再投资比率(b)(%)			
	0	0.25	0.50	0.75
A 长率(g)(%)				
10	0	2.5%	5.0%	7.5%
12	0	3.0	6.0	9.0
14	0	3.5	7.0	10.5
B 市盈率(P/E)比率(%)				
10	8.33	7.89	7.14	5.56
12	8.33	8.33	8.33	8.33
14	8.33	8.82	10.00	16.67

注：假定每年$r=12\%$。

表10-3中B的第一行中，再投资率上升时市盈率(P/E)比率下降。在中间一行，市盈率(P/E)比率不受再投资率影响；最后一行，市盈率(P/E)比率随之增加。

对这种变动有一个简单的解释，即当预期股权收益率低于应得收益率k时，投资者希望公司把盈利作为红利分派，而不是增加低收益率项目的再投资。也就是说，当股权收益率低于r时，公司价值随着投资率上升而下跌。相反，当股权收益率超过r时，公司提供了更好的投资机会，所以应当增加再投资率，以便更充分地利用这些机会，这样，公司的价值就会提高。最后，当股权收益率恰好等于r时，公司提供了拥有平均收益率的"盈亏平衡"的投资机会。在这种情况下，投资者对将盈利进行公司内部再投资或投入到其他具有相同市场资本率的地方并不介意，因为在两种情况下，收益率均是12%。所以，股价不受再投资率的影响。

把这些关系概括起来就是：再投资率越高，增长率就越高。而高再投资率并不意味着高市盈率(P/E)比率。仅当公司投资的预期收益率比市场资本率更高时，高再投资率才会增加市盈率(P/E)比率。否则，高再投资率会损害投资者的利益，因为那意味着更多的钱被投入到收益率不足的项目。

(3) 关于市盈率(P/E)比率与股票风险的分析。

所有股票估值模型中都包含一个重要的含义：(在其他条件不变时)股票的风

险越高,市盈率(P/E)比率就越低。从固定增长模型可以清楚地看到这一点,例如式(10-17)。

公司的风险越高,应得收益率也越高,即 r 值越大。因此,市盈率(P/E)比率就越小。在不考虑固定增长模型的情况下这也是对的,对于任何预期收益和红利流,当人们认为风险较大时,其现金流的现值就小,所以股价以及股价与收益的比率也低。

当然,如果翻看《华尔街日报》,你会发现有许多刚刚起步的小型、有风险的公司,它们的市盈率(P/E)比率很高。这与我们市盈率(P/E)比率随风险下降的说法并不矛盾;相反,它正说明市场预期这些公司会有高增长率。这就是为什么在其他条件不变的情况下,高风险公司的市盈率(P/E)比率低。如果对增长率的预期保持不变,对风险的预期越高时,市盈率(P/E)比率就越低。

(4) 市盈率(P/E)比率用来估计股票价格与投资机会的两个例子。

例 10-4 已经知道一家上市公司的再投资率 $b=0.5$,应得收益率 $r=0.12$,股权收益增长率 $g=0.09$,开始的每股盈利 $E_0=2$ 美元,股票价格 $P=35$ 美元,问:该公司股票是否值得投资?

解答:按(10.17)有市盈率 $\quad P/E=(1-b)/(r-g)=0.50/0.03=16.7$

由已经知道的开始的每股盈利 $E_0=2$ 美元以及股权收益增长率 $g=0.09$,可以推算出 $E_1=2.18$,则按市盈率(P/E)比率16.7预期此上市公司的股票价值为

$$V = 16.7 \times 2.18 = 36.41$$

此上市公司的股票市场价格 $P=35$ 美元,所以该公司股票值得投资。

例 10-5 利用市盈率(P/E)比率加上盈利预测来估计股票的出售价格,并判断是否值得投资。

在1997年时,金融分析师预测摩托罗拉公司1998—2001年每股红利分别为0.54美元、0.64美元、0.74美元、0.85美元,对摩托罗拉公司2001年市盈率(P/E)比率的预测为20,2001年股权预期收益的预测值为5.50美元。如果1997年摩托罗拉公司股票市场价为71美元,问:该公司股票是否值得投资?

解答:金融分析师对摩托罗拉公司2001年市盈率(P/E)比率的预测为20,2001年股权预期收益的预测值为5.50美元,这暗示了2001年的价格为20×5.50美元=110美元。给出2001年售价为110美元的估计值,我们就可以算出摩托罗拉公司股票1997年的内在价值为

$$V_{1997} = 0.54 \text{ 美元}/1.144 + 0.64 \text{ 美元}/1.144^2 + 0.74 \text{ 美元}/1.144^3$$
$$+ (0.85 \text{ 美元} + 110 \text{ 美元})/1.144^4$$
$$= 66.17 \text{ 美元}$$

此值小于市场价71美元,按照金融分析师的预测,该公司股票已经被市场高估,不值得投资。

(5) 用市盈率(P/E)比率分析法要注意的问题。

首先,考虑市盈率(P/E)比率的分母是会计收益,它在某种程度上受会计准则的影响,如在折旧与存货估价中要用到历史成本。在高通货膨胀时期,用历史成本计算的折旧与存货成本会低估真实经济价值,因为货物与资产设备的重置成本都将随一般物价水平上升。当通货膨胀高时,市盈率(P/E)比率总要降低。这反映对这些时期盈利的估价"质量低劣",被通货膨胀歪曲,造成了较低的市盈率(P/E)比率。

市盈率(P/E)比率中另一个易混淆的地方与商业周期有关。我们在使用红利贴现模型时将盈利定义为除去经济折旧的净值,也就是公司在不削弱生产能力的前提下,可以分派的最大红利。然而,财务报表中的盈利是根据通用会计准则计算出的,不需要与经济盈利一致。在式(10-17)中,正常市盈率(P/E)比率的概念隐含地假设了盈利以固定速度上升,或者换句话说,变动曲线平滑。在现实中,财务报表中的盈利往往随着商业周期的进程围绕一个趋势上下剧烈波动。

10.3 股票组合管理简介

本节的目标是概述股票组合管理,描述资金管理人奉行的各种各样的策略。这些策略基本上可以分为两种类型:积极的和消极的。策略的选择取决于两个因素:一个是投资者的风险容忍度;另一个是投资者对股票市场的效率的看法。认为股票市场有效率的投资者倾向于支持消极的策略;认为股票市场无效率的投资者倾向于支持积极的策略。本节最后将考察股票组合管理人如何开发定量的策略。

10.3.1 积极的股票组合管理与消极的股票组合管理

区分积极管理和消极管理的一种有用的方式是根据管理人在下面三项业务中

的表现：(1)投资组合的构造(决定所买卖的股票)；(2)证券的交易；(3)投资组合的监测。表10-4概括了积极管理和消极管理在上述三种业务中的区别。一般来讲，积极的管理人把他们的大多数精力花在了投资组合的构造上。相反，采取消极策略的管理人花在这项业务上的精力较少。

奉行积极的策略管理人可能会采取由顶向下法(Top-down)或采取由底向上法(Bottom-up)。采取由顶向下法时，股票组合管理人由评价宏观经济环境和预测近期前景开始。在这种评价和预测的基础上，管理人决定投资组合的资金有多少在股票市场不同部分之间分配，以及有多少以现金等价物的形式(即短期货币市场工具)持有。对于被允许购买债券的管理人来说，他首先必须决定投资组合的资金额度如何在股票、债券和现金等价物之间进行分配。这一过程是资产分配阶段。

表10-4 积极的股票管理与消极的股票管理

	积极的	消极的
构造投资组合	主观的 复杂的规则 少数几只股票 近似的权重	客观的 简单的规则 许多只股票 精确的权重
交易	筹划交易 少数几只股票 现金准备	程序化交易 许多只股票 完全既得的
监测	不频繁 粗略的	不断的 详尽的

在分配到股票市场的投资组合的资金总额给定后，管理人就必须决定如何在股票市场的不同部分和产业之间分配资金额度。股票市场的各部分可分类如下：基础材料、通讯、日用消费品、金融、技术、公用事业、资本品、周期性消费品、能源、健康、运输[①]。产业的分类可以更细，比如铝、纸张、国际原油、饮料、电子设施、电

---

① 这是标准普尔公司应用的划分类型。此外，还有一部分是称为miscellaneus的股票组合，它包括的是不属于上述任何一种类型的股票。

话和电报等。

在制定分配决策的过程中,采取由顶向下法的管理人要根据预期的经济前景对股票市场进行分析,从中选择出那些能相对获取最高收益的市场区域和产业。一旦决定了分配于每一市场区域和产业的金额后,管理人然后就要搜寻投资组合中要包括的各单只股票。图10-8用图形描述了这一过程。

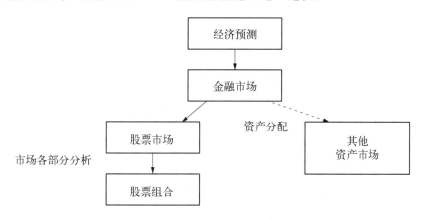

图10-8 由顶向下法的投资过程

与由顶向下法相反,采取由底向上法的股票组合管理人主要关注对各单只股票的分析而几乎不重视宏观经济和市场周期。奉行由底向上法的管理人所使用的工具是证券基本分析。分析的结果是获得可能购买的股票的一个集合,这些股票具有被管理人认为是有吸引力的某些特征。比如,这些特征可能是很低的市盈率(P/E)比率或市场资本总额较小。采取由底向上法的三个著名的管理人是沃伦·巴菲特(Warren Buffett),迪恩·李伯隆(Dean Lebaron)和彼得·林奇(Peter Lynch)。

运用由顶向下法和由底向上法时,积极的管理人奉行的策略也各不相同,这些策略经常被称为股票风格。例如,可以分成价值型和增长型,本书不再阐述,有兴趣的读者可参阅相关专业书籍[1]。

但是,如果投资者认为市场在股票定价方面是有效的[2],那么他们就应该接受这一观点,即那些试图取得优于市场的表现的策略不可能彻底成功。这并不意

---

[1] Frank J. Fabozzi, *Investment Management*, Chapter 16, Prentice Hall, 1997.
[2] 请参阅本书理论篇中关于有效市场的部分。

味着投资者应远离股票市场,而是说他们应当遵循消极的策略,这是一种并不试图取得优于市场表现的策略。那么,对于对股票市场的定价效率持此观点的人来说,存在一种最优投资策略吗？确实是存在的。其理论基础是现代投资组合理论和资本市场理论,这两个理论我们已经在第5、6、7章讨论过。根据现代投资组合理论,"市场"组合在定价有效率的市场中对每单位风险提供了最高的收益率水平。在特性上与那些由整个市场的股票组成的投资组合（即市场组合）相似的金融资产组合能够捕获市场的定价效率。

但是,如何能实施这种消极的策略呢？更具体地讲,"市场组合"是什么含义？又如何构造那种投资组合呢？在理论上,市场组合由全部的金融资产而不仅仅是普通股组成。理由是投资者在把其资本投资时会比较所有的投资机会,而不仅仅是股票。因此,我们所接受的投资原则是以资本市场理论为基础的,而不是以股票市场理论为基础,当该理论被那些在股票市场上投资的人所遵循时,市场组合被定义为包括巨大范围的普通股。当构造市场组合时每一普通股应购买多少呢？该理论认为所选择的投资组合应当是市场组合的适当的比例。因此,市场组合中每一股票权重应以其相对的市场资本总额为基础。因此,如果市场组合中包括的全部股票的总的市场资本总额是 T 美元,这些股票中的某只股票的市场资本总额是 A 美元,那么,在市场组合中该股票的持有比例就应是 A/T。

我们刚才所描述的消极的策略称为指数法。目前,在发达国家养老基金主办人越来越相信资金管理人不可能取得优于股票市场的表现,因此利用指数法策略管理的基金总额自20世纪80年代以来逐渐增加。

10.3.2 流行的股票市场策略

在股票市场历史上出现过众多的关于如何战胜市场的策略。这些策略都曾引起过争论,也有一些关于指数的表现的随机观察评估,它们用来确认或质疑某一策略。今天,现代投资组合管理人拥有的统计工具库使得他们能够更好地检验一种策略是否总能取得优于股票市场的表现。这些工具也基本上检验了股票市场的效率。下面,我们概述了几种流行的策略,然后提供了一些实证根据。

(1) 以技术分析为基础的策略。

自从美国以及世界范围内的商品市场上开始股票交易以来,出现了各种各样的普通股策略,它们仅包括价格的历史运动、交易量和其他经济指标。其中,许多策略都包括以历史交易数据（过去的价格数据和交易量）为基础的调查研究模式，目的是预测单只股票或市场总体的未来运动。以所观察到的模式为基础开发了一些机械的交易规则，这些规则能够指明买入、卖出和卖空股票的时机。因此，除了一些特定的技术指标以外，这些规则没有考虑任何其他因素。用于积极管理的这一方法称为技术分析。由于其中一些策略是对那些标绘有价格或交易量的图表的分析，因此遵循技术分析方法的投资者有时被称为图表分析师。这些策略的首要原则是预测股票的供求变化并根据预期的变化进行资本分配。

下面我们仅对技术分析策略中的一些研究进行总结。前面讲有效市场时曾指出，仅仅通过分析价格和交易量的历史运动，投资者是不能获得超常收益的，因此在考虑了交易成本和风险因素之后，遵循以技术分析为基础的策略将不能始终取得优于市场的表现。

① 道氏理论。

技术分析流派之父是查里斯·道（Charles Dow）。他任华尔街日报的编辑期间所写的评论逐步建立了关于股票市场的未来动向的理论。这些评论的主体目前被称为道氏理论（Dow Theory）。这一理论依赖于两个基本假设。根据道氏理论所称，第一个是"任何已知的信息、任何可预见的信息以及任何能够影响公司证券供给或需求的情况对股市日常波动的平均水平来说都无足轻重"。该假设听起来与有效市场理论非常相似，但是后者含义更广。第二个基本假设是，股票市场在各时期是以某些趋势——上行趋势和下行趋势——运动的。根据查里斯·道的观点，识别这些股票价格趋势和预测它们的未来运动是有可能的。如果假设成立而且投资者能实现超常收益，那么市场就不是弱势有效市场。

根据道氏理论，有三种类型的趋势或市场周期。主要趋势是市场的长期运动，这种趋势在市场中基本上四年轮回一次。由主要趋势可以导出一条表明市场头部的位置的趋势线。次级趋势代表了股票价格与趋势线的短期偏离。三级趋势是股票价格的短期波动。查里斯·道认为股票市场的向上运动趋势会被一些回落趋势减缓，这些回落趋势则是由于增加量已经低于上一次的增加量造成的。当向上的运动不再大于上一次的增加量时，就会出现市场反转。在评估究竟是否出现了某种增加量时，他建议考察不同股票市场指数如道·琼斯工业平均指数和道·琼斯运输业平均指数的联合运动。选择其中一种平均指数作为主要指数，并把其他指数作为确认指数。如果主要指数达到了一个新高点，而这一新高点又高于上次的高点,并且如果得到其他指数的确认,即其他指数也达到了一个高于上次高点的新高点的话,就可以预期这种上升趋势会继续持续下去。

道氏理论的实证检验很难,因为这必须识别出反转点。有一些研究已经尝试过检验该理论。这些研究的结果似乎表明道氏理论能用于市场预测。Glickstein 和 Wubbels 的研究发现,从 1971 年 1 月 2 日到 1980 年 12 月 31 日买入并持有道·琼斯工业平均指数所包含的股票这一消极的策略可以创造 1.6% 的复合收益率。相反,如果根据道氏理论的技术要素确定交易方式,然后投资者遵循以上述方式为基础的策略,那么该策略就可以创造 14.6% 的平均收益率。Glickstein 和 Wubbels 以他们的研究为基础得出结论说:"成功地把握市场时机绝不是不可能的。"[1]

② 简单过滤器规则。

最简单的一种技术策略是在预先确定股票价格运动的基础上买卖股票,该规则基本可表述为:如果股票价格上升了一定的百分比,就买入该股票并一直持有,直到价格下降到一定的百分比再把该股票卖出。价格必须变化的百分比就称为过滤器(Filter)。每一遵循这种技术策略的投资者都备有自己的过滤器。

对简单过滤器规则的获利能力进行的最初的研究是在 1961 年由 Alexander 完成的。Fama 和 Blume 于 1966 年对 Alexander 的方法中的不足进行了调整,他们发现价格的变化表现出持续的趋势;然而,在考虑了评价该策略时必须考虑在内的交易成本和其他因素之后再去考察的话,这些趋势就显得太微弱了[2]。然而,Sweeney 随后的运用统计方法的两项研究表明,在调整了场内交易者和专业资金管理人面临的各种类型的交易成本之后,一种以过去的价格运动为基础的短期技术交易策略能创造相当大的风险调整收益。

③ 移动平均法。

一些技术分析师以一段连续的时期(比如 200 天)的股票价格运动为基础制定买卖股票的决策。首先计算该时期的平均价格,然后按指定的规则买卖:如果价格超过平均价的某一百分比就买入股票;如果价格低于平均价的某一百分比就卖

---

[1] Glickstein & Wubbels, *Dow Theory*.
[2] Eugene F. Fama & Marshall Blume, Filter Rules and Stock-market Trading, *Journal of Business* (October 1996), pp. 226-241.

出股票。计算平均价的最简单方法是计算简单移动平均价。假设技术分析师所选定的时期为 200 天,那么就可以确定这 200 天的平均价。通过对较近的价格赋予更高的权重可以计算出更为综合的移动平均价。针对以移动平均价为基础的策略的两项调查研究表明,它们的收益率要低于简单的买入并持有策略的收益率。

④ 上涨/下跌线。

在每一交易日,一些股票的价格会上升或在前一交易日的闭盘价基础上"上涨",而还有些股票的价格会下降或在前一交易日的闭盘价基础上"下跌"。一些市场观察家认为,在某些天内的价格累积上涨额减去同时期的价格累积下跌额可以作为股票市场的短期价格运动的指标。Goldstein 和 Wubbel 就是用这一指标检验道氏理论。尽管一些经纪公司对这一指标进行了检验[1],然而并没有关于该指标的预测能力的深入研究。

⑤ 相对强弱。

股票的相对强弱是用股票价格与某股票指数的比率衡量的。该指数表明了股票与相应指数的相对运动。这里的价格指数可以是某一既定行业的股票价格指数,也可以是包括全部股票的范围广泛的指数。如果这一比率上升,就表明该股票相对于指数有上行的趋势;如果这一比率下降,则表示该股票相对于指数有下行的趋势。与此类似,相对强弱指标也可以是以某一行业集团的股票或基础广泛的指数为基础计算得出。相对强弱也称为价格动势(Price momentum)或价格持续性(Price persistence)。

在研究相对强弱是否可用于识别表现优异的股票或股票集合方面,Robert Levy 是第一人。他的研究表明,以相对强弱为基础的策略比买入并持有策略的表现要好。然而,Jenson 指出了 Levy 的方法中的几个缺陷。在近来的研究中,Jenson 和 Bennington 发现,Levy 的结论与二战后的这一时期有关,因而可能对其他时期并不适用。随后的一些研究则弥补了 Jenson 所指出的方法上的缺陷并涵盖了各个不同的时期。比如,Arnott 在调整了股票的贝塔系数之后发现,与常规的观点相反,一只走势一直很强的股票在将来会趋于走弱。Brush 为检验价格动

---

[1] Laszlo Birinyi & Keith Miller, *Market Breadth: An Analysis*, Salomon Brothers, September 1987.

势而结合了从简单到复杂的一些规则,他考察了八个应用较为广泛的相对强弱指标[1]。他发现在所研究的模型中有许多相似性和一些差别,最为重要的是,他发现在调整了交易成本而不是调整了风险之后,相对强弱模型可被用于预测哪些股票将表现得更为优异。Brush 发现只有在接受按波动性衡量的风险之后才能获得较为优异的表现。

⑥ 价格和交易量的关系。

华尔街一句比较流行的格言是"由量带动价"(也译"量为价之先"或"量比价先行")。这意味着,在技术分析中预测股票的价格走势时,价量关系可以作为一个信号。技术分析师们提出的观点是,交易量和价格的上升都是投资者对某只股票感兴趣而且这一兴趣将持续下去的信号。相反,价格上升而交易量下降则是股票价格随后将下跌的信号。

有一些研究对这些有关价量关系的结论进行了实证调查。这些研究所得出的结论也是不同的。比如,Ying 发现量会带动价的变化(在 4 天左右),但这种关系并不足以表明可以把此关系作为获利的参考。为区别信息到达对价量关系产生的效应,Smirlock 和 Starks 根据公司公布收益的日期和未公布收益的日期对股票样本分别进行了考察。他们发现,在收益公布日的那些天的交易中,跳动幅度(即价格的增加)较高。这意味着,价和量的上升可能是对信息作出的响应。相反,在未公布收益的那些天内,并没有证据表明在价格和交易量的变化之间存在正相关关系。

⑦ 卖空比率。

一些技术分析师认为,卖空的股票数量与日平均交易量的比率可以作为预测市场走势的一个非常有用的技术信号。该比率称为卖空比率(Short ratio)。然而,该比率与股票价格运动之间的经济联系可以从两方面解释。一方面,一些市场观察家认为,如果该比率较高,那么这就是市场将上行的信号。其原因是卖空者将不得不通过买入他们所卖空的股票来对冲他们的空头头寸,因而结果将是市场价格上升。另一方面,还有一些市场观察家认为,由卖空股票的市场参与者所传递的是熊市信号,因为卖空者是预期市场将下跌。无论采用哪一种解释,一旦考虑交易成

---

[1] John Brush, Eight Relative Strength Models Compared, *Journal of Portfolio Management*, Fall 1986, pp. 21–28.

本的话,都没有证据支持以卖空比率为基础的策略。

⑧ 非线性动态模型。

一些市场观察家认为,股票价格行为的模式非常复杂,因此简单的数学模型不足以检验历史价格模式以及开发出用于预测未来价格运动的模型。因此,尽管股票价格看上去是随机变化的,但仍然是有一个模式存在的,只是简单的数学工具不足以达到此目的。科学家们已经开发了一些复杂的数学模型用以从看似随机的某些现象观察中分析出一些模式。这些模型通常称为非线性动态模型(Nonlinear Dynamic Models),因为用来检验在一种模式中是否存在某种结构的数学方程式是非线性方程式,而且此类方程式有一个体系。

非线性动态模型已被用于分析股票价格模式。有许多实证研究表明,股票价格表现出非线性动态模型的一些特性。已被建议使用的非线性动态模型的特殊形式称为混沌理论(Chaos Theory)。当前混沌理论提出的主要的观点是:看似随机的股票价格运动实际上含有一种可被用来创造超常收益的结构。然而,对这一理论的实际应用表现却远远不足。在 1996 年对一些市场人士的采访中,Sergio Focardi 和 Caroline Jonas 认为:"混沌理论在思路上过于复杂以至于在当今金融领域不可能有更多的应用。"

⑨ 市场过度反应。

为从有利的消息中获利或为了避免不利消息的不良影响,投资者必须对新的信息迅速作出反应。认知心理学家已经对人们如何对极端事件作出反应这一问题给出了一些解释。一般来说,人们倾向于对极端事件作出过度反应。人们对最近的信息反映更为强烈;而且他们倾向于对较早信息的重要性大打折扣。

问题是,投资者们都遵循同一模式吗?也就是说,投资者对极端事件都作出过度反应吗?过度反应假设(Over Reaction Hypothesis)认为,当人们对那些有益于公司股票的未预期到的信息作出反应时,价格实际上升的比本来应上升的要高,因此考虑到这一信息的存在,随后就会导致股票价格的下跌。相反,对于未能预料到的那些预期将对公司的经济状况产生不利影响的信息所产生的过度反应将导致价格下跌得过多,因而随后就会出现对这一过度反应的纠正,即价格将会上升。

实际上,如果市场有过度反应的话,投资者如果能:(1)认清过度事件;(2)判断出过度反应对市场价格的影响何时终结并将于何时出现反转,他们就可以实现正的超常收益。能够认识到这一点的投资者将遵循下列策略:当认识到信息有利时，投资者将买入股票并在过度反应被纠正前卖出股票；当不利信息出现时，投资者将卖空股票然后在过度反应被纠正前再买入这些股票以对冲空头头寸。

正像 DeBondt 和 Thaler 最早提出的一样，过度反应假设可以用两种方式描述①。第一种方式是，在股票价格的极端运动之后，股票价格随后就会向相反方向运动，这被称为导向效应(Directional effect)。第二种方式是，初始价格变化越极端(即过度反应越强烈)，抵消反应就越极端(即价格的纠正就越大)，这称为幅度效应(Magnitude effect)。然而，导向效应和幅度效应可能仅意味着投资者过于看重了短期信息来源②。为矫正这一点，Brown 和 Harlow 增加了第三种论断，称为强度效应(Intensity effect)，它是指，初始价格变化的持续期越短，随后的反应就会越极端。

有些实证研究是支持导向效应和幅度效应的。Brown 和 Harlow 验证了所有三种效应(导向效应、幅度效应和强度效应)，他们发现：对积极事件的中期和长期反应来说，仅有微弱的证据表明市场定价是无效率的；然而有关对消极事件的短期交易反应的证据则与所有三种效应极其一致。因此，他们得出结论说："对股票市场纠偏的趋势最好的认识是把它作为不对称的、短期的现象。"由于投资者似乎只对消极的极端事件产生过度反应，而对积极的极端事件并非如此，因此这一趋势是不对称的。

在上述内容中我们回顾了对技术交易策略的表现的研究，但上述内容并未包括所有已被研究或使用的技术策略，也没有讲述统计上的复杂性和这些检验的细微差别。由 Harrington、Fabozzi 和 Fogler 达成一致的结论是：

技术分析又回来了——在失去了支持和有效市场的倡导者们手中积累了足够的能量之后。纯粹通过运用历史数据获利看来是可能的，虽然获利很少……技术交易规则和投资者的过度反应看来具有获利的可能性，但所获利润对交易成本非常敏感……

---

① Werner DeBondt & Richard Thaler, Does the Stock Market Overreact?, *Journal of Finance* (July 1985), pp. 793-805.
② Peter L. Bernstein, Does the Stock Market Overreact?: Discussion, *Journal of Finance* (July 1985), pp. 806-808.

(2) 以基本分析为基础的策略。

正像前面所解释的,基本分析是指对公司的经济状况的分析,包括其收益增长前景、履行债务责任的能力、竞争环境等。在此我们将讨论其中一些策略。

半强式有效市场的倡导者们认为,以基本分析为基础的策略不会创造超常收益。理由很简单,因为有许多分析师基本上是从事相同种类的分析,这些分析利用的都是能公开获得的数据,这样就使得股票价格反映了所有能决定价值的相关因素。以基本分析为基础的策略所关注的是公司的收益和收益的预期变化,Chugh 和 Meador 的一项研究发现,实际上,分析师所使用的最重要的两个衡量手段是收益的短期变化和长期变化。

在 20 世纪 80 年代,SternSteward 的公司开发并注册了一个衡量获利能力的指标,称为经济增值(EconomicValue Added,EVA)。这一指标是公司的经营利润与资本的美元成本之间的差额。也就是说,与计算利润的常规方法不同,常规方法没有确认股本的成本,而 EVA 则扣除了这一成本。这样,EVA 衡量的就是,在把管理人用于创造经营收入的股本资金作为一项成本。

① 意料外收益(Earnings surprise)。

一些研究发现,并不仅仅只有收益的变化是重要的。理由是,分析师们对公司的收益有一致性预测。可能被期望创造超常收益的是市场对未来收益的预测与随后公布的实际收益的差别程度。市场预测的收益与公布的实际收益的差额称为意料外收益。当实际收益超过市场预测收益时,就是正的意料外收益;当实际收益小于市场预测收益时就会出现负的意料外收益。关于意料外收益的研究有很多。这些研究似乎都表明,识别出那些具有正的意料外收益的股票然后买入它们就可能创造超常收益。当然,困难是如何识别出这类股票。

② 低市盈率。

带有传奇色彩的格雷厄姆(Benjamin Graham)在 1949 年为"防御型投资者"提出了一个经典的投资模型。"防御型投资者"是指没有时间、经验或没有进取性投资兴趣的投资者。这一模型在他的一本名为《聪明的投资者》(*The Intelligent Investor*)的书中进行了讲述,并在该书随后的每一版中都进行更新。在该书 1973 年版列出的一些基本投资标准是这一方法的代表:

a) 公司必须在过去的 20 年中的每一年都支付了股利;

b) 对工业公司来说,公司的最小规模是年销售额 1 亿美元,对公用事业单位

来说是 5 000 万美元;

c) 在过去的 10 年中的每一年都实现了正的收益;

d) 当前价格不应超过最近的账面价值的 1.5 倍;

e) 市场价格不应超过过去 3 年的平均收益的 15 倍。

格雷厄姆把市盈率作为对所获价值支付的价格的一种衡量标准。他认为高的市盈率是值得怀疑的,因为这意味着对难以预测的未来收益增长来说,价格存在很大的溢价。因此,较低的市盈率和较高的品质的公司应是较受欢迎的,因为它们的潜在收益增长不容易令人失望并在价格上存在低估。

Oppenheimer 和 Schlarbaum 的一项研究表明,在 1956—1975 年,即使在调整了交易成本后,遵循格雷厄姆的策略仍获得了巨大的超常收益。尽管格雷厄姆的低市盈率方法最初的本意是为防御型投资者设计的,但这一方法的众多变形形式目前已为大量的职业投资顾问所遵循。

③ 市场中立多空策略。

力求把管理人选择股票的能力资本化的一种积极的策略是市场中立多空策略(Market neutral long-short strategy)。这一策略的基本思路如下:首先,管理人将分析股票市场中各单个股票的期望收益率。以这一分析为基础,可以把这些股票划分为"高期望收益率股票"和"低期望收益率股票"。然后,管理人就可以按下列方式之一行事:(1) 只购买高期望收益率股票;(2) 卖空低期望收益率股票;(3) 在购买高期望收益率股票的同时卖空低期望收益率股票。

前两种策略的问题是,市场的总体运动会对此有不利影响。比如,假设一个管理人购买了高期望收益率股票后市场下跌。由于市场与全部股票的收益率之间的正相关性,即使管理人实际上已经能够识别出高期望收益率的股票,市场的下跌仍会导致产生负的收益率。同样,如果管理人卖空了低期望收益率股票后市场上涨,投资组合也将会产生负的收益率。这是因为市场的上升意味着管理人必须对冲每一股票的空头头寸,而这是在比其卖出股票的价格更高的价格上进行的。

我们再来分析第三种策略——在买入那些高期望收益率股票的同时卖空那些低期望收益率的股票。考虑当市场出现总体移动时,多头头寸和空头头寸将会发生什么变化。市场的下跌将使多头头寸亏损而使空头头寸获利。市场的上涨将会使空头头寸亏损而使多头头寸获利。结果是,多头头寸和空头头寸互相进行了对冲。

尽管多空头寸针对市场的总体运动进行了对冲,然而仅仅依靠持有高期望收益率股票的多头头寸和低期望收益率股票的空头头寸并不能控制这两种头寸的相对运动程度,即这两种头寸并没有完全中和市场的总体运动风险。然而,利用中和任何市场运动的市场风险敞口可以创造多空头寸。具体地讲,可以构造具有相同贝塔系数的多头头寸和空头头寸,这样,该多空头寸的贝塔系数就为零。因此,这一策略称为市场中立多空策略。实际上,如果管理人有能力识别出高期望收益率股票和低期望收益率股票,然后针对市场运动使投资组合的风险中和的话,无论市场上升还是下降,都将会产生正的收益率。

下面所讲的就是如何创造市场中立多空组合。首先应分别列出高期望收益率股票和低期望收益率股票(实际上,我们把这一策略归类为基本分析策略是因为,基本分析正是被用于识别分别属于高期望收益率和低期望收益率股票类型的股票)。高期望收益率股票被称为"胜利者",并被作为多头组合的备选股票;低期望收益率股票被称为"失败者",并被作为空头组合的备选股票。

假设某客户把 1 000 万美元交给一位管理人用来实施市场中立多空策略[①]。假设该管理人(经客户同意)按保证金制度用这 1 000 万美元买入证券。如第一章所讲,投资者最高借款可达按保证金制度购买证券的市场价值的 50%。这意味着管理人拥有 2 000 万美元可供投资——1 000 万美元作为多头,另 1 000 万美元作为空头。

当按保证金制度买入证券时,管理人必须为追加保证金通知做好准备。因此,考虑到管理过程中的追加保证金通知的风险,谨慎的政策是不应把全部金额都进行投资。相反,通常要维持大约 10% 的股本作为流动性缓冲。这部分股本投资于高质量的短期货币市场工具,以这些工具的形式持有的这部分资金被称为以"现金"形式持有。在我们所举的例子中,由于股本是 1 000 万美元,那么其中 100 万美元就以现金形式持有,另外 900 万美元就将投资于多头,因此,空头也是 900 万美元。该投资组合的构成如下:100 万美元现金,900 万美元多头,900 万美元空头。

---

① 这一例证摘自 Bruce I. Jacobs & Kenneth N. Levy, The Long and Short on Long-short, *Journal of Investing* (Spring 1997), pp. 78-88。

(3) 市场异常策略。

尽管一些管理人对技术分析和基本分析持怀疑态度,但仍有一些管理人认为在股票市场上存在定价无效率的情况。就是说,历史统计数据表明,仍有一些投资策略创造了相当大的正的超常收益。市场的这些异常策略被称为小公司效应(Small-firm effect)、低市盈率效应(Low price-earnings-ratio effect)、被忽略的公司效应(Neglected-firm effect)以及各种各样的日历效应(Calendar effects)。还存在一种策略,它遵循的是公司的内部人交易活动。

其中一些异常策略是对半强型有效市场形式的挑战,因为它们使用了公司的财务数据。这些策略包括小公司效应和低市盈率效应。各种日历效应是对弱型定价效率形式的挑战。遵循公司内部人在买卖本公司股票方面的活动的策略既是对弱型有效市场形式也是对强型有效市场形式的挑战。对前者的挑战是,正如下面要解释的,内部人活动的信息可以公开获得。而且,实际上一些流行的电视节目如"华尔街周评"已经推荐投资者使用这些信息。因此,问题是"外部人士"是否能够利用这些有关内部人活动的信息去创造超常收益。对强型有效市场形式的挑战是,内部人被认为拥有特殊信息,因此他们可能会利用靠自己与公司的特殊关系而获取的信息创造超常收益。

① 小公司效应。

在一些研究中发现了小公司效应,这些研究表明,小公司(以市场资本总额衡量)的投资组合的表现要优于股票市场(既包括大公司又包括小公司)的表现。在这些研究结果的影响下,投资者对监测小资本总额的公司的那些股票市场指标的兴趣不断增加。

② 低市盈率效应。

前面我们已经讨论了格雷厄姆的以低市盈率为基础,针对防御型投资者设计的策略。低市盈率效应也得到一些研究的支持。这些研究表明,由低市盈率股票组成的投资组合的表现要优于由高市盈率股票组成的投资组合的表现。然而,还有一些研究发现,当价格和收益率随着时间变化而再对投资组合的构成进行调整时,在调整了必需的交易成本之后,低市盈率股票投资组合的较优表现将不复存在。对于可能的优越表现的一种解释是,股票之所以在低市盈率情况下交易是因为它们暂时失去了市场参与者的支持,而由于潮流会发生变化,因此当前不受欢迎的公司在未来某个时期将会反弹①。

③ 被忽略的公司的效应。

并非所有的公司都会受到证券分析师们的同等关注,有一种思想流派认为,被证券分析师们忽略的公司将会取得优于那些备受分析师关注的公司的表现。有一项研究发现,以证券分析师对不同股票的关注程度变化为基础的投资策略可以产生正的超常收益②。这一市场异常策略被称为被忽略的公司效应。

④ 日历效应。

有些实证研究注重的是,根据某些标准如市场资本总额、价格—收益比率(市盈率)或分析师对股票的关注程度等选择理想的公司,而日历效应则是分析的实施策略的最佳时机。这种异常情况的例子有:1月份效应、年度中的月份效应、每星期的某天的效应以及节假日效应。从实证证据来看,平均来说,与在其他时期实施某项策略相对比,在某些时期实施此策略将会取得更好的表现。

⑤ 遵循内部人的交易活动。

尽管证券与交易委员会(SEC)对内部人有更为详尽的定义,但我们在此仍可以把一家公司的内部人认为是公司的高级职员、董事以及持有公司普通股的大股东。SEC随后在一项报告中发布了这一信息,该报告被称为SEC内部人交易报告(SEC Insider Transaction Report)。因此,在经过一段时滞之后,内部人的交易信息就可以公开获得。一些研究发现,内部人利用他们的特权地位可以获得超常收益。然而,当外部人再使用这些信息时,一项研究发现,外部人即使在掌握了上述所讲的其他市场异常情况并能控制交易成本的情况下,也不能利用这些信息获利③。换句话说,SEC公布的内部人活动信息对创造超常收益来说并不是一个有用的技术指标。

评价上述所有的策略的困难之一就是,这些被认为是能导致市场异常的因素之间是有内在联系的。比如,小公司可能是那些没有引起证券分析师太多注意的公司,而同时又是在低市盈率基础上交易的公司。有些超常收益的获得可能是由

---

① David Dreman, *Contrarian Investment Strategies: The Psychological Edge*, NewYork: Random House,1979.
② Avner Arbel & Paul Strebel, Pay Attention to Neglected Firms, *Journal of Portfolio Management* (Winter 1983), pp. 37-42.
③ Michael Rozeff & Mir Zaman, Market Efficiency and Insider Trading: New Evidence, *Journal of Business*(1988), pp. 25-44.

于那些与内部人活动毫不相关的市场异常情况造成的,因此一项关于内部人活动的研究必须仔细地分析超常收益的产生原因。比如,有一项研究发现遵循内部人的活动没能获得超常收益,但又同时发现,如果存在任何超常收益的话,那么这些超常收益就应是由于公司规模和低市盈率造成的。目前已经有一些研究试图去区分这些效应。

10.3.3 设计和选择股票投资管理策略过程中要考虑的因素

管理人最终必须决定所使用的策略。如果管理人认为市场定价极其有效率不能获得超常收益的话,那么他就会选择指数法策略;如果管理人认为有机会获得超常收益的话,他就会采取积极的策略,然而他必须提出支持此观点的根据。管理人不能仅仅说:"聘用我们吧,因为我们很棒,我们能超越基准水平,能使你的资产增值。"这样简单地与客户打交道肯定是行不通的。

支持上述观点的形式是检验为什么一项特殊的积极的策略预期可能产生超常收益。今天,管理人无论在制定定量的策略,还是在检验此类策略的过程中都依靠定量的方法。Robert Hagin、Anderson Sherrerd 把量化策略定义为"工程投资策略"。Hagin 认为,这些策略至少有三个特征。

首先,该策略必须以一个正确的理论为基础。就是说,该策略为什么不仅在过去存在有效的理由,而且更重要的是,要说明为什么预期该策略在将来会是有效的理由。其次,该策略应以定量的条款提出。最后,必须作出一种判断,即该策略在过去本应如何实施。最后这一特征至关重要,而且也是为什么要对投资策略进行后续检验的理由。

在投资策略的设计、检验和实施过程中,投资组合管理人会遇到许多潜在的问题。它们包括以下十个方面。

(1) 理论基础不足(Insufficient rationale)。在解释为什么一项策略在过去有效以及为什么预期它在将来也有效时,存在理论基础不足的问题。

(2) 盲目假设(Blind assumptions)。一些策略的假设基础是盲目的,它们认为某些因素总是"好"的或总是"坏"的。

(3) 数据采集(Date mining)。通过检验许多策略(根据机会法则)才终于证明其中只有一种策略有效时,这样做就会出现数据采集问题。这与理论基础不足和盲目假设问题有关,当投资研究人员发现统计关系与任何投资理论或实际模型无关,或这些关系仅是所使用的统计模型或数据类型的一种结果,或者甚至纯粹是一种机会时,数据采集就是值得怀疑的[①]。

(4) 数据的质量(Quality of date)。在搜寻工程投资策略的过程中,管理人利用的是计算机存储的历史数据。这些数据库经常会因不准确、遗漏和幸存者偏见而受损。当消失的公司从数据库中删除时就会出现幸存者偏见问题,结果是,对那些仅包括幸存的公司的潜在策略任何检验将因为有利于"幸存者"而带有偏见。

(5) 前瞻偏见(Look-ahead bias)。这种偏见是指检验一项策略时,所使用的数据是在该策略实施时还不能得到的数据。比如,假设正检验一项有关市盈率的策略,他按下列程序检验:如果市盈率在 12 月 31 日大于一个特定的值,他就在 1 月 1 日卖出该股票;如果小于该特定值,就在 1 月 1 日买入该股票。这儿的偏见是指,以年终 12 月 31 日的实际收益率为基础的市盈率在 12 月 31 日当天还不能计算出来,因为,年终 12 月 31 日的实际收益率要在下一年的第一季度(或之后)报告。因此,在进行这种后续检验时,管理人在 12 月 31 日使用的数据是在当天还未获得的数据。为对这一投资策略进行有效的后续检验,管理人不得不以 12 月 31 日能获得的收益率数据(如分析师对截至 12 月 31 日的收益的估计)为基础去考虑检验的设计。

(6) 多重因素(Multiple factors)。正如早期指出的,市场上发生的许多异常现象是高度相关的。往模型中加入高度相关的因素既不会增加收益也不会降低风险。那些本身看上去并不重要的因素在与其他因素结合时可能会变得重要。管理人应该能够把这些关系整理清楚。

(7) 统计性假设与技术(Statistical assumptions and techniques)。利用历史数据检验策略的一种产品就是所预测得投资收益率或超额收益率。这些收益率被用于统计检验以决定它们是否在统计上不为零(即它们不仅仅是偶然得到的)。统计检验要求,应该对股票收益率的概率分布作出假设。比如,通常是假设收益率呈正态分布。然而,实证证据并不支持这一假设。因此,在这种情况下,管理人必须评估关于收益率的概率分布的基础假设对一项策略的检验的影响程度。

---

① 这一观点是由 Fischer Black 在 Beta and Return 中提出的,见 *Journal of Portfolio Managernent* (Fall 1993), pp. 8-18。

(8) 线性模型(Linear models)。大多数估价模型都假设在期望收益率与某因素之间存在线性关系。实际上,一个更为复杂的非线性模型可能会显示出在收益率与各因素之间有相当显著的相关性。

(9) 市场冲击(Market impact)。在实施一项策略时所面临的交易成本之一就是市场冲击成本。在进行策略检验时必须确认这一成本。所预测的超额收益可能被市场冲击完全抵消。

(10) "参考(Reference)"组合或"正常(Normal)"组合。在设计对一项策略的历史表现的检验时,应当以一个恰当的基准来衡量表现。该基准称为参考组合或正常组合。

习　题

1. 一个公司对于经济周期的敏感性取决于下列哪些因素?
A. 销售额。　　　B. 流动比率。　　　C. 股东权益数额。　　D. 债务。
2. 使用自由现金流模型估价更为合适的条件有哪些?
A. 公司支付股利。
B. 公司虽然支付股利,但是实际支付金额与公司的支付能力出入很大(包括支付不足或支付超额)。
C. 在可以任意估计的期间,分析师有充分理由认为自由现金流与公司获利能力较好地吻合。
D. 不是从投资者拥有公司控制权的角度进行估价。
3. 下面的问题摘自过去的CFA考试:
(1) 如果红利增长率_____,运用固定增长的红利贴现模型就无法获得股票的价值。
A. 高于它的历史平均水平　　　　　B. 高于市场资本化率
C. 低于它的历史平均水平　　　　　D. 低于市场资本化率
(2) 从理论上来说,一家公司要想使股票价值最大化,如果它相信_____,就应该把它的所有收益用来发放红利。

A. 投资者不在乎他们得到的回报的形式

B. 公司未来的增长率将低于它们的历史平均水平

C. 公司仍有现金流入

D. 公司未来的股权收益率将低于它的资本化率

（3）根据固定增长的红利贴现模型，公司资本化率的降低将导致股票内在价值_____。

A. 降低　　　　　　　　　　B. 升高

C. 不变　　　　　　　　　　D. 或升或降，取决于其他的因素

（4）投资者打算买一只普通股并持有一年，在年末投资者预期得到的红利为1.5美元，预期股票那时可以26美元的价格售出。如果投资者想得到15%的回报率，现在投资者愿意支付的最高价格为_____。

A. 22.61美元　　B. 23.91美元　　C. 24.5美元　　D. 27.5美元

（5）在红利贴现模型中，不影响贴现率r的因素是_____。

A. 真实无风险回报率　　　　B. 股票风险溢价

C 资产回报率　　　　　　　D. 预期通胀率

4. 预计 FI 公司的红利每股每年约增长5%，如果今年的年终分红是每股8美元，市场资本化率为每年10%，利用红利贴现模型（DDM）计算当前公司的股价。

5. LCC 化学公司的一位董事认为，投资者使用红利贴现模型这一事实证明了红利越高，股价越高。

（1）参考固定增长的红利贴现模型，应用它分析这位董事的观点。

（2）如果分红增加（其他因素不变），分析下列因素如何变化：

a. 持续增长率。　　　　　　b. 账面价值的增长。

第 11 章 期权定价分析与组合管理

本章我们将先讨论影响期权价值的诸多因素。然后,我们从简单的二叉树期权定价模型开始引入数量模型,并说明这一方法如何一般化为精确实用的定价方法。接着,我们将介绍近 30 年来金融学的重大突破——布莱克—斯科尔斯模型(Black-Scholes Model)。最后,我们将探讨期权定价理论在资产组合管理及控制方面的重要应用。

11.1 期权定价分析基础

在本书第 1 章我们已经简单介绍过期权的初步知识。本章将围绕期权的价值与应用展开阐述。

期权在商业上有很长的历史,因为它是控制风险、以最小费用锁住资源的最好机制。有史料记载的最早的期权交易是古希腊哲学家泰勒斯(Thales,生于公元前 585 年前后,提出"万物皆由水构成")进行的。据说,有人嘲笑泰勒斯,说哲学家一无所用,泰勒斯回应了挑战。在冬季,泰勒斯运用自己的气象学知识预测到来年的春天将会出现橄榄大丰收。于是,他与农户进行协商,得到了在来年的春天以固定的价格使用榨油机的权利。果然,到了春天橄榄的丰收使得榨油机供不应求,泰勒斯行使自己的权利,再将榨油机的使用权以更高的价格出租给其他的农户,从中赚取了可观的利润。

另一个经典的例子发生在公元 1600 年前后,与荷兰的郁金香热有关。郁金香因其美丽而获奖,这引起了大量的投机,价格大涨。种植者购买看跌期权以确保球茎的价格,交易商则采用看涨期权以确保未来价格。由于市场没有任何规范,导致最后 1636 年的崩溃,给期权留下了一个极坏的名声。

直到 1973 年,CBOE(Chicago Board Options Exchange,芝加哥期权交易所)

正式成立,与店头交易市场相比,CBOE作了以下两方面的突破:第一,期权合同的标准化,使期权的流动性大大提高,极大地促进了二级市场的发展。第二,成立了期权清算公司,降低了信用风险。

在现代金融学中,对期权的价值是如何分析的呢?

11.1.1 期权在到期日的价值

假设你有一个看涨股票期权,执行价格为 K。设到期日标的股票的价格为 S,则到期时期权的价值是多少?很简单,如果 $S < K$,期权价值为 0。因为按期权条款,你可以执行期权以价格 K 买入股票,但是如果不执行期权,你可以在公开市场以更低价格 S 购买。因此,你不会执行期权,期权没有价值。另一方面,如果 $S > K$,期权确实有价值。通过执行期权你可以以 K 的价格买进股票,然后在市场上以更高价格 S 出售。你的利润将是 $S - K$,这也就是该期权的价值。把上述两种情形合在一起,我们就得到了看涨期权到期日的价值为

$$C = \max(0, S - K) \qquad (11-1)$$

即 C 等于 0 和 $S - K$ 两者中的较大者。因此,我们就可以得到一个明确的到期日期权价值的公式,它是标的资产价格 S 的函数。这个函数关系见图 11-1(a)。该图表明当 $S < K$ 时,价值为 0;但是当 $S > K$ 时,期权价值随价格按 1 比 1 线性增加。

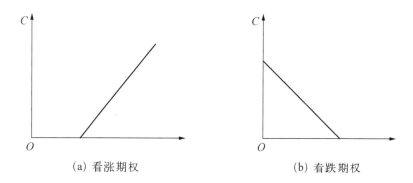

(a) 看涨期权　　　　　　　(b) 看跌期权

图 11-1　在到期日期权的价值

请注意,由于期权买卖双方盈亏是相抵的,所以卖出看涨期权的函数关系实际上与图 11-1(a)将是关于横轴对称的,请读者自己画出图形。

现在再假设你是看跌期权的买方,执行价格为 K。如果到期日股票价格满足

$S>K$,那么期权毫无价值。通过执行期权你可以以价格 K 出售股票,而在公开市场上你可以以更高价格 S 卖出股票,因此,你不会执行期权。另一方面,如果股票价格低于执行价格,卖出期权就有价值了。你可以在市场上以 S 买进股票,然后执行期权将这笔股票以更高价格 K 卖出。你的利润将是 $K-S$,这就是此期权的价值。看跌期权(买方)到期日价值的一般公式为:

$$P = \max(0, K-S) \tag{11-2}$$

函数关系如图 11-1(b)所示。比较图 11-1(b)与图 11-1(a)可以看出,看跌期权的价值是有界的,而看涨期权(买方)的收益可以是无限的,或者说,看涨期权卖方的损失也可能是无限的。

根据 $S>K$、$S=K$、$S<K$,我们分别称看涨期权为实值期权(in the money)、两平期权(at the money)、虚值期权(out of the money)。卖出期权的情形则刚好相反,因为当 $S<K$ 时,执行期权的收益为正。

11.1.2 期权的时间价值

前面的分析集中在期权到期时的价值上,分析的实际上是期权的内在价值。但是,即使是欧式期权(除到期日外不能执行)在到期之前也有价值,因为它们提供了未来执行的潜在可能性,期权的这种到期前所包含的灵活性价值称为期权的时间价值。例如,考虑一个 IBM 股票看涨期权,执行价格为 140 美元,3 个月到期。设现在 IBM 股价为 137.88 美元,期权现在是虚值状态。但是,IBM 股价有机会在3 个月内上涨超过 140 美元,这就有可能执行期权获得利润。因此,即使期权现在是虚值状态,它仍是有价值的。

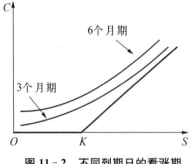

图 11-2 不同到期日的看涨期权价格曲线

离到期日还有一段时间时,看涨期权价值作为股价函数是一条平滑曲线,而不是到期日时的拐折的曲线。利用实际期权价格数据,可以估计出这一平滑曲线。这种估计表明任一给定到期时期的期权价格与图 11-2 的曲线相似。图中加粗的拐折线代表期权到期时的价格。上面的线便是不同的到期时间。第一条线是 3 个月到期的看涨期权,更高的线则是 6 个月的。

随着到期时间增加,曲线越高,因为时间更长,股票价值上升的机会更多,从而最后收益增加。但是,当股价大大低于或高于执行价 K 时,时间加长的效果会降低。

11.1.3　影响期权价值的因素

(1) 标的资产的现价和执行价格。

由于看涨期权在将来某一时间执行,则其损益为执行时标的资产的价格与执行价格的差额。所以,当标的资产价格上升时,看涨期权的价值上升;当执行价格上升时,看涨期权的价值下降。对于看跌期权来说,其损益为执行价格与执行时标的资产的价格的差额,因此看跌期权的行为刚好与看涨期权相反。

(2) 期权的期限。

当期权的有效期限增加时,美式看跌期权和看涨期权的价值都会增加。考虑其他条件相同只有到期日不同的两个期权 A、B,设 A 的有效期长于 B,则 A 的执行机会不仅包含了 B 的所有执行机会,还包括了 B 有效期外的执行机会,因此有效期长的期权的价值总是大于或等于有效期短的期权价值。

通常,期权的期限越长,期权价格越高。按照我们上面分析,期限越长,未来股票价格上升机会就越大,期权买方获利的可能性就越高,而期权卖方承担的风险也越大,期权价格作为对期权卖方所承担的风险的补偿也应该相应地向上调整。另一方面,在其他条件相同的情况下,期限越长,说明持有人在未来要支付的执行价格的现值越小,因此期权的价值相应也会增加。这两个原因决定了期权价格与期权期限的长短呈正相关关系。

(3) 标的资产价格的波动率。

标的资产价格的波动率反映了未来标的资产价格变动的不确定性。随着波动率的增加,标的资产价格上升到很高或下降到很低的机会也随着增加。看涨期权的持有者从资产价格上升中获利,而当资产价格下跌时,其最大亏损就是期权费。与此类似,看跌期权的持有者从资产价格下跌中获利,而当资产价格上升时,仅有有限的损失。因此,随着波动率的增加,看涨期权和看跌期权的价格都会增加。

(4) 无风险利率。

无风险利率对期权价格的影响则不是那么直接。当无风险利率增大时,会使期权标的资产的预期收益率增加;同时,作为贴现率的无风险利率的上升,使期权持有者未来收益的现值减少。这两种效应都会使看跌期权的价值减少;而对于看涨期权来说,第一种效应将使期权的价值增加,第二种效应使期权的价值减少,究竟期权的价值是增加还是减少,取决于两种效应的比较。通常情况下,前者的影响将起主导作用,即随着无风险利率的增加,看涨期权的价格总是随之增加。

(5) 有效期内预计发放的红利。

在除息日后,红利将减少标的资产的价格,因此看涨期权的价值将下降,看跌期权的价值将上升,所以看涨期权的价值与预期红利的大小反向变动,看跌期权的价值与预期红利的大小正向变动。

表 11-1 影响期权价值的因素(以看涨期权为例子)

变量增加	期权价格的变化
股票的波动性	增加
期限	增加
利率	增加
执行价格	下降
当前股票价格	增加
红利支付	下降

11.1.4　看涨期权与看跌期权平价公式

考虑这样的策略,购买看涨期权,同时购买面值等于期权执行价格的国库券,两者到期日也相同。例如,如果看涨期权执行价格为 100 美元,则每份期权合约执行时需支付 10 000 美元,因此你所购买的国库券的到期值也应为 10 000 美元。更一般地,对你所持有的执行价格为 X 的期权,你需要购买面值为 Z 的无风险零息票债券。

T 时刻,当期权与零息票债券到期时,组合的价值为

项　目	$S_T \leqslant X$	$S_T \geqslant X_2$
看涨期权价值	0	$S_T - X$
无风险债券的价值	X	X
合　计	X	S_T

如果股价低于执行价格,则看涨期权价值为零,但无风险债券到期时为其面值 X,于是债券的价值是该组合的下限。如果股价高于执行价格 X,则看涨期权的价值为 $S_T - X$,与债券面值 X 相加得 S_T。

如果两种组合的价值总是相等的,则其成本也相等。因此,看涨期权加债券的成本等于股票加看跌期权的成本。看涨期权的成本为 C,无风险零息票债券的成本为 $X/(1+r_f)^T$,因此,看涨期权加债券的成本应为 $C + X/(1+r_f)^T$。股票现价为 S_0,零时刻,看跌期权成本为 P,注意,股票与看跌期权形成的保护性看跌期权组合产生的效果与期权与零息票债券组合产生的效果相同,于是有

$$C + \frac{X}{(1+r_f)^T} = S_0 + P \tag{11-3}$$

式(11-3)称为看跌期权与看涨期权平价定理(Put-call parity theorem),因为它代表看涨期权与看跌期权价格之间的正确关系。如果这个关系被违背,就会出现套利机会,假设存在以下数据:

股价:110 美元
看涨期权价格(有效期 6 个月,$X=105$ 美元):17 美元
看跌期权价格(有效期 6 个月,$X=105$ 美元):5 美元
无风险利率:年利率 10.25%

我们可以用式(11-3)来验证是否违背平价关系:

$$C + \frac{X}{(1+r_f)^T} = 17 + \frac{105}{(1.1025)^{1/2}} = 117$$

$$S_0 + P = 110 + 5 = 115$$

结果是两边不相等,违背了平价关系,这说明定价有误。为利用这种不正确定价,你可购买"便宜"的组合(等式右边所代表的股票加看跌期权的组合),同时出售"贵"的组合(等式左边代表的看涨期权加债券的组合)。于是,你买进股票,买进看跌期权,卖出看涨期权,借款 100 美元借 6 个月(借款是购买债券的相反行为),就可以获得套利利润。

再来看一下这种策略的收益。6 个月后股票价值为 S_T,100 美元的借款需要归还本息,即现金流出 105 美元。如果 S_T 大于 105 美元,看涨期权空头的现金流

出为 S_T-105 美元,如果 S_T 小于 105 美元,看跌期权多头的收益为 105 美元$-S_T$。

表 11-2 是对结果的总结,现在的现金流为 2 美元,6 个月后,各个头寸的现金流都互相抵消了,也就是说,实现了 2 美元的现金流入但是没有相应的现金流出。投资者都会追求这种套利利润,直到买卖的压力使得式(11-3)成立为止。

表 11-2 套利策略

头寸	即期现金流	6 个月后的现金流	
		$S_T < 105$	$S_T \geqslant 105$
购买股票	-110	S_T	S_T
贷款 105 美元$/(1.1025)^{1/2}=100$ 美元	$+100$	-105	-105
出售看涨期权	$+17$	0	$-(S_T-105)$
购买看跌期权	-5	$105-S_T$	0
合 计	2	0	0

式(11-3)实际上只对有效期内不分发红利的情况适用,但可以很直接地将其推广到股票支付红利的欧式期权情况。看涨期权与看跌期权平价关系的更一般的公式是:

$$P = C - S_0 + PV(X) + PV(红利) \qquad (11-4)$$

其中,PV(红利)是在期权有效期内股票所收到的红利的现值。如果股票不支付红利,则式(11-4)变成式(11-3)。

注意到这个一般公式也适用于除了股票外以其他资产为标的物的欧式期权,我们只需用该资产在期权有效期内的收益代替式(11-4)中红利的位置。例如:债券的欧式看跌期权与看涨期权就满足同样的平价关系,只是债券的息票收入代替了公式中的红利。

但是这个一般化公式只适用于欧式期权,并且只有在每个头寸都附有到期时,式(11-4)等号两边所代表的两种资产组合的现金流才会相等。如果看涨期权或看跌期权在到期日前的不同时间被执行,则不能保证期望收益是相等的,两种资产组合会有不同的价值。

11.2 期权定价理论

现在我们转向计算期权理论价值的工作,这一领域的工作称为期权定价理论。这个问题的解决有几种不同方法,它们建立在对市场、股票价格行为机制和个人偏好的不同假设基础上。最重要的理论建立在无套利原则基础上,它可以在标的股票采取某种动态形式时应用。其中,最简单的理论建立在股票价格波动的二叉树模型基础上。这一理论由于其简单、易算而在实践中得到广泛应用。

11.2.1 二叉树定价方法

(1) 单期二叉树期权理论。

首先我们来推导单期情况下的理论,在这二叉树模型中总共只有一步。相应地,假设股票初始价格为 S。期末,股价要么是 u_S,概率为 p;要么是 d_S,概率为 $(1-p)$。设 $u > d > 0$,而且在每一个时期都能以共同的无风险利率 r 借、贷款。令 $R = 1 + r$。为避免产生套利机会,必须有:

$$u > R > d \tag{11-5}$$

为说明这点,假设 $R \geqslant u > d$ 且 $0 < p < 1$,则股票即使在"树"的上升枝,表现也不如无风险资产。因此,就可以卖空 1.00 美元股票,将所得收入贷出去,根据最终状态获得利润 $R - u$ 或 $R - d$。初始成本为 0,而不论哪种状态都有正的利润,这在没有套利机会下是不可能的。类似的讨论也排除了 $u > d \geqslant R$ 的可能。

现在再假设存在该股票的看涨期权,执行价为 K,在到期时执行。为发现看涨期权的价值,我们参考图 11-3 的无套利方法。该图画出了股票价格、无风险资产

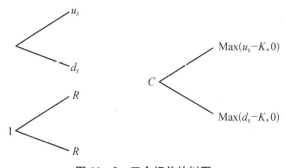

图 11-3 三个相关的树图

价值和期权价值的二叉树图形。三者有着共同的弧，意即它们一起移动。如果股票价格沿着上升枝移动，则无风险资产和看涨期权也都沿着上升枝移动。无风险价值是确定的，但可看作是股票的（退化了的）衍生品，只是每一分枝末的价值相同而已。

假设已知股票价格 S，则除看涨期权价值 C 外，这些单期图中的所有数值都是已知的。C 的值则由其他值确定。

我们观察到，每个树图左边都只有两个可能结果。通过这两个树图的不同比例的组合，我们可以得到其他任意结果。尤其是，我们可以建立一个与期权结果相同的模式。

设

$$C_u = \max(u_S - K, 0) \tag{11-6}$$

$$C_d = \max(d_S - K, 0) \tag{11-7}$$

为复制出这两个结果，购买价值 x 美元的股票和 b 美元的无风险资产。到下一期，这一资产组合按其所采取的路径将 $u_x + R_b$ 或 $d_x + R_b$。为使之与期权的结果相同，要求：

$$u_x + R_b = C_u \tag{11-8}$$

$$d_x + R_b = C_d \tag{11-9}$$

式(11-8)减下式(11-9)，解方程得：

$$x = \frac{C_u - C_d}{u - d} \tag{11-10}$$

由此，很容易就得到：

$$b = \frac{C_u - u_x}{R} = \frac{uC_d - dC_u}{R(u-d)} \tag{11-11}$$

两者结合，得到组合的价值为

$$x + b = \frac{C_u - C_d}{u - d} + \frac{uC_d - dC_u}{R(u-d)} = \frac{1}{R}\left(\frac{R-d}{u-d}C_u + \frac{u-R}{u-d}C_d\right) \tag{11-12}$$

现在，我们用比较原则（等价于无套利原则）判定 $(x+b)$ 就是看涨期权 C 的价值。原因是建立的组合产生了与看涨期权完全相同的结果。如果组合的价值低于期权价格，就决不会购买期权。事实上，可以通过购买组合出售看涨期权套利，这时获得即期收益而没有未来的现金流动。因此得出结论，看涨期权的价格为

$$C = \frac{1}{R}\left(\frac{R-d}{u-d}C_u + \frac{u-R}{u-d}C_d\right) \tag{11-13}$$

由股票和无风险资产组成的资产组合，复制出期权的结果，通常称为复制组合，它复制了期权。复制的概念可用于计算由同一树图定义的任意证券的价值，即任一属于股票的衍生品证券。

式(11-13)有一简化的形式。定义：

$$q = \frac{R-d}{u-d} \tag{11-14}$$

从前面假设的 $u > R > d$ 的关系中，可以推出 $0 < q < 1$。因此，q 可以看作是一个概率。式(11-13)还可以写成如下形式：

$$C = \frac{1}{R}[qC_u + (1-q)C_d] \tag{11-15}$$

式(11-15)可以解释为 C 是概率 q 时的期权的期望价值经无风险利率贴现而得。因此，q 是一个风险中性的概率。式(11-15)还可写成：

$$C(T-1) = \frac{1}{R}\hat{E}[C(T)] \tag{11-16}$$

这里，$C(T)$ 和 $C(T-1)$ 分别是看涨期权在 T、$T-1$ 时的价值，而 $\hat{E}$ 表示风险中性概率 q 和 $(1-q)$ 对应的期望值。

定价公式(11-13)的一个重要的性质是，它独立于树图中上升的概率 q，这似乎难以置信，但是，价值是由建立股票和无风险债券的组合使之与期权结果完全匹配而计算出来，概率并没有进入这一匹配计算过程。

(2) 多期二叉树期权理论。

现在我们通过一次倒推一步的方法，将这种解题方法推广到多期。

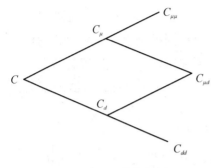

图 11-4 两期期权树图

图 11-4 是一个两期的看涨期权的树图。如前,假设股票初始价格为 S,当沿着"树枝"移动时,以 u 和 d 为因子分别向上和向下调整。图 11-4 中数值对应股票看涨期权价值,其执行价格为 K,到期日与图中最后时点相同。树图中最后节点的期权的价值已知。具体来说,

$$C_{uu} = \max(u^2 S - K, 0) \quad (11-17)$$

$$C_{ud} = \max(ud_S - K, 0) \quad (11-18)$$

$$C_{dd} = \max(d_S^2 - K, 0) \quad (11-19)$$

再定义风险中性概率为 $q = (R-d)/(u-d)$

其中,R 是单期无风险资产的收益率。再假设没有提前执行期权(实际上这样做是最优的,后面还将证明),由前面给出的单期计算公式(11-15),我们可以算出 C_u、C_d 的值,即

$$C_u = \frac{1}{R}[qC_{uu} + (1-q)C_{ud}] \quad (11-20)$$

$$C_d = \frac{1}{R}[qC_{ud} + (1-q)C_{dd}] \quad (11-21)$$

再次应用同样的公式,我们可以得 C,因此:

$$C = \frac{1}{R}[qC_u + (1-q)C_d] \quad (11-22)$$

对于有更多期间的树图,可以使用相似的过程计算。从最后时点开始向初始点倒推,只要在树图中每一节点重复单期的无风险贴现计算过程。

例 11-1 某股票的对数波动率为 $\sigma=0.20$,现价为 62 美元,不支付红利。该股票的某看涨期权从现在起 5 个月后到期,执行价格为 60 美元。现行利率 10%,每月复利一次。我们希望用二叉树法确定该期权的理论价值。

首先,我们必须确定股价波动的二叉树模型中的参数。令期间长度为 1 个月,

即 $\Delta t = 1/12$，可以得出参数为 $u = e^{\sigma\sqrt{\Delta t}} = 1.05943$；$d = e^{-\sigma\sqrt{\Delta t}} = 0.94390$；$R = 1 + 0.1/12 = 1.00833$。

则风险中性概率为 $q = (R-d)/(u-d) = 0.5577$

现在我们可以建立连续 6 个月(包括现在月份)月初股票价格的二叉树图，见图 11-5，每一节点上的数字是该节点股票价格。接下来我们计算看涨期权价格。从最后一期开始，在最后节点下面输入看涨期权的到期价值，它是 0 和 $S-K$ 中的较大值。例如，顶端节点对应的就是 $82.75-60=22.75$。

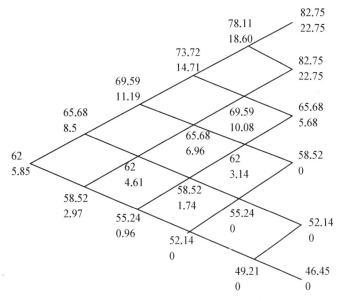

图 11-5 用二叉树描述的 5 个月期看涨期权

前一时点的价值由单期定价关系式计算出来。该时刻任意节点的值是下一时刻两个连续数值的贴现值的期望。期望值用风险中性概率 q 和 $1-q$ 计算。例如，最上端节点的值是 $[0.5577 \times 22.75 + (1-0.5577) \times 13.72]/1.00833 = 18.60$。

向左推算，一次计算一期，直到最终算出初始时刻的价值。在本例中，采用这种方法计算出来的期权的价格是 5.85 美元。

11.2.2 布莱克—斯科尔斯(Black-Scholes)期权定价模型简介

本节第一部分用二叉树图框架，以一种简单而实用的方式阐明了这个理论并解决期权中的大部分问题，尽管这种方法要灵活得多，但在实际工作中需要用计算机,而期权定价公式运算却要简单得多,没有二项式模型中复杂的步骤,只要作两个假设,公式就可以用了[①],而且还可在连续时间下应用[②],有关期权定价理论的研究最早开始于 1900 年的路易斯·巴彻勒(Louis Bachelier)的研究(参见 Paul H. Cootner,1964),他的工作标志着连续时间下数学中的随机过程理论和经济学中的衍生证券定价理论的双双诞生。但是,由于数学工具方面的限制,直到 20 世纪五六十年代,这方面的研究还是相当肤浅的。所幸的是,在 20 世纪四五十年代,伊藤(Kiyoshi Ito)受路易斯·巴彻勒工作的启发,做出了随机分析方面奠基性的工作,这套理论随即成为金融学最本质的数学工具,也带来了衍生证券定价理论革命性的飞跃。到了 20 世纪 70 年代,费希尔·布莱克(Fischer Black)、迈伦·S·斯科尔斯(Myron S. Scholes)以及罗伯特·默顿(Robert Merton)的工作使随机分析和经济学达到了最完美的结合,这就是期权定价的布莱克—斯科尔斯(Black-Scholes)公式和默顿的多期动态资产定价理论,特别是前者,它给金融实际操作带来了最具影响力的冲击。这些方法的突破带来了新的金融洞察力,使得我们能考虑更复杂的衍生证券,提供了各种可选的计算方法,并为发展更完全的投资理论作了准备。

完全理解并推导布莱克—斯科尔斯(Black-Scholes)公式需要高深的数学概念、定理(如马尔科夫过程(Markov process)、维纳过程(Wiener processes)、伊藤过程(Ito process)、伊藤引理)。为了照顾大部分读者,本部分我们将采取通俗易懂的方式来引导读者理解、认识布莱克—斯科尔斯(Black-Scholes)定价模型。

(1) 布莱克—斯科尔斯(Black-Scholes)公式。

对于执行价格为 X,到期日为 T 的欧式看涨期权,如果在 $[0,T]$ 期间标的股票不支付红利,利率固定为 r 并为连续复利,则其理论价格为

$$C(S, t) = SN(d_1) - Xe^{-r(T-t)}N(d_2) \qquad (11-23)$$

其中,

$$d_1 = \frac{\ln(S/X) + \left(r + \frac{1}{2}\sigma^2\right)(T-t)}{\sigma\sqrt{T-t}}$$

---

① 这两个假设是无风险利率与股票价格的标准差在期权有效期内保持不变。
② 但要注意的是,历史上,Black-Scholes 期权理论比二叉树理论早几年出现,树图理论是一种简化的结果。

$$d_2 = \frac{\ln(S/X) + \left(r + \frac{1}{2}\sigma^2\right)(T-t)}{\sigma\sqrt{T-t}} = d_1 - \sigma\sqrt{T-t}$$

S 为股票现价，T 为到期日（要用年的比率表示）。

$N(d)$ 表示累积正态概率分布函数，这是均值为 0、方差为 1 的正态随机变量的累积分布。它可以表示为

$$N(d) = \frac{1}{\sqrt{2\pi}}\int_{-\infty}^{d} e^{-x^2/2} dx$$

$C(S,t)$ 就是欧式看涨期权价格。

例 11-2 我们来计算第一部分中例 11-1 考虑过的同一期权的值。那是 5 个月的股票看涨期权，股票现价为 62 美元，每年波动率为 20%。期权的执行价格为 60 美元，利率为 10%。即 $S=62, X=60, \sigma=0.20, r=0.10$，则

$$d_1 = \frac{\ln(62/60) + 0.12 \times 5/12}{0.20\sqrt{5/12}} = 0.641\,287$$

$$d_2 = d_1 - 0.2\sqrt{5/12} = 0.512\,188$$

利用近似公式（或查累积正态分布表）计算出累积正态分布对应的数值是

$$N(d_1) = 0.739\,332, N(d_2) = 0.695\,740$$

因此，看涨期权的价值是 $C = 62 \times 0.739\,332 - 60 \times 0.959\,18 \times 0.695\,740 = 5.798$ 美元。这与用二叉树法计算出来的值 5.85 美元非常接近。

我们在本章第 1 节已经讨论过影响看涨期权价格的五个因素，以下我们将利用 Black-Scholes 公式并结合一个例子来再讨论一下影响看涨期权价格的因素：

例 11-3 我们先计算一份看涨期权的价格。假定已知下面的值：

期权的执行价格＝$45；

距到期日时间＝183 天；

当期股票价格＝$47；

期望价格的波动性或标准差 $\sigma = 25$；

无风险利率＝10%。

解析：用式(11-23)中符号表示值：$S = 47$，$X = 45$，$T - t = 0.5$(183天/365,即对称的时间分布)，$\sigma = 25$，$r = 0.10$，则

$$d_1 = \frac{\ln(47/45) + (0.10 + 0.5 \times 0.25^2) \times 0.5}{0.25\sqrt{0.5}} = 0.6172$$

$$d_2 = d_1 - 0.25\sqrt{0.5} = 0.4404$$

查正态分布表：$N(0.6172) = 0.7315$ 和 $N(0.4404) = 0.6702$。则用式(11-23)可以得到看涨期权的价格 $C = \$5.69$。

现在，对于上面这个例子，我们改变布莱克—斯科尔斯期权定价模型中三个变量的值：a)期望价格标准差；b)无风险利率；c)距到期日时间。可以得到表 11-3 的结果。

表 11-3 利用 Black-Scholes 公式讨论影响看涨期权价格的三个因素

所有其他因素不变，改变期望价格的波动性 σ		所有其他因素不变，改变无风险利率		所有其他因素不变，改变距到期时间	
期望的价格波动性	看涨期权价格	无风险利率	看涨期权价格	距到期时间（天数）	看涨期权价格
15%	4.69	7%	5.27	30	2.85
20	5.17	8	5.41	60	3.52
25(例子中的数据)	5.69	9	5.50	91	4.15
30	6.26	10(例子中的数据)	5.69	183(例子中的数据)	5.69
35	6.84	11	5.84	273	6.99
40	7.42	12	5.99		
		13	6.13		

从表 11-3 可以看出：(1) 波动性越低(高)，期权价格越低(高)；(2) 无风险利率越低(高)，期权价格越低(高)；(3) 距到期日时间越短(长)，期权价格越低(高)。所有这些同我们在本章第 1 节中(参见表 11-1)指出的关于影响看涨期权的价格的某一因素变动的效应是一致的。

(2) 看跌期权定价公式。

我们已经讨论了看涨期权的定价。我们可以通过看涨期权与看跌期权平价定理得到布莱克—斯科尔斯欧式看跌期权定价公式。我们只需先按式(11-23)求出看涨期权的价值,就可以根据(11-3)得到看跌期权的价值:

$$P = C + \frac{X}{(1+r_f)^T} - S_0 \qquad (11-24)$$

为了与布莱克—斯科尔斯公式一致,我们必须使用连续复利来计算执行价格的现值。请读者注意,式(11-24)适用于不支付红利的股票的欧式看跌期权的估价。美式期权比相应的欧式期权更有价值,因此,式(11-24)仅仅是美式看跌期权真实价值的下限。

(3) 布莱克—斯科尔斯模型的假设和放宽。

布莱克—斯科尔斯模型建立在一些严格在假设之上。当看涨期权的市场价格偏离从模型中得到的值时,这些假定对使用套期保值来实现无风险套利利润是必需的。下面,我们看看这些假设以及使假设更符合实际的放宽。

① 期权是欧式期权。

布莱克—斯科尔斯模型假设看涨期权是欧式期权。因为布莱克—斯科尔斯模型针对的是无股利支付股票,期权的提前执行是不经济的,因为只有通过卖出而不是执行看涨期权,期权持有人才能获得期权的时间溢价的补偿。一些学者提出的二项式期权定价模型能很轻易地处理美式看涨期权[1]。

② 股票价格的方差。

布莱克—斯科尔斯模型对股票价格方差的假设是: a) 期权价格方差在持续期内不变; b) 是确定可知的。假定 a)不成立,可以推导出允许方差变动的期权定价模型。但是,如果 b)被违反,后果就严重得多。因为布莱克—斯科尔斯模型依赖于无风险套期保值原理,反过来说,为建立适当的套期保值策略必须知道方差,如果不知道方差,套期保值便不是无风险的。

③ 随机过程得出股票价格。

要推导出期权定价模型,股票价格移动的路径是必须知道的。布莱克—斯科尔

---

[1] John C. Cox, Stephen A. Ross & Mark Rubinstein, Option Pricing: A Simplified Approach, *Journal of Financial and Economics* (September 1979), pp. 229-263.

斯模型基于这样一个假设:股票价格的产生遵循一种称为随机发散过程(Diffusion process)的随机过程。在随机发散过程中,股票价格可以取任意正值,但当它从一个价格变到另一个价格时,它必须经过两者之间的所有值。也就是说,股票价格不是从一个股价跳到另一个,跃过中间的值。一个相替代的假定是股票价格遵循跳跃过程,即价格不是连续的和平稳的,而是从一个价格跳到另一个,略过中间的值。默顿(Merton)、科斯(Cox)和罗斯(Ross)曾假定跳跃过程推导出期权定价模型。

④ 无风险利率。

在推导布莱克—斯科尔斯模型时,对无风险利率作了两个假设:第一,假设借入和贷出的利率是一样的;第二,假定利率在期权持续期内是不变的和可知的。第一个假设是不可能成立的,因为借入利率比借出利率要高。它对布莱克—斯科尔斯模型的影响是,期权价格将在用这两种利率从模型中推导出的价格之间。模型可以通过用期权持续期内的各期期望的收益率的几何平均替代无风险利率来解决第二个假设[①]。

⑤ 红利。

最初的布莱克—斯科尔斯模型是针对无红利支付股票的。对于有红利支付股票的看涨期权的持有人来说,提前执行期权可能是有利的。要想知道为什么,假定股票支付红利,如果期权被执行,将会收到期权到期日前的红利。假如红利加上从收到时就把红利用于投资所获得的应计利息大于期权的时间溢价,则执行期权是最优的[②]。在红利不是确定可知的情况下,不可能用无风险套利原理推导出模型。

在知道红利的情况下,一种调整布莱克—斯科尔斯模型的捷径是削减股票价格,使其减少额为红利的现值。布莱克曾建议估价支付红利股票看涨期权的近似技术[③]。已知红利看涨期权的更精确模型已经由 Roll、Geske 和 Whaley 建立起来了。

⑥ 税收和交易成本。

布莱克—斯科尔斯模型忽略了税收和交易成本。模型可以被修正以反映税

---

① 短期国库券的收益在长期内不是确定可知的,仅预期的收益是可知的,它是可变的。可变利率的影响被考虑在 Merton 的理论中。

② 时间溢价等于期权价格超出它的内在价值的部分。例如,如果执行价格为 100 美元的买方期权的价格是 9 美元,股票的当期价格是 105 美元,这个期权的时间溢价是 4 美元(9 美元减去它的内在价值 5 美元)。假如当期股票的价格是 90 美元而不是 105 美元,期权则没有内在价值,期权的时间溢价是全部 9 美元。

③ 参见 Fischer Black, Facts and Fantasy in the Use of Options, *Financial Analyst Journal*, July/August 1975, pp. 36 – 41, pp. 61 – 72。这种方法要求投资者在购买看涨期权时和在随后的每一时间确定期权被执行的日期。

收,但问题是不只有一种税率。交易成本包括佣金和股票与期权的买卖价差,也包括与交易期权有关的其他成本。

11.3 期权在投资管理中的应用

11.3.1 期权在投资中的作用概述

我们知道,期权价格取决于标的股票的价格,所以购买期权可看作直接买卖股票的替代行为。那么,为什么在投资管理实践中期权交易比直接股票交易更有吸引力呢?

我们举一个例子来说明:假设通用电气(GE)股票现在的价格为100美元,6个月期的看涨期权执行价格为100美元,现在期权价格为10美元,6月期利率为3%。假如,有一笔10 000美元的钱,有三种投资策略,如表11-4。为简单起见,假设GE在这6个月内不支付红利。

表11-4 种投资策略

策略A:买入GE股票100股。
策略B:购买1 000份GE股票看涨期权,执行价格为100美元(即买入10份合约,每份合约100股)。
策略C:购买100份看涨期权,投资为1 000美元,剩下9 000美元投资于6个月期的短期国库券,赚取3%的利息。国库券到期时将从9 000美元增值为9 000美元×1.03=9 270美元。

现在以到期时的GE股票价格为变量,分析以下三种投资组合在到期时可能的收益。表11-5与表11-6的第一行为GE股票价格(美元)。

表11-5 三种投资组合的价值

资产组合	95	100	105	110	115	120
资产组合A	9 500	10 000	10 500	11 000	11 500	12 000
资产组合B	0	0	5 000	10 000	15 000	20 000
资产组合C	9 270	9 270	9 770	10 270	10 770	11 270

资产组合 A 的价值为 GE 股票价值的 100 倍。资产组合 B 则只在股价高于执行价格时会有价值。而一旦超过临界点,此资产组合的价值就是股价超过执行价格部分的 1 000 倍。资产组合 C 的价值为 9 270 美元与 100 份看涨期权获利的和。

三种组合的初始投资都是 10 000 美元,收益率如下。

表 11-6 三种投资策略收益率的比较

资产组合	95	100	105	110	115	120
资产组合 A	-5.0%	0%	5.0%	10.0%	15.0%	20.0%
资产组合 B	-100%	-100%	-50%	0%	50%	100%
资产组合 C	-7.3%	-7.3%	-2.3%	2.7%	7.7%	12.7%

将资产组合 B、C 的收益率与资产组合 A 购买 GE 股票的简单投资作比较,我们发现,期权有两种有趣的特性。

第一个是杠杆作用。比较 B 与 A 的收益率,在 GE 股价低于初始价 100 美元时,组合 B 的价值为零,收益率为 -100%,但股价高于 100 美元以后,随着股票收益率的缓慢增长,期权收益率呈急剧增长。如股价从 115 美元到 120 美元的 4.3% 的增幅导致期权收益率从 50% 升至 100%。在这种情况下,看涨期权是一种放大的股票投资。它们的价值随着股票价值的变化按比例增长。

第二个有趣的特点是期权有潜在的保险功能。如资产组合 C 所示,6 个月国库券加期权的投资组合不可能低于 9 270 美元,因为期权到期时最低价值为零。资产组合 C 可能的最低收益率为 -7.3%,而理论上,GE 股票的最低收益率为 -100%,即公司破产。当然,这种保险是有代价的,当 GE 业绩良好时,资产组合 C 的收益并不如资产组合 A 这种全股票投资的业绩好。

这个简单的例子说明了重要的一点:尽管期权常被投资者用作有效的杠杆化的股票头寸,如资产组合 B,它们也常被创造性地用来规避风险,如资产组合 C。比如,资产组合 C 期权加国库券的策略的收益率与只买股票很不同,但其风险底线的绝对限制却很有吸引力。

在已经粗略了解了期权在投资中的作用后,下面我们将继续深入讨论几种期权策略和期权在组合保险方面的具体作用。

11.3.2 期权策略在投资中的具体运用

(1) 护性看跌期权。

假如你想投资某种股票,却不愿承担超过一定水平的潜在风险。全部购买股票看起来是有风险的,因为理论上可能会损失全部投资。你也可以考虑既投资股票,又购买该股票的看跌期权。不管股价如何变化,你肯定能在到期时得到一笔等于期权执行价格的收益,因为如果股票价格低于执行价格时,你有权利以执行价格出售股票。例如,执行价格 $X=100$ 美元,到期时 GE 股票市场价格为 97 美元,那么你的投资组合的总价值为 100 美元,其中股票为 97 美元,到期的看跌期权为 $X-ST=100$ 美元 -97 美元 $=3$ 美元。换种角度看,你既持有股票,又持有它的看跌期权,因为你有权利以 100 美元出售股票,投资的最小收益锁定为 100 美元。另一方面,假如股价高于 100 美元,比如 104 美元。于是,期权失去价值,你不必执行合约,最后股票价值 $ST=104$ 美元。

所以,保护性看跌期权提供了防止股价下跌的保证,限制了损失。因此,它是一种资产组合保险。保护的成本是,一旦股价上升,购买期权的费用会减少你的利润。

(2) 抛补的看涨期权(Covered Calls)。

抛补的看涨期权头寸就是买进股票的同时卖出它的看涨期权。这种头寸之所以被称为"抛补的"是因为投资者将来交割股票的义务正好被手中持有的股票抵消。相反,假如没有股票而卖出股票则叫做"买裸期权"(Naked option writing)。

对于抛补的看涨期权,在 T 时刻,当股价低于看涨期权的执行价格 X 时总价值为股价 ST,当股价大于 X 时,总价值达到最大值 X。本质上,出售看涨期权意味着卖出了对股价高出 X 的部分的要求权,而获得了初始时的期权价格。因此,在到期时,抛补的看涨期权的总价值最大为 X。

对机构投资者来说,出售抛补的看涨期权已成为常用的投资策略。比如,大量投资于股票的基金的经理,他很乐意通过卖出部分或全部股票的看涨期权赚取期权价格收入。尽管在股票价格高于执行价格时他仍会损失掉资本利得,但是如果他认为 X 是他原来就打算的股票卖价,那么抛补的看涨期权仍不失为一种销售策略。这种看涨期权能保证股票按原计划卖出。例如,假设某养老基金拥有 1 000 股 GE 股票,其现价为每股 100 美元。如果基金经理打算在股价升至每股 110 美元时将其卖出,而市场上执行价格为110美元的有效期60天的GE股票看涨期权的期权价格为6美元。于是,卖出10份GE股票看涨期权合约(每份合约100股),就可以得到额外的6 000美元收入,当然假如股票价格超过110美元,就会损失一部分利润,但是既然决定在110美元时出售股票,那么这部分损失掉的利润就不是实现利润,也就谈不到损失了。

(3) 对敲(Straddle)。

同时买进具有相同执行价格与到期时间的同一种股票的看涨期权与看跌期权,就可以建立一个对敲策略。对那些预期股价将大幅升降但不知向哪个方向变动的投资者来说,对敲是很有用的策略。例如,假设你认为一场会影响公司命运的官司即将了结,而市场对这一点尚不了解。如果案子的判决对公司有利,股价将会翻番,如果不利股价将会降为原来的一半。那么不管结果如何,对敲都是很好的策略,因为股价以 X 为中心向上或向下变动都使对敲价值增加。对对敲来说,最糟糕的是股票价格没有变化。如果 $ST = X$,那么看涨期权与看跌期权都毫无价值地失效了,投资者就损失了购买期权的支出。

对敲实际赌的是价格的波动性,购买对敲的投资者认为股价的波动高于市场的实际的波动。相反,对敲的出售者,也就是同时出售看涨期权与看跌期权的人,认为股价的波动没有那么大,他们收到期权价格,并且希望股票价格在期权失效前不发生变化。

请读者注意的是,只有在股价与执行价格 X 偏离到大于看涨期权与看跌期权的期权价格成本时,投资者才会有盈利。也就是说,只有在股价与执行价格 X 显著偏离时,对敲才会盈利。作为练习,请读者自己对敲的收益与股价 ST 变动的关系图形。(提示,合并看涨期权看跌期权收益图,再向下平移P+C单位距离。)

(4) 双限期权(Collar)。

双限期权是一种期权策略,即把资产组合的价值限定在上下两个界限内。假设某投资者持有大量的GE股票,其现价为100美元/股。通过购买执行价格为90美元的保护性看跌期权就可设定下限为90美元,但这需要投资者支付期权价格。为了支付期权价格,投资者可以出售看涨期权,假设执行价格为110美元。看涨期权与看跌期权的期权价格可能基本相等,即这两种头寸的净支出为零。出售看涨期权限定了资产组合的上限,投资者不能得到高于110美元的这部分收益,因为价格高于110美元时,看涨期权会被其持有者执行。于是,投资者通过看跌期权的执行价格得到下限保护,同时通过出售看跌期权受到上限的限制。

双限期权适合于有一定的财富目标但不愿承担超过一定限度风险的投资者。例如,你想购买价值 250 000 美元的房子,你现在财产有 240 000 美元,你不愿承担超过 10 000 美元的损失,你可以通过如下步骤建立双限期权:(1)购买 1 000 股股票,每股现价 240 美元;(2)购买 1 000 个看跌期权(10 份期权合约),执行价格为 230 美元;(3)卖出 1 000 个看涨期权(10 份期权合约),执行价格为 250 美元。这样,你不必承担大于 10 000 美元的损失,却得到了获得 10 000 美元资本利得的机会。

那些拥有大量股票又希望能够避免风险的公司运用双限期权的情况日益增多,双限期权可以让它们不必出售股票就可以限定其风险,这样可以避免缴纳资本利得税。再者,由于不必出售股票,公司可以保持足够的对股票的控制权。

(5) 流动性收益期权票据(Liquid-yield Option Note,LYON)。

1985 年美林公司引入的流动性收益期权票据是一个很成功的金融产品。流动性收益期权票据是具有可转换、可赎回与可卖出特点的零息票债券。为阐明这种债券的原理,先考虑 Waste 管理公司发行的第一个流动性收益期权票据,债券不付息,1985 年定价为 250 美元,2001 年到期时价值 1 000 美元,如果债券没有被赎回、转换或偿还,它提供的到期收益率为 9%。然而,三种期权会导致它很早就得到清偿。首先,投资者会将每个债券转换为 Waste 管理公司的股票 4.36 股。第二,投资者会以预定的执行价格将债券卖回给发行公司,此执行价格依照债券契约中的具体安排随时间而变。第三,发行公司可按固定执行价格从投资者手中买回债券,此执行价格也随时间而变。

这种期权的组合导致了风险共享,似乎对发行方与投资者同样有吸引力。可转换特性提供了利用公司的高股价获利的机会。同时隐含的看跌期权使流动性收益期权票据得到下限保护。最后,看涨期权可使公司在利率下降时通过再融资赎回股票。

除了上述投资中具体运用的期权策略外,还有一些我们称为嵌入期权(Embedded Option)的种类,比如可转换债券、可转换优先股、认股权(Warrant)、可赎回债券等。这些都是读者比较熟悉的,我们在前面相关章节已经提过,这里不再重复。

11.3.3 期权的重要运用——资产组合保险(Portfolio Insurance)

(1) 期权的套期保值率——得尔塔(Delta)。

在期权定价模型里,我们已经看到理解标的股票价格和期权价格之间的关系的重要性。在实践中,使用期权控制投资组合价格风险的资金管理人想知道,随着标的股票价格的变动,期权头寸将如何变动?用更加通俗的话来说,股票价格上升1美元时期权价格的变化量是多少?这个相应的变化量我们一般称为期权的套期保值率,又叫作得尔塔。我们用看涨期权的例子加以说明。

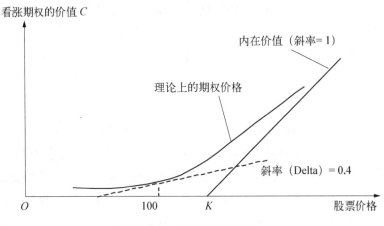

图 11-6 看涨期权的 Delta

如图 11-6 所示,如果给出期权价格与股票价格的函数曲线,那么套期保值率就是曲线在当前股票价格上的斜率。例如,假设当股票价格为 100 美元时,曲线的斜率为 0.4。则当股票价格上升 1 美元时,期权价格会近似地增加 0.4 美元,如图 11-6 所示。每出售一份看涨期权,就需要 0.4 股股票来对其进行套期保值。例如,某人出售 10 份看涨期权并且持有 4 股股票,根据 0.4 的套期比率,股票价格每升高 1 美元,股票的收益增加 4 美元,同时看涨期权则损失 10×0.4 美元,即 4 美元。可见股票价格的变动没有引起总财富的变动,这就使头寸得到了套期保值。投资者根据股票与期权价格的相对变动按比例地持有股票与期权,就可以实现对资产组合的套期保值。

布莱克—斯科尔斯套期保值率非常容易计算,看涨期权的套期保值率是 $N(d1)$,看跌期权的套期保值率为 $N(d1)-1$。$N(d1)$ 的定义见布莱克—斯科尔斯公式(11-23)，$N(d)$代表标准正态分布曲线到d的区域的面积。所以，看涨期权的套期保值率总是正值且小于1，而看跌期权的套期保值率是负值，且绝对值小于1。看涨期权C的价值从图11-6中也可看出看涨期权价值函数的斜率小于1，只有当股票价格比执行价格高出很多时才接近1。

(2) 资产组合保险(Portfolio Insurance)。

① 保护性看跌期权策略的优、缺点。

在本节第二部分，我们已经知道，保护性看跌期权策略提供了一种对资产的保险。事实证明，投资者非常喜欢保护性看跌期权。因为即使资产价格下跌，投资者在这段时间内的净损失仅仅是看跌期权的成本。如果资产价值上升，潜在的上升却是没有限制的。

但是，在运用保护性看跌期权对股票资产组合保险时，有一些操作上的困难。

首先，除非投资者的资产组合同看跌期权交易的市场指数相符，否则就无法买到资产组合的看跌期权。而且，如果用指数的看跌期权来保护指数外的证券时，会产生追踪误差。例如，如果市场指数上升，证券价值下跌，看跌期权将会失去应有的保护作用。

其次，保险计划的期限必须与所交易的看跌期权的期限相匹配，以便建立适当的保护性看跌期权。在20世纪80年代中期，虽然大多数投资者都追求期限长达几年的保险项目，但是交易活跃的看跌期权的期限却不超过1年。将一系列短期看跌期权滚动起来可看作是一个解决这个问题的方法，但这会引入新的风险。

所以，期限为几年的资产组合，不能简单地将保护性看跌期权作为保险措施，通常需要采用交易策略复制保护性看跌期权的收益。

② 创立投资组合复制看跌期权。

在下面的例子中，我们将创立一个投资组合来复制看跌期权；也就是说，我们将创立被保险的投资组合。为此假设如下三点。

a) GE股票的当期市场价格为80美元。

b) 根据资金管理人的预期，从现在起1年后有以下两种可能的未来状态：预期会发生：

状态	价格(美元)
1(上升)	100
2(下跌)	70

既然两种状态表明资金管理人对股票价格可能移动的感觉,它实际上是对股票的波动性进行的简化假设。

c) 无风险利率是每年 10%。

最后,假定该资金管理人想从现在起 1 年内确保投资组合的市场价值不少于它的当期市场价值 80 美元。

如果资金管理人创立一个包括股票和 1 年期零息无风险证券的投资组合,将会发生什么情况?我们使用 1 年期国库券作为无风险证券。既然国库券是零息工具,以收益率 10% 卖出、到期价值为 100 美元的 1 年期国库券的价格将是 100 美元/(1+10%)=90.91 美元。投资组合的市场价值为

$$X(股票价格)+Y(国库券价格)$$

这里,X 等于投资组合市场价值中股票的市场价值所占的比例,而 Y 是投资组合市场价值中国库券的市场价值所占的比例。

从现在起一年后,资金管理人知道,投资组合的市场价值将取决于股票价格的两种状态中的哪一个将发生。国库券的价值将不取决于股票价格的哪种状态将发生。国库券的价值将是 100 美元,即它的到期价值。

资金管理人的目标是使得投资组合和该股票的看跌期权有相同的偿付(忽略看跌期权的成本)。如果发生上升市场行情,资金管理人希望投资组合的市场价值是 100 美元,同购入看跌期权的偿付相同。即

$$100X + 100Y = 100$$

如果发生下跌市场行情,资金管理人希望投资组合的最低价值等于 80 美元,恰恰同购入协议价格 80 美元的看跌期权一样。也即

$$70X + 100Y = 80$$

同时解有关 X 和 Y 的这两个等式,可以得出 X 是 2/3,Y 是 1/3。

要创立这个包括单位股票和单位国库券的被保险投资组合,必须按当期市场价格投入下述金额:$80X + 90.91Y = 83.64$。既然一个未保险投资组合将耗费 80 美元(股票当期价格),这意味着保险的成本是 3.64 美元。

③ 投资组合重新平衡——动态套期保值(Dynamic Hedging)。

在我们上面的例子中,资金管理人建立了一个投资组合去复制看跌期权。而

且,也假定股票价格的变动仅有一次。在实践中,标的股票的价格每天都在变。期权复制策略要求复制的投资组合的偿付同实际期权的偿付相同。这要求对复制的投资组合定期重新平衡,通常称为动态套期保值(Dynamic hedging)。

假定一位资金管理人想去复制一份看涨期权。假定这份看涨期权的 Delta 是 0.4。这意味着如果股票价格变动 1 美元,期权的价格将变动大约 0.40 美元。如果资金管理人希望复制基于 10 万股股票的看涨期权,初始复制投资组合将包括 4 万股股票。如果股票价格增加 1 美元,给定 Delta 为 0.4,则看涨期权价格将上涨 4 万美元,那么有 4 万股股票的复制投资组合将也增加 4 万美元。

随后的时间里,随着标的股票价格的改变,看涨期权的 Delta 也将变动(见图 11-6)。假定股票价格上升 10 美元,它的 Delta 将增加到 0.70,也就是说,股票价格的 1 美元的进一步变动将改变 10 万股看涨期权的价值大约为 7 万美元。但是,复制投资组合仅有 4 万股股票,所以股票价格 1 美元的增长将增加投资组合的价值仅为 4 万美元。那么,复制投资组合的表现同看涨期权的表现并不匹配,为防止出现这种情况,复制投资组合中的股票的数目必须调整,以反映改变了的 Delta。

尽管在讨论如何对股票头寸重新平衡时,我们把注意力集中在 Delta,但读者要注意的是:一项更详细的分析要求考虑期权的 Gamma 和 Theta。事实上,影响期权价格的其他因素,例如短期利率和期望的价格波动性也在改变;当然也必须被考虑。

④ 期权复制策略的相关风险。

第一种风险是,用于估计被复制目标期权的表现的期权定价模型是不正确的。结果,在复制投资组合以及重新平衡投资组合时使用的 Delta 等参数也将是不正确的,复制投资组合的表现同目标期权的表现不匹配。

第二种风险是,人工期权的实际成本可能比目标期权多得多。我们不可能确切知道人工期权的成本将是多少。它取决于实际的股票价格波动性,而后者反过来又影响了同重新平衡投资组合有关的交易成本。实际上,对这些成本的估计通过使用模拟分析进行。对比起来,购入目标期权的成本确定可知。

最后,在期权复制策略中,一个重要的假定是价格改变一直平稳,不发生跳跃(即价格的变动遵循一种连续的过程而不是跳跃的过程)。如果存在价格跳跃的时间期间,例如 1987 年的股市崩溃,将不能保证投资组合保险策略能得到预期的结果。

习　题

1. 根据布莱克—斯科尔斯公式，计算下列股票的看涨期权价值：

期限：6 个月　　　标准差 σ：50%　　　1 年

执行价：50 美元　　股价：50 美元　　利率：10%

2. 看涨期权 $X = 50$ 美元，标的股票的现价 $S = 55$ 美元，看涨期权售价 10 美元。根据波动性的估计值为 $\sigma = 0.30$，求出 $N(d1) = 0.6$，$N(d2) = 0.5$，无风险利率为零。期权价格的隐含波动性是高于还是低于 0.30？为什么？

3. 你认为看涨期权的执行价上升 1 美元，期权的价值下降幅度是大于还是小于 1 美元？

4. 高贝塔值股票的看跌期权的价值是否大于低贝塔值股票的看跌期权？假定股票有相同的企业特有风险。

5. 其他条件均相同，企业特有风险大的股票的看涨期权的价值是否大于企业特有风险小的股票的看涨期权？假定两种股票的贝塔值相同。

6. 其他条件均相同，执行价格高的看涨期权的套期保值率是高于还是低于执行价格低的看涨期权？

第 12 章 投资的国际视角

本章作为单独一个专题,主要是考虑到目前经济的全球化特征越来越明显,对于资金管理人来说,必须能从国际视角来进行投资策划与资产配置。AIMR 在 2012 年也调整了 CFA 相应的考试内容,最大的一个变化就是新增加了一本国际投资学(*International Investment*)教材。本章知识点与习题主要参考 2012 年 CFA 最新指定的这本教材。由于其内容异常之多,限于本书的篇幅,我们只能选择介绍该教材中四个章节的内容:外汇交易、汇率平价、外汇风险管理和国际资产定价。

12.1 外汇交易

当我们将投资的视角从国内转向国际的时候,一个最重要的变量出现了,那就是外汇汇率,在外汇交易中起决定作用的往往是汇率的变化。所以,我们很有必要来认识和熟悉汇率的相关特征。

12.1.1 汇率标价法

(1) 直接标价法与间接标价法的概念和举例。

固定外国货币的单位数量,以本国货币表示这一固定数量的外国货币的价格,这可称为直接标价法(Direct quotation)。例如,我国 1998 年 12 月 17 日公布的外汇牌价中,每 100 美元价值人民币 827.78 元,这一标价方法就是直接标价法。

固定本国货币的单位数量,以外国货币表示这一固定数量的本国货币价格,从而间接地表示出外国货币的本国价格,这可称为间接标价法(Indirect Quotation)。以上面的人民币与美元的汇率为例,对于我国来说,用间接标价法表示汇率就是每 100 元人民币价值 12.08 美元。英国就采用这种方法。

其中，美国1978年前采用的是直接标价法，1978年后用的是间接标价法。

请读者注意的是，在2012年CFA最新指定教材——*International Investment* 中由于作者是站在欧洲或美国的角度来写的，所以其中很多汇率标价是按间接标价法来叙述的。本书为了照顾本国读者的习惯，大多数场合还是按大家比较熟悉的直接标价法来阐释。这一点请读者注意，如果没有特别说明，本书的汇率一律指的是直接标价法。

(2) 法定升值与升值、法定贬值与贬值。

法定升值(Revaluation)是指政府通过提高货币含金量或明文宣布的方式，提高本国货币对外的汇价。例如，二战后德国马克和瑞士法郎都曾被宣布法定升值。升值(Appreciation)是指由于外汇市场上供求关系的变化造成货币对外汇价的上升。两者的区别在于动因，而汇率值变化的表现是一致的。

法定贬值(Devaluation)是指政府通过降低货币含金量或明文宣传的方式，降低本国货币对外的汇价。例如，美国政府曾分别在1971年和1973年两度实行法定贬值，降低美元对外的汇价。贬值(Depreciation)是指由于外汇市场上供求关系的变化造成的货币对外汇价的下降。

这里，我们想强调的是，对于不同的汇率标价法，对应的贬值、升值的表现形式是不一样的。见表12-1。

表12-1　不同的汇率标价法对应的贬值、升值

	本币	外币	直接标价法汇率	间接标价法汇率
A	升值	贬值	下降	上升
B	贬值	升值	上升	下降

例如，当汇率由每100美元价值人民币827.78元(直接标价法)下降到每100美元价值人民币800.78元时，这就意味着人民币的升值和美元贬值。对应的是表12-1中的情形A。

(3) 外汇买价、外汇卖价和中间汇率。

外汇交易市场是一个全球性的银行间市场。外汇交易商往往同时报出外汇买价(Bid price)、外汇卖价(Ask or offer price)。比如，中国银行2004年2月6日报出人民币与美元的汇率(直接标价法)是100美元＝826.490 0—828.970 0元人民币。

826.490 0 我们称为美元的买价、828.970 0 我们称为美元的卖价。我们还常常提到中间汇率,实际上中间汇率=(美元买价+美元卖价)/2,所以在上面的例子中,中间汇率是(826.490 0+828.970 0)/2=827.730 0。

12.1.2 套汇

(1) 套算汇率(Cross Rate)。

A 国与 B 国的汇率是通过 A 国与 C 国的汇率以及 B 国与 C 国的汇率间接算出来的。举一个简单的例子:\$/€=0.983 6(这个式子表示每 1 欧元可以换 0.983 6 美元,后面的式子意思类同),\$/£=1.523 1,则可以套算出€/£=€/\$× \$/£=1/0.983 6×1.523 1=1.548 5。

但是,当加入外汇买价(bid price)和外汇卖价(ask or offer price)后,情况会变得复杂点,计算可以用下面的等式计算:

$$(FC_1/FC_2)_{ask} = (FC_1/DC)_{ask} \times (DC/FC_2)_{ask} \quad (12-1)$$

$$(FC_1/FC_2)_{bid} = (FC_1/DC)_{bid} \times (DC/FC_2)_{bid} \quad (12-2)$$

其中,FC_1 表示外币 1,FC_2 表示外币 2,DC 表示本币。

例 12-1 某银行外汇报价如下:

€/\$=0.800 00—0.800 20   ¥/\$=120.00—120.01

求:外汇报价 ¥/€ 是多少?

解答:① 先求 ¥/€ 的欧元银行买价。

¥/€=¥/\$×\$/€=120.00/0.800 20=149.96;这里要请读者注意的是 \$/€ 的外汇买价恰好是 €/\$ 的外汇卖价,所以我们用 0.800 20 而不是 0.800 00。为什么?留给读者思考。

② 再求 ¥/€ 的欧元银行卖价。

¥/€=¥/\$×\$/€=120.01/0.800 00=150.01

综上所述,¥/€=149.96—150.01

现在,我们已经有了套算汇率的计算方法,接下来我们将讨论两种套汇:双边套汇、三角套汇。

(2) 双边套汇(Bilateral Arbitrage)。

双边套汇实际上是指投资者利用 A、B 两国汇率出现的两个不同值间的差额来赚取利润的行为。但是,这里分析的情况要复杂一些,我们主要分析交易成本对套汇机会的影响。那么,在考虑交易成本的情况下什么时候会存在双边套汇的机会呢？下面举一个例子来说明。

例12-2 假设DC代表本币,FC代表外币,外国外汇交易的交易成本为0.015%,假设目前每一单位DC可以换取两单位FC,对于外国这个国家,其直接标价法下的中间汇率为$S_f=2$,则外国的买卖价格区间应该是(2×0.99985, 2×1.00015),也就是(1.9997, 2.0003)。那么,对应的本国直接标价法下的买卖价格区间应该是(1/2.0003, 1/1.9997),也就是(0.49993, 0.50008)。在这种情况下不存在双边套汇的机会。在外国,比如说投资者如果用1DC换FC的话,可以换到1.9997FC,然后按0.49993的价格出售,换成0.9997的DC,这样投资者肯定要亏损0.0003DC,理性的投资者肯定不会这么做。

那么,我们如何用公式把这种机会表达出来？假设交易成本为t(百分比),考虑一个投资者有1DC,那么换成FC有$(1-t)\times S_f$,对应的本国直接标价法下的中间汇率为$1/S_f$,我们假设不存在套汇机会的最大区间是$1/S_f+X$,则投资者将$(1-t)\times S_f$单位FC又换成本币后有$(1-t)\times S_f\times(1-t)\times(1/S_f+X)$单位DC,如果不存在套汇机会,则必须小于初始的1DC,即

$(1-t)\times S_f\times(1-t)\times(1/S_f+X)\leqslant 1$,$X$必须取最大,使得等号成立,则化简后有

$$X=-(1/S_f)+\frac{1}{(1+t)^2\times S_f} \qquad (12-3)$$

可以计算出$X=0.00015$,则不存在双边套汇机会的区间为($0.5-0.00015$, $0.5+0.00015$),也就是(0.49985, 0.50015)。

(3) 三边套汇(Triangular Arbitrage)。

如果简单而言,那么三边套汇实际上考虑A、B、C三个国家相互间的汇率是否在套算后会有差异,如果有则可以赚取利润。

首先,我们不考虑交易成本,假设有三个国家本国、外国1和外国2,相应的货币为DC、FC_1和FC_2,如果$2DC=1FC_1$,$3DC=1FC_2$,$1.48FC_1=1FC_2$,那么是否存在套汇的机会？

利用公式(12-1) $(FC_1/FC_2)=(FC_1/DC)\times(DC/FC_2)=1.5$,这是外国

1 和外国 2 的套算汇率,已经知道 $1.48FC_1 = 1FC_2$,也就是 $FC_1/FC_2 = 1.48$(表示每 1 单位 FC_2 可以换取 1.48 单位 FC_1),所以存在套汇的机会。套汇的步骤是:用 1 单位 DC 换取 $0.5FC_1$,然后换取 $0.5/1.48 = 0.33784FC_2$,然后再换取 $0.33784 \times 3 = 1.0135DC$,赚取 $0.0135DC$ 的利润。

如果存在交易成本的话,情况就比较复杂了。限于篇幅,本书省略。

12.1.3 远期汇率

(1) 一些概念。

即期汇率和远期汇率:即期汇率(Spot rate)也称现汇汇率,是指买卖双方成交后,在两个营业日(Working day)以内办理交割所使用的汇率;远期汇率(Forward rate)也称期汇汇率,是指买卖双方成交后,约定在未来某一时间进行交割所使用的汇率。

升水和贴水:以某种外汇汇率为例(直接标价法),远期汇率(Forward rate)高于即期汇率(Spot rate),我们说该种外汇的远期汇率升水(Premium),反之称为贴水(Discount)。(若相等则为平价)

(2) 升水的计算公式。

假设 A、B 两国的汇率 A/B 的即期汇率值是 X,N 个月的远期汇率值是 Y,则对于 B 国货币来说,按年度计算的升水 $= [(Y-X)/X] \times (12/N) \times 100\%$

则对于 A 国货币来说,按年度计算的升水 $= [(X-Y)/X] \times (12/N) \times 100\%$

(3) 一个例子。

例 12-3 假设即期汇率 €/$=0.80000$,一个月的远期汇率 €/$=0.80200$,问美元、欧元各是升水还是贴水?

解析:由于一个月后 1 美元可以换到 0.80200 欧元,比月初高,所以美元是升水,按年度计算的升水值为 $(0.002/0.800) \times (12/1) \times 100\% = 3.0\%$

同样,欧元算出来为 -3.0%,因为是负号,所以一个月的欧元是贴水。

要说明的是,远期汇率是升水还是贴水主要取决于两个国家的利率差,这就要用到利率平价理论。我们将在第二节的汇率平价理论中加以详细介绍。

12.2 汇率平价理论

汇率平价理论主要经历了国际借贷说、购买力平价说、汇兑心理说、利率平价说、国际收支说和资产市场说几个阶段。本节的叙述可能并不完全参照这种学说发展的脉络。我们叙述的重点将放在购买力平价和利率平价、国际费雪效应等与国际投资实际紧密相关的内容上面。

12.2.1 购买力平价理论

购买力平价(Purchasing Power Parity,PPP)分为绝对购买力平价和相对购买力平价两种。

(1) 开放经济中的一价定律的含义及实现机制:商品套购。

如果不考虑交易成本等因素,则以同一货币衡量的不同国家的某种可贸易商品的价格应是一致的,这就是开放条件下的"一价定律",用公式可以表示为

$$P = e \times P^* \tag{12-4}$$

式(12-4)中,P 为本国某可贸易产品的价格,P^* 为外国可贸易产品的价格,e 是本国直接标价法下的汇率值(DC/FC,一单位 FC 可以换取多少单位 DC)。

在固定汇率制下,套购活动会带来两国物价水平的调整;在浮动汇率制下,套购活动引起的外汇市场供求变化将迅速引起汇率的调整,从而通过汇率调整而不是价格水平调整实现平衡。

(2) 绝对购买力平价。

绝对购买力平价的前提包括:第一,对于任何一种可贸易商品,一价定律都成立;第二,在两国物价指数的编制中,各种可贸易商品所占有的权重相等。

这样,两国由可贸易商品构成的物价水平之间存在着下列关系

$$\sum_{i=0}^{n} a_i p_i = e \cdot \sum_{i=0}^{n} a_i p_i^* \tag{12-5}$$

式(12-5)中,a 项表示权数。如果将这一物价指数分别用 P, P^* 表示,则有

$$P = e \times P^*$$

将上式变形,即

$$e = P/P^* \tag{12-6}$$

这就是绝对购买力平价的一般形式,它意味着汇率取决于以不同货币衡量的可贸易商品的价格水平之比,即不同货币对可贸易商品的购买力之比。

(3) 相对购买力平价。

相对购买力平价认为,各国间存在交易成本,同时各国的贸易商品和不可贸易商品的权重存在差异,因此各国的一般物价水平以同一种货币计算时并不完全相等,而是存在着一定的偏离,即

$$e = \theta P/P^*$$

θ 为偏离系数。

对上式取变动率(将 e_1 除以 e_0),即得下式

$$\frac{e_1}{e_0} = \frac{p_1}{p_1^*} \Big/ \frac{p_0}{p_0^*} = \frac{1+\pi}{1+\pi^*} \tag{12-7}$$

式(12-7)为相对购买力平价的一般形式。其中,π 为本国通胀率,π^* 为外国的通胀率。相对购买力平价意味着汇率的升值与贬值是由两国的通胀率的差异决定的。如果本国通胀率超过外国,则本币贬值。(也可以对方程 $e=\theta P/P^*$ 两边取对数,得到 $\ln e = \ln\theta + \ln P - \ln P^*$,取微分得到 $de/e = dp/p - dp^*/p^* = \pi - \pi^*$)与绝对购买力平价相比,相对购买力平价更具有应用价值,因为它避开了前者过于脱离实际的假定,并且更加易于得到通胀率的数据。

(4) 对购买力平价(PPP)理论的评论。

购买力平价(PPP)理论的贡献:第一,在各国放弃金本位的情况下,指出以国内外物价对比作为汇率决定的依据,说明货币的对内贬值必然引起货币的对外贬值,揭示了汇率变动的长期原因;第二,开辟了从货币数量角度对汇率进行分析的先河。

其缺陷有五个方面。

第一,它忽略了国际资本流动的存在及其对汇率的影响。尽管购买力平价说在说明和分析汇率的长期变动趋势上有其不可替代的优势,但在中短期内国际资本流动所带来的外汇供给和需求也同样会影响到现实的汇率,使现实汇率与购买力平价发生偏离,甚至是重大的偏离。在存在巨额国际资本流动的今天,购买力平

价说对中短期汇率行为的分析和解释表现得软弱无力。

第二,它忽略了非贸易品的存在及其影响。从上面的介绍中可以看出,购买力平价说实际上采用了同质商品的假设,即本国和外国均生产一种完全相同的商品,这种商品是可贸易的。现实情况是,由于运输成本的存在、贸易壁垒政策的实施和商品自身不可移动的属性,各国均有不能进行贸易的商品。这类非贸易品的主要特性就是其价格不可能像贸易品价格那样通过国际贸易在各国趋于一致。

第三,购买力平价说还忽略了贸易成本和贸易壁垒对国际商品套购所产生的制约。由于贸易成本(运输成本、信息成本等)的存在,即使不考虑非贸易品,贸易品的价格及其变动在国际上也难以通过套购活动而完全趋于一致。况且,在国际贸易的现实中,各国为了维护本国利益还往往对进出口贸易实行关税、限额等各种关税和非关税壁垒。这都使得国内外贸易品之间不具有完全的可替代性,其价格的差异自然也难以消除。

第四,在计算购买力平价时,编制各国物价指数在方法、范围、基期选择等方面存在着诸多技术性困难。这使得购买力平价说的具体应用受到限制。

第五,对于汇率与价格水平之间的因果关系,即究竟是相对价格水平决定了汇率,还是汇率决定相对价格水平,还是两者同时被其他变量外生决定,并没有在购买力平价(PPP)理论中阐述清楚。

(5) 购买力平价(PPP)理论对国际投资的意义。

购买力平价(PPP)理论对国际投资有很重要的意义。如果购买力平价(PPP)理论是成立的话,那么任何一种资产,不论是在哪一个国家,其实际收益率是相同的。

例如,一种资产在中国其年收益率是 15%,假设中国的通胀率是 2.5%,则此资产在中国的实际年收益率是 $15\% - 2.5\% = 12.5\%$,又假设美国的通胀率是 1.5%,则按照购买力平价(PPP)理论,人民币相对于美元要贬值,两国汇率变动大约是 $2.5\% - 1.5\% = 1\%$,所以这种资产在美国的话,名义年收益率要减去美元升值带来的 1% 即 14%(否则的话,会有套利机会产生),则此资产在美国的实际年收益率是 $14\% - 1.5\% = 12.5\%$。可见,这种资产不论是在中国还是美国,其实际收益率是相同的,都是 12.5%。

由于世界各国的基金经理实际上关注的是资产的实际收益率,所以购买力平价(PPP)理论将意味着世界各国的基金经理在全球配置他们的资产的时候,可以不考虑汇率的影响。

(6) 购买力平价(PPP)理论运用的一个例子。

例 12-4 假设 \$/€=1.25,意思是每 1€ 可以换取 1.25 \$,如果预期美国的通货膨胀率是 8.91%,而欧元区的通货膨胀率是 12.87%,则预期 \$/€ 会调整到多少?

解析:按式(12-7),注意,这里是把美国看作本国了,这样 \$/€=1.25 对美国来说就是直接标价法。我们有 $e_1/e_0 = (1+8.91\%)/(1+12.87\%)$,因为 $e_0 = 1.25$,所以可以算出 $e_1 = 1.20614$。

另外,我们也可以通过对方程 $e = \theta P/P^*$ 两边取对数,得到 $\text{Ln}\, e = \text{Ln}\, \theta + \text{Ln}\, P - \text{Ln}\, P^*$,取微分得到 $de/e = dp/p - dp^*/p^* = \pi - \pi^* = -3.96\%$,所以 $e_1 = (1-3.96\%) \times 1.25 = 1.2005$。但是,请读者注意的是,这是一种近似的计算,精确的计算请按照第一种方法。

12.2.2 利率平价理论

与 PPP 理论相比,利率平价理论(Interest Rate Parity,IRP)是一种短期的分析,主要从金融市场角度分析汇率与利率间的关系,可分为抛补(CIP)和非抛补(UIP)利率平价两种。

(1) 抛补利率平价(Covered Interest Rate Parity,CIP)。

① 抛补利率平价理论的基本观点是:远期差价是由各国利率差异决定的,并且高利率货币在外汇市场上表现为远期贴水,低利率货币在外汇市场上表现为远期升水。

在两国货币利率,尤其是短期利率存在差异的情况下,资金将从低利率国家流向高利率国家牟取利润。为了避免汇率变动的风险,套利者往往将套利与掉期交易结合进行,实施所谓的抛补套利,以保证所赚取的是无风险的收益。大量的掉期外汇交易的结果,是低利率货币的即期汇率的下浮,远期汇率上浮;而高利率货币的即期汇率上浮,远期汇率下浮。这意味着低利率货币出现远期升水,高利率货币出现远期贴水。随着抛补套利的不断进行,远期差价最终等于两国利差,使抛补套利活动不再有利可图。这时抛补利率平价成立。

② 推导 CIP:低利率国家 A 的年利率为 I_d,高利率国家 B 的年利率为 I_f,投

资者有一单位 A 货币，在 A 国一年后可以得到 $1+I_d$，若投资于 B 国则可以得到 $(1+I_f)e_f/e_S$。

e_f 是 A 货币对 B 外币直接标价法下的远期汇率，e_S 则是即期汇率。要使抛补套利活动不再有利可图，必须满足 $1+I_d=(1+I_f)e_f/e_S$，或者是

$$e_f/e_S=(1+I_d)/(1+I_f) \tag{12-8}$$

则 $(e_f-e_S)/e_S=(I_d-I_f)/(1+I_f)$，这个等式的左边为汇率变动率。

我们来看例 12-5，以加深对抛补利率平价的理解。

例 12-5 设即期汇率 1 英镑＝1.998 0 美元，或表示为 \$/£＝1.998 0，美元利率为 12％，英镑利率为 18％。试问：当 3 个月美元比英镑的远期汇率为多少时，才可实现货币和外汇市场的均衡？

剖析：假设有 1 英镑，投资于英镑货币市场共 3 个月，本利和为 $1+(1×18％×91/360)=1.045\ 5$；投资于美元货币市场共 3 个月，获利为 $1.998\ 0+(1.998\ 0×12％×91/360)=2.058\ 7$，故 3 个月美元比英镑的远期汇率 \$/£＝$2.058\ 7/1.045\ 5=1.969\ 1$。我们看到，低利率货币美元确实出现远期升水，高利率货币英镑也确实出现远期贴水。

以上是一种分析，实际上我们可以直接按照式(12-8)来计算。
$e_f/e_S=(1+I_d)/(1+I_f)$，但是要注意的是，即期汇率 1 英镑＝1.998 0 美元，或表示为 \$/£＝1.998 0，这意味着美国必须为本国，即期汇率对美国来说才是直接标价法下的汇率，我们也才能用式(12-8)。$e_f/1.998\ 0=1.12/1.18$，$e_f=1.969\ 1$。

其实可以利用公式检验：汇率变动率＝I_d-I_f（其中 I_d 为本国利率，I_f 为外国利率）为 $1.998\ 0×0.985=1.968\ 0$（注意，只是检验，精确度还是不够的）。

③ 对抛补利率平价(CIP)的评论。

抛补利率平价对于我们理解远期汇率的决定，理解各国利率、即期汇率、远期利率之间的关系有着重要的意义。其缺陷主要表现在三个方面。

a) 抛补利率平价没有考虑交易成本。然而，交易成本是影响套利收益的一个重要因素。如果考虑各种交易成本，国际上的抛补套利活动在达到利率平价之前就会停止。以资金流出为例，与抛补套利有关的交易成本有四类：(1) 国内筹资的交易成本；(2) 购买即期外汇的交易成本；(3) 购买外国证券的交易成本；(4) 出

售远期外汇的交易成本。

b) 抛补利率平价假定不存在资本流动的障碍,资金在国际间具有高度的流动性,即资金能不受限制地在国际间流动。事实上,在国际资本流动高度发展的今天,也只有少数发达国家才存在完善的远期外汇市场,其资金流动基本不受政府的管制。

c) 抛补利率平价还假定套利资金规模是无限的,套利者能不断进行抛补套利,直到利率平价成立。但是,能够用于抛补套利的资金往往是有限的,因为:第一,与持有国内资产相比,持有国外资产具有额外的风险,随着套利资金的增加,这种风险是递增的;第二,套利还存在机会成本,用于套利的资金金额越大,为预防和安全之需可持有的资金就越少,而且这种机会成本也是随着套利资金的增加而递增的。

(2) 非抛补利率平价(Uncovered Interest Rate Parity,UIP)。

该理论假设非抛补套利者为风险中立者。通过定义投资者对未来预期汇率的预测值 $E(e)$,并经过类似CIP的推导,得出预期的汇率变动率π_e约等于$I_d - I_f$,真实的关系应该是

$$E(esi)/e_S = (1+I_d)/(1+I_f) \qquad (12-9)$$

其中,I_d 为本国利率,I_f 为外国利率,$E(esi)$是预期的未来即期汇率。上面的式(12-9)可以化为$\pi_e = (E(esi)-e_S)/e_S = (I_d-I_f)/(1+I_f)$,我们取一个大约值为$I_d - I_f$。这样,当非抛补利率平价(UIP)成立时,如果本国利率高于外国利率,则意味着市场预期本币在远期将贬值。

对非抛补利率平价(UIP)的评价:由于预期的汇率变动在一定程度上是一个心理变量,很难获得可信的数据进行分析,在理论分析中用非抛补利率平价(UIP)进行分析的意义不大。

(3) 远期汇率与预期的未来即期汇率的关系。

如果抛补利率平价式(12-8)和非抛补利率平价式(12-9)同时成立的话,即

$$\begin{cases} e_f/e_S = (1+I_d)/(1+I_f) \\ E(esi)/e_S = (1+I_d)/(1+I_f) \end{cases}$$

由上述两个公式可以推出 $\qquad e_f = E(esi) \qquad (12-10)$

也就是说,如果抛补利率平价和非抛补利率平价同时成立的话,我们可以得到以下命题:远期汇率是未来即期汇率的无偏预测(Unbiased Predictor)。远期汇率完全由预期的未来即期汇率所确定 $e_f = E(esi)$(实际上该公式意味着可以将远期汇率作为相对应的未来即期汇率的替代物)。注意,假设投资者是风险中立的,请思考,如果这一假设不成立,会出现什么变化?风险厌恶者要求在持有外币时有一个额外的收益补偿,即所谓"风险补贴"(Risk premium),此时远期汇率就是未来即期汇率的有偏预测。在这种情况下,$E(esi) - e_f$ 可以看作是对风险补贴的衡量。

(4) 对利率平价说的三点评价。

首先,利率平价说从资金流动的角度指出了汇率与利率之间的密切关系,有助于正确认识现实外汇市场上汇率的形成机制。由于现实的外汇市场上资金流动非常迅速而频繁,使利率平价(主要是套补的利率平价)理论的前提始终较好地成立,具有坚实的分析基础。

其次,利率平价说不是一个独立的利率决定理论,它只是描述了汇率与利率之间相互作用的关系,即不仅利率的差异会影响到汇率的变动,汇率的改变也会通过资金流动影响不同市场上资金的供求关系,进而影响利率。更为重要的是,利率和汇率可能会同时受到更为基本的因素(例如货币供求等)的作用而发生变化,利率平价只是在这一变化过程中表现出来的利率与汇率之间的联系。因此,利率平价理论与其他汇率决定理论之间是相互补充而不是相互对立的,它常常作为一种基本的关系式而被运用在其他利率决定理论的分析中。

再次,利率平价说具有特别的实践价值。由于利率的变动非常迅速,同时利率又可对汇率产生立竿见影的影响,利率与汇率间存在的这一关系就为中央银行对外汇市场进行灵活的调节提供了有效地途径,即培养一个发达的、有效率的货币市场,在货币市场上利用利率尤其是短期利率的变动来对汇率进行调节。例如,当市场上存在着本币将贬值的预期时,就可以相应提高本国利率以抵消这一贬值预期对外汇市场的压力,维持汇率的稳定。

12.2.3 国际费雪效应

费雪效应实际上是由美国著名经济学家 Irving Fischer 于 1930 年在其 *The Theory of Interest* 这本著作中提出来的,指出名义利率是实际利率与预期通货膨胀率之和。国际费雪效应指的是两国的名义利率差要等于两国预期通货膨胀率之差。

我们假设一国的名义利率为 I，实际利率为 r，预期通货膨胀率为 E_π，则有

$$1+I=(1+r)(1+E_\pi) \qquad (12-11)$$

上式可以化为 $1+I=1+r+E_\pi+r\times E_\pi$，由于 $r\times E_\pi$ 很小，所以常常将上式化为

$$I=r+E_\pi \qquad (12-12)$$

也就是说，名义利率是实际利率与预期通货膨胀率之和，式(12-12)反映的就是费雪效应，即一国预期通货膨胀率的提高最终将导致名义利率的提高①。

费雪认为各国的实际利率是相等的②，即 $r=r^*$，r^* 是外国的实际利率。由式(12-12)可以推出

$$I-E_\pi=I^*-E_\pi^* \qquad (12-13)$$

E_π^* 是外国的预期通货膨胀率，式(12-13)反映的就是国际费雪效应。

但是要注意的是，式(12-13)反映国际费雪效应是一种近似的计算，精确的计算要从式(12-11)来推导。

按式(12-11)，

$$1+r=(1+I)/(1+E_\pi) \qquad (12-14)$$

各国的实际利率是相等的，所以 $1+r=1+r^*$，则按式(12-13)有

$$(1+I)/(1+E_\pi)=(1+I^*)/(1+E_\pi^*) \qquad (12-15)$$

下面我们举一个例子来加深大家对国际费雪效应的理解。

例 12-6 假设美国的年名义利率为 10%，预期通货膨胀率是 8.91%，欧元区的年名义利率为 14%，预期通货膨胀率是 12.87%，验证国际费雪效应是否成立。

解析：① 按精确计算公式(12-15)，$(1+I)/(1+E_\pi)=1.01$，$(1+I^*)/(1+E_\pi^*)=1.01$，两者是相等的，注意 $1+r=(1+I)/(1+E_\pi)=1.01$，所以实际利

---

① 注意，Irving Fisher 认为各国的实际利率基本上是稳定的。
② 当然，这是个简化的分析方法。许多经济学家如 Dornbush 认为实际利率还要受到各国经济周期等因素的影响，而各国的经济周期是不相同的，所以不能认为各国的实际利率是一样的。

率 $r=1\%=r^*$，两国的实际利率也是相等的。在这个例子里，国际费雪效应是成立的。

② 按估计公式(12-13)，$I-E_\pi=10\%-8.91\%=1.09\%$，$I^*-E_\pi^*=14\%-12.87\%=1.13\%$，由于差别只是 0.04%，很小，可以认为这个例子里国际费雪效应是成立的。

12.2.4　汇率平价理论与国际资产管理

由于加入汇率这个变量，国际范围的资产管理变得复杂，然而通过前面的汇率平价理论的学习，我们可以得到以下对资产管理有用的结论。

(1) 投资于高利率的国家并不会带来更高的收益。因为根据利率平价理论，我们知道，高利率的货币意味着远期贬值，从而使得不同国家的投资收益变为相同。

(2) 按照购买力平价(PPP)理论，任何一种资产，不论是在哪一个国家，其实际收益率是相同的。由于世界各国的基金经理实际上关注的是资产的实际收益率，所以购买力平价(PPP)理论将意味着世界各国的基金经理在全球配置他们的资产的时候，可以不考虑汇率与通货膨胀率的综合影响。

(3) 如果所有的汇率平价关系都成立的话，那么国际投资的汇率风险主要就是通货膨胀率的不确定性。汇率的不确定性对投资者的实际收益率不会产生影响。

(4) 外汇的套期保值交易可以使得投资者在不减少预期收益率的情况下消除汇率风险，因为远期汇率是未来即期汇率的无偏预测(Unbiased predictor)，即 $e_f=E(esi)$。

尽管通过汇率平价关系，我们可以得到上述结论，但是请读者注意，这些汇率平价理论都是在很严格的假定下得出的。实际中的汇率波动往往不按照这些汇率平价理论变动，在这种情况下外汇风险是存在的，世界各国的基金经理在全球配置他们的资产的时候，必须考虑更多的因素。

12.3　货币风险管理

国际投资策略的第一步就是要确定一个国际资产配置。要做的有两件事：一是选择什么种类的资产、债券、股票还是短期储蓄或其他；二是要确定投资的国家或币种，是美元、欧元还是英镑或其他。在国际市场上汇率波动十分频繁，这就给投资者带来极大的不确定性，汇率的波动可能会引起投资者频繁变化自己的投资产组合，这一方面增加了交易费用，提高了投资成本，另一方面增加了投资损失的可能性。如何来管理货币风险就成为一个不可忽视的问题。期货期权这类金融衍生工具的产生主要是用来套期保值的。它们能使投资者不用频繁变动自己的资产组合。例如，一个投资者把大部分资产投资于债券，但他突然相信股票市场会有一轮大行情出现，他可以迅速按照他的预期买入股票指数期货或期权，然后再慢慢把债券转化为股票，这样就可以减少交易费用，给投资者充裕的时间来选择最满意的股票，如果没过几天，这个投资者发现自己原来预期错了，他还可以直接卖出期权或期货，仍然持有原来的债券。

在国际市场上一个重要的风险管理领域就是货币风险管理。大部分组合管理人都会面临诸如以下的问题：

一个美国投资者非常看好他在澳大利亚的股票组合，但他担心即将举行的当地选举会使澳大利亚元大幅贬值，当然在另一方面，本次选举也可能带来澳元的大幅升值。

一个日本投资者持有英国债券，他预期英国长期利率会下降，这将导致英镑的贬值（根据利率平价），这又会带来他持有债券的价值下降。

一个加拿大投资者想购买荷兰航空公司的股票，可他担心欧元会贬值。

以上可以利用期权期货来解决这些问题。

12.3.1 利用远期货币协议或期货进行套期保值

期货和远期货币协议都可以用来套期保值，它们有几点不同之处，例如期货是在场内进行标准化交易，而远期货币协议是在 OTC(Over the Counter)市场上交易，其实它们在本质上是一样的，都可以使投资者达到相同的效果，因此在本章中"期货"一词代表了期货和远期货币协议。

（1）基本途径：本金套期保值。

利用期货套期保值是很简单的，如果 A 国的投资者想为他以 B 国货币计价的资产组合作套期保值，他应该卖出一份"卖出货币 B 买入货币 A"的期货，这份期货的规模应该等于要套期保值的资产组合的市场价值。

例 12-7 一个美国投资者投资 100 万英镑于英国的国债,如果他要套期保值,就可以卖出一份"出售 100 万英镑买入美元"的期货。

在芝加哥交易所,投资者可以买卖每份标的为 62 500 英镑的期货,标的价格是以每英镑多少美元来表示的,在伦敦国际金融期货交易市场上也交易同种类型的期货,那么我们假定在 9 月 12 日一个美国投资者可以买或卖期货,交割日期是 12 月、执行价格为 1 英镑兑 1.95 美元。即期汇率是 2 美元/英镑,为了套期保值 100 万英镑的资产,这个投资者必须卖出 16(1 000 000/62 500)份期货,现在假设几周后,期货中标的汇率下降到 1.85 美元/英镑,即期汇率下降到 1.90 美元/英镑,这时那 100 万英镑的资产价值上升到 101 万英镑。套期保值是在 0 期进行,我们要研究的是从 0 期到 t 期能够得到的收益,下面是我们要用到的符号及其含义:

V_t: t 期需要套期保值的外国资产的价值,以外国货币计算(如本例中的 100 万英镑);

V_t^*: 以本国货币计价的外国资产组合的价值(如本例中的 200 万美元);

S_t: t 期即期汇率,用一单位外币兑换多少本币表示(如本例中的 2.00 美元/英镑);

F_t: 远期汇率用一单位外币兑换多少本币表示(如本例中的 1.95 美元/英镑);

R: 以外币衡量的资产组合收益率,即 $(V_t - V_0)/V_0$;

R^*: 以本币衡量的资产组合收益率,即 $(V_t^* - V_0^*)/V_0^*$;

S: 汇率变动百分化,即 $(S_t - S_0)/S_0$。

在本例中,英国资产的英镑价值上升了 $1\% = (1\ 010\ 000 - 1\ 000\ 000)/100\ 000$,而英镑汇率却下降了 $5\% = \dfrac{2.00 - 1.90}{2.00}$,这样导致了该资产组合的美元价值下降了 $4.05\% = 1.01 \times 0.95 - 1$,其美元损失额为 81 000 美元:

$$\begin{aligned} V_t^* - V_0^* &= V_t S_t - V_0 S_0 \\ &= 1\ 010\ 000 \times 1.90 - 1\ 000\ 000 \times 2.00 \\ &= 81\ 000 \end{aligned} \tag{12-16}$$

而从期货中所得到的收益为 100 000 美元:

$$V_0(-F_t + F_0) = 1\,000\,000 \times (1.95 - 1.85) = 100\,000 \quad (12-17)$$

这样,最终的套期保值收益为 19 000 美元:

$$V_t S_t - V_0 S_0 - (F_t - F_0) = -81\,000 + 100\,000 = 19\,000 \quad (12-18)$$

由式(12-18)得知,以美元表示的套期保值收益率 R_H 可分为两部分,即

$$R_H = \frac{V_t S_t - V_0 S_0}{V_0 S_0} - \frac{F_t - F_0}{S_0} = R - R_F \quad (12-19)$$

这里 R_F 是远期汇率变动占即期汇率的百分比。在本例中 $R_H = \frac{19\,000}{2\,000\,000} = 0.95\%$。可以看出这样的套期保值基本上是完美的,因为英国资产 1% 收益率最后变成了 0.95% 的收益率,两者之间的差异是因为我们只是针对该资产初期的价值 100 万英镑进行套期保值,而对该资产取得的收益 1 万英镑却没有采取措施,所以这个差异 1%-0.95%=0.05% 来自英国资产价值上升的 1% 与英镑汇率下降的 5% 之积。

下面是美元收益率与英镑收益率之间的关系:

$$R^* = R + s(1+R) \quad (12-20)$$

在本例中 $R^* = 1\% - 5 \times 1.01\% = -4.05\%$。

由式(12-20)可以看出内外币表示的收益率之差等于 s 与 s_R 之和,若 R 波动幅度很大,那 s_R 就会在一段时期变得很明显了,这就要求投资者不得不定期作出调整,对这种价值的变化作套期保值,这样投资者就不是像刚才的例子中只对资产组合现在的市场价值(100 万英镑)作套期保值,而是要以预期的未来资产组合的市场价值(如 101 万英镑)作套期保值,但由于投资者是基于自己的预期来作套期保值,所以这风险性还是不小的,因此以基于预期价值作套期保值仅适用于固定收益证券。

例 12-8 一个法国投资者拥有 100 万美元的美国股票,假定即期汇率与一个月远期汇率为 1 欧元/美元,两国的利率相等。他担心美国大选会导致美元贬值,所以决定卖出一份远期 100 万美元来作套期保值。一周后,美国股票升值为 102 万美元,即期汇率与远期汇率为 0.95 欧元/美元。试分析之。

解:如果不作套期保值,那么收益率为

$$\frac{1\,020\,000 \times 0.95 - 1\,000\,000 \times 1}{1\,000\,000 \times 1} = -3.1\%$$

如果作套期保值,根据式(12-18)收益为:

$1\,020\,000 \times 0.95 - 1\,000\,000 \times 1 - 1\,000\,000 \times (0.95-1) = 19\,000$ 美元,所以他的套期保值收益率为 $19\,000/1\,000\,000 = 1.9\%$

(2)最小方差套期保值率。

对货币套期保值的目的就是最小化暴露于汇率风险的头寸,如果投资者仅仅投资于外国储蓄(就是一定数量的外国货币),那么卖出一个相等数量的远期或期货,就足以应付汇率风险了,但当一项外国投资的价值与汇率变化有系统的联系,那又该怎么办呢?例如,英镑汇率的下降会导致某家英国公司价值(以英镑计价)的上升,这是因为英镑的汇率下降,该公司产品在国际市场更具竞争力,所以该公司的未来现金流入上升,导致该公司的价值上升。再举一例,若债券发行国实行的是汇率目标区政策,当它的货币贬值时会促使该国提高利率,这又会导致债券价格的下降。在这两个例子中,投资的收益率与汇率之间协方差不为0,在第一个例子中协方差为负,第二个为正。投资者关心的一般是投资的收益与方差(见马柯维茨理论),所以他们在作套期保值时的一个目的就是使资产组合方差最小化,即寻找一个套期保值比率,使套期保值资产组合方差最小。

套期保值比率指的是以外币衡量的期货的规模与以外币衡量的全部国外资产之比。例如,若一个投资者持有100万英镑债券,且在远期卖出100万英镑,那么套期保值比率为1,这样很显然套期保值收益率 R_H 就等于不进行套期保值的收益率 R 减去套期保值比率 h 与远期价格变化率 R_F 之积:

$$R_H = R^* - h \times R_F \tag{12-21}$$

它与式(12-19)的不同在于多了一个 h,这是因为在式(12-19)中 h 为1。为了使 R_H 达到方差最小,求得最小方差套期保值比率为

$$h = \frac{COV(R^*, R_F)}{\sigma_F^2} \tag{12-22}$$

例 12-9 一个法国投资者持有美国股票100万美元,即期汇率和1个月的远期汇率为1欧元/美元,两国利率相同,他担心美国大选会使美元大幅下跌,决定对

其中50%进行套期保值,即$h=0.5$。一周后,股票升值为101万美元,即期汇率与远期汇率为0.95欧元/美元。试分析之。

解:$R^* = \dfrac{1\,010\,000 \times 0.95 - 1\,000\,000 \times 1}{1\,000\,000 \times 1} = -4.05\%$

$R_H = R^* - h \times R_F = -4.05\% - 0.5 \times (-5\%) = -1.55\%$

如果把式(12-21)中的R^*用式(12-20)替代得:$R_H = R + s + sR - h \times R_F$,另外由于$s$和$R$都是比较小,所以忽略$s_R$,得

$$R_H = R + s - h \times R_F \tag{12-23}$$

根据利率平价理论汇率的远期升贴水等于两国利率之差,假定两国利率水平相当,那么汇率远期升贴水也为0,这样远期汇率与即期汇率相等,$R_F = (F_t - F_0)/S_0$就等于即期汇率的变化率,即$s = (S_t - S_0)/S_0$,这样式(12-23)变为

$$R_H = R + s(1-h) \tag{12-24}$$

所以

$$h = \frac{COV(R^*, R_F)}{\sigma_F^2} = \frac{COV(R+s, s)}{\sigma_s^2} = 1 + \frac{COV(R, s)}{\sigma_s^2} \tag{12-25}$$

这里,σ_s^2是汇率波动的方差,式(12-25)表明最小套期保值比率由两部分组成,我们把它们分别称为h_1和h_2,其中$h_1 = 1$,它代表了转换风险;$h_2 = \dfrac{COV(R,s)}{\sigma_s^2}$,称之为经济风险。

转换风险是由于从外国货币向本国货币转换产生的,即便所投资的外国资产的外币价值固定(如外币储蓄)这种风险也存在,对这种风险套期保值就意味着以外币衡量的收益率等于以本币衡量的收益率,换言之,就是完全排除汇率因素。例如,一个投资于英国债券的美国投资者想尽力使自己最后兑换为美元的收益率等于在兑换成美元前以英镑衡量的收益率,如果他进行完全的套期保值,那他最终所得到的美元收益率就等于英国债券本身的收益率,若仅考虑转换风险,那么最优的套期保值比率就是使以本币衡量的套期保值收益率R_H最接近于以外币衡量的收益率R。

根据式(12-24)得

$$R_H - R = s(1-h) \tag{12-26}$$

我们可以看出要想最小化$(R_H - R)$的方差,我们必须设定套期保值比率为1。

经济风险是来自外国投资的外币价值与汇率系统的联系,它是在转换风险之外的一种风险。如果还以实施汇率目标区的国家为例,它的货币汇率的下降会导致该国家提高利率,从而使债券价格下降,因此以该国货币衡量的债券收益与汇率之间存在正相关关系,这样外国投资者就会损失两次:一是该国货币贬值导致转换成投资者所在国货币后收益随之同幅度下降;二是在该国的投资本身价值也在下降。最小化经济风险的套期保值比率可以用$\dfrac{COV(R, s)}{\sigma_s^2}$来估算。

如果一位投资者担心汇率变动给他带来的两种风险,那他就必须对转换风险和经济风险同时进行套期保值,这时投资者的目的就不仅仅是最小化$(R_H - R)$方差,即转换风险了。不过大多数资产组合管理者仅仅关心转换风险,所以他们仅利用单位套期保值比率($h = 1$)来最小化货币风险的影响,实际上,股票收益与汇率的运动相关性很小,如果外国资产的收益与短期汇率波动没有关系的情况下,使用数值为1的套期保值比率是一个合理的策略。

(3) 最优的套期保值比率。

在风险—收益分析框架中,最小方差套期保值比率并不一定就是最优的,因为:

① 资产管理者对汇率运动会有一个预期,这样一个预期会使投资行动与纯粹的最小化风险策略发生偏离;

② 交易成本会影响套期保值策略;

③ 远期汇率与即期汇率之间会有升帖水,升贴水的变化也会引起套期保值策略的改变,导致升贴水风险;

④ 在一段时期内,由于升贴水的存在,即期汇率与远期汇率变动的百分比会不一样,在长期内即使我们使用数值为1的套期保值比率,所能得到的套期保值收益率与外国资产本身的收益率也会产生区别,即式(12-24)不成立了。

下面我们就分析后两种原因。

① 升贴水风险。远期汇率由两个因素决定:即期汇率和两种货币利率的差异。远期汇率的升贴水等于相同期限的利率之差,我们用1英镑兑多少美元来表

示汇率，r_1 和 r_2 分别表示美元和英镑的利率，利率的期限与远期的期限是相同的，那么利率平价表示为

$$\frac{F}{S} = \frac{1+r_1}{1+r_2} \text{ 和} \frac{F-S}{S} = \frac{r_1-r_2}{1+r_2} \qquad (12-27)$$

这里的利率不是年利率，它等于年利率乘以从现在一直到到期日的天数再除以360。因为利率平价是在一个流动性很强的市场上由套利形成的，它在技术上可以时刻成立，升贴水的变化会对我们的套期保值有影响，因为我们以前都是假定两国利率相等，从而远期汇率与即期汇率相等，但是升贴水风险一般都很小。远期汇率与即期汇率之间的关系是远期合同期限的函数，在接近到期日时，远期价格非常接近即期汇率，因为这时利率差异已经很小了。

表12-2 利率差异对远期价格的影响

	期限		
	1个月	3个月	12个月
英镑利率(%)	14	13.5	13
美元利率(%)	10	10	10
远期汇率(每英镑多少美元)	1.993	1.983	1.947
即期汇率(2.00美元/英镑)			

以1个月的远期汇率为例：

$$F = S + SF = S + S\frac{r_1-r_2}{1+r_2} = 2.00 - 2.00\frac{4\% \div 12}{1+14\% \div 12} = 1.993$$

这与即期汇率2.00美元/英镑非常接近，可以看出升贴水风险是非常小的。另一个影响我们套期保值的因素是升贴水可能会与即期汇率存在相关性。

② 预期的套期保值收益率与升贴水。

直到现在我们一直关心的是最小化风险，如果套期保值比率为1，那么就能最小化转换风险，但在长期内，即使套期保值比率为1，由于两国利息率的不同，使得套期保值收益率 R_H 与以外币衡量的资产收益率 R 是不同的，虽然我们还能最小化 (R_H-R) 的方差，但已经不可能 R_H 等于 R 了。在一段时期内，即期汇率的变

动率 s 与远期汇率变动率 R_F 是不同的,所以根据式(12-23),即 $h=1$,则 $R_H - R = s - R_F$ 不可能再为 0。

(4) 套期保值策略。

无论是采用远期合约,还是期货来作套期保值,一个应主要考虑的方面是合约的期限。在短期,远期汇率比较接近即期汇率,而且短期合约的交易量更大,流动性更好,对于一个想作长期套期保值的人来,他有三种策略可以选择:

① 循环利用短期合约一直到到期日;

② 直接利用一个相同期限的合约,例如要作半年的套期保值就直接买一个6个月到期的远期合约;

③ 利用一个期限超过预计套期保值期限的合约,例如半年的套期保值就直接买一年到期的远期合约。

图 12-1 体现了 6 个月期限的三种套期保值策略远期。

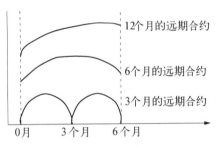

图 12-1　6 个月期限的三种套期保值策略远期

这三种期限的合约在交割日一般都会作对冲,而不是作实际的交割。

在选择套期保值策略时另一个要考虑的因素是交易成本,由于包含了多次的转换,循环利用短期合约会导致更多的交易成本,而且还要经常调整远期合约的数目,以反映资产价值的变化。期限稍长的套期保值可以采用货币互换,但这种方法一般主要用于公司的资产负债管理,资产组合管理者一般更喜欢短期合约。

12.3.2　利用期权进行套期保值

利用期权来降低汇率风险的方法有两种:第一种方法较为传统,它呈现出期权风险与收益不对称的特性,所以在这里期权被用作一种保险工具;第二种方法考虑了期权费与汇率的动态关系,更接近于套期保值策略。

(1) 期权作为保险工具的套期保值。

很多投资者十分注重在期限结束时期权的特性,主要是收益情况。货币期权标的规模应等于要套期保值的资产的市场价值。确定买入看涨期权还是看跌期权是一个很重要的问题,因为这里面涉及两种货币之间的汇率。假设一个美国投资者拥有100万英镑的英国资产,若他在费城股票交易所买了一个英镑看跌期权,到期日在12月,执行价格是200美分1英镑,每份期权的规模是12 500英镑。这份英镑看跌期权给了该投资者一个权利而非义务,即在未来时刻以固定价格卖出英镑买入美元的权利。

假设现在即期汇率为每英镑2.00美元,这份看跌期权的执行价格是每英镑200美分,即每英镑2.00美元,期权费是1英镑6美分,这个投资者必须购买80份(1 000 000/12 500)这样的看跌期权,我们已经讲过,这里期权作为一种保险工具,如果在期末英镑汇率下跌到2.00美元以下,那么从期权中获得的收益就可以抵消资产组合由于汇率下降导致下损失,若英镑汇率下降到1.90美元,期末该投资者从此看跌期权获得的收益为$80 \times 125\ 000 \times (2.00 - 1.90) = 100\ 000$美元,该期权相对于远期合约的优势在于:若汇率在期末时是升值而不是贬值,那该期权就不会被执行而自动作废。例如,若英镑汇率上升至2.20美元,远期合约会产生$1\ 000\ 000 \times (2.20 - 2.00) = 200\ 000$美元的损失,从而抵消了资产组合转换成美元时由于汇率上升而产生的收益,相反如果我们购买的是期权,就不会产生这种结果,当然,我们必须为期权这种收益风险的不对称性付出一定代价,这就是期权费,它是我们享有此权利必须支付的成本。

在用期权进行套期保值时,必须考虑期权费,在刚才的例子中,最终的净收益等于期权的到期收益减去期权费,我们用 V_0 来表示要套期保值的英镑数,P_0 表示每英镑应付的期权费,K 为执行价格,在 t 时刻执行时美元收益为

$$\text{美元净收益} = \begin{cases} V_0(K - S_t) - V_0 P_0 & (\text{当 } K > S_t) \\ -V_0 P_0 & (\text{当 } K \leqslant S_t) \end{cases} \quad (12-28)$$

其含义是当 $K > S_t$ 时,我们会执行期权,而但在其他情况下会放弃执行期权,从而损失期权费。这样,如果英镑汇率跌至1.90美元,那么净美元收益为 $1\ 000\ 000 \times (2.00 - 1.90) - 1\ 000\ 000 \times 0.06 = 40\ 000$ 美元。由于汇率的下降使得英国资产兑换成美元时损失了 $1\ 000\ 000 \times (2.00 - 1.90) = 100\ 000$ 美元,但从期权上获得的收益仅为40 000美元,其差额就是期权费60 000美元。为了使期权费降低,一个可行的办法是买一个虚值看跌期权(它具有一个更低的执行价格,但这样一来要达到盈亏平衡点,就要求汇率下跌的更厉害),它具有更低的期权费使投资

者获益,但这种虚值看跌期权具有更低的执行价格而带来损失,这两者可能会相互抵消。可以看出只有当汇率变动比较大、足以抵消期权费时,才能产生比较好的套期保值结果,即从式(12-28)中可以看出,只有 S_t 足够小时,美元净收益才会为正,因为期权费是预先支付的,是一种沉没成本。一般来说,持有的期权总是在市场上再卖出而不是持有到期,这样还可以赚回部分期权费。

这种方法体现了期权最大的好处,就是如果汇率的方向运动有利于期权持有人时,他可以不执行期权,而当汇率向着不利方向运动时,期权可以像期货一样,保护资产不受损失,可见期权是单方向的,而期货是双方向的,总而言之,利用期权就像是为资产买份保险,期权费就相当于保险费。

例 12-10 一位美国投资者持有 100 万欧元的资产组合,即期汇率是 1 美元/欧元,但他害怕短期内欧元会贬值,3 个月的远期汇率是 0.996 0 美元/欧元,有看跌期权和看涨期权可以选择,每份期权的规模是 125 000 欧元,以下是欧元期权的报价。

欧元期权 (单位:美分/欧元)

执行价格	欧元看涨期权	欧元看跌期权
105	0.50	6.50
100	2.10	3.00
95	6.40	0.50

该投资者决定用期权来为其投资保险。

问:① 他应该买看涨还是看跌期? 买多少?

② 他为他的 100 万欧元资产买了看跌期,执行价格为 100,到期时假定资产还是 100 万欧元,即期汇率为 0.90 美元/欧元,问他的美元收益是多少?

解:① 该投资者应该买入看跌期权,如果他想把全部资产以一个固定价格转化为美元,那他应买 $\dfrac{1\,000\,000}{12500} = 8$ 份看跌期权。

② 期权费 1 000 000×0.03=30 000 美元

从期权得到的收益为 1 000 000×(1−0.90)=100 000 美元

而最初的资产收益仅为 100 000×0.90=900 000 美元

最终收益为 900 000−30 000+100 000=970 000 美元

(2) 动态的期权套期保值。

在期权市场上,手中持有的期权一般是在市场上卖出来平仓,而不是等到最后执行它,因此收益就完全取决于期权的市场价值。货币期权这种动态套期保值方法的基础在于期权费的变动与汇率变动之间的关系。要达到对资产进行完全的套期保值,就是要针对由于汇率变动带来的每一美元的损失都被期权价值上升所带来的收益所抵消。

期权费与汇率的变动存在一个比较复杂的关系,图12-2以看跌期权为例,展现了这两者之间的关系。

从一个特定的点(如A点汇率为200美分/英镑)开始,看跌期权的期权费随着汇率的变化而上升或下跌,A点的斜率表示期权费对任何汇率变动的弹性,设在图中A点,当汇率为2.00美元/英镑时,期权费是6美分/英镑,这时的斜率是-0.5,这个斜率被称为δ。

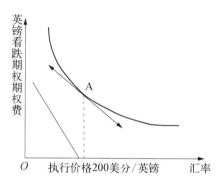

图12-2 看跌期权期权费与执行价格的关系

在这个例子中,如果每有1英镑资产,就买入2英镑看跌期权这样才能达到完全的套期保值,1英镑看跌期权的含义是以1英镑资产为标的看跌期权。如果英镑汇率下跌1美分,那么每份英镑期权的期权费会上升大约0.5美分来抵消资产组合产生的汇率损失。一般,如果购买n英镑看跌期权,那么我们从期权上得到的收益为

$$期权收益 = n(P_t - P_0) \tag{12-29}$$

这里P_t是看跌期权在t时刻的价值,P_0是在0时刻的价值,如果汇率只是小幅度变动,那么,

$$P_t - P_0 = \delta(S_t - S_0) \tag{12-30}$$

这样由期权产生的收益又写成:

$$期权收益 = n(P_t - P_0) = n \times \delta \times (S_t - S_0) \tag{12-31}$$

假定外国资产组合外币价值保持不变,一直为V_0,那么当该资产组合转换为

本币时的收益为

$$资产组合的本币收益 = V_0 \times (S_t - S_0) \quad (12-32)$$

这里,期权收益与资产组合的本币收益符号相反,这是因为 δ 为负值。如果要达到完全的套期保值,那么必须买入 $n = -V_0/\delta$ 英镑期权,这时套期保值比率 $h = \dfrac{n}{V_0} = \dfrac{-\dfrac{V_0}{\delta}}{V_0} = -\dfrac{1}{\delta}$,此时由期权获得的收益正好可以弥补由资产组合产生的美元损失。在本例中,套期保值比率 $h = -\dfrac{1}{-0.5} = 2$,含义是投资者应该为 1 英镑的资产买 2 英镑的看跌期权。

我们必须强调一下,δ 和套期保值比率 h 是随汇率的变化而变化的,这一点从图 12-2 中也可以看出,所以期权的数量也要随之调整,这种套期保值策略称为 δ 套期保值。

用刚才那个例子来解释 δ 套期保值,如果英镑汇率下降,看跌期权就起到作用了,但这时 δ 也变化了,例如当英镑汇率变为 1.95 美元/英镑时,δ 就变为 -0.8,这时套期保值比率就应等于 $h = -\dfrac{1}{-0.8} = 1.25$。为了避免过度套期保值,投资者应该卖掉一些看跌期权。

交易成本的存在使得频繁操作变得非常昂贵而不现实,实际上一般只是进行阶段操作,即只有当汇率发生明显变化时才调整自己手中的期权,在两次调整之间,期权还是作为一种保险工具,因而这种阶段性操作策略可称为一种混合策略。

(3) 套期保值策略。

利用期权作套期保值的策略比起期货或远期要复杂,因为期权的套期保值比率是变动的,而期货的套期保值比率是固定的。

一个套期保值策略可以将期货期权结合起来,期货市场相比之下更具流动性,交易成本也低,期权能提供一个不对称的风险收益结构,但它成本较高,如果一个投资者面临较大的汇率风险,而且他很难判断汇率下一步的走势,那么选择货币期权是比较合理的,如在这部分最开始提到的澳大利亚大选使澳元产生了不确定性,这时期权可以使投资者在汇率上升的情况下获得收益,而汇率下跌时却不会损失。

当投资者比较清楚地知道汇率下一步走势的时候,那么外汇期货则是成本比较低的套期保值方法了,当然在作套期保值时,投资者应该考虑资产组合的预期收益和它与汇率变化的关联性。

12.4 国际资产定价

现在我们将研究国际资产定价问题,而所有资产定价模型都是以市场的有效性为前提的,所以第一部分先讨论国际市场的有效性问题,第二部分再来看一看国际资产定价,最后一部分讨论汇率①与资产价格的关系。

12.4.1 国际市场的有效性

有效市场对金融市场来说是很重要的一个概念,在一个有效市场上任何新的信息会迅速地充分地被反映到证券价格中去,因为所有的信息已经融入了资产价格,所以只有那些未被预期到的新信息才会引起未来证券价格的变化。

在有效市场理论一章我们知道,即使所有的信息不是同时出现也会很快地被金融市场所消化。一些消息灵通的投资者会利用所有新出现的信息迅速地调整证券的价格。例如,一张新的国际收支表出现,外汇交易者会迅速买入或卖出外汇直到汇率重新达到均衡,这一新水平的均衡与这张国际收支表的出现是一致的。这种价格调整是非常迅速的,以至于购买这种信息是得不偿失的,因为它早已被其他投资者所知晓,由于在全球范围内存在大量的金融分析师和专业投资者,这使得全球市场很接近一个有效市场。

总的来说,市场上的各个市场还是很有效的,这很可能是由于大量金融分析师、经营者之间激烈的竞争造成的。当然不同国家的市场有效性程度是不同的,原因在于期限、流动性、监管的力度是不同的。在一个发达的股票市场上想取得一个比市场平均报酬率高的成绩是很不容易的,这也就意味着传统的资产定价模型还是有用的。

虽然许多国家的国内市场是有效的,这并不能说明国际市场就是有效的,在国际市场上分析师之间的竞争比单一国家内部市场要少得多。积极的资产管理能不能取得比世界市场指数更好的业绩呢?看国际市场是否有效,一般从国际市场之

---

① 在本章中的汇率都是使用直接标价法,即一单位外币可兑换多少本币来表示。

间的统一性和分割性的角度来看。一个统一的国际金融市场是国际有效的,因为任何新信息的出现都可以引起国际间资产的瞬间流动。例如,如果法国大选的结果会提高法国公司相对于德国公司的竞争力,那么投资者会毫不犹豫地把钱从德国撤出而投向法国,在一个有效的、统一的国际市场上,所有资产的价格与它们的相对投资价值是一致的。

关于统一性与分割性的争论主要涉及下面两个方面。

(1) 资本流动的障碍,即是否存在法律上或其他形式上的障碍把一个国家同其他国家分离开来;

(2) 国际资产定价,即一种相同的资产在不同国家是否以一种相同的方式定价。

由于大量限制资本流动的障碍存在,有时就会认为国际市场是分割的,而不是统一的。虽然每一个国内市场可能是有效的,但大量障碍限制了资本的流动,使投资者不能利用国家间资产定价的差异。这些障碍包括以下六个方面。

(1) 心理障碍。由于对外国市场、语言、信息来源等因素的不熟悉,可能会减少国外投资。

(2) 法律限制。机构投资者在进行国际投资时经常受到限制,一些国家会限制外国投资的流进和流出,这样国际投资由于这种国家控制可能会受到限制。

(3) 交易成本。外国投资的成本相对于国内投资来说会高一些,和国际交易成本、管理费用、保管服务一样,在国际范围内获得信息的成本也是很高的。

(4) 歧视性税收。外国投资可能比国内投资要负担更重的税收。

(5) 政治风险。外国投资所承担的政治风险可能也会抑制投资者在国际范围内分散化自己的资产,外国这种政治权利交接可能会禁止利润或本金汇回本国,虽然这种风险一般来讲比较小,但一旦发生,损失是相当大的。

(6) 汇率风险。外国投资要承担当地的市场风险和汇率异常变动的风险,汇率风险指的是在投资者持有外国资产期间,该外国货币的真实汇率贬值,而本国货币升值带来的投资损失。

以上这些因素都会阻碍国际间资本的流动,在一定程度上导致国际市场的分割性,这在一些新兴市场国家更明显,因为这些国家对投资国家的限制通常比较严格。

但是,国际市场的统一仅仅要求一个足够的资本流动来使国际市场变得有效,以消除不同国家市场上资产定价的不一致就可以了。现在在很多国家,个人和机构投资者广泛地参与国外投资,一些大的公司都进行跨国经营,他们的股票同时在几个股票市场挂牌交易。大公司和政府在国际市场上的融资,利用国际资产定价的不一致获利,这些都使国际市场更加有效。近年来国际投资迅速上升,所以国际市场是被完全分割的说法并不合适,对投资者来说真正重要的是,他所注意的不同国家的两个公司分别在各自国家是否定价相同。

12.4.2 国际资产定价理论

(1) 国内资产定价模型。

首先我们现回顾一下国内资产定价模型,即 CAPM。一项资产价值等于经风险调整后的预期现金流的贴现值,例如,无风险债券的价值等于该债券产生的现金流入以无风险利率贴现的现值。现代投资组合理论都是以有效市场为前提的,所有的资产定价模型都是在给定投资者承担的风险基础上,试图确定该资产的预期收益,市场均衡要求预期收益等于无风险利率加上一个风险溢价。CAPM 是第一个著名的市场均衡模型,考虑到大量的证券种类和不确定性,实际情况是十分复杂的,CAPM 的目标就是简化真实情况,描述现实的一些主要方面,因此 CAPM 有六个很严格的假设:

① 投资者仅关心风险和收益,他们是风险规避型,即偏好低风险和高预期收益的;

② 所有投资者看法相同,每个人对所有资产的预期收益和风险持相同的看法;

③ 投资者关心他能获得的本币名义收益;

④ 存在一个无风险利率,投资者可以以此利率无限借入或贷出资金;

⑤ 没有交易成本和税收。

CAPM 最终得出了分离定理和风险-价格关系[①]。

(2) 资产收益与汇率的变动。

在 CAPM 最终均衡结果中,市场组合中包含所有的证券,所以在国际范围内,一个合适的资产定价模型中的市场组合需要包括世界上所有的资产,这就要考虑

---

① 具体内容请见本书第 6 章。

一个多国货币的环境了。

如果我们把投资扩展到国际资产范围内,那么用哪种货币来衡量收益就变得很重要了。例如,一个瑞士投资者投资于一家瑞士公司 A,并用瑞士法郎来衡量自己的收益,而与之不同的是投资于该公司的美国投资者会把瑞士法郎兑换成美元,并以美元来衡量自己的收益。假设一个投资者利用本国货币(DC)来衡量其执有的以外国货币(FC)计价的资产带来的收益,用 S 表示一单位外国货币兑换的本国货币。例如,一个美国投资者持有瑞士公司 A 的股票,那么 A 公司以本国货币(美元)计算的价值(V)就等于它的外币价值 V_{FC} 乘以即期汇率 S:

$$V = V_{FC} \times S \tag{12-33}$$

利用式(12-33),从 0 期到 1 期,以本币衡量的收益率为

$$R = (V_1 - V_0)/V_0 = R_{FC} + s + s \times R_{FC} \tag{12-34}$$

其中,R_{FC} 是以欧元衡量的收益率,它为 $R_{FC} = (V_{1FC} - V_{0FC})/V_{0FC}$,$s$ 是即期汇率的变化率 $s = (S_1 - S_0)/S$。由于 $s \times R_{FC}$ 是二价的,s 与 R_{FC} 都比较小,所以这里作一个省略,忽略 $s \times R_{FC}$ 这一项,得

$$R = R_{FC} + s \tag{12-35}$$

另外,投资者还可以在远期外汇市场上对外汇风险作套期保值,设远期汇率为 F,即 1 单位外币在期末兑换 F 单位本币。另外,假设投资者做的是 100% 的套期保值,即卖出远期外币 V_{1FC},所以 S_1 就会被 F 替代,那么套期保值利润是

$$R = R_{FC} + (F - S_0)/S_0 \tag{12-36}$$

期中 $(F - S_0)/S$ 为远期升贴水率,这是在期初就知道的。如果不作套期保值,那么本币的预期收益根据式(12-35)就是:

$$E(R) = E(R_{FC}) + E(s) = E(R_{FC}) + [E(S_1) - S_0]/S_0 \tag{12-37}$$

如果作套期保值,那本币的预期收益为

$$E(R) = E(R_{FC}) + [F - S_0]/S_0 \tag{12-38}$$

(3) 国内资产定价模型在国际市场上的拓展——国际资产定价模型(ICAPM)。

在国际环境下,投资者使用不同的货币,有着不同的消费偏好,但已经有人努

力去把国内资产定价模型拓展到国际环境下了,类似于国内资产定价模型,这些拓展模型中包含国内的无风险利率和一个由全球范围内所有风险资产构成的市场组合,这种结论的得出必须建立在以下两个并不十分合理的假设条件之上:

① 全世界投资者拥有相同的消费品篮子;
② 在每一个国家消费品的实际价格相等,即一价定律时时成立。

在这种完美的世界中,汇率变动仅仅反映两国之间通货膨胀的差异,汇率的不确定性仅仅为货币幻觉,投资者是用美元还是欧元并不重要,汇率仅仅是兑换货币时的价格工具,真正的外币风险并不存在。实际汇率等于名义汇率乘以两国消费篮子的价格之比。实际汇率与名义汇率的关系表示为

$$X = S \times (P_{FC}/P_{DC}) \quad (12-39)$$

其中,X:实际汇率(直接标价法 DC/FC);S:名义汇率(直接标价法 DC/FC);P_{FC}:外国价格水平;P_{DC}:国内价格水平。

实际汇率变动指的是名义汇率变化中不能被两国间通胀率差异解释的部分,我们把式(12-39)作一个改动,以一段时期内变化的百分比来表示:

$$x = s + I_{FC} - I_{DC} = s - (I_{DC} - I_{FC}) \quad (12-40)$$

其中,x:实际汇率变动百分比;s:名义汇率变动百分比;I_{DC}:国内通胀率;I_{FC}:国外通胀率。

如果购买力平价①成立,那么实际汇率会保持不变,即 $x=0\%$,而名义汇率变化 s 等于两国间通胀率之差即 $(I_{DC}-I_{FC})$。例如,一个月美元(DC)的通胀率为 1%,而瑞士法郎(FC)的通胀率为 0%,那么名义汇率变动率 s 就等于 1%,而实际汇率变动率 x 为 0%,但若购买力平价不成立,这时 s 为 5%,而不是 1%,那么 x 就为 4%,这样就违反了资产定价模型拓展的第二个前提假设,简言之,当实际汇率保持不变时,拓展的资产定价模型就会成立。

例 12-11 一个投资者要投资于外国一年期债券。该债券收益率为 3%,这一年本币的预期通胀率为 3%,外币的预期通胀率为 1%,而且通胀率是可以完全被预期到的,现在即期汇率为 $2DC/FC$,本币对外币的物价水平比为 $2:1$,这样实

---

① 详见本书中的汇率决定理论。

际汇率为 1DC/FC。

问：a) 预期的汇率和预期的外国债券的本币收益率为多少？

b) 一年后，本币、外币的通胀率分别为3%和1%，但即期汇率却变为1.80DC/DF，这时实际汇率是多少，外国债券实现的本币收益是多少？

解：a) 如果实际汇率保持不变，那么预期率等于2.04DC/FC。计算如下：

$$x = s - (I_{DC} - I_{FC})$$

$$x = \frac{S_1 - S_0}{S_0} - (I_{DC} - I_{FC})$$

$$0\% = \frac{S_1 - 2}{2} - (3\% - 4\%)$$

$$S_1 = 2.04$$

这样外国债券的本币收益率为 $1.03 \times (2.04/2.00) - 1 = 5.06\%$

b) $X = S \times (P_{FC}/P_{DC}) = 1.80 \times (1.01/2.06) = 0.88$

外国债券的本币收益率为 $1.03 \times (1.80/2.00) - 1 = -7.3\%$

汇率从购买力平价所确定的水平偏离构成了汇率波动的一个主要来源，而且各国的消费偏好也是不同的，在这些情况下，由实际消费品价格的不一致导致的风险被称为实际汇率风险或购买力风险。

在现实生活中，汇率的日常变化是非常频繁的，并不能简单地用每日通胀率的差异来解释，因为通胀率相对于汇率变动而言总是很稳定的。所以，大部分短期汇率的波动都会导致实际汇率风险(这一点可以从式(12-40)中看出)，这样投资者就会愿意进行套期保值来规避汇率风险，国际资产定价模型的一个前提是各国投资者关心的是以本国货币衡量的收益和风险，国内资产定价模型的所有假设对于国际资产定价模型仍然适用，尤其是投资者可以自由地借入或贷出所有货币，利用利率平价，投资者可以任意复制远期货币合约来套期保值，在这里需要指出的是对于美国投资者来说，短期政府债券可能是无风险的，但对于他国投资者来说，由于汇率风险的存在，它就是有风险的。

现在很有必要回忆一下利率平价①为 $F = S(1 + r_{DC})/(1 + r_{FC})$

---

① 详见本书中的汇率决定理论。

其中，F 指远期直接汇率；S 指现期直接汇率；r_{DC} 指国内无风险利率；r_{FC} 指外国无风险利率。

它的另一种近似形式为

$$(F-S)/S = r_{DC} - r_{FC}$$

任何一项投资的风险溢价 RP 即等于它的预期收益 $E(R)$ 与国内无风险利率 R_0 之差，即 $RP = E(R) - R_0$。一位投资者要是投资于外国货币，那他就会把本币兑换成外币，并取得无风险利率，所以外币投资的本币预期收益等于外国的无风险利率 r_{FC} 加上汇率预期变化率，即 $E(R) = r_{FC} + E\left(\dfrac{S_1 - S_0}{S_0}\right)$。外币汇率风险溢价（SRP）等于此项外国投资的预期收益减去本币无风险利率：

$$\begin{aligned} SRP &= E(R) - r_{DC} \\ &= r_{FC} + E\left(\frac{S_1 - S_0}{S_0}\right) - r_{DC} \\ &= E\left(\frac{S_1 - S_0}{S_0}\right) - (r_{DC} - r_{FC}) \\ &= E(s) - (r_{DC} - r_{FC}) \end{aligned}$$

利用利率平价 $(F-S)/S = r_{DC} - r_{FC}$，外汇风险补价也可表达为预期的即期汇率与远期汇率之差占即期汇率的百分比，即 $SRP = \dfrac{E(S_1) - F}{S_0}$。

在国际资产定价模型中，所有投资者都以本币为基准，通过最优化其预期收益和方差来决定他的资产组合情况，最终所有资产的需求与供给相平衡，每一种货币的借出与贷入是正好相抵消的，这样 ICAPM 可会得出两个类似国内资产定价模型的结论。

① 分离定理。

每个投资者的最优策略是投资于两种形式的资产组合：(1) 以本币表示的无风险资产；(2) 已经作了最优套期保值的国际市场组合。对每个投资者来说，该组合的构成是相同的，而且是做了套期保值的。当然最优的套期保值率是随着资产、货币的变化而变化的，它取决于诸如不同国家之间的相对财富、外国投资头寸和风险厌恶程度等变量,这些变量并不能从一些市场数据中获得。对于最优套期保值率,国际资产定价模型并不能提供一个清晰简单且具有可操作性的结论。

② 风险—价格关系。

国际资产定价模型关于均衡的风险—价格关系要比国内资产定价模型复杂一些,在国内资产定价模型中,任何资产的预期收益率仅仅是该资产与市场组合协方差的函数。在国际市场上就出现了汇率风险问题,所以与之对应在风险—价格关系中也必须考虑汇率风险溢价。假设在国际市场有 $k+1$ 个国家,那么就会有 k 个汇率风险溢价。这样一种资产 i 的预期收益率就可表示为

$$E(R_i) = R_0 + \beta_{iw} \times RP_w + \gamma_{i1} \times SRP_1 + \gamma_{i2} \times SRP_2 + \cdots + \gamma_{ik} \times SRP_k$$
(12 - 41)

其中,R_0 是国内无风险利率;β_{iw} 是第 i 种资产本币收益针对国际市场的敏感性;RP_w 是国际市场的风险溢价,等于 $E(R_w) - R_0$;$\gamma_{i1} \cdots \gamma_{ik}$ 是第 i 种资产本币收益针对从 1 到 k 种货币汇率的敏感性;$SRP_1 \cdots SRP_k$ 是 k 种外汇汇率风险溢价。

在式(12-41)中,所有的收益都是以本币衡量的,我们可以看出国外投资的本币收益由三个部分组成:a) 国内无风险利率,加上 b) 国际市场风险溢价与该种资产针对国际市场的敏感性之积,加上 c) 外汇汇率风险溢价与该种资产针对货币汇率的敏感性之积。

可以看出,国际资产定价模型与国内资产定价模型不同之处有两个:a) 国际资产定价模型内的市场风险是国际市场风险而不是国内市场风险;b) 一种子资产的风险溢价在国际资产定价模型中必须考虑它针对外汇汇率风险的敏感性,不同的敏感性会带来不同的预期收益。

为什么汇率风险溢价不会为零呢?因为不同国家的投资者有着不同的外国投资头寸和不同的风险厌恶程度。均衡时,汇率风险溢价可能为正,也可能为负。举一个例子,美国人向外国的投资大于外国人在美国的投资,假定美国人对风险更加厌恶,这样相对于外国人对自己的美元头寸作套期保值(卖出美元远期)的需要,美国人就有更大的冲动对自己的外国投资头寸作套期保值(卖出外币远期),这种不平衡就产生了风险溢价。美国人必须为他们的套期保值支付风险溢价,同时美国人投资的对象国就会收到相应的风险溢价,由于对美国人卖出外汇远期相对于外国人卖出的美元远期更多,这种压力就使得外汇远期汇率比预期的即期汇率低,根

据外汇汇率风险溢价的定义,这就产生了外汇风险溢价。

例 12-12 假定一位欧洲投资者投资于国外市场,国际市场风险溢价估计为 5%,外汇汇率风险溢价为 1%,欧元的无风险利率为 5%,投资对象国的货币无风险利率为 3%,给定下面四种股票的 β、γ 的值如下:

	A 股票	B 股票	C 股票	D 股票
β	1.0	1.0	1.2	1.4
γ	1.0	0.0	0.5	-0.5

根据国际资产定价模型,计算这四种股票理论上的预期收益。

解:根据国际资产定价模型,每种资产的预期收益率由下面公式决定:

$$E(R_i) = R_0 + \beta_{iw} \times RP_w + \gamma_{i1} \times SRP_1 + \gamma_{i2} \times SRP_2 + \cdots + \gamma_{ik} \times SRP_k$$

把 A 股票的 β、γ 值代入得:

$$E(R_A) = 5\% + 1.0 \times 5\% + 1.0 \times 1\% = 11.0\%$$

同理得到股票 B、C、D 的预期收益如下表:

	A 股票	B 股票	C 股票	D 股票
预期收益	11.0%	10.0%	11.5%	11.5%

习 题

1. 如果中国与美国的汇率比价由每 100 美元兑换 827 元人民币变动为每 100 美元兑换 780 元人民币,则以下选项正确的是(   )。

A. 美元升值,人民币贬值

B. 美元贬值,人民币升值

C. 对中国来说,每 100 美元兑换 827 元人民币是间接标价法

D. 对美国来说，每 100 美元兑换 780 元人民币是直接标价法

2. 某银行外汇报价如下：

€/$=0.800 10—0.800 30　　　¥/$=120.10—120.21

求：外汇报价 ¥/€ 是多少？

3. 假设 ¥/$=110，意思是每 1 美元可以换取 110 日元，如果预期美国的通货膨胀率是 3%，而日本的通货膨胀率是 1.2%，则预期 ¥/$ 会调整到多少？

4. 设即期汇率 1 英镑=1.698 0 美元，或表示为 $/£=1.698 0，美元利率为 1.2%，英镑利率为 3.6%。试问：当 3 个月美元比英镑的远期汇率为多少时，才会消除外汇市场上的无风险套利机会？（不考虑交易成本）

5. 一个美国投资者持有价值 160 000 000 日元的日本股票。即期汇率为 158 日元/美元，3 个月的远期汇率为 160 日元/美元。该投资者担心 3 个月后日元贬值，但他仍然想持有该股票，那么他应该如何利用远期合约对他的股票进行套期保值？

6. 如果一位美国投资者持有一个法国股票的证券组合，现在价值 10 000 000 欧元。为了消除欧元贬值带来的损失，他卖出一份 2 个月的远期合约，执行价格为 1 美元/欧元，现在即期汇率为 1.1 美元/欧元。一个月后，该投资者持有的证券组合价值达到 10 050 000 欧元，即期汇率为 1.05 美元/欧元，而远期汇率为 0.95 美元/欧元。

(1) 比较进行套期保值和不进行套期保值的收益；

(2) 如果套期保值比率为 0.35，计算该组合的收益。

7. 一位瑞士投资者拥有价值 10 000 000 美元的短期存款（假设利率为 0）。他担心在 1 个月后美元会相对于瑞士法郎贬值。下面是芝加哥交易所对期权的报价：

	一个月后瑞士法郎期货	（价格单位：美元/瑞士法郎）
执行价格	看涨期权	看跌期权
0.73	0.024 3	0.015 4

问：该投资者应如何利用期权对自己的存款进行套期保值，这与利用远期合约有什么不同？

8. 10月1日,以为瑞士投资者打算利用瑞士法郎看涨期权,为自己的一个价值 10 000 000 美元的美国组合做套期保值。即期汇率为 0.40 美元/瑞士法郎。该投资者可以买入一份一个月的瑞士法郎看涨期权,执行价格为 0.40 美元/瑞士法郎,期权费为 0.01 美元/瑞士法郎,每份期权的规模为 62 500 瑞士法郎。期权的 δ 值为 0.5。

(1) 该投资者应购买多少期权来进行 δ 套期保值?

如果几天后,美元汇率下降到 0.41 美元/瑞士法郎,他的资产组合价值仍然为 10 000 000 美元。上述期权的期权费也变为 0.016 美元/瑞士法郎,δ 也变为 0.7。

(2) 那么投资者的套期保值结果如何?应如何调整?

9. 简述国际资产定价模型与国内资产定价模型的区别。

10. 假设一个美国投资者要投资于法国的股票 A、B 和瑞士的股票 C、D。国际市场风险溢价为 6%。瑞士法郎的外汇汇率风险溢价为 1.25%,欧元的外汇汇率风险溢价为 2%。美国一年期无风险利率为 3.75%,其他资料如下:

股票	A	B	C	D
国家	法国	法国	瑞士	瑞士
β	1	0.90	1	1.5
$\gamma€$	1	0.80	−0.25	−1.0
γ_{SFr}	−0.25	0.75	1	−0.5

计算四只股票的预期收益率。

第 13 章　投资的心理视角——行为金融

众所周知,行为金融学在近几年金融领域大行其道,其领军人物维农·史密斯和卡尼曼在 2002 年一起分享了诺贝尔经济学奖,其影响力可见一斑。本章将从投资的心理视角来阐述这个重要的理论:第 1 节我们先简要介绍行为金融的研究主题,第 2 节介绍几个比较重要的行为金融理论,第三节概述行为金融学在投资中的应用及对其发展的展望。

13.1　行为金融的研究主题

行为金融学的真正兴起是在 20 世纪 80 年代末。普林斯顿大学的卡尼曼(Dainiel Kahneman)教授、斯坦福大学的特维尔斯基以及威斯康星大学的邦特等许多学者都发表了各自金融行为学的研究成果。这一研究高潮的到来主要是受以下三个因素的影响:一是越来越多的实证经验发现现有的金融理论在某些基本方面存在着缺陷,因而对现实中的某些问题无法给出合理的解释;二是预期理论在这一时期的发展,该理论主张用建立在更为现实的行为假设上的模型来代替建立在主观预期效用理论上的模型;三是 20 世纪七八十年代中,会计理论研究者在心理活动对财务决策的影响上作了非常广泛的研究,为 20 世纪 80 年代末行为金融学的兴起奠定了基础。传统的金融理论涉及两个非常重要的假设:一是人的行为完全符合理性假设;二是市场有效性假设。当传统的金融理论对一些现象无能为力的时候,人们对这两个假设开始怀疑。行为金融学从相反的角度发展起来,它研究的主题就是投资者的有限理性和无效率市场。

13.1.1　有限理性

行为金融学是以心理学为基础的。人们在解决问题时可以通过计算得出结论,从而作出决策。如果每一个决策都要通过计算得出未免太繁杂,由于受制于时间、精力、信息等等条件的制约,有的也是不可能的。这时人类不同于计算机的一点也就表现出来了,人们不是严格理性地收集所有信息并进行客观分析和概率计算,而是试图在头脑中"寻找捷径",依靠直觉或以往的经验制定决策,这被称为启发式决策过程。这种决策机制给人类带来很大的方便,但是这条路径十分模糊,常常会导致一些不自觉的偏误,即"启发式偏误"。它又分为三种形式。

(1) 易获得性偏误。

在决策过程中,人们往往简单地认为容易被他们知道的事情发生的概率会更大,即容易令人联想到的事件会让人误以为这个事件常常发生,这就是"易获得性偏误"。

(2) 代表性偏误。

人们在倾向于根据样本是否代表总体来判断其出现的概率,这种思维方式成为代表性启发,人们在利用这种方法形成信念和推理时存在两个严重的误差:一是过于注重事件的某个特征而忽视了其出现的无条件概率,例如人们的经验告诉他们金子是闪光的,于是当他再看见闪光的东西时,就会武断地判断这是金子;二是忽略了样本大小对推理的影响,人们会认为小样本与大样本具有相同的概率分布,所以他们有时候会不自觉地利用小样本特征来反映母体的特征,这种信念成为"小数定律"。例如,在一次扔硬币的实验中,如果连续几次出现正面,那么一般人们就会认为下一次就应该是正面了,因为他们认为即使是一个小样本也应该遵守正反面出现的概率相当的特征。

(3) 锚定与调整法则。

锚定与调整法则是在没有把握的情形下,人们通常利用某个参照点作为锚(Anchor)来降低模糊性,然后再通过一定的调整得出最后的结论。Slovic 和 Lichtenstein(1971)指出,无论初始值是问题中暗示的还是粗略计算出来的,随后的调整通常都是不够的,不同的初始值将产生不同的结果。下面 Kahneman 和 Tversky(1974)描述的幸运轮实验也清晰地表明:人们过多地受到无意义的初始值的约束与影响。

在一个幸运轮实验中,要求被试者主体对非洲国家在联合国中所占席位的百分比进行估计。由于分母是 100,事实上只需要对分子进行估计。首先,主体被要求旋转摆在其前面的幸运轮随机地选择一个在 0 和 100 之间的数字,然后主体被暗示该数字比实际分子数是更高或更低,然后再让主体确定他们的估计值。

Kahnemann 和 Tversky 发现,其估计值明显受到幸运轮随机产生的数字的影响。比如,当幸运轮停在 10 的位置时,被试者对分子值的平均估计值为 25;而当幸运轮停在 65 的位置时,被试者对分子值的平均估计值则达到了 45。由此可见,尽管被试者主体知道轮盘产生数字的随机性,而且他们对该数字也做了调整,但他们还是将最终估计值锚定在这一数字的领域内。

13.1.2 有限理性在证券市场上的表现

在证券市场上,投资者也不总是完全理性的,有限理性对他们也是适用的。投资者在进行投资决策时,人类固有的行为模式会不知不觉地控制投资者的行为。每一个投资者都想规避风险,但是由于不确定性的存在,投资者能力有限不能把握投资行为的可靠性时,投资者就会向政策的制定者、媒体、专家或自己的感觉、经验等寻求心理依托,投资行为的前景愈不明朗,投资者的心理依托感就会愈强烈,人类特有的认知偏差的弱点就会显现,就有可能会出现认识上的偏差,从而产生种种不理智和非理性的行为。下面我们就介绍几种非理性行为。

(1) 过度自信。

大多数人总是过于相信自己的能力和预测能力。过度自信使得投资者相信自己获得信息的能力,过于看重自己的信息,从而忽视公司基本面的情况;另一方面由于过于自信,投资者不愿意接受与以前自己信息不一致的新信息,因为这会破坏自己的信心,从而作出一些非理性的行为,如投资者会主动承担更大的风险,因为他们认为自己比其他的投资者聪明,掌握了其他人没有的信息,看到了别人没有看到的趋势。

过度自信还会引起过度交易。传统的金融理论认为,如果没有新信息的进入,投资者没有改变预期的时候是不会盲目交易的,但事实上在股票市场上交易是很频繁的,这就是因为投资者总认为自己已经找到了投机的机会,从而总是频繁地买入或卖出股票。

过度自信总是让投资者不愿意承担失败的责任。他们容易把成功看成是由于自己的能力超过别人,而总是把失败归结与外部原因,这称为"自我归因"。自我归因的存在更助长了过度自信,因为投资者把历次的成功并不看成是自己运气好,而是由于自己的能力强,所以他们不能通过不断的理性学习过程来修正自己的信念。

(2) 私房钱效应。

Thaler 和 Johnson(1990)年发现,在某些情况下,利得的增加会提高个人参加赌局的意愿,这成为"私房钱效应"。这可以通过下面的例子理解：

A 组学生,假设他们刚刚赢得 30 美元,现在有一个抛硬币的赌局,正面可以得到 9 美元,反之要输掉 9 美元,实验结果表明 70%的学生选择接受赌局。

B 组学生,假设刚开始他们没有赢得任何钱,再提出抛硬币的赌局,如果正面可以得到 39 美元,反之可以得到 21 美元,如果不参加赌局可以稳获 30 美元,实验结果表明只有 43%的学生愿意参加赌局。

其实两组学生面临的最终选择是一样的,即正面得到 39 美元,反面得到 21 美元,但是开始拥有财富的学生选择参加赌局,而开始没有钱的同学则放弃,这说明个人在作出决策时会受到前一次收益的影响。

(3) 反应过度和反应不足。

"反应过度"指的是投资者对信息的理解和反应上出现偏差,投资者会赋予不同的类型的信息不同的权重,如对近期醒目的信息过分关注,而且反应强烈,但对于不显眼的信息就视而不见,所以仅仅依据最新信息而作出的决定总是反应过度的。

与之对应的就是"反应不足",人们总有一种固守原有信念的惰性,所以当新信息出现时,人们不愿意给予足够的重视,认为它的影响是暂时的,不愿意改变自己的策略,往往是职业的投资经理会反应不足,因为他们总是过于自信自己的能力,而不愿意放弃自己原来的看法。

(4) 损失厌恶。

在生活中我们可以明显感觉到：对于获益 2 美元和损失 2 美元,我们一般会更在乎后者,也就是说,人们面临的损失所带来的负效用要大于同样数量收益带来的正效用,这就是"损失厌恶"。

(5) 处置效应。

Locke Peter R. 和 Steven C. Mann 于 2000 年研究发现职业期货投资者持有亏损头寸的时间要比持有盈利头寸的时间长。这是因为当盈利前景呈现在投资者面前时,投资者倾向于卖出已经获利的证券以获得确定性的收益,而当亏损前景呈现在投资者面前时,他们更倾向于继续冒险,期待着翻盘,于是投资者持有亏损证券的时间相对于盈利证券的时间更长。

(6) 神奇式思考。

我们先看一个 Skinner 在 1948 年作的一个实验：固定每隔 15 分钟给用来作实验的鸽子喂一次食，尽管喂食不受鸽子动作的影响，但鸽子却执着地认为是自己的某种特定的动作导致了主人的喂食，所以它们一次次的重复这某种特定的动作。这就是"神奇式思考"。

"神奇式思考"指的是个人将不相关的行为或事件误以为是有关联的，或是说，将不相关的事情当作是某件事成功或失败的原因。

例如，由于整个经济大环境的影响，公司的经营利润大幅上涨，如果在这之前公司刚好作出了某种决定或行为，也许这个决定与此次利润的上涨毫无关系，但是公司的决策层可能会执着地认为是自己的这个决定或行为带来了利润的上涨，所以他们会一再重复这种决定或行为。这种现象明显是自欺欺人，但是它确实存在。

13.1.3 非有效市场

有效市场假设可以说是传统金融理论的基石之一，直到 20 世纪 70 年代有效市场假设还处于至高无上的地位，然而在 20 世纪 80 年代后，大量研究发现事实情况并非如此，金融市场存在着有效市场假设无法解释的大量现象，而行为金融学对这些现象作出了比较让人信服的解释。下面我们就简单介绍以下几种现象和行为金融学对它们作出的解释。

(1) 波动性之谜。

在有效市场假设下，股票价格是由股票未来各年预期收益现值之和（基础价值）决定的，如果假设投资者的期望折现率是常数，那么价格红利比和红利增长率的波动应该相似，股票价格仅仅随着基础价值的变化而变化。然而，Campbell 和 Cochrane(1999)却发现：价格红利比的波动远远大于红利增长率的波动，这就是"波动率之谜"的一种表现形式。

"波动率之谜"给我们提出了一个问题：股票价格是否仅仅随着基础价值的变化而变化。1987 年的美国股市大崩溃给这些争论提供了一个很好的研究案例。Shiller 组织了一个调查小组来研究 1987 年的美国股市崩盘的原因，在崩盘的当天股票价格在一天之内下跌 25%，结果发现这次股市崩溃和基础价值的变动没有任何关系。

如何解释这个现象呢？Barberis、Huang 和 Santos(2001)利用损失厌恶和私房钱效应,修正了传统的一般均衡定价模型,解释了股权报酬的高波动性。他们认为,个别股票的折现率是股票过去业绩的函数,当市场上出现利好消息推动股价上升,股价的上升使得投资者前期的股票报酬(资本利得)增加,此时由于私房钱效应会提高投资人风险容忍程度,于是投资人会用较低的折现率来折现股利,反过来推动股价,使之更高,造成股价相对于当前股利水平偏高。同理,如果股价下跌,由于私房钱效应的影响,投资者对风险的容忍度比以前更低,对损失更敏感。他们会用较高的折现率折现未来现金流,因此股价更低。这样一来,价格红利比将会过度震动,股票报酬也更具有波动性。

另外,还有其他解释"波动率之谜"的途径。例如,投资者对未来红利增长信念的形成方式,原因在于投资者在形成对未来红利增长方式信念的时候,通常依据被称之为"小数定律"的推理法则,他们看到了一个小样本,就认为看到了"真相",所以他们相信平均红利增长率比实际的波动更大,即在看到红利增长后,投资者很快会认为红利增长率提高了,于是其相应的买入行为将价格推高到与红利不相适应的水平;同时,在看到红利下降后,投资者很快会相信平均的红利增长率降低了,相应的卖出行为也会将价格压低到与红利不相适应的水平。若是在传统金融理论中,投资者都是完全理性的,他们在预期的形成过程中不会出现如此的偏差。

(2) 时间序列报酬可预测性。

弱式有效市场假设认为投资者利用过去的价格信息无法获得超额利润。然而,下面的实证研究对弱式有效市场理论提出了有力的挑战。DeBondt 和 Thaler(1985)提出的金融资产价格的过度反应现象,他们根据三年股票的表现将所选股票分为两类,一类是溢价股票,另一类是跌价股票,然后比较这两组股票在以后 5年的表现。结果他们发现跌价股票得到的收益率要明显高于溢价股票。

Chopra、Lakonishok 和 Ritter(1992)的研究也发现,在一段较长的时间内,表现差的股票在其后的一段时间内将有不俗的表现,而表现最不错股票则往往在其后的表现却不理想。

Jegadeesh 和 Titman(1993)发现,从统计意义上讲,股票价格变化的趋势将在未来 6—12 月内持续,即在相对短期的时间内股票价格表现出与以前的价格趋势相同的变化,证明了价格惯性效应的存在。

这些实证研究向我们表明了短期股价报酬率呈现正的自我相关,即股价报酬率的变化趋势会持续一段时间,而长期报酬率则呈现负的自相关性,即在长期内会有一个回归过程。这种现象成为"时间序列报酬可预测性"。这样就说明了过去的价格信息还是有利用价值的，我们可以预期一个股票价格上涨会持续一个较短的时期，在长期内会下降。这就说明以往的价格、收益率都有预测作用。

Delong、Shleifer、Summers和Waldmann(DSSW,1990)认为非理性交易者会带来短期的过度反应，但资产价格上涨太高或下跌太深时，将来可能会进行调整。因此在长期来看，报酬率呈现负的自相关性。

Barberis、Shleifer和Vishny(1998)构建了一个描述投资者信念更新过程的动态模型。他们假定公司盈利变化的真实过程是随机游走的，而投资者基于两种重要的认知心理：保守主义和代表性法则，认为公司的盈利过程将遵循下面两种形式中的一种：一是"均值回归"，二是"趋势"。如果投资者采用的是保守主义认知心理，那么他赋予有关盈利的最新信息比较小的权重，认为价格会在以后回归；如果投资者采用的是代表性法则的认知心理，那么他会认为新的趋势已经出现。

在出现一个正盈利冲击时，投资者坚持的是保守主义，即认为不久价格会回调，所以他们对此正冲击反应不足，然而公司盈利变化的真实过程是随机游走的，当第二次盈利公告出现的时候，坚持保守主义的投资者会得到意外的惊喜，从而产生了价格惯性。当一系列正盈利出现的时候，投资者会改变自己保守主义的心理，从而改用代表性法则，他们会认为盈利出现了增长趋势，从而不断地购入把价格推高到一个与当前盈利水平不符合的水平上。当遵从随机游走的盈利变化，从长期来讲并不是投资者想象的，所以在长期内价格会重新回归。

Daniel、Hirshleifer和Subrahmanyam(1998)将投资者分为两类：一类是有信息者，另一类是无信息者。无信息者的投资行为不会受到判断偏差的影响，而有信息者的投资行为容易受到判断偏差的影响。有信息者的判断偏差又分为两类：一类是"过度自信"；另一类是"自我归因偏差"。过度自信使投资者夸大自己对股票价值判断的准确性；自我归因偏差则使投资者低估公共信息对股票价值的影响。这就是说，当投资者奉行这种模型时，会产出个人掌握的信息与公共信息的背离，这种背离导致股票回报的短期连续性和长期的支持。

Grinblatt和Han(2001)则用处置效应来解释时间序列报酬可预测性。在利好消息的出现推动价格上涨，从而获利的投资者人数增加，在处置效应的影响下，有的投资者会卖出股票，由于卖方力量的加强减缓了价格上升的速度，表现为价格反应不足，同时反应不足还会吸引其他投资者买入，导致价格继续上涨，从而导致了价格的惯性。

(3) 横截面报酬可预测性。

实证表明报酬不仅在时间序列上可预测,在横截面上也可预测,存在着"规模溢酬之谜"和"价值溢酬之谜"。

"规模溢酬之谜"也称"小公司效应",它指的是指投资于小市值股票所获收益要比投资于大市值公司股票高。Banz(1980)发现在美国无论是总收益率还是风险调节后的收益率都与公司大小呈负相关关系。Siegel(1998)的研究发现:平均复合收益率与公司市值成反向关系。在1926—1996年,纽约证券交易所中市值排名前10%的股票的年平均复合收益率为9.84%,而市值排名后10%的股票,其年平均复合收益率为13.83%,小市值公司的股票收益率比大市值公司的股票高出4%。

"价值溢酬之谜"指的是股票收益率与公司的市值/账面价值比率成负相关关系。市值/账面价值比率较高的公司一般被认为是增长型股票,而这一比率低的股票被认为是价值型股票。因此,投资于低市值/账面价值比率公司被称为"价值投资"。Lakonishok等(1994)的研究发现,市值/账面价值比率高的股票相对市值/账面价值比率低的股票,收益率要低得多。

Barberis和Huang(2001)投资人对于股票价格的波动有损失规避的倾向,而且决策会受到前一次投资绩效的影响。他们认为增长型公司和大市值公司股票在过去的表现都较好,所以在新一轮的投资决策中投资者就认为它们的风险比较低,仅要求较低的报酬。相反,价值型公司和小市值公司股票在过去的表现较差,所以投资者认为它们的风险比较高,就要求一个较高的收益率。

(4) 封闭基金之谜。

Zweig在1973年提出的,如果有效市场成立,基金无法获得超额收益,那么其内在价值应该等于基金的资产净值,然而事实表明,在基金创立时,每股价格高于净资产价值,交易时又都是折价交易,但在最后清偿或转为开放式基金时价格又等于净资产价值。这就是著名的"封闭基金之谜"。

Lee、Shleifer和Thaler(1991)认为有两种交易者:一是噪声交易者;另一类是风险理性交易者。噪声交易者的参与使得基金价格忽高忽低,这就使得另一类交易者额外承担了一类风险,即风险理性交易者除了承担基金价值变化本身的风险外,还必须承担由于噪声交易者的过度反应带来的风险,所以在交易时他们要求一个补偿，这就使得基金总是折价交易。基金创立时价格高于净资产价值的原因可能是由于基金一般是选择在投资者信心十足的时候创立，这样基金的发行价格就能达到一个高于价值的水平。在封闭式基金清偿或转为开放式基金时，不确定性已经不存在，噪声交易者已经不能再影响价格了，所以这时的价格就等于净资产价值了。

（5）股利之谜。

在传统的金融理论中，在一个没有税收、信息完备、无交易成本、有效的市场上，股利政策与公司股票应该是没有关系的。理性的投资者应该不会对股利斤斤计较，红利的不足完全可以通过股价上升来弥补，而且在美国的税收体制下，股利所得税率要比资本利得所得税率高，所以投资者应更倾向于公司回购股票或保留盈余，而不是分配股利。事实上，1959—1994年，美国非金融机构的公司共增加了2万亿美元的债务，但同时他们也发放了1.8万亿美元的红利。纽约城市电力公司（Consolidated Edison Company）在1973—1974年，由于油价上涨了4倍，为了度过财务困境，公司取消过去稳定的股利政策，这引起了轩然大波。所以，公司为什么要分配股利，当公司分配的股利增长时为什么会推动股价呢？这就被称为"股利之谜"。

对于"股利之谜"，行为金融理论认为，由于股利收入与资本收入属不同的心理账户，所以1元股利的收入或损失与1元的资本收入或损失对投资者的心理影响是不同的，当股票价格下跌或企业股利减少时，有差异的心理感受将促使投资者采取不同的应对措施。此外，由于不同心理账户的影响，投资者对各账户资金的风险态度存在差异，投资人将股利视为收入而不是资本，就会觉得用股利消费不是花掉自己的资产，这让他们会感到心安理得，因此投资者很看重红利的分配。

13.2 行为金融理论

行为金融理论有丰富的内容，限于本书的篇幅，这一节我们只能向读者简单介绍与本书投资学内容密切相关且与本书体系融合的三部分内容：羊群行为、行为资产定价理论和行为组合理论。

13.2.1 羊群行为

在本书理论篇的传统投资理论中,我们实际上是假设投资者的投资决策行为是互不影响的。然而,在实践中,个体的投资决策行为是相互联系和作用的,这种联系和作用又会影响金融市场中的价格波动。要真正明白市场中金融产品价格的决定,就必须在了解个体行为的基础上,从个体之间的相互联系和作用中发现金融市场系统的整体性质和行为,从而得出市场价格波动的规律和内在机制。个体之间的相互联系和作用的一个典型现象就是"羊群行为"(Herd behavior)。

(1) 羊群行为的概念。

金融市场中的"羊群行为"是指由于受其他投资者采取的某种投资策略的影响而采取相同的投资策略,即投资人的选择完全依赖于舆论(随大流),或者说,投资人的选择是对大众行为的模仿,或者过度依赖于舆论而不是基于自己所挖掘的信息。它的关键是其他投资者的行为影响一个人的投资决策,并对他的决策结果造成影响,羊群行为也被译为从众行为、群体行为。

最早提出羊群行为的是 Keynes(1934),他指出:"投资收益日复一日的波动中,显然存在着某种莫名的群体偏激,甚至是一种荒谬的情绪在影响着整个市场的行为。"Sherif(1936)设计的实验证实了群体所拥有的看法、准则及观点会对个人的思想起到不可估量的影响,这就是所谓的群体影响。金融市场中的羊群行为这个概念的内涵则十分丰富。例如,Lakonishok、Shleifer 和 Vishny(1992,以下简称LSV)认为羊群行为指在同一时间段,与其他投资者一样购买或出售相同的股票,这是一种比较狭义的概念。其实,羊群行为并不只局限于股票的买卖以及交易时机的趋同性,在金融市场中投资者的许多决策都可能产生羊群行为。Scharfstein 和 Stein(1990)认为羊群行为是指投资者只做其他人都做的事情,而忽略了私有信息。

(2) 羊群行为的分类。

关于羊群行为的分类,不同的学者从自己的角度提出了不同的分类方法。

① 理性羊群行为和非理性羊群行为:如果参与羊群行为可以增加参与人的经济福利,那么这种羊群行为就是理性羊群行为;反之,就是非理性羊群行为。

② 真羊群行为(Genuine herding)和伪羊群行为(Pseudo herding)。真羊群行为是指市场参与者对他人行为明显的模仿和跟从行为,而伪羊群行为(Pseudo herding)是指群体中的成员面临相同的决策问题、拥有相同的信息而因此采取了相似的行为。例如,利率忽然上涨,导致股票的吸引力大幅下降,投资者纷纷从股票市场抽出资金。这实际上是投资者对共同的经济基本面所采取的行为,因为投资者并非根据他人的行为而改变自己的决策。根据上面的定义,这种行为称为伪羊群行为。伪羊群行为是信息被有效利用而产生的结果,而真羊群行为则并不一定是有效的。对于外部观察者而言,如果不知道决策者的私有信息,所观察到的真羊群行为和伪羊群行为表现出来是相同的。因此,有效区分真羊群行为和伪羊群行为并非易事。

③ 序列性、非序列性和随机性羊群行为。Baneliee(1992)提出序列决策模型分析羊群行为,在这个模型中每个决策者在进行决策时都观察其前面的决策者作出的决策,因为其前面的决策者可能拥有一些重要的信息,于是他可能模仿别人的决策而不使用其自己的信息,但是由此产生的均衡是无效的。序列决策模型假定投资者的决策次序,投资主体通过典型的贝叶斯过程从市场噪声以及其他个体的决策中获取自己决策的信息,这种依次决策的过程就导致了市场中所谓的"信息瀑布"(1nformation cascade)。非序列羊群行为模型(Odean,1998b)也是由贝叶斯法则下得出的。模型假设任意两个投资主体之间的模仿倾向是固定相同的,当模仿倾向较弱时市场主体的表现是收益服从高斯分布,而当模仿倾向较强时市场主体的表现是市场崩溃。Com(1997)提出的随机性模型则假定相互联系的一群人相互产生影响,形成一个组,但同时组与组之间的决策相互独立。

(3) 羊群行为对资产价格的影响。

羊群行为对金融资产的价格有何种影响,对这个问题存在着不同的看法。一是认为羊群行为有稳定金融市场价格的作用;另一种观点认为羊群行为对金融市场有非稳定作用,它产生了价格泡沫,增加了价格的波动和市场风险。十分有意思的是不少理论模型建立在羊群行为使价格不稳定的基础上,但是实证研究的成果表明羊群行为并未破坏市场的稳定性。

① 稳定作用:LSV(1990)认为机构投资者可能在恰当的时候对同一基本信息进行交易。这样机构投资者的羊群行为通过加速价格调整过程而让市场更有效。所以,机构的羊群行为不一定带来价格的波动。20 世纪 90 年代末的研究都证实了羊群行为确实能够加速市场价格的调整过程。

② 非稳定作用:此种观点认为投资者之间行为的模仿、传染产生了价格泡沫,

使价格偏离基本价值。羊群行为是模仿别人的行为,即在别人购买时也购买,在别人出售时也出售,因此可能放大外来的股价波动的冲击。

(4) 羊群行为的实证研究。

由于羊群行为对于金融资产的价格以及市场的稳定性和效率具有很大影响,因此各国学术界、投资界和监管部门纷纷围绕各国金融市场进行羊群行为的实证研究。总的来说,有关羊群行为的实证研究并没有一个特定的可检验的模型。

Lakoniqhok、Shleifer 和 Vishny(1992)提出了使用统计学方法来测量羊群行为,这成为很多实证研究的基础模型。他们将羊群行为定义并测度为相对于基金经理独立交易的预期而言,一组基金经理同时买(卖)特定股票的一般倾向。LSV(1992)使用了 341 个不同的货币经理管理的 769 支美国免税权益基金来做羊群行为的实证检验,考虑的基金管理总数为 1 240 亿美元,结果他们断定在他们的例子中的货币经理不存在显著的羊群行为。

Grinblatt、Titman 和 Wermers(后文简称 GTW)(1995)使用 1974 年年末至 1984 年年末 274 支共同基金组成的投资组合的数据检验了基金经理间的羊群行为以及产生这种动量投资策略和表现的行为间的联系。GTW 在他们的例子中没有发现有显著经济意义上的羊群行为的证据存在。

但 Wermers(1999)使用 LSV 方法和 1975—1994 年实际存在的共同基金的季度权益资产数据检验时,却发现对一般股票存在共同基金的羊群行为效应。Wermers 发现那些以前正负收益较大的股票的羊群效应更显著。过去收益较高的股票的买方及过去收益较低的股票的卖方的羊群行为明显。

Nofsinger 和 Sias(1999)采用另一种方法检测机构投资者和个体投资者羊群效应的重要程度,他们使用了 CRSP 股票收益的月度数据及机构投资者持有的标准普尔之股东向导(Security Owners' Stock Guides)所列的纽约股票交易所上市的所有公司中的部分已发行股票的年度数据。他们指出在机构所有年度变化与羊群测度时间间隔(一年)的收益之间存在强的正相关关系,而且这一结果支持各种资本即大小股票都可。作者认为这可以作为机构投资者年内积极进行回馈交易及机构羊群效应对股票收益的影响比个体羊群效应更大的证据。

发达国家已进行了许多检测羊群效应及其影响的实证研究。在这些国家,证据表明投资经理不存在显著的羊群行为,羊群行为倾向与经理追求动态投资策略的倾向高度相关。关于新兴市场还有许多实证研究需要完成。从这些市场总体来看，有证据表明存在更大的羊群效应倾向。

(5) 中国证券市场存在羊群效应吗？

目前，中国许多学者所做的研究表明：在我国的证券市场上羊群行为也是广泛存在的。我国证券市场同成熟的证券市场比较，还是一个新兴的证券市场——不仅历史短，而且还不规范，羊群行为可能表现得更为严重。

例如，蒋学雷、陈敏和吴国富(2003)在《中国股市的羊群效应的 ARCH 检验模型与实证分析》一文中提出一种检验羊群效应的方法，即通过检验个股截面收益的绝对偏差(CSAD)与市场收益的非线性关系，来判断羊群效应是否显著，并对我国沪深两市的羊群效应进行了实证分析，结果发现我国沪深两市存在一定程度的羊群效应。

李洪涛、谭智平、方兆本(2002)在《深沪股市与香港股市的羊群效应之比较》一文中采用另外一种羊群效应检验方法，对内地股票市场和香港市场进行检验，结果发现国内 A 股市场有明显的羊群效应，而香港市场却不存在。

有意思的是，羊群行为可能在其他金融市场中出现。例如，我国中小银行贷款集中就是羊群效应在银行经营管理领域(或者说银行信贷市场)的具体表现。国有大银行目前在我国金融机构中仍居绝对主导地位，他们将贷款集中投向大企业的行为对中小银行形成了群体压力，中小银行在信息不对称的影响下无法掌握足够的信息帮助自己作出理性判断，就只能选择从众策略，将贷款集中投向大企业。陈爱莉(2002)就从这个角度认为对银行经营管理来说，充分利用行为金融理论的研究成果，趋利避害，克服经营管理过程中的羊群行为，有效规避风险，同时认真研究市场客户，利用客户群体的羊群效应实施组合营销，对于提升银行经营管理水平也有积极的意义。

13.2.2 行为资产定价理论

传统的资产定价研究是以有效市场理论假设为基础，假设市场参与者是理性的。理性假设认为每个人拥有完全的相同的信息，可以对将来作出准确的预测。这方面的研究用"代表性投资者"来平均化具有不同特征的市场参与者，认为每个市场参与者都做出独立决策，不考虑投资者的区别及相互作用，由此形成了经典的现代金融资本资产定价模型 CAPM(详见第 6 章介绍)。传统的 CAPM 缺乏对资本市场价格形成机制和投资者心理因素的探讨，更像是资本市场的收益和风险的关联关系分析模型，从这个意义上，其解释能力是有限的。

行为金融学家则坚持认为对投资者行为进行研究是至关重要的。Meir Statman(1999)指出，行为金融研究的目的就是要改变 CAPM 的假设，使其更接近现实。Shefrin 和 Statman(1994)构筑了 BAPM(Behavioral Asset Pricing Model)作为主流金融学中 CAPM 的对应物。BAPM 将投资者分为信息交易者(information traders)和噪声交易者(noise traders)两种类型。信息交易者即 CAPM 下的投资者，他们从不犯认知偏差，而且不同个体之间表现有良好的统计均方差性；噪声交易者则是那些处于 CAPM 框架之外的投资者，他们时常犯认知偏差，不同个体之间具有显著的异方差性。将信息交易者和噪声交易者以及两者在市场上的交互作用同时纳入资产定价框架是 BAPM 的一大创举。在 BAPM 里，两类交易者互相影响，共同决定资产的价格。当信息交易者在市场上起主导作用的时候，市场是有效的；当噪声交易者在市场起主导作用的时候，市场是无效的。

BAPM 中证券的预期收益决定于其行为贝塔(behavioral betas)，即正切均方差有效(tangent mean variance efficient)资产组合的贝塔。因为噪声交易者对证券价格的影响，正切均方差有效资产组合并非市场组合(market portfolio)。比如，噪声交易者倾向于高估成长型股票的价格，市场组合中成长型股票的比例相应也就偏高。为了纠正这种偏差，正切均方差有效资产组合较之市场组合要人为调高成熟型股票的比例。行为贝塔的估计是一个难点，因为正切均方差效应资产组合随时都在变化，这个月还在起重要作用的行为因素下个月可能变得微乎其微，我们很难找到它的有效替代物。

当然，这些问题决不能阻止金融学家们对资产定价模型的追求。CAPM 也好，BAPM 也好，这些资产定价模型都是经济学中供求均衡基本思想的一个翻版。供求曲线既决定于理性趋利特性(如对产品成本、替代物价格的分析)，也决定于消费者的价值感受(如口味等)。在 CAPM 中，供求仅仅决定于理性趋利特性下的标准贝塔，在三因子 APT 中，供求决定于公司规模(size)、账面/市场价值比(B/M)以及市场组合本身，但对公司规模和 B/M 的判断是具有理性趋利特性的客观标准还是反映了投资者的价值感受特性呢？Fama 和 French(1992)持前一种观点，Brennan、Chordia 和 Subrahmanyam(1992)则持后一种观点。

BAPM 涵盖了包括理性趋利特性和价值感受特性的诸多因素，比如钦佩

(admirmion)这种价值感受特性。《财富》杂志每年都对职业经理人和投资分析家最钦佩的公司做一次调查。Shefrin 和 Statman(1995)发现,回答者明显偏爱其钦佩的公司的股票,而且这种偏爱已经明显地超越了预期回报(理性)的解释能力。在股票市场上,人们对成长股的追捧同样超越了理性。事实证明,价值感受特性和理性趋利特性一样,应当成为决定预期收益的参数。

另外,BAPM 还对在噪声交易者存在的条件下,市场组合回报的分布、风险溢价、期限结构、期权定价等问题进行了全面研究。在 BAPM 模型中,由于既考虑了价值表现特征,又包含了效用主义特性,因此,它一方面从无法战胜市场的意义上接受市场的有效性,另一方面从理性主义意义出发拒绝市场有效性,这对金融研究的未来发展有着深刻的启示。

Hirshleifer(2001)总结认为,证券预期收益是由风险和错误估价(misvaluation)共同决定的,而错误估价则是由于投资者的各种认知偏差(如过度自信)引起的。少数人的非理性甚至造成了整个市场系统性的偏差。

13.2.3　行为组合理论

(1) 现代投资组合理论及其缺陷。

我们在第 5 章中已经详细介绍过马柯维茨组合理论,这里我们就只简单地回忆一下。Markowitz(1952)基于均值—方差方法提出的资产组合理论。继 Markowitz 之后,经济学家 William Sharp 于 1963 年发表了《证券组合分析的简化模型》一文,提出了资本资产定价模型(CAPM),Stephen Ross 随后于 1976 年提出了套利定价理论(APT)。这些模型都是用均值—方差标准来选择投资组合的有效边界,然后根据投资人的效用无差异曲线(Markowitz 模型)、引进投资人可以无限制地以无风险利率进行借贷而得出的资本市场线(如 Tobin 的模型),以及在此基础上施加卖空的保证金限制并放开 Markowitz 模型的证券权重非负性约束(如 Black 的模型),从而得出投资人的最佳投资组合点。就这样,以均值—方差方法为核心的现代投资组合理论(Modern Portfolio Theory,MPT)逐渐树立了其在投资组合领域的支柱地位,并奠定了以后的资产定价模型和其他相关研究的基础。

然而,马柯维茨的均值—方差分析方法仍然具有非常严重的缺陷。首先,该模型严重依赖均值—方差选择投资组合标准的前提条件,那就是投资者是风险厌恶的而且收益分布必须符合正态分布或投资人的效用函数为二次型。然而,投资人的效用函数为二次型,严重不符合实际和理论研究要求。所以,均值—方差选择投资组合标准以及以此为基础的资产组合模型成立的前提,就必须是投资人风险厌恶而且收益分布符合正态分布,否则失效。许多经验研究表明,收益分布往往不是遵循正态分布的,即使是遵循正态分布也是指每天的,而在不同的天与天之间该分布是漂移的或非稳态的(也与现今许多研究得出的股票价格遵循几何布朗运动相符);投资人在实际投资中对待风险的态度也不是固定不变的,这给均值—方差投资选择标准及以此为基础发展起来的现代投资组合理论以沉重打击。其次,Markowitz模型以方差或标准差度量风险,同等对待正负离差也是不科学的,与投资者实际的风险感受不一致。另外,实际市场中的研究发现,金融机构在实践中所使用的资产组合和Markowitz均值—方差组合也有很大差别。比如,Fisher和Statman(1997)发现共同基金为一些投资者采取了较高比例股票的投资组合,对另一些投资者却采取了较高比例债券的投资组合,这显然有悖于传统金融学中的两基金分离定理(two fund separation)。因为两基金分离定理证明所有有效组合都能够表示为一个股票与债券具有固定比例的风险组合和不同数量的无风险证券的组合。

方差方法在20世纪60年代受到很大批评。哈达和卢瑟尔(1969)提出了一种表征递增风险的替代方法,但只能提供随机变量的一种偏序化;罗斯柴尔德和斯蒂格里兹(1970,1971)提出"平均保持展性"概念。这些方法都属于多变量衡量方法,但实际应用范围有限且较为复杂,未能推广。此外,与方差同类的单变量风险衡量指标还有平均绝对偏差、四分位数间距和半方差等,但都面临着与方差类似的困境。

与上述方法不同思路的是用变量的实际值小于变量均值或某一个目标效用函数主体所认为的安全值(或可以维持自己效用不比现状差的值)的概率来表示风险。这种衡量风险的方法的典型形式是$\text{Prob}\{x \leqslant E(x)\}$等。该观点认为用均值—方差方法来衡量风险不能真正地描述投资人的风险,因为在实际中投资人不会把高出初始财富的投资结果视为风险,只是把小于初始财富的投资结果视为真正的风险,所以在投资人的效用函数中常常对损失带来的负效用施以更大权重,对收入带来的效用增加给以较小的权重。而以均值—方差衡量风险的方法却对高出均值的投资结果和低于均值的投资结果给予同样的权重,难以符合实际。早期持该观点的代表人物有Roy、Telser等。Roy(1952)提出了著名的"安全第一模型";

Telser(1955)在 Roy 的基础提出了一个更为完善的安全第一模型,该模型的基础就是用 Prob$\{w<s\}$ 来衡量风险(其中,Prob 为概率符号,w 表财富,s 为可以维持目前效用的财富水平)。ArzaV 和 Bawa(1977)进一步拓展了"安全第一模型",他们允许 Telser 的模型中的 Prob$\{w<s\}\leqslant b$ 中 b 的变动(在 Telser 和先前的模型中 b 是不变的),从而更能反映投资人的心理计量特征。Baumol(1953)也认为方差并未意味着风险,风险主要是反映随机变量取相当低的值的可能性。由于当时正是以均值—方差方法为基础的资产组合投资理论兴起的时候,Roy 和 Baumol 等的观点并未受到重视。

(2) 行为组合理论及其应用。

① 行为组合理论的基本思想:由于缺乏对投资者风险态度和实际决策行为的研究,MPT 对风险的假设性描述明显地脱离实际,它无法解释现实中的诸多问题。比如,为什么投资者在购买保险的同时还会购买彩票?对于这个问题,行为金融学中的心理账户给出了令人信服的回答。Shefrin 和 Statman(1994)认为投资者在心理上将自己的投资组合分成若干个账户,每个账户对应不同的用途。比如,一部分是低风险的安全投资,另一部分是风险较高但期望收益也较高的风险投资。也就是说,个人投资者在想避免贫穷的同时又会希望变得富有。对于安全投资,投资者表现为明显的风险规避,而对于风险投资,投资者则倾向于风险偏好。这就很好地解释了为什么投资者会同时购买彩票和保险。

针对均值—方差方法及以其为基础的投资决策行为分析理论的缺陷,从投资人的最优投资决策过程是在心理账户上进行的事实出发,行为金融理论发展起来了以预期财富和财富低于某一水平的概率为基础的行为组合选择理论,以此来研究投资者的最优投资决策行为。在 Roy 等人的研究基础上,行为金融理论的代表人物 Shefrin 和 Statman(2000)首创性地提出了行为组合理论(Behavioral Portfolio Theory),确立了 $E(w)$ 和 Prob$\{w<s\}\leqslant b$(其中 $E(w)$ 为预期财富,a 为某一预先确定的概率)来进行组合与投资选择方法的基础,该理论认为投资人的投资决策实际上是不确定条件下的心理选择。行为组合理论中投资人对待风险的态度表现在 Prob$(W<s)\leqslant b$ 中,但这种对待风险的态度不是用阿罗—普拉特相对风险规避度来测度的,而是用 b 来衡量,如果投资人厌恶风险则在心理账户上要求的 b 较低;反之喜欢风险的则 b 较高。另外,投资人对风险的态度还体现在可维持的水平 s 上。若 s 较高,则投资人显得较为厌恶风险;反之则愿意承受较大风险。

在这里可以看出行为组合理论中投资人对风险的态度是内生于模型中的,而上面的均值—方差基础上的马柯维茨模型则是外生地给定投资人是厌恶风险的。从这方面看,行为组合理论较为科学,也更符合投资人在投资时只考虑进行投资后的将来财富水平降低到某一水平的风险的实际投资决策过程。但是,行为组合理论在对投资人的投资行为的模型化方面不如标准的资产组合理论成熟。

② 行为组合理论的具体内容:行为组合理论包括单一心理账户(Single mental accounts,SMA)和多个心理账户(Multiple mental accounts,MMA)。其中 SMA 投资者关心投资组合中各资产间的相关系数,所以他们会将投资组合整个放在一个心理账户中;相反,MMA 投资者将投资组合分成不同的账户,忽视各账户之间的相关系数。

与现代资产组合理论认为"投资者应该把注意力集中在整个组合,最优的组合配置处在均值方差有效前沿上"不同的是,行为组合理论认为现实中的投资者无法做到这一点。他们实际构建的资产组合是基于对不同资产的风险程度的认识以及投资目的所形成的一种金字塔式的行为资产组合。资产组合金字塔的每一层都对应着投资者特定的投资目的和风险特性(方差)。一些资金投资于最底层以防止变得不名一文,一些资金则被投资于更高层次用来争取变得更富有,而各层之间的相关性却被忽略了。行为组合理论认为,投资者通过综合考察现有财富、投资的安全性、期望财富水平、达到期望水平的概率等四个因素来选择符合个人愿望的最优投资组合。Hersh Shefrin(2000)给出了行为资产组合的金字塔结构,从底部到顶端是按其风险程度排列的,从右到左其潜在收益逐级升高。金字塔的底部是为投资者提供安全性而设计的证券,包括货币市场基金和银行存款等,而金字塔的最顶部则是为了投机的资产。

③ 行为组合理论的应用:应用行为组合理论可以很好地解释为什么投资者更偏好本国本地股票,也就是所谓地"本土偏差"(Home bias)现象。按照现代组合理论,由于外地的股票与本地股票相关性较低,持有外地股票将有助于整个投资组合风险的降低,而事实上大部分投资者对于外地股票却很少问津。行为组合理论认为,由于投资者将外地和外国的股票归为高风险资产,而忽略了它们与国内资产相关性较低的因素,投资者因为高风险而不愿意增加外地股票的比例。利用行为组合理论,我们同样可以解释"红利之谜"等一系列传统理论所无法解释的难题,由于之前已经做过介绍,这里不再重复。

13.3 行为金融学在投资中的应用及其发展展望

13.3.1 行为金融学在投资中的应用概述

行为金融理论在投资策略方面的应用主要有两类。首先,由于机构投资者相对个体投资者要更具理论基础和实践经验,同时也拥有更多的信息,因此我们可以认为机构投资者较个体投资者更为"理性"。因此,机构投资者可以利用个体投资者的一些认知偏误和行为规律,采取一些特殊的投资策略并获取利益。当然,对于个体投资者而言,他们同样可以借助行为金融学的一些投资策略获取超额收益。其次,投资者经常会不自觉地做出各种各样有偏差的决策,因此借助行为金融的研究成果,投资者可以尽量避免这些决策中的认知偏误,尽量减少由此而导致的损失。

近年来,随着行为金融理论的发展,各国特别是美国理论界和投资界在报刊杂志上对行为金融理论和投资策略的大力推荐,使得行为金融投资策略已广为人知。例如,行为金融学的大师 Richard Thaler,他既是理论家又是勇敢的实践者,他和 Russell Fuller 一起发起成立的以他们名字命名的 Fuller&Thaler 资产管理公司管理着 15 亿美元资产。他认为他们的基金投资策略的理论基础是:利用由于行为偏差引起的系统性心理错误,投资者所犯的这些心理错误导致市场未来获利能力和公司收益的偏差期望的改变,并引起这些公司股价的错误定价。因为人类行为模式改变很慢,因而基于行为偏差的过去的市场无效率将很可能持续下去。其基金业绩似乎也在证明着这一点,1992—2001 年,其基金的报酬率高达 31.5%,而同时期的大盘指数收益仅为 16.1%。在美国证券市场上,目前还有如 Josef Lakonishok,Andrei Shleifer 和 Robert Vishny 所成立的 LSV 等数家资产管理公司都在实践着行为金融学的理论,其中有的基于行为金融的共同基金取得了复合年收益率 25% 的良好投资业绩。

对于投资者(包括机构投资者和个人投资者)而言,行为金融学的指导意义主要在于:可以采取针对非理性市场行为的投资策略来实现投资目标,就是说在大多数投资者认识到自己的错误以前,投资那些定价错误的股票,并在股票价格正确定位之后获利。目前发达国家市场中比较常见且相对成熟的行为金融投资策略包括了"反价值策略"(价值策略指传统的基于信息的投资策略,如低市盈率择股策略等基本面分析策略)、"技术策略"(经行为金融理论诠释了的技术分析策略),以及"行为控制策略"(针对人性易于贪婪和恐惧的弱点,利用强制力或规则来约束自我的相应投资策略)等。在此我们选取上述三类策略中较有代表性的反向交易策略、惯性交易策略、成本平均策略和时间分散化策略予以介绍。

(1) 反向投资策略(Contrarian Investment Strategy,CIS)。

反向投资策略就是买进过去表现差的股票而卖出过去表现好的股票来进行套利的投资方法。它是行为金融理论发展至今最为成熟、同时也是最受关注的论点之一,主要源于人们对信息过度反应的结果,其主要论据是投资者心理的锚定和过度自信特征。这种策略的提出最初是基于 Debondt 和 Thaler(1985,1987)对股市过度反应的实证研究。此后一系列的研究如 Jegadeesh(1990)、Lehmann(1990)、Chopra 等(1992)和 Lakonishock 等(1994)也都对"股市的过度反应"以及"长期的股价反转"的看法提供了支持。对此,行为金融理论认为,这是由于投资者在实际投资决策中,往往过分注重上市公司近期表现的结果,通过一种质朴策略(Nave strategy)——也就是简单外推的方法,根据公司的近期表现对其未来进行预测,从而导致对公司近期业绩情况做出持续过度反应,形成对绩差公司股价的过分低估和对绩优公司股价的过分高估现象。这一点为投资者利用反向投资策略提供了套利的机会。

(2) 惯性交易策略(Momentum Trading Strategy)。

惯性交易策略,是指分析股票在过去的相对短期的时间内(一般指1个月至1年之间)的表现,事先对股票收益率和交易量设定"筛选"条件,只有当条件满足时才买入或卖出股票的投资策略。惯性策略与反转策略正好相反,即购买过去几个月中表现良好的股票,卖出过去几个月中表现糟糕的股票。该投资策略起源于对股票中期收益延续性的研究,它与投资者的反应不足和保守心理有关。

通常认为正式提出惯性交易策略可以获得显著利润的是 Jegadeesh 和 Titman(1993)。他们注意到:学术上发现的可以取得显著超额利润的反转策略要么是长期的(3—5年),要么是短期的(1周或1个月,如 Lehmann,1990;Jegadeesh,1990)。因此,他们用赢家—输家组合法以3—12个月为间隔构成了股票组合,发现其收益会呈现出延续性,即价格具有向同一方向持续变动的惯性效应(Momentum effect)。其后,Conrad 和 Kuat(1998)研究了1926—1989年在纽约证券交易所(NYSE)和美国证券交易所(AMEX)上市交易的所有的股票,发现在他们分析的120种交易策略中,有一半的策略取得了显著的利润,其中惯性策略和反向策略各占一半。

惯性交易策略能够获利,存在着许多解释:一是"收益惯性",即当股票收益的增长超过预期或者当投资者一致预测股票未来收益的增长时,股票的收益会趋于升高,因此惯性交易策略所获得的利润是由于股票基本价值的变动带来的。另外的解释是,基于价格惯性和收益惯性的策略因为利用了市场对不同信息的反应不足而获利。收益惯性策略利用了对公司短期前景的反应不足——最终体现在短期收益中;价格惯性策略利用了对公司价值有关信息反应迟缓和在短期收益中未被近期收益和历史收益增长充分反映的公司长期前景。另外,Conrad 和 Kaul(1998)则认为该效应主要源于单个证券的平均收益的截面变化引起的,而Moskowitz 和 Grinblatt(1998)则认为是由特定公司的行业惯性所导致的。不管其解释怎样,惯性交易策略在实践中早就已得到了广泛的应用。

(3) 成本平均策略(Dollar Cost Averaging Strategy)和时间分散化策略(Time Diversification Strategy)。

成本平均策略是指投资者在将现金投资于投票时,通常总是按照预定的计划根据不同的价格分批进行,以备不测时摊低成本,从而规避一次性投入可能造成较大风险的策略。它与投资者的有限理性、损失厌恶及思维分隔有关。时间分散化策略是指承担投资股票风险的能力可能会随着投资期限的延长而降低,建议投资者在年轻时让股票占其资产组合较大的比例,而随着年龄的增长将此比例逐步减少的投资策略。该策略也与投资者的有限理性和思维分隔相关。

成本平均策略和时间分散化策略有很多相似之处,都是在个人投资者和机构投资者中普遍采用并广受欢迎的投资策略,同时却又都被指责为收益较差的投资策略,而与传统主流金融理论的预期效用最大化原则明显相悖。Constantinidis(1979)、Roseff(1994)、Samuelson(1963,1969)以及 Kritzman(1994,1997)和 Bodie(1995)站在传统主流金融理论的立场上,分别对这两种策略提出了质疑。行为金融理论的支持者们则认为,不能单纯地评价这两种策略的好坏。事实上,两者体现了投资者的感受和偏好对投资决策的影响,可以用行为金融理论来解释,属于行为控制策略。Statman(1995)、Fisher 和 Stratman(1999)运用行为金融理论中的期望理论、认知偏差、悔恨厌恶和不完善的自我控制等概念,分别对成本平均策略和时间分散化策略进行了系统解释,指出了其合理性,并提出了实践中加强自我控制的改进建议。

13.3.2 行为金融学的发展展望

行为金融学并不是要完全推翻以往的理论,而只是开拓金融学的研究思路和方法,以求完善和修正金融理论,使其更加可信、有效。客观上,它把"人"重新放入研究的视野,把实验的方法带入了金融学,并且对整个经济学的最基本假设进行了一种革命式的检讨和前提性的反思,使人们的眼界豁然开朗,启发了大众对既有经典理论的质疑和继续研究。接下来问题是如何将传统金融理论与行为理论更好地融合。Barberis 和 Thaler 指出,一种新的、可以包容两者的理论或许将替代"理性范式"与"行为范式"。Hirshleifer(2001)指出,"在过去的几年里,金融经济学家已经逐步接受有限全理性的解说。随着时间的推移,我相信纯粹的理性范式将被范围广泛得多的心理范式所取代;在新范式中,完全理性只是一个特例。"

下一个阶段行为金融学的主要研究方向应该有以下六个方面。

(1) 继续挖掘金融市场上的异常现象。

传统金融理论假设的不合理性,往往导致金融市场上许许多多实际与理论不相符合甚至无法解释的现象。这些现象的发现和深入挖掘给行为金融学的研究提供了更加丰富的素材。

(2) 结合心理学等其他社会科学,加强投资者认知规律及决策过程的研究。

研究作为市场主体的人应当是任何经济或金融理论必要的基础研究,某种意义上说,投资者的认知和效用理论可以称之为一切研究的本原。无论是传统经济学还是金融学,对投资者的理性假设都是其基本前提。许多认知偏差和决策过程的新发现已经让人们了解到传统假设的狭隘性,因此对传统假设做出修正也是非常自然的转变。

行为金融学本身就是在吸收其他相关领域科学研究方法和成果的基础上发展起来的,因此其进一步发展离不开对相关科学的吸收和利用,比如心理学、决策科学等。此外,另一个新兴的科学——实验经济学也对行为金融学提供了有利的研究方法和工具。当然,在吸收这些学科的有关知识来丰富和完善行为金融理论体系的同时,应避免断章取义地从一些投资者的行为片段去组合对投资者行为的假设,虽然可能得出令人感兴趣的结论,但却不能保证合理性(Shefrin,2000)。

(3) 投资者群体行为的研究。

一个更有挑战的方向是研究金融市场中的信息是如何传播的、投资者的信念是如何传播的、人们的注意力如何集中于某一热点股票,即众多个体的行为偏差如何产生总体的行为偏差。这对理解股市的泡沫与崩溃有重要的意义。Robert J. Shiller(2000)和 Demarzo、Vayanos、Zwiebel(2000)在这方面已做了一些研究,进一步的研究很值得我们去拓展。

(4) 资产组合及定价理论的研究。

传统的金融理论认为,资产组合和定价模型可以在不考虑投资者的行为的情况下建立,但 CAPM 等资产定价模型不能有效地解释真实的资产价格,迫切需要我们从新的视点思考资产定价问题。大量心理学的证据的存在使得我们有理由相信,在资产定价的时候必须考虑人类行为的因素。许多学者开始逐步摒弃原有的那些以预期效用理论和均值方差方法为基础的资产组合理论和资产定价模型,如 Statman 和 Shefrin 提出的行为资产定价模型(Behavioral Capital Asset Pricing Model)和行为组合理论(Behavioral Portfolio Theory)。将投资者行为的研究结果与资产选择及定价结合起来,将人的心理因素、决策行为属性等非线性的因素引入模型中,采用非线性的方法来确定受非线性因素影响的资产价格,应该成为未来几年的一个重要的研究方向。

(5) 行为金融理论的构建与整合。

目前为止,行为金融研究者大部分工作范围很窄。他们已经明显捕捉了投资者认知,或他们的偏好,或套利限制的一些特征,但仍然缺乏有效的手段将几方面统一起来。行为金融学家已经总结的一长串认知偏差,但这些独立的偏差仅仅能解释一些个别的现象。因此,如何有效整合现有的理论,并发展出一般意义上的理论基础,对行为金融学的发展来说将是至关重要的。

(6) 行为金融学的应用研究。

任何理论的发展都是为应用服务的,行为金融学也不例外。如何应用行为金融理论来解释金融市场行为和投资者行为,应该成为每一个理论研究者时刻考虑的问题。近年来,国外一些金融实践者已经开始运用行为金融学的投资策略来指导他们的投资活动了:纽约的 Dreman 价值管理公司开拓性地把反向投资策略用于投资实践;弗古尼亚 SanMateo 的 RJF 资产管理公司,开始向投资者提供基于行为金融理论的投资建议;而美国现在对行为金融学的研究,开始受到许多投资管理和研究协会以及投资公司的支持。可以预见,在不久的将来,行为金融学的研究成果会越来越多地用于投资实践,指导投资者的活动。

习　题

1. 为什么说人是有限理性的?有限理性在证券市场上有什么表现?
2. 试解释封闭式基金之谜。
3. 什么是羊群行为?这种行为对证券市场上的金融资产价格有何影响?
4. 为什么投资者在购买保险的同时还会购买彩票?对于这个问题,行为金融学是用什么理论进行回答的?
5. 行为金融学在投资中有何应用?请举例说明。

第14章 行为金融学中的投资策略分析

传统金融理论(无论是资本资产定价理论,还是套利定价理论)对投资者行为的解释都建立在市场有效的假设基础上,但这个假设在实际市场中被越来越多的学者研究证明可能并不成立,而且人们越来越发现,在市场有效的假设前提下,金融市场研究的解释力是非常有限的。本章选取了目前行为金融学理论中噪音交易者模型、投资者情绪模型、正反馈投资策略模型以及套利策略模型等较有代表性的理论对投资者策略进行更为深入的阐述。

14.1 噪音交易者风险

套利是金融市场中的一个基本概念,被定义为:"在不同的金融市场中,为了获取有利的差价而同时买入和卖出相同或近似相同的有价证券。"(Sharpe & Alexander 1990)[①]理论上讲,这种套利行为不需要追加资本也不会有风险。套利可以使证券价格回复到资产真实价值,保持市场的有效性,因此它在证券市场分析中起着很重要的作用。本节主要阐述理论上的套利与实际中的套利行为之间的差异。通过把握实际套利行为与理论模型的区别,我们可以更好地理解实际市场上投资者的套利行为策略。

套利资产的非完全替代和套利行为的交易成本都会使套利受到更大的限制,但这不是本节重点讨论的对象。本节关注的是"噪音交易者风险"(Noise Trader Risk),也就是短期内噪音交易者的交易行为会导致价格在恢复均值之前进一步偏离资产的真实价值,从而给投资期限较短的套利者带来风险。它由套利者承担,而且将会限制套利者的套利意愿。

---

① Sharpe W. and Alexander G., (1990): *Investments* (4th edition), Englewood, NJ: Prentice Hall.

当存在完全替代的有价证券时,"套利者的投资期限较短"这一假设是限制套利行为的关键,并且此假设符合人们的实际经验。因为大多数套利者是为投资者服务的代理人,投资者定期评估套利者的业绩,而噪音交易者风险会导致套利者收入降低,业绩不佳。另外,许多套利者从金融中介机构借入现金和证券,除了偿付利息之外,还面临破产的风险,从而使套利者承担噪音交易者风险的能力十分有限。在本章的第4节,将详细讨论投资者和套利者之间的委托代理问题,逆向选择和道德风险使套利者的投资期限必然缩短。当不存在完全替代的有价证券时,即使套利者关注长远利益,其套利行为仍旧受到很大限制,而投资期限较短的假设将会使这一限制更大。

14.1.1 风险的来源:噪音交易

(1)模型。

在模型中,包括噪音交易者和套利者。噪音交易者没有关于风险资产未来收益分布的正确信息,他们在错误估计的基础上选择投资组合。模型的基本框架是一个两时期的代理人模型,且两时期的重叠减至最少[①]。为了简化模型,假定第一期无消费,无劳动力供给决策,也不存在遗产,代理人用于投资的财产是外生变量。他唯一需要做出的决策是在年轻的时候选择一个投资组合。

假设存在支付相同红利的两种资产:一种是安全资产 s,在各个时期支付固定的真实红利 r,它的供给是完全弹性的,r 是无风险利率;另一种是风险资产 u,也像 s 一样支付固定的红利 r,但 u 的供给量是固定的,标准化为一单位。风险资产 u 在 t 时期的价格定义为 P_t。如果每种资产的价格都等于未来红利的净现值,则资产 u 和 s 是完全替代品,其所有时期的单位价格应当相同。但是,在噪音交易者存在的条件下,u 的价格并不是这样决定的。

套利者对风险有限的承担能力是分析的基础。这主要可以从以下两方面来说明:第一,我们可以假设噪音交易者风险不是特殊的,而是存在于所有市场中;第二,我们研究的市场需要专业化的套利资源,而这种资源是有限的。例如,在新兴

---

① 模型为了简化两时期问题,假设这两个时期的重叠减至最少。这意味着尽管市场上同时存在老年人和年轻人,但当上一代的年轻人变老时,可以保证新一代年轻人恰好与其并存,从而使老年人始终可以把自己年轻时的投资组合套现,出售给新一代年轻人。

市场中,由于市场进入受严格限制,只有少数专业人员才能在市场中从事套利活动。另外,如果存在成为套利者的学习成本,它也会限制套利者的进入。

没有这些假设,套利者就更有可能分散风险,交易行为也会更激进。但是,当市场被分割或投资者情绪的相关程度较高时,套利行为失效。因此,本模型讨论的基础是相关的投资者情绪和套利者有限的风险承受能力。

模型中存在两类投资者:理性预期的套利者 a,其所占比例为 $1-\mu$,噪音交易者 n,其所占比例为 μ。每一类投资者都根据其对风险资产未来价格分布的预期选择组合,从而使得各自的预期效用都达到最大化。假设套利者 a 能够在 t 时期准确地预测风险资产在 $t+1$ 时期收益的概率分布,而噪音交易者 n 无法准确地预期风险资产的价格,并认为它是独立的正态分布的随机变量 ρ:

$$\rho_t \sim N(\rho^*, \sigma_\rho^2)$$

其中,ρ^* 是噪音交易者对市场看涨的期望值,σ_ρ^2 则是噪音交易者对单位风险资产预期收益的方差。下文得出的结论依赖于未来投资者情绪的不可预测性,但情绪的具体形式并不影响结论。噪音交易者最大化预期效用。每个投资者都有恒定的绝对风险厌恶效用函数,其形式为

$$U = -e^{-(2\gamma)w} \tag{14-1}$$

其中,γ 是风险厌恶的系数,w 是投资者年老时的财富量。投资者年轻时以不同的比例组合 u 和 s,到年老时将 s 转化为消费,把 u 以 P_{t+1} 的价格出售给下一代年轻人,并消费掉所有的财富。由最大化式可以得到投资者对风险资产的需求量。用 λ_t^a 表示套利者所持有的风险资产,λ_t^n 表示噪音交易者持有的风险资产,并且定义 $_tP_{t+1}$ 是 t 时期套利者对 u 在 $t+1$ 时期的价格的理性预期,其方差形式为

$$\sigma_{P_{t+1}}^2 = E_t\{[P_{t+1} - E_t(P_{t+1})]^2\} \tag{14-2}$$

而套利者和噪音交易者持有的风险资产量是风险资产当期价格 P_t、预期价格及其方差的函数,公式表达为

$$\lambda_t^a = \frac{r + {_tP_{t+1}} - (1+r)P_t}{2\gamma(_t\sigma_{P_{t+1}}^2)} \tag{14-3}$$

$$\lambda_t^n = \frac{r + {_tP_{t+1}} - (1+r)P_t}{2\gamma(_t\sigma_{P_{t+1}}^2)} + \frac{P_t}{2\gamma(_t\sigma_{P_{t+1}}^2)} \tag{14-4}$$

模型允许他们各自的需求为负,也就是说,他们可以随意卖空。在噪音交易者风险资产需求量的表达式中,比套利者需求量表达式多的一项 $\dfrac{P_t}{2\gamma(_t\sigma^2_{P_{t+1}})}$ 来自他们对风险资产的非准确估计。如果这一项为正,则噪音交易者需求大于套利者。预期价格的方差来自噪音交易者风险,这种不确定性对两种交易者均有影响。

(2) 定价函数。

为了计算均衡价格,可以考察老年人将风险资产出售给下一代年轻人,并且供求相等,即由式(14-3)和式(14-4)可得:

$$P_t = \frac{1}{1+r}[r + _tP_{t+1} - 2\gamma(_t\sigma^2_{P_{t+1}}) + \mu P_t]$$

可见,t 时期风险资产的价格取决于噪音交易者的错误预期 P_t、模型的技术参数(无风险利率 r)、行为参数(风险厌恶系数 γ)和 t 时期套利者对 $t+1$ 时期风险资产价格的理性预期 $_tP_{t+1}$。

仅考虑稳定的均衡状态,认为 P_{t+1} 和 P_t 的分布相同。可以用递归方法从式中消除 $_tP_{t+1}$,因为

$$_tP_{t+1} = E_t(P_{t+1}) = E_t(P_t) = E_t\left\{\frac{1}{1+r}[r + _tP_{t+1} - 2\gamma(_t\sigma^2_{P_{t+1}}) + \mu\rho_t]\right\}$$

可推出:

$$_tP_{t+1} = \frac{1}{1+r}[r + _tP_{t+1} - 2\gamma(_t\sigma^2_{P_{t+1}}) + \mu^*\rho^*]$$

将其代入,可得

$$P_t = 1 + \frac{\mu(\rho_t - \rho^*)}{1+r} + \frac{\mu\rho^*}{r} - \frac{2\gamma}{r}(_t\sigma^2_{P_{t+1}})$$

再根据定义,可以得到

$$_t\sigma^2_{P_{t+1}} = \sigma^2_{P_{t+1}} = \frac{\mu^2\sigma^2_\rho}{(1+r)^2}$$

将上式代入可得

$$P_t = 1 + \frac{\mu(\rho_t - \rho^*)}{1+r} + \frac{\mu\rho^*}{r} - 2\gamma\frac{\mu^2\sigma_\rho^2}{r(1+r)^2} \tag{14-5}$$

(3) 经济解释。

式(14-5)的后三项反映了噪音交易者对风险资产价格的冲击。当 P_t 收敛于 0 时,表示的风险资产的均衡价格就会收敛于其真实价值 1。式(14-5)第 2 项是噪音交易者预期的变动对风险资产价格的影响。当某一代的噪音交易者比平均的预期更乐观时,可以把风险资产价格抬高;反之就会降低。并且,噪音交易者的数量相对于套利者越多,价格的波动性就越大,价格越容易受他们的影响。式(14-5)的第 3 项是噪音交易者的错误预期对风险资产价格的影响。如果噪音交易者都比较乐观,则"价格压力"效应会抬高风险资产的价格。当平均预期较高时,套利者承担了价格风险的较小部分,因而他们愿意为风险资产支付较高的价格。式(14-5)的第 4 项是模型的核心。尽管两类投资者都相信 t 时期的价格可能被错误估计,而两类交易者对价格估计的方向不同,但由于 $t+1$ 时期的价格不确定,双方都不愿意下太大的赌注。噪音交易者由此又存在"空间创造"效应,下期噪音交易者看法的不确定性使风险资产 u 的价格下降,收益上升。

上述结果建立在模型的三个基本假设基础上:

① 相互重叠的世代结构(老年人和年轻人并存)。一方面,由于在模型中,均衡的实现有赖于风险资产收益的不确定,而叠代结构保证不存在最后一期,防止风险资产在最后支付固定红利并被清算。另一方面可以保证每个套利者的行为"短视",没有人有足够的时间等价格回升之后出售风险资产。这种行为假设对模型很重要,因为套利者的眼光越长远,面临的噪音交易者风险就越小,他们的交易行为就越能保证市场的有效性。

② 风险资产的固定供给。这一假设可以防止套利者采取其他策略,比如在风险资产被高估时将安全资产转化为风险资产,或在被低估时反向操作。否则,套利者可采取的策略越多,市场越容易达到有效。很多实例表明此假设是有意义的。套利者会人为地增加风险资产的供给,比如在 20 世纪 80 年代大规模成立生物技术公司(Lerner 1994)、20 世纪 90 年代末网络股上市热潮等。在股市存在价格泡沫时,证券供给的增加也是导致泡沫产生的重要原因之一。

③ 噪音交易者风险的系统性。这保证噪音交易者风险会对整个市场产生影

响,从而受噪音交易者情绪影响的证券的收益率具有一定程度的相关性。如果受到同样的噪音交易者情绪的影响,即使证券基本面不相关,其价格仍会有明显的同步变动。Fama 和 French(1993)[1]将某一组证券的同步变动解释为是它们的持有者面临相同的市场风险。但是,本节的分析表明这一现象可能并非来自持有者所承担的市场风险,而是由普遍存在的噪音交易者风险造成的。这种与基本面无关的证券价格同步变动的现象为投资者情绪影响股价提供了更强有力的证明。

14.1.2 噪音交易者和套利者的相对收益

Friedman(1953)[2]和 Fama(1965)[3]认为:因为噪音交易者的收益比套利者低,所以噪音交易者在经济自然选择中可能被淘汰。但是,实际上噪音交易者的收益不一定低于套利者。当其投资组合更多地受噪音交易者风险影响时,噪音交易者可以获得比套利者更高的收益。假定他们的期初财富相同,则两类投资者的收益差就是他们持有的风险资产量之差与单位资产所带来超额收益的乘积:

$$\Delta R_{n-a} = (\lambda_t^n - \lambda_t^a)[r + P_{t+1} - P_t(1+r)] \quad (14-6)$$

其期望值可表达为

$$E(\Delta R_{n-a}) = \rho^* - \frac{(1+r)^2 (\rho^*)^2 + (1+r)^2 \sigma_\rho^2}{(2\gamma)\mu\sigma_\rho^2} \quad (14-7)$$

式(14-7)中的第 1 项表明噪音交易者要获得更高的收益,错误估计的期望值 ρ^* 必须为正。"增持效应"(Hold more effect)可以增加噪音交易者的期望收益,也就是说,如果噪音交易者持有的风险资产比套利者多,则其承担风险的回报就会增加。当 ρ^* 为负时,套利者平均持有的风险资产高于噪音交易者。虽然后者不断变化的预期仍然增加了风险从而提高了收益,但风险积累的回报对套利者而言不成比例。

在式(14-7)第 2 项的分子中,第 1 项隐含了"价格压力效应"(Price pressure

---

[1] Fama E. and French K., 1993: Common Risk Factors in the Returns on Bonds and Stocks, *Journal of Financial Economics*, 33: pp. 3-56.
[2] Friedman M., 1953: The Case for Flexible Exchange Rates, in *Essays in Positive Economics*. Chicago: University of Chicago Press.
[3] Fama E., 1965: The Behavior of Stock Market Prices, *Journal of Business*, 38: pp. 34-106.

effect)。当噪音交易者看涨时,对风险资产的平均需求增加,抬高风险资产的价格,降低了风险回报率,使他们与套利者的收益差变小。分子第 2 项包含"贵买贱卖效应"(Buy high sell low)或"费里德曼效应"(Friedman effect)。因为噪音交易者的错误预期是随机的,因此他们对买卖时机的把握很差。噪音交易者预期的波动越大,买卖时机选择对其收益的影响也就越大。

式(14-7)第 2 项的分母反映的"创造空间效应"(Create space effect)是此模型的核心。当噪音交易者错误预期的波动变大时,为了利用这种错误预期获利,套利者承担的风险也提高了。由于套利者厌恶风险,所以他们会减少与噪音交易者的反向交易,这就为噪音交易者盈利创造了空间。当此效应增加时,分子中的"价格压力效应"和"费里德曼效应"对噪音交易者收益的反向影响变小。

从对式(14-7)的分析中可以看出,"增持效应"和"创造空间效应"对噪音交易者的相对收益有正向影响,而"价格压力效应"和"费里德曼效应"对噪音交易者的相对收益的影响是反向的,但很难判断哪一类效应占主导地位。当 ρ^* 小于 0 时,噪音交易者不可能获得超额收益,因为式(14-7)必定为负数,而且不存在"增持效应"。若 ρ^* 较大,$(\rho^*)^2$ 会随之变大,"价格压力效应"增强并起主导作用,噪音交易者也不能获得超额收益。只有 ρ^* 大小适当,才可能使噪音交易者获得较高的超额收益。另外,风险厌恶系数 γ 越大,噪音交易者相对收益也越高。

看涨的噪音交易者可能获得比套利者更高的收益这一结论意味着 Friedman 简单的市场选择理论[1]是不全面的。本模型与 Friedman(1953)模型[2]的最大差异在于:在本模型中,套利者的需求曲线随着噪音交易者的参与和噪音交易者风险增加而改变。因而,尽管套利者的效用可能大于噪音交易者,但他的期望收益相对于噪音交易者可能反而减少。既然噪音交易者的财富可能比套利者增加得更快,就不能笼统地认为噪音交易者最终一定亏损并被市场淘汰。

当然,上述结论的应用未必具有一般性。首先,尽管噪音交易者可能获得较高的收益,但他们的平均效用比较低(尽管这并不影响他们对市场的影响力)。第二,更为重要的是,期望收益与在长期中不被市场淘汰是两回事。噪音交易者收益的

---

[1] Friedman M., 1953:"The Case for Flexible Exchange Rates", in *Essays in Positive Economics*. Chicago:University of Chicago Press.
[2] 同[1]。

波动越大,他们的长期财富就可能越少,而市场选择机制对这类交易者是排斥的。De Long 等人[1]证明当噪音交易者对价格没有影响力时,反而更可能不被市场淘汰。Merton 和 Samuelson(1974)研究[2]表明:金融市场中的长期生存与否取决于期望收益和风险的微妙权衡,在效用函数不同的理性投资者中,拥有对数形式效用函数的投资者最有可能在长期中把财富保持在一定水平之上。从这个角度讲,某些噪音交易者有可能会比那些效用函数形式不适应市场的套利者持有更好的投资组合[3]。尽管目前很难对以上实证结论作出最终评价,但任何笼统地认为非理性投资者一定会被市场淘汰的说法肯定是片面的。

14.1.3 关于有限套利行为的深入讨论

对于那些基本面上非常完全可替代的证券,如果套利者无法实现两者的替换,那么在他看来也是不完全的。但是,本节前面的论述对套利有效性所持态度仍过于乐观。

首先,套利行为的潜在成本还与卖空机制有关。在许多市场中,卖空行为是被法律禁止或限制的。即使没有限制,套利者要找到可以借入再卖出的有价证券也比较难。即使市场发达到可以找到这类有价证券,套利者的行为也受到借出方的限制,也就是说,他必须在借出方收回证券时,立即买回该证券进行平仓。如果市场的流动性不够强,或者持有大量该证券的人试图打压卖空者,套利者购回证券的成本就会很高。以上这些因素都会降低套利者购买被低估证券的意愿。

其次,在模型中我们假设套利者知道投资者情绪遵循的模型,只是无法确定噪音交易者误认为价格会实现的具体值,但实际上套利者可能连投资者的情绪模式都不清楚。

最后,我们假设套利者没有交易成本,而事实上在流动性不足的市场中这种交易成本会变得很高。如果只存在相近而非完全替代的证券,套利行为的风险更大。因为相近的替代品可能由于基本面的不同而发生价格偏差,因而价格变动不仅仅

---

[1] J. B. De Long, A. Shleifer, L. Summers and R. Waldmann, 1987: Noise Trader Risk in Financial Markets, *NBER Working Paper*, No. 2395. Cambridge.
[2] R. Merton and P. Samuelson, 1974: Fallacy of the Log-normal Approximation to Optimal Portfolio Decision-making Over Many Periods, *Journal of Financial Economics*, 1: pp. 67-94.
[3] J. B. De Long, A. Shleifer, L. Summers and R. Waldmann, 1991: The Survival of Noise Traders in Financial Markets, *Journal of Business*, 64: pp. 1-19.

包含由于投资者情绪变动引起的价格偏差。对噪音交易者风险的讨论,为套利行为研究奠定了基础。

本节首先分析了在套利者的投资期限较短必须考虑投资变现问题时,投资者情绪的不可预测性会使套利行为受限,而且噪音交易者可以利用自己创造的"空间"来盈利。所以,认为噪音交易者不能长期存在的观点是值得质疑的。这个结论的前提假设是:噪音交易者行为不可预测和噪音交易者错误预期可能使价格偏离程度变得更极端导致风险加大。同时,套利行为有限性的结论目前还仅仅停留在理论化的模型中,现实中的复杂情况可能进一步增强套利行为的有限性。

14.2 投资者情绪模型

当作为金融学研究对象的行为人不再局限于同质的、没有任何感情色彩的理性人之后,投资者情绪相应也就被引入到金融学研究的领域。由于受到相关学科对投资者行为机制认知的限制,当前对这方面的研究还不是很深入。在此,我们探讨 A. Shleifer[①] 建立的投资者情绪模型,希望由此理解理性前提的弱化为投资者策略的研究带来的变化以及现实金融市场中的一些价格效应。

对于一个典型的市场参与者来说,证券的价格等于其对该证券未来预期收益的折现值,即

$$P_t = E_t \left\{ \frac{N_{t+1}}{1+\delta} + \frac{N_{t+2}}{(1+\delta)^2} + \cdots \right\} \quad (14-8)$$

请注意,该投资者并不认为未来收益是一个随机过程(否则,$E_t(N_{t+j}) = N_t$,价格 P_t 等于 N_t/δ)。在模型中,因为投资者认为未来收益走势是模式 1 和模式 2(两者均非随机游走)的结合,而不是随机过程,因此才产生了价格偏离其真实价值的结果。

以下的命题总结了上述模型的价格行为,并显示了价格以一种极其简单的方式取决于状态变量。

命题 1:如果投资者相信盈利取决于上述的状态转变模型,那么价格满足以下

---

① A. Shleifer,2000:*Inefficient Market*,Chapter 5. New York:Oxford University Press.

公式：

$$P_t = \frac{N_t}{\delta} + y_t(p_1 - p_2 q_t) \qquad (14-9)$$

其中，p_1 和 p_2 是取决于 π_L、π_H、λ_1 和 λ_2 的常量[①]。

公式的含义非常直观：第一部分 N_t/δ 是如果投资者使用随机过程预测未来盈利而得到的价格水平；第二部分 $y_t(p_1 - p_2 q_t)$ 则代表着价格对其内在价值的偏离。

命题 2：如果隐含参数 π_L、π_H、λ_1 和 λ_2 满足下列条件：

$$\underline{k} p_2 < p_1 < \bar{k} p_2$$
$$p_2 \geqslant 0$$

其中，$\underline{k}$ 和 $\bar{k}$ 是取决于 π_L、π_H、λ_1 和 λ_2 的正常数。

那么，用命题 1 中的价格函数可以验证过度反应和反应不足的现象。过度反应意味着，一家公司在足够多次的正向盈利冲击之后，其证券的预期回报将低于另一家之前遭受了同样多次的负向盈利冲击的公司。以数学形式表示，存在某一个数 $J \geqslant 1$，对于所有的 $j \geqslant J$，

$$E_t(P_{t+1} - P_t \mid y_t = y_{t-1} = \cdots = y_{t-j} = +y)$$
$$- E_t(P_{t+1} - P_t \mid y_t = y_{t-1} = \cdots = y_{t-j} = -y) < 0$$

反应不足则意味着，一家公司在经历了正向的盈利冲击之后，其证券的预期回报将超过另一家经历了负向盈利冲击的公司，即

$$E_t(P_{t+1} - P_t \mid y_t = +y) - E_t(P_{t+1} - P_t \mid y_t = -y) > 0 \qquad (14-10)$$

注意，命题 2 是为了使价格函数可以验证过度反应和反应不足的现象，p_1 和 p_2 所需满足的充分条件。

R. Barberis 等人(1998)[②]曾选取了一些参数值，从数学上评估命题 2 的条件。

[①] p_1 和 p_2 的详细表达式可参见 A. Shleifer, 2000：*Inefficient Market*, New York：Oxford University Press, p.145.

[②] R. Barberis, A. Shleifer, and R. Vishny, 1998：A Model of Investor Sentiment, *Journal of Financial Economics*, Vol.49, pp.307-343.

他们发现,对于绝大多数合理的参数值来说,命题2的两个条件均可以得到满足,这就意味着该模型与现实中的反应不足以及过度反应是吻合的。

我们可以看到,与传统金融理论模型相比,Shleifer的投资者情绪模型放松了投资者完全理性的前提,其结论也与现实金融市场中的一些价格效应相一致,而这些系统性的价格偏差是传统理论所无法解释的。但是,这个模型受太多的简化条件限制,还无法准确描述市场参与者的定价行为。更准确的定价模型,还有待金融学以及其他相关学科对市场参与者行为模式的更深入研究。

14.3 正反馈投资策略

所谓"价格泡沫"是指,由于噪音交易者追涨杀跌的心理,价格在没有新信息出现的情况下不断上涨。噪音交易者采取的上述行为模式被称为正反馈投资策略。正反馈投资者在价格上涨后购买证券,在价格下跌后出售证券。这可能是由于投资者对价格趋势的外推,或者说跟风,也可能是因为止损指令(Stop-loss orders)的执行,即指令在价格下跌后被激活,从而执行卖出指令。另外,由于无法满足增加交易保证金的要求(Margin call),套利者在盈利机会最佳即价格偏离真实价值程度最大时往往被迫将资产变现。F. Black(1988)[1]认为那些购买了投资组合保险[2]的投资者财富量越多,就越倾向于冒险,也会采取追涨杀跌的策略。

例如,J. Frankel 和 K. Froot(1988)研究了外推期望,即投资者的追风心理[3]。通过对20世纪80年代美元汇率的研究发现:在20世纪80年代中期,预测机构普遍认为美元在下个月会继续升值,但在一年以后才会回到其基本汇率水平,因而尽管预测机构知道美元已被高估,但仍提出短期内购买的建议。这种短期内的追风与长期的回归真实价值估计相结合的做法很难用完全理性的模型来解释。

正反馈投资策略不仅对"价格泡沫"有一定的解释力,而且对套利行为稳定市场的作用提出了质疑。人们通常认为套利者和噪音交易者是持反向头寸的,因而

---

[1] F. Black, 1988: An Equilibrium Model of the Crash, *NBER Macroeconomics Annual*, pp. 269–276.
[2] 这是一种流行于美国1987年股市崩盘前的投资战略,机构投资者随着股价上升会逐渐增加持有该股票的量,并在其价格下降时适当减少持有量。
[3] J. Frankel and K. Froot, 1988: Explaining the Demand for Dollars: International Rates of and the Expectations of Chartists and Fundamentalists, *Agriculture*, *Macroeconomics and the Exchange Rate Boulder*, CO: Westfield Press.

即使由于套利者能力的限制使套利行为不完全有效,套利行为对市场的稳定仍有积极作用。只有当价格崩溃导致套利者失去对头寸的控制权时,他们必须将其持有的证券变现,套利行为才失去稳定市场价格的作用。这是因为套利者没有关于噪音交易者未来需求的信息。

如果套利者可以预测噪音交易者未来需求,结论就完全不同了,尤其是当存在正反馈交易者时,套利行为可能反而变成市场的不稳定因素。套利者知道利好消息时,他们意识到当天价格上涨会促使正反馈交易者第二天买入。考虑到这一点,套利者会选择当天大量买入,促使当天的价格上升并将利好消息完全消化。第二天,尽管套利者出售证券,而正反馈交易者买入行为仍使价格高于基本水平。这种价格上升源于套利者预期性的交易行为和正反馈交易者对套利者交易行为的反应。此时的套利行为引起了正反馈交易,因而加剧了价格的不稳定性。

在研究正反馈交易和套利行为的相关文献中,George Soros(1987,1988)描述了他自己的交易行为。按照他的说法,他过去十几年的成功不是依靠对证券基本面的准确估计,而是建立在对未来投资者行为的预期之上。20世纪60年代他观察到许多没有更多信息的投资者在联合企业年报的利润上升时过于兴奋,而真正了解内情的投资者并不因为预计到联合企业股价最终会崩盘而卖空(崩盘发生在1970年),因为他们知道未知情交易者会追涨,所以继续买入以推动价格上涨。联合企业股票价格的疯涨,部分原因就是像George Soros这样的投机者大量买入刺激了未知情交易者的跟风。未知情交易者买入的越多,价格就越上升,直至最后联合企业的业绩达不到投资者的期望,价格不再上升,股市崩盘。由此可以看出在股价最初上涨时,套利者的知情交易导致噪音交易者对未来收入产生过高的预期。

对于正反馈式价格泡沫的认识可以追溯到1872年Bagehot的研究[1]。W. Bagehot认为,"当发现一项有着很高收益的投资项目时,拥有储蓄的个人会不断投入进去,刚开始是为了基于基本面分析的高收益,但这种动机渐渐变得不那么重要,投资变得狂热,而只要那种想要获得超出基本面以外的超额收益的念头不停止,狂热就会持续。"C. Kinderberger(1978)[2]也认为投机性的价格变动,是由于"知情者不断推动价格走高,在价格的最高值上卖给不知情交易者,而不知情交易

---

[1] W. Bagehot, 1872: *Lombard Street*, London: Smith, Elder.
[2] C. Kindleberger, 1978: *Manias, Panics, and Crashes*, New York: Basic Books.

者在贵买贱卖中成为过于狂热情绪的受害者。"另外,John Train(1987)在对美国成功投资者的分析中,指出这些成功的投资者经常是某些泡沫的鼓吹者。

下面介绍关于套利者建立在噪音交易者需求基础上的交易行为和正反馈交易策略的模型(De Long、Shleifer、Summers & Waldmann,1990)[①],其论证了理性投机者的存在可能使价格趋向于不稳定。然后是对一些著名的价格泡沫的分析,说明该模型比传统的理性价格泡沫模型更准确地描绘了价格变化。

14.3.1 模型假设

模型包括四期:0、1、2、3,两项资产:现金和股票。假定现金的供给是完全弹性的,且没有净收益;股票的净供给为零,即投资者持有的股票可以互相对冲。股票在第3期变现,并提供 $\Phi+\theta$ 的有风险的红利。$\theta \sim N(0,\sigma_\theta^2)$,关于 θ 的信息直到第3期才被公开。Φ 的均值是0,有三个可能的取值:$\phi, 0, -\phi$。在第2期 Φ 的价值就已经公开,关于它的信号则在第1期公布。

模型包括三种投资者:正反馈交易者(用 f 表示,其数目标准化为1单位)、套利者(以最大化其第3期消费的效用函数为目标,用 a 表示,有 μ 单位)、被动交易者(各时期的需求仅取决于价格与真实价值之间的偏离程度,用 i 表示,有 $1-\mu$ 单位)。为了更好地进行比较静态分析,模型中后两种投资者的总和不变,也就是说,当套利者数量变化时,市场的风险承受力保持不变。从第3期往前推,比较容易分析并得出结论。

14.3.2 模型结构

表 14-1 正反馈交易策略模型的结构

时期	事 件	正反馈交易者	被动投资者	套利者
0	无,作为参照期	0	0	最优选择(=0)
1	套利者得到关于 Φ 的信号	0	$-\alpha p_1$	最优选择($=D_1^a$)
2	被动投资者学习 Φ	$\beta(p_1-p_0)$	$-\alpha(p_2-\Phi)$	最优选择($=D_2^a$)

[①] J. B. De Long, A. Shleifer, L. H. Summers and R. J. Waldmann, Positive-Feedback Investment Strategies and Destabilizing Rational Speculation, *Journal of Finance* 45:2,pp. 374-397.

续 表

时期	事 件	正反馈交易者	被动投资者	套利者
3	清算：宣布红利 $\Phi+\theta$，其中 θ 是不能预测的第 3 期发生的市场风险	$\beta(p_2-p_1)$	$-\alpha(p_3-(\Phi+\theta))$	最优选择 $p_3=\Phi+\theta$

在表 14-1 中，各时期各类投资者的需求量揭示了不同投资者所拥有的信息。α 和 β 决定了正反馈交易者和被动投资者需求曲线的斜率。p_t 是各个时期风险资产的价格，其中，$t=0,1,2,3$。

D_1^a 和 D_2^a 分别是套利者在第 1 期和第 2 期的需求。

第 3 期，无交易，投资者按照他们各自的头寸获得 $\Phi+\theta$ 红利支付，此时的价格回复到真实价值，即 $\Phi+\theta$。

第 2 期，套利者和被动投资者都知道 Φ 的价值，模型要求公开的 Φ 的价值足够小，以保证顺利得到套利者的需求。

正反馈交易者第 2 期的需求表示为

$$D_2^f = \beta(p_1-p_0) = \beta p_1 \qquad (14-11)$$

其中，p_0 假定为 0，β 是正反馈系数。正反馈交易者将对 0 到 1 期的价格变化做出反应：如果价格上涨，他们买入；反之卖出。也就是说，正反馈交易者因为过去价格的变化而在当天提交市价指令，模型不允许投资者对价格变动立刻做出反应。这种假设意味着投资者因为过去资本收益的上升而提高了对平均收益率的估计，从而增加了需求。

理性的投资者知道股票第 3 期的期望值。如果 p_2 大于 Φ，投资者绝不会在第 2 期持有正的股票头寸，因为这种资产组合有风险，且期望收益为负。由此可知，套利者不会采用正反馈交易策略。相反，正反馈交易者的需求不受第 2 期价格的影响。

套利者第 2 期的需求建立在最大化其风险厌恶系数为 γ 的均值方差效用函数基础之上，其效用函数的具体形式为

$$U = -e^{-2\gamma(W)} \qquad (14-12)$$

最大化的一阶条件是

$$E(W) - 2\gamma Var(W) = 0$$

所以,套利者在第 2 期的需求仅受到第 3 期红利市场风险的影响,其需求表达式为

$$D_2^a = \frac{\Phi - p_2}{2\gamma\sigma_\theta^2} = \alpha(\Phi - p_2) \qquad (14-13)$$

其中,为简便起见,记

$$\alpha = \frac{1}{2\gamma\sigma_\theta^2} \qquad (14-14)$$

被动投资者的需求与第 2 期价格负相关,即

$$D_2^i = \alpha(\Phi - p_2) \qquad (14-15)$$

假设式(14-15)的 α 与式(14-14)中的 α 相同。在模型中,假设被动投资者和套利者的需求曲线斜率相同,同时假设套利者和被动投资者的人数分别为 μ 和 $1-\mu$,这些都是为了考察在不改变市场风险承受能力时引入套利者后的影响。如果不存在被动投资者,套利者人数的增加有两个相反的效应:一方面使价格更加不稳定,因为套利者增强了噪音交易者正反馈交易的动机;另一方面又稳定了价格,因为套利行为增强了市场抗风险的能力(在第一节论述噪音交易者风险时,套利者作为承担噪音交易者风险的一方出现)。因此,本模型引入被动投资者可以抵消第二种效应。被动投资者不是积极的套利者,他们不知道第 1 期的信号,也不会主动从第 1 期的价格中推测当期信号,而是在第 2 期得到公开 Φ 之后,根据第 3 期效用的最大化得出自己的需求。另外,为了保证存在稳定的解,模型要求 $\alpha > \beta$,以保证供求变化时价格是收敛的。

在第 1 期,套利者获得关于第 2 期价格的信号 ε,$\varepsilon \in \{\phi, 0, -\phi\}$。考虑两种假设情况:

假设 1:信号无噪音: $\varepsilon = \Phi$。

假设 2:信号可以有噪音且满足下列概率条件:

$\text{Prob}(\varepsilon = \phi, \Phi = \phi) = 0.25$ $\text{Prob}(\varepsilon = \phi, \Phi = 0) = 0.25$

$\text{Prob}(\varepsilon = -\phi, \Phi = -\phi) = 0.25$ $\text{Prob}(\varepsilon = -\phi, \Phi = 0) = 0.25$

在信号有噪音的情况下，如果套利者的信号 ε 等于 ϕ，则下一期 Φ 的期望值是 $\phi/2$；如果套利者的信号 ε 等于 $-\phi$，下一期 Φ 的期望值是 $-\phi/2$。此时，套利者仍可以通过最大化效用函数得到其需求 D_1^a。

被动投资者第 1 期的需求与第 2 期的形式一样，可以表达为

$$D_1^i = -\alpha p_1 \tag{14-16}$$

因为正反馈交易行为是对过去价格变动的反应，因此第 1 期他们不进行交易，也就是说，正反馈交易者第 1 期的需求为 0，即

$$D_1^f = 0$$

第 0 期是参照期，没有交易发生，价格为 0。正反馈交易者通过观察股票价格从第 0 期到第 1、2 期是上升还是下降，形成相应的正反馈需求。

因为在第 0 期和第 3 期不发生交易，所以市场出清的条件在这两期自动满足。在第 1 期和第 2 期，由于市场上存在 μ 单位的套利者和 $1-\mu$ 单位的被动投资者，各期的市场出清条件分别是

$$0 = D_1^f + \mu D_1^a + (1-\mu)D_1^i$$

$$0 = D_2^f + \mu D_2^a + (1-\mu)D_2^i$$

14.3.3 模型的解

(1) 无噪音信号的解。

考虑发生正信号的情况，即 $\Phi = +\phi$。如果套利者得到的信号 ε 与第 2 期实际的冲击 Φ 完全相关，则套利者在第 1 期的估计中并不存在关于第 2 期价格的不确定性。如果存在套利者，他们的行为将使股票的价格第 1 期价格和第 2 期相等；如果没有套利者，由于没有人拥有关于股票真实价值的信息，第 1 期股票的价格为 0。从而有

$$p_1 = p_2 (\mu > 0)$$

$$p_1 = 0 \ (\mu = 0)$$

利用第 2 期的市场出清条件，可以得到第 2 期的均衡条件：

$$0 = \beta p_1 + \alpha(\phi - p_2)$$

可知：

$$p_1 = p_2 = \frac{\alpha\phi}{\alpha - \beta} \quad (\mu > 0)$$

$$p_1 = 0, \quad p_2 = \phi \quad (\mu = 0)$$

当 $\beta > \alpha/2$ 时，套利者的存在将使任何时期的价格都比其不存在时更偏离真实价值。因此，在无噪音信号的情况下，套利者的加入促使价格偏离真实价值。

在 $\mu > 0$ 或 $\mu = 0$ 的情况下，价格的变化路径是不连续的，在 $\mu > 0$ 时，价格走势不会随着 μ 的变化而变化。

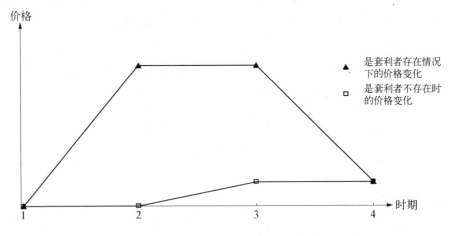

图 14-1 无噪音信号时的价格变化

(2) 有噪音信号的解。

如果套利者获得的信号有噪音，并假定 $\varepsilon = \phi$：则此时 $\Phi = +\phi$ 的概率为 $1/2$，$\Phi = 0$ 的概率是 $1/2$。把第一种情况称为不确定状态 $2a$，第二种情况称为不确定状态 $2b$。

此时第 2 期就有两个市场出清条件，分别对应于不确定状态 $2a$ 和 $2b$：

$$0 = \beta p_1 + \alpha(\phi - p_{2a})$$

$$0 = \beta p_1 - \alpha p_{2b}$$

而第 1 期市场出清条件为

$$0 = \mu D_1^a - \alpha(1-\mu)p_1 \tag{14-17}$$

式(14-17)中的 D_1^a 由以下分析可得。在套利者第 1 期的需求 D_1^a 给定的情况下,第 2 期投资机会的期望值等价于 a 和 b 状态下分别可确定获得的财富量(Certain-equivalent wealth),即:

$$W_{2a} = D_1^a(p_{2a}-p_1) + \frac{\alpha(p_{2a}-\phi)^2}{2} = D_1^a\left(\phi + \frac{\beta-\alpha}{\alpha}p_1\right) + \frac{\beta^2 p_1^2}{2\alpha} \tag{14-18}$$

$$W_{2b} = D_1^a(p_{2b}-p_1) + \frac{\alpha p_{2b}^2}{2} = D_1^a\left(\frac{\beta-\alpha}{\alpha}p_1\right) + \frac{\beta^2 p_1^2}{2\alpha} \tag{14-19}$$

以上两式的第 1 项表明第 1 期股票在第 2 期的增值(或贬值),第 2 项表明当期股票价值。然后,在第 2 期可确定获得的财富量基础上,套利者最大化其效用函数(具体算法与计算第 2 期需求的过程一样),可以得到第 1 期的需求量:

$$D_1^a = \frac{(p_{2a}+p_{2b})-2p_1}{\gamma(p_{2a}-p_{2b})^2} \tag{14-20}$$

根据以上方程可以解得 p_1, p_{2a}, p_{2b} 和 D_1^a。

$$p_1 = \frac{\phi}{2}\left(\frac{\alpha}{\alpha-\beta}\right)\left[\frac{1}{\left(1+\frac{\phi^2}{4\sigma_\theta^2}\cdot\frac{\alpha}{\alpha-\beta}\cdot\frac{1-\mu}{\mu}\right)}\right] \tag{14-21}$$

特别是当 $\mu=1$ 或 0 时,有以下表达式:

$$p_1 = \frac{\phi}{2}\left(\frac{\alpha}{\alpha-\beta}\right) \ (\mu=1) \tag{14-22}$$

$$p_1 = 0 \quad (\mu=0)$$

当第 1 期不存在被动投资者($\mu=1$)时,因为没有人出售,套利者第 1 期持有的股票为 0。这意味着不存在第 1 期买入然后在第 2 期卖出的盈利机会,也就是说,第 1 期的价格和第 2 期的预期价格相等。而当第 1 期不存在套利者($\mu=0$)时,则因为没有人可以在第 1 期预计到第 2 期的冲击,所以第 1 期价格为 0。

将上述式子整理后,可以更清楚地推知:在 $\beta>0$ 的条件下,第 2 期价格偏离

真实价值的程度随第 1 期价格单调递增,即

$$p_{2a} = \frac{\beta}{\alpha}p_1 + \phi$$

$$p_{2b} = \frac{\beta}{\alpha}p_1$$

由此可知,当 $\mu > 0$ 时,第 2 期价格总比 $\mu = 0$ 时更偏离真实价值。因而,套利者的加入总是使第 2 期价格更不稳定。另外,如果 μ 满足条件,则 $\mu > 0$ 时的第 1 期价格也总比 $\mu = 0$ 时更偏离真实价值。

$$\frac{1-\mu}{\mu} = \frac{2\sigma_\theta^2}{\phi^2}\left[1 - 2\left(\frac{\alpha-\beta}{\alpha}\right)\right] \qquad (14-23)$$

当市场中存在少量套利者时,他们总可以使第 1 期价格更接近真实价值。但是,只要 $\beta > \alpha/2$,就存在一个临界值 μ^*。如果套利者人数多于 μ^*,第 1 期价格就会比 $\mu = 0$ 时更偏离真实价值。正反馈系数 β 越大,θ 的不确定性相对于 Φ 的不确定性越高,μ^* 的值就越小。

当第 1 期价格信号有噪音时,第 1 期价格反映了第 2 期需求的不确定性。当套利者厌恶风险时,第 1 期的价格比第 2 期的平均价格低。尽管长期来说(在此模型中是指第 3 期),价格将回到真实价值且两期的收益负相关,但在短期内收益是正相关的。这种情况和第 2 节投资者情绪部分描述的在几个月之内收益是正相关的时间序列,而和几年里总的看来又变成均值回复型的结论是一致的。在没有套利者的情况下,正反馈交易也会导致类似的收益形式,但要强调的是,套利者加速了这种偏离,而不是降低了价格对真实价值的偏离。

14.3.4 对股市价格泡沫的简析

价格泡沫的形成和演变一般包含以下三个阶段:积累、分配和清算。

积累是指知情交易者预计到未来价格的上涨,并通过增加成交量和价格上升来揭示这种信息;分配是指在先购买的知情交易者和未知情交易者之间发生的交易,知情交易者盈利而未知情交易者将要承担潜在的损失;清算是指泡沫消失,价格回复,未知情交易者清算资产价值,损失发生。

在大多数价格泡沫发生的前期都会有利好消息公布,这被 Kindleberger 称为

"偏移"(displacement)。"偏移"使一些投资者获得了可观的收益。由于最初资产价格的上涨,套利者开始增加资产或资产的金融衍生品的供给。这种套利行为毫无疑问是每次价格泡沫的关键原因。套利者只在刚开始时持有这些资产。当泡沫达到高潮时,官方机构往往并没有明确的制止或反对态度,这使泡沫得以再维持一段时间。泡沫最后总会破灭,受损的是那些噪音交易者,而且与泡沫破灭伴随的往往是金融危机和经济萧条。泡沫之后,政府对那些投机者和投机计划的组织者往往采取特别严厉的监管措施。例如,美国很多著名的法案都是在危机之后颁布的。尽管本模型还不够全面,但它抓住了现实世界中泡沫的某些关键要素,而这正是理性价格泡沫模型所缺乏的。

本节提供了一种建立于正反馈交易基础上的对价格变化原因的解释。在存在正反馈交易行为的前提下,理性的套利行为可能使证券价格更不稳定,这一结论与前几节一样,对套利行为有效性提出了质疑。最后,本节模型中正反馈交易者和套利者之间的互相影响为研究价格泡沫提供了一条新的思路。

14.4　套利策略

在第 1 节中,套利者用自己的财富进行交易,因此仅受到自身对风险厌恶的限制。更常见的套利行为是由少数高度专业化的职业套利者综合自身智慧和外部投资者的资金来运作的,其基本特征是建立在代理关系基础上的智力和财力的分离。本节讨论的就是这种建立在代理关系基础上的套利行为是否能有效地维持证券价格,使之不偏离真实价值。

在代理关系的前提下,投资者资金投入与否对套利行为有着关键作用。在第 1 节的模型中,由于不存在代理问题,套利者在价格偏离价值的程度加深时会变得更激进。如果套利者管理的是他人资金,投资者往往不能准确了解其具体行为,而只能看到价格偏离价值的程度更大时套利者亏损的表象。他们可能以此判断套利者并不像他们本来以为的那样有竞争力,进而拒绝提供更多的资金,甚至可能会收回原先的投资。

我们把这种投资者根据过去收益进行评价的套利行为称为"以业绩评价的套利"(Performance Based Arbitrage, PBA)。特别是当那些用作抵押品的证券缩水时,债权人要求偿付的压力会更大。套利者的不良业绩会减少所管理资产的基数,同时削弱自身的借款能力。为了尽量避免这种情况的发生,套利者在最初交易时会异常谨慎,从而在证券价格偏离价值时也不会太激进。这些因素将限制套利的有效性。此外,PBA 使套利者在危机时被淘汰,因此它会加深危机程度而不是起到缓和作用。

本节首先提供 PBA 运作机制的模型,集中讨论资金提供者和套利者之间的委托代理关系。然后,说明模型在金融市场中的应用,特别强调其在危机时期的作用原理。

14.4.1 有限套利行为的代理模型

Shleifer 和 Vishny(1990)[①]构造了有限套利行为的代理模型。在某一特定资产的市场上,假设有三类参与者:噪音交易者、套利者和套利基金的投资者,其中投资者是不直接参与交易的。套利者仅在这个市场从事套利,而投资者可能将资金在该市场和其他市场之间分配。套利者知道证券资产的真实价值为 V,但投资者不知道这一点。模型有三期:第 1 期、第 2 期、第 3 期。在第 3 期,资产的真实价值为套利者和噪音交易者所知,因而价格回复到真实价值水平。这个假设保证长期来看,交易不存在市场风险,即没有风险套利行为。为说明问题,我们仅考虑悲观的噪音交易者,在第 1、2 期经历悲观冲击 S_t,从而他们对该资产的总需求为

$$QN(t) = [V - S_t]/p_t \quad (14-24)$$

在第 1 期,套利者知道噪音交易者经历的冲击 S_1,但不知道下一期的冲击 S_2,而且很有可能 $S_2 > S_1$。

假设套利者和投资于他们基金的投资者都是完全理性的。风险中性的套利者持有与噪音交易者相反的头寸,套利者在每一期中均管理着一定数量可积累的财富(包括他们的贷款能力)F_t,并假定 F_t 外生给定。

在第 2 期,资产价格或者回复到 V,或者更加偏离。如果噪音交易者在第 2 期对资产真实价值的判断失误加剧,套利者会用其所有资金买入低估的资产,因为第 3 期资产价格一定会回复。此时,他们对资产的总需求为

[①] A. Shleifer and R. Vishny, 1990: Equilibrium Short Horizons of Investors and Firms, *American Economic Review Papers and Proceedings*, 80: pp. 148–153.

$$QA(2) = F_2/p_2$$

根据两者总需求等于该资产标准化为单位1的总供给,即

$$1 = QA(2) + QN(2)$$

可以得到第2期的价格为

$$p_2 = V - S_2 + F_2$$

假设 $F_2 < S_2$,即如果噪音交易者没有更正对资产价格的错误估计,在第2期,套利者的财富将不足以使价格回复到真实价值水平。

在第1期,套利者可能保留一定的现金,等到第2期价格低估程度加深时买入更多该资产。将其在第1期的投资记为 D_1,所以:

$$QA(1) = D_1/p_1$$

并且有:

$$p_1 = V - S_1 + D_1$$

同样地,假设 $F_1 < S_1$,在模型考察的变量变化范围内,套利者的初始财富也不足以使价格回复到真实价值水平。

为简化问题,我们假设一共有 T 名投资者,每人有1美元可以投入套利基金。由于模型考察的只是套利基金市场的一部分,所以这一局部市场的总资金 F_2 远小于 T。套利者在服务价格上存在激烈的竞争,假定他们的边际成本相同,且每个套利者都面临至少一个竞争对手,他们之间是完全替代的,因此 Bertrand 竞争将使基金的服务价格等于边际成本。每个风险中性的投资者对套利者的预期收益都有一个先验的看法,并且该看法服从 Bayes 法则。他们的目标是追求预期消费者剩余的最大化,而且不同的投资者对套利者能力的看法不同,从而保证每个套利者的市场份额就是那些相信他能带来最高预期收益的投资者所占的比例。

假设投资者不知道套利者的投资策略,也不知道每个局部市场的资产价格决定规则,所以投资者对套利者预期收益的判断依据仅仅是套利者过去的业绩。我们用函数 G 反映投资者在第2期提供给套利者的资金与套利者从第1期到第2期得到的总收益之间的关系。由于资产收益由 p_2/p_1 决定,套利者第2期的可得资金为

$$F_2 = F_1 \times G\{(D_1/F_1) \times (p_2/p_1) + (F_1 - D_1)/F_1\} \quad (14-25)$$

且函数 G 满足：

$$G(1) = 1, \; G' \geq 1, \; G'' \leq 0$$

为简便起见，套利者获得或失去资金的临界点定为零收益。当套利者的表现高于零收益点时，他们可以获得更多的资金。投资者资金供给对于套利者过去业绩的敏感系数也就是投资者通过学习已有信息提取信号的解，用 G' 表示，套利者业绩较差的原因可能有：(1) 随机性的误差；(2) 噪音交易者对资产估计误差的程度加深，套利者运气不好；(3) 套利者能力不足。如果套利者之间能力相差较大，也就是能力指标的方差较大，则 G' 会比较大。如果是由于运气的原因造成各个套利者业绩差异，则 G' 不会太大。由于上述原因都可能造成套利者业绩不佳，所以在噪音交易者错误程度加深，即套利者实际上能获得的预期收益最高时，投资者选择撤资是完全理性的反应。

由于模型的结论不依赖于函数 G 的凹性，我们可以把 G 定义为线性函数，表示为

$$G(x) = ax + 1 - a \quad (14-26)$$

其中，$a \geq 1$，x 是套利者的总收益。

此时，方程可以写为

$$F_2 = a\{D_1 \times (p_2/p_1) + (F_1 - D_1)\} + (1-a)F_1 = F_1 - aD_1(1 - p_2/p_1) \quad (14-27)$$

参数 a 越大，投资者的资金提供对套利者过去业绩就越敏感（G' 就越大）。如果 $a=1$，套利者在损失之后不会获得更多的资金支持；如果 $a>1$，套利者损失后，投资者会相应撤回部分或全部资金。在这里，我们暂时不考虑套利者采取分拆风险和收益以吸引资金的策略，一方面是因为套利者本身无法或者也不愿意承担可能发生的损失，另一方面是因为厌恶风险的套利者不能确定自己获得超额收益的能力。

套利者的最优化问题可以简化为追求第 3 期收益的最大化，在套利者处于价格接受者的地位及其边际成本固定的条件下，追求第 3 期收益最大化等价于最大

化第 3 期预期资金量。假设噪音交易者在第 2 期受到的冲击大于第 1 期的概率是 q，此时 $S_2 = S > S_1$；第 2 期的冲击等于零的概率是 $1-q$，即噪音交易者在第 2 期了解到资产的真实价值，则 $S_2 = 0$，$p_2 = V$。

当 $S_2 = 0$ 时，套利者在第 2 期套现，并一直持有现金，所以第 3 期的资金量为

$$W = a(D_1 \times V/p_1 + F_1 - D_1) + (1-a)F_1$$

当 $S_2 = S$ 时，套利者在第 2 期尽可能多地买入价格被低估的证券，然后在第 3 期套现，所以他第 3 期的资金量为

$$W = (V/p_2) \times [a(D_1 \times p_2/p_1 + F_1 - D_1) + (1-a)F_1]$$

套利者的最优化问题就是对下式求最大值：

$$EW = q(V/p_2) \times [a(D_1 \times p_2/p_1 + F_1 - D_1) + (1-a)F_1]$$
$$+ (1-q)[a(D_1 \times V/p_1 + F_1 - D_1) + (1-a)F_1]$$

14.4.2　以业绩评价的套利与市场效率

在分析该模型的市场效率之前，我们首先来回顾一下关于市场效率的若干层次。① 有效市场。在市场有效时，套利者可以得到所有他想要的资金。此时，噪音交易者的冲击都可以被套利者的反作用抵消，所以 $p_1 = p_2 = V$。② 套利者受资金限制，但并不采取 PBA 形式。比如，即使套利者亏损，他还是可以筹到 F_1 的资金。此时，$p_1 = V - S_1 + F_1$，且 $p_2 = V - S + F_1$。③ $a = 1$。此时，如果套利者亏损，他无法补足原来的资金，但也不会因为亏损而被回收资金。接下去，我们将讨论第三种情况，即 $a = 1$。

在套利者最优化问题中，如所示，对 D_1 求一阶导数，可以得到：

$$(1-q)\left(\frac{V}{p_1} - 1\right) + q\left(\frac{p_2}{p_1} - 1\right)\frac{V}{p_2} \geqslant 0$$

根据 Kuhn-Tucker 条件，当且仅当 $D_1 = F_1$ 时，不等号严格成立；如果 $D_1 < F_1$，则等号严格成立。第一项表示价格在第 2 期回复时套利者投资的边际收益，第二项则表示价格在第 2 期下降幅度更大时套利者第 1 期投资的边际损失。如果价格恶化的概率足够高，而且恶化的程度足够严重，等号就严格成立，此时套利者

会保留部分现金留待第 2 期投资。如果 p_1 远低于 V，q 较小，而 p_2 相对于 p_1 并没有下降很多，则不等号严格成立。也就是说，初始价格的偏离程度很大，价格在第 2 期回复的概率很高，而不是跌得更厉害，即使下跌，幅度也不会太大，此时套利者选择在第 1 期全部投资，而不是把资金留到第 2 期。我们把第 1 期价格严重偏离从而套利者投资全部资金的情形作为"极端情况"。关于"极端情况"的讨论可以总结为以下几个命题：

命题一：在给定 V, S_1, S, F_1, a 的情况下，存在 q^*，使 $q > q^*$ 时，$D_1 < F_1$，而当 $q < q^*$ 时，$D_1 = F_1$。

在模型中，边角解和次优解都有可能存在。事实上，两者在大多数参数情况下是并存的。

命题二：在边角解（$D_1 = F_1$）中，有 $\mathrm{d}p_1/\mathrm{d}S_1 < 0$，$\mathrm{d}p_2/\mathrm{d}S < 0$，$\mathrm{d}p_1/\mathrm{d}S = 0$；在次优解中，则有 $\mathrm{d}p_1/\mathrm{d}S_1 < 0$，$\mathrm{d}p_2/\mathrm{d}S < 0$，$\mathrm{d}p_1/\mathrm{d}S < 0$。

可以看出，噪音交易者风险越大，套利者对价格偏离的反作用力越弱，市场定价的有效性也就越差。另外，第 1 期和第 2 期的价格对噪音交易者的冲击非常敏感。在模型中，由于价格在第 3 期一定会回复到真实价值，而且第 2 期的噪音或者消失或者更严重，不存在朝基本面调整的可能（如前假设），所以，a 越大，即 PBA 的强度越大，市场的效率就越低。当 a 增大时，在均衡状态下，第 1 期的价格不变或者更低（如果套利者在第 1 期保留部分资金），噪音交易者第 2 期的冲击增大时价格也会降低。与有限套利（$a = 1$）相比，在 PBA（$a > 1$）条件下，价格的有效性更差。

命题三：如果套利者在第 1 期全额投资（$D_1 = F_1$），而噪音交易者的错误估计在第 2 期加深（$S_2 > S_1$），则在 $a > 1$ 的情况下，$F_2 < D_1$ 且 $F_2/p_2 < D_1/p_1$。

这一命题有助于我们理解在"极端情况"下套利行为的有效性。(1) 套利者第 1 期投入的财富是否比第 2 期多，即 $F_2 < D_1$ 是否成立。(2) 套利者第 1 期持有的资产是否比第 2 期多，即 $F_2/p_2 < D_1/p_1$ 是否成立。如果 $p_1 > p_2$，即使套利者在第 2 期消费的较少，其第 2 期持有的资产仍可能多于其在第 1 期持有的资产。

但是，我们注意到套利者第 1 期全额投资是第 2 期套现的充分但非必要条件。如果 q 比 q^* 略大，此时 $F_1 - D_1$ 是一个较小的正数，则 $a > 1$ 时，投资者仍会套现部分头寸。当 q 更大时，则 D_1 足够大，并保证 $F_2/p_2 > D_1/p_1$。

根据命题三，我们可以得到下式：

$$p_2 = [V - S - aF_1 + F_1]/[1 - aF_1/p_1] \quad (aF_1 < p_1) \qquad (14-28)$$

其中，条件 $aF_1 < p_1$ 是模型的简单稳定条件，它保证套利者不会因为亏损太多而被市场淘汰。如果 $aF_1 > p_1$，则均衡时的价格为 $p_2 = V - S$，且套利者被市场淘汰。

命题四：在第1期全额投资的均衡中，$\mathrm{d}p_2/\mathrm{d}S < -1$，且 $\mathrm{d}^2 p_2/\mathrm{d}a\mathrm{d}S < 0$。

此命题说明套利者在第1期全额投资时，则第2期价格变化对于噪音交易者冲击的反应变化大于1。特别是当PBA增强，比如 a 增大时，价格相对于冲击的下降反应越强，市场效率越低。如果用 $\mathrm{d}p_2/\mathrm{d}S$ 衡量市场弹性（完全有效市场时为0，不存在PBA时为-1），则命题四表明：在极端情况下，存在PBA的市场会失去弹性，套利行为对价格回复的作用变得微不足道。

上述结论与许多以往的传统模型是完全不同的。传统模型认为在价格偏离真实价值程度最大时套利者是最激进的，因为那时盈利机会最大。而本模型则认为在价格偏离真实价值程度最大时套利者发生亏损，而且此时他们对价格回复的作用也最弱。

14.4.3 对PBA的反驳及其讨论

在上面的模型中，由于PBA的存在，套利者对资产的需求与其预期收益被割裂开来，从而使套利行为受到很大限制。PBA是否像模型中所阐述的那样重要呢？对于PBA的反驳意见集中在其潜在的实证意义上。第一，尽管由于套利业绩不佳，套利基金资产会减少，但由于时滞的存在，所以多数情况下，套利者可以维持其头寸，直到价格回复，从而免于被市场淘汰。第二，如果套利者分散化投资，由于所有的头寸不可能同时亏损，因而套利者可以避免被迫清算。第三，那些有着相对长期优良业绩的套利者可能可以避免投资者撤回资金，在其他套利者将头寸套现时，他们可以进入市场并稳定价格。

这些反驳都有一定道理，但是PBA在定量分析上的意义仍然很强。

第一，时滞不会很长。因为很多套利基金都允许投资者随时自由撤回部分资金，这种撤资在业绩较差的情况下会马上发生。尽管也有一些基金对投资者撤资进行限制，但这种基金在美国越来越少见。另外，在套利基金内部同样存在委托代理问题。当上司发现下属的业绩很差时，他们往往会强制下属变现。还有一个缩短时滞的因素是主动性清算。模型中没有考虑到风险厌恶性的套利者可能会主动变现以防止未来可能发生的价格变化。

对于业绩不佳迅速引致资产出售这一现象，更重要的解释来自于债权人的变现压力。债权人通常会要求立即偿还，或者变现抵押物，套利者被迫寻求现金以满足债权人的要求。而且，这种变现还具有"溢出效应"，因为套利者会通过在其他市场上的变现来获得现金。债权人的这种变现要求将给抵押资产的价格带来下跌的压力，从而进一步加速了资产的出售：一方面，如果债权人有权要求抵押物变现，而抵押物价值超出他出借的资金，他们就不会在乎抵押物变现的价格，从而造成债务人的损失；另一方面，还存在潜在的道德风险。如果债权人事先知道基金持有何种资产并且将来不得不对其变现，债权人就会先卖空基金持有的资产，然后在基金不得不套现时以更低的价格买入。这一现象引起我们对其他政策性问题的思考。比如，通常认为保持市场透明度和实施信息披露机制是积极的，但对本来就缺乏资金的套利者的业绩披露，可能迫使他们过早变现，从而加剧了市场的不稳定性。

第二，如果可以将危机限制在某个市场上，则分散化投资是避免清算的好方法。但是，如果所有套利者都想变现，资产价格就有下跌的压力，从而危机将溢出原来的市场。在极端情况下，所有证券的价格都会下降。当套利者负债比例较高时，分散化投资的效果就更不理想。由此可知，即便不同市场的金融危机本身没有相同基本面作为基础，但由于溢出效应，危机会在各个市场蔓延，从而导致市场发生协同变动。

第三，在模型中假设所有的套利者对于资金的敏感性是一致的，但事实上他们会有不同的敏感性。有些套利者可以获得不受PBA局限的资金，因而可以在价格偏离价值时追加投入。这类套利者可以抵消由于PBA带来的影响。一旦这类套利者使市场价格回复，则受PBA限制的套利者获得了盈利，因而根本不需要清算。但是，当发生噪音交易者冲击时，大多数套利者还是受到套现压力的限制，随着价格偏离程度不断加深，即使刚开始套利者还可以维持头寸，但由于积累量越来越大，资金撤回的压力促使他们套现。尽管套利者可运用资本的总量较大，而且当套利者清算时可能会有局外人进入，但现实中，套利市场是高度专业化的，而且套利者很少会在多个市场同时拥有经验和信誉，所以在极端情况下即使有些套利者拥有不受PBA限制的资金，也无法稳定市场。因此，通常老基金会在长期中获得比新基金更高的盈利，因为当价格偏离时它们可以获得更多的资金。

以上分析表明，尽管清算的时滞、分散化投资和可获得资金不受过去业绩影响的套利者的存在都会使PBA对市场的影响有所减弱，但这些因素不能完全抵消PBA的影响。尤其是在危机时，PBA导致的主动或被动的套现造成了市场的剧烈波动。不仅如此，由模型分析我们可以看到金融危机对经济的影响非常显著，因而中央银行以及其他可以充当最后贷款人的类似机构在危机时期必须干预经济，以制止套现的连锁反应（Bagehot 1872，Kindleberger 1978）。因为这种行政干预是可以提高市场效率的。

我们通过不同形式的模型和实证检验，对市场有效假说提出了有力的质疑，同时对不完全有效市场情况下投资者的行为策略作了更深入的分析。通过对有限套利行为的描述、投资者情绪对价格的影响等具体模型，行为金融学对投资者行为策略的研究取得了较显著的成果，其结论也更符合现实市场的情况。尽管如此，到目前为止，在驳斥有效市场理论之后，行为金融学并没有给出一个完整的可以统帅研究领域的框架，对决定价格以及投资者行为的关键因素也没有非常肯定和明确的回答。在研究方法上，尽管行为金融学比传统的金融理论更接近现实生活，更注重对投资者本身行为的研究，但对数学和心理学的应用还不是很成熟和完善。因而，行为金融学还是一门发展中的新兴学科。

这门学科将来要着力解决的问题包括以下四方面：

（1）投资者行为。究竟投资者如何看待风险？投资者怎样评价风险？投资者跟风行为的驱动因素是什么？决定投资者证券需求的心理因素是什么？为什么不同的投资者行为模式相差那么大，投资者交易次数为什么那么多？

（2）市场与价格机制。为什么卖空机制那么不完善？套利者要多久才能使价格与真实价值一致，为什么两者相偏离的异常现象可以维持那么长时间？各种风格的投资战略有怎样的周期规律？证券价格怎样回复到真实价值？

（3）实际经济影响。投资者情绪对证券发行有何影响？股市泡沫究竟有利于为公司的好投资项目提供融资，还是仅仅导致资源的浪费？市场开放的利弊比较结果怎样？组合投资的收益与成本比较结果如何？亏损的投资者将来还愿意继续在股市投资吗？

（4）政策。政府何时应该干预市场以稳定证券价格？怎样才能在不影响套利行为的前提下减少噪音交易？市场透明度和信息披露机制对防范危机究竟是利还是弊？危机时期政府应该保护哪些人的利益？由谁来执行？对投资者的教育可以帮助其克服偏见吗？应该怎么做？

这些问题在有效的市场中可能无足轻重，而在无效市场中就变得非常关键。在人们了解到有效市场很可能只是一种特例时，对市场无效的理解（包括上面所列的许多问题）就是非常迫切的。比如，决定资产价值的因素一直被传统金融学所忽略，而目前已知的因素包括人们对风险的态度、预测结果、未知情需求改变等，但还有很多方面是人们未知的。一旦人们了解了市场无效的含义：一方面，投资者可以利用在无效市场中得到的结论更好地了解在现实市场中投资行为策略；另一方面，无效的实质影响相应的政策，从而可以对政策优劣和必要性作出评价。这些都将是未来行为金融学的发展方向，有待金融学家们进一步的研究。

附录　股票指数

增加这一个简短附录的原因有两点：一是股票指数这部分内容与投资管理是紧密相关的必须加入我们的教材；二是因为直接放入正文的话，不好安插。

在实际生活中，股票指数是很重要的一个经济表现的"晴雨表"；在投资实践中，它则是评估资金管理人的业绩的一个标准。也就是说，对股票管理人表现的评估是相对于股票指数或基准进行的。

1. 美国股票市场指数

最常用的股票市场指数是道·琼斯工业平均指数。在金融出版物上列出的其他股票市场指数还有标准普尔500综合指数、纽约股票交易所综合指数、美国股票交易所市场价值指数、NASDAQ综合指数和价值线综合指数。然而，还有无数的其他股票市场指数如Wilshire股票指数和Russell股票指数，它们也是机构资金管理人使用的主要指数。

一般来说，这些市场指数是同时上升或下降的，但是它们变动的幅度却有很大差别。为理解造成这些差别的原因，我们有必要去理解这些指数是如何构造的。有三个因素使得股票市场指数有所差别：该指数所代表的股票的领域、赋予其中每一股票的相对权重和所使用的平均方法。

某股票市场指数可能包括所有上市交易的股票或是全部上市交易的股票的一个样本。然而，没有任何一种当前所用的股票市场指数是以所有的上市交易股票为基础的。每一市场指数所覆盖的范围都是不同的。

一种股票市场指数中包括的所有股票都必须以一定的比例进行组合以构造出该指数或平均数。因此，每一只股票都应被赋予相应的权重。股票市场指数对股票赋予相对的权重的方法有三种：

(1) 以公司的市场价值（即市场资本总额，它是股票价格乘以发行在外的股票数量）进行加权；

(2) 以公司股票的单位价格进行加权;

(3) 无论各公司的市场价值或价格如何,每一只股票都被平等地赋予相同的权重。

在用于构造市场样本的股票和赋予每一只股票的相应权重确定后,下面就是对各构成成分的平均。平均法有两种:算术平均法和几何平均法。所有的构造较为合理的股票市场指数都是用算术平均法构造的①。

股票市场指数可以分为三类:

(1) 由交易系统以在该系统交易的所有股票为基础编制的指数;

(2) 由主观地选择包括在指数中的股票的机构编制的指数;

(3) 以客观的衡量标准如公司的市场资本总额为基础选择股票而编制的指数。

属于第一类的指数有纽约股票交易所综合指数和美国股票交易所市场价值指数,它们都反映了在本股票交易所交易的全部股票的市场价值。NASDAQ综合指数也属于这一类。

美国三种最流行的股票市场指数即道·琼斯工业平均指数(DJIA)、标准普尔500综合指数(S&P500)和价值线综合指数(VLCA)属于第二种类型。DJIA是从在NYSE交易的最大的工业公司股票中选取了30家蓝筹股构造的指数组合,包括在该指数中的公司是由《华尔街日报》的出版人——道·琼斯公司选择的。该指数中的股票构成随着时间的推移会逐渐变化,原因可能是因为某些公司可能因为兼并或破产而发生变化;或是因为某家公司的股票交易活动变得冷清;或是因为本来不在该指数中的某一家公司的表现变得非常优异。当一家公司被另一家公司取代时,该指数就被重新调整,这样就使得该指数能反映出市场所发生的变化。

S&P500所选择的股票样本是从两家主要的全国交易所和场外市场中挑选的。在任何给定时点上,该指数所包含的股票都是由标准普尔公司的委员会决定的,该委员会可能会时常添加或删除某单只股票或整个的行业集团。其目标是掌握股票市场的整体状况,后者则反映了真实的、范围广泛的经济指标。由Arnold Bernhard公司编制的VLCA覆盖了范围广泛的股票,这些股票是由价值线(Value Line)公司在NYSE、AMEX和场外市场上被公众普遍持有且交易活跃的股票中选

---

① 在1988年以前,价值线综合指数在其报告中是以几何平均法构造的。

择的。

第三种类型的指数有由 Wilshire 协会（Santa Monica，California）编制的 Wilshire 指数和由 Frank Russell 公司（Tocama，Washington）编制的 Russell 指数，Frank Russell 公司是一家为养老基金和其他机构投资者提供咨询的咨询公司。这些指数选择股票的唯一标准是股票的市场资本总额。包含股票最广的是 Wilshire 5000，它实际上包括了近 6 000 家公司（开始时它包括 5 000 只股票）。Wilshire 4500 包括 Wilshire 5000 中除了在 S&P500 中包括的股票之外的其余全部股票。因而，Wilshire 4500 中的公司与 Wilshire 5000 中的公司相比，市场资本总额较小，即它反映的是那些资本总额较小的股票所组成的市场情况。创造这种股票市场指数的动机是明显的。Russell 3000 包括了按市场资本总额评级的 3 000 家最大的公司的股票，Russell 1000 则包括的是 1 000 家最大的公司的股票，Russell 2000 包括的是 Russell 3000 中后 2/3 的公司的股票，因此它也是一种小资本总额股票的市场指数。

除了 DJIA 和 VLCA 以外，那些表现杰出的股票市场指数都是采用市场价值加权法计算的。DJIA 是一种价格加权指数，它同时还随股票的分割和股利的分配对指数进行调整。VLCA 则是一种各股票同等权重的指数。

2. 国际股票市场指数

许多股票价格指数记录并衡量外国股票市场的表现。在每一个有股票交易的国家都至少有一个衡量总体股价运动的指数。如果一个国家有不止一个股票交易所，通常每一交易所都会编制自己的指数。而且，不断会有新的机构和金融顾问公司创造新的指数。

在日本有两个主要的指数。东京股票交易所编制东京股票价格指数（TOPIX），这是一个综合指数，以东京市场中第一部分市场的全部股票为基础，属于该部分的公司都是声誉卓著而且较大的公司，它们的股票交易最为活跃，而且其股票为投资者普遍持有。Nihon keizai Shimbun 有限公司是一家金融信息公司，它计算并发布 Nikkei225 股票指数。该指数以在第一部分市场中的 225 家最大的公司的股票为基础。

英国伦敦股票交易所也有一些被投资者普遍遵循的指数。金融时报工业平均指数以 30 家主要的公司的股票价格为基础并以 FT30 而闻名。另一个包括的股票较为广泛的指数是金融时报-股票交易所 100，常被称为 FT－SE100。该指数以

100家最大的英国公司的股票为基础,这些股票的市场价值占据了所有英国股票的市场价值的大部分。包括不同部分的市场的指数和跨越了各部分市场的综合指数是由《金融时报》(Financial Times)和精算师协会(the Institute of Actuaries)编制的。这些"FT-A"指数的股票基础非常广泛,包括的股票超过了700种。

德国主要的股票指数是DAX,表示的是 Deutscher Aktienindex,它由法兰克福股票交易所编制(法兰克福交易所的德文名字是 Frankfurter Wertpapierborse,一些金融服务机构根据它的首字母把它称为FWB)。DAX是以在法兰克福交易所上市的股票中交易最活跃的30只股票为基础。FAZ指数是另一个流行的德国指数,由 Frankfurter Allgemeine Zeitung(一家日报)编制。FAZ指数是以在法兰克福上市的100家最大公司的股票价格为基础计算的。

在法国,全国股票经纪人协会和巴黎证券交易所编制了一个以在交易所交易的最大的和最杰出的公司的股票为基础的指数。该指数以CAC40指数闻名,CAC指的是 Cotation Assistee en Continu,这是巴黎证券交易所电子交易系统的名字。由于欧洲经济一体化的不断增强,CAC40,像FT-SE100和DAX一样,将可能是较好反映欧洲股票和市场总体表现的可靠指标。

其他被普遍采纳的全国性股票交易指数还包括:香港股票交易所编制的恒生指数;多伦多股票交易所的TSE综合指数;瑞士表现指数(SPl),SPI包括了近400家公司的股票并由瑞士的股票交易所编制。

为适应不断增强的全球股票投资的趋势,一些金融机构精心编制了一些受到公认的国际股票指数。美国养老基金最为重视的国际股票指数是摩根·斯坦利资本国际——欧洲——澳大利亚——远东指数或称EAFE指数。该指数包括21个国家的2 000多家公司的股票。相对较新的国际股票指数包括:金融时报世界指数(由英国精算师协会、高盛公司和Wood MacKenzie公司联合推出的指数);所罗门兄弟——Russell全球股票指数(由所罗门兄弟公司和Frank Russell公司联合推出);全球指数(由第一波士顿公司和以伦敦为基础的欧洲货币机构联合推出)。

以上限于本书篇幅,只是一种简要介绍,更详细的股票指数知识,请读者(尤其是要参加CFA考试的读者)参阅CFA指定教材《投资分析与组合管理》第五章的内容。

后　记

金融是现代经济的核心,在经济全球化趋势下全球金融市场正以不可逆转的趋势走向一体化,并在全球范围内发挥引导资本流动、为资产定价、优化资源配置和提高经济运行效率的作用。因而,掌握全球金融市场基础知识和基本原理,熟悉金融市场组织架构、交易工具、运作机制和规律,是现代市场经济条件下所有已经从事和准备从事金融工作的人员应该具备的知识。

《注册金融分析师系列》丛书的第二版修改终于完成了,这不仅仅是一套写给中国CFA考生的辅导教材,更是一套帮助有志于金融的人士、金融专业的学生系统学习金融,帮助金融从业人员、企业中高级管理者提升业务能力的参考书。

写书是一项系统工程,从书的策划到最终脱稿,从框架体系到具体内容,从第一稿到最后成稿,反复地讨论,不断地争执,不知有多少人投入了多少精力,花费了多少心血,即使看到最后的清样,我们还是诚惶诚恐,担心任何一个遗漏的错误会辜负大家对金程的期望,对承诺的期望,我们知道我们担负的是责任、是信任、是托付。

我们知道我们是在多少人的关爱、重托和信任下成长,一本书或一套书的出版是众多人的心血智慧和殷切希望。借此机会,我们首先要感谢那些孜孜不倦培养我们成长的师长、对我们寄予厚望的家人和对我们充满期待的读者,没有这种鞭策、期待和信任就没有我们的今天,没有我们的成长和这套丛书的出版。

其次,要感谢活跃在教学第一线、专注热情且全心投入的上海金程国际金融专修学院CFA教学团队,团队的全心投入、对培训事业一如既往的关注,是促成本系列丛书再版的关键——其总结教学过程中的方方面面,不断为丛书注入新内容、添入更有价值的信息。

再次,我们要感谢在本书编撰过程中默默付出,对本书的进行反复校稿的金程金融研究院的研究员,其加班加点,忍受孤独,互相包容,困难时彼此鼓励、一起纵情歌唱,任何一分努力、任何一分成长都是一项完美工作中不可或缺的组成部分。正是这种辛勤工作,对书稿的反复核对,确保了丛书的正确性和可读性,作为本系列丛书的"把关员",以其专注和投入,尽职尽责地守护读者信任。

最后,我们要感谢养育和培养我们的父母,关注我们成长的兄弟姐妹和朋友,没有这种关注、鼓励和支持,就没有我们今天的胸怀天下、为人诚恳和踏实做事的态度。

总而言之,我们希望我们的努力能够回报社会,能够帮助读者,我们的不足能够得到大家的原谅和帮助,因为我们是诚意的、我们是努力的、我们是向上的。

汤宸宇博士

CFA FRM CTP CAIA CMA

2013 年 3 月于上海

即将出版

金程教育 CFA OnePass 系列

CFA 一级

OnePass · 金程教育 CFA 一级学习指南与课堂笔记

OnePass · 金程教育 CFA 一级冲刺宝典

CFA 二级

OnePass · 金程教育 CFA 二级学习指南与课堂笔记

OnePass · 金程教育 CFA 二级冲刺宝典

CFA 三级

OnePass · 金程教育 CFA 三级学习指南与课堂笔记

OnePass · 金程教育 CFA 三级冲刺宝典

OnePass · 金程教育 CFA 三级 IPS 写作快速突破

金程教育 FRM OnePass 系列

OnePass · 金程教育 FRM 冲刺宝典

OnePass · 金程教育 FRM 习题集

金程教育 CFA OnePass 系列（英文）

CFA 一级

OnePass · Golden Future Easy Card For CFA Level I

OnePass · Golden Future Condensed For CFA Level I

OnePass · Golden Future Knowledge Map For CFA Level I

OnePass · Golden Future CentiSpect For CFA Level I

CFA 二级

OnePass · Golden Future Easy Card For CFA Level II

OnePass · Golden Future Condensed For CFA Level II

OnePass · Golden Future Knowledge Map For CFA Level II

OnePass · Golden Future CentiSpect For CFA Level II

CFA 三级

OnePass · Golden Future Easy Card For CFA Level III

OnePass · Golden Future Condensed For CFA Level III

OnePass · Golden Future Knowledge Map For CFA Level III

金程·锐勤 OnePass 系列

会计和财务系列

OnePass · 金程锐勤会计快速突破法

金融建模系列

OnePass · 金程锐勤基于 Excel&VBA 的金融建模

手机在线学习平台

"学习天空"

studysky 学习天空 .com

扫描二维码获取学习资源

更多新品敬请期待

WWW.GFEDU.NET

图书在版编目(CIP)数据

投资组合管理/程黄维等编著.—上海：复旦大学出版社，2013.3(2024.1重印)
(注册金融分析师系列)
ISBN 978-7-309-09479-4

Ⅰ. 投… Ⅱ. 程… Ⅲ. 投资-经济管理 Ⅳ. F830.59

中国版本图书馆 CIP 数据核字(2013)第 022122 号

投资组合管理
程黄维 等 编著
责任编辑/鲍雯妍

复旦大学出版社有限公司出版发行
上海市国权路 579 号　邮编：200433
网址：fupnet@fudanpress.com　　http://www.fudanpress.com
门市零售：86-21-65102580　　团体订购：86-21-65104505
出版部电话：86-21-65642845
江苏句容市排印厂

开本 787 毫米×960 毫米　1/16　印张 23.5　字数 375 千字
2024 年 1 月第 1 版第 8 次印刷

ISBN 978-7-309-09479-4/F・1904
定价：46.00 元

如有印装质量问题，请向复旦大学出版社出版部调换。
版权所有　　侵权必究